utb 4455

Eine Arbeitsgemeinschaft der Verlage

Brill | Schöningh – Fink · Paderborn
Brill | Vandenhoeck & Ruprecht · Göttingen – Böhlau · Wien · Köln
Verlag Barbara Budrich · Opladen · Toronto
facultas · Wien
Haupt Verlag · Bern
Verlag Julius Klinkhardt · Bad Heilbrunn
Mohr Siebeck · Tübingen
Narr Francke Attempto Verlag – expert verlag · Tübingen
Psychiatrie Verlag · Köln
Ernst Reinhardt Verlag · München
transcript Verlag · Bielefeld
Verlag Eugen Ulmer · Stuttgart
UVK Verlag · München
Waxmann · Münster · New York
wbv Publikation · Bielefeld
Wochenschau Verlag · Frankfurt am Main

Prof. Dr. Eva Neuland lehrte Germanistik/Didaktik der deutschen Sprache an der Bergischen Universität Wuppertal.

Eva Neuland
unter Mitarbeit von Christian Efing

Soziolinguistik der deutschen Sprache

Eine Einführung

Narr Francke Attempto Verlag · Tübingen

Umschlagabbildung: Gesichter (frimages) © istock 2022

Bibliografische Information der Deutschen Nationalbibliothek
Die Deutsche Nationalbibliothek verzeichnet diese Publikation in der Deutschen Nationalbibliografie; detaillierte bibliografische Daten sind im Internet über http://dnb.dnb.de abrufbar.

DOI: https://doi.org/10.36198/9783838544557

Dischingerweg 5 · D-72070 Tübingen

Internet: www.narr.de
eMail: info@narr.de

Einbandgestaltung: siegel konzeption | gestaltung
CPI books GmbH, Leck

utb-Nr. 4455
ISBN 978-3-8252-4455-2 (Print)
ISBN 978-3-8385-4455-7 (ePDF)
ISBN 978-3-8463-4455-2 (ePub)

Inhalt

Vorwort

Die Soziolinguistik hatte in Deutschland Hochkonjunktur in den 1970er Jahren; Einführungen, Handbücher und Bibliographien erschienen (v. a. Dittmar 1973, 1997, Simon 1974, Löffler 1985, Veith 2002, Ammon/Dittmar/Mattheier 1987/88). Grundgedanken der Soziolinguistik wurden in Lehrveranstaltungen vermittelt und fanden Eingang in Module zur Sprachvariation im Inland und Ausland im Rahmen von Studiengängen der Germanistik und von Deutsch als Fremdsprache.

Wenn heute eine neue Einführung vorgelegt wird, muss sich die Frage stellen: War die Soziolinguistik doch nur eine Modeerscheinung? Ist sie vielleicht nie in der Mitte der germanistischen Sprachwissenschaft angekommen? Allein die neuesten Auflagen von Löffler (2016), des internationalen Handbuchs (2004/05) und von Veith (2005) sowie die Einführungen in die Varietätenlinguistik von Sinner (2014) und Felder (2016) und die erst nach Manuskriptabschluss erschienene Einführung von Spitzmüller (2022) deuten auf ein nicht nachlassendes Interesse an der Thematik.

Die vorgelegte Einführung will die fortdauernde Aktualität von Fragestellungen und Gegenstandsfeldern der Soziolinguistik aufzeigen, wie auch deren Veränderungen im gesellschaftlichen Wandel. Neue Fragestellungen und Gegenstandsfelder sind mit soziokulturellen Entwicklungen und Veränderungen im Variationsgefüge im heutigen Deutsch hinzugetreten (v. a. deutsch-deutsche Sprachentwicklungen, Mehrsprachigkeit und Sprachkontakt, Sprachgebrauch und Generationsbeziehungen, Sprachgebrauch in neuen Medien, postmoderne Vergemeinschaftungs- und Kommunikationsformen und Formen der Stilisierung, Umgang mit Political Correctness), neue Beschreibungsverfahren, v. a. der Interaktionslinguistik wie der Analyse gruppenspezifischer Formen von Schriftlichkeit, sind vorgelegt und eröffnen Perspektiven für Studium und Lehre und Anschlussmöglichkeiten an aktuelle Forschungsentwicklungen. Damit wurden auch die in Löfflers Schlussbemerkung angeführten ›neuen Aufgabenfelder‹ für die germanistische Soziolinguistik (Sprachgebrauch während und nach der Wende, das ›Mischdeutsch‹ von Flüchtlingen, Auswirkungen des Sprachgebrauchs in sozialen Medien; Löffler 2016: 174) in diesem Band berücksichtigt.

Die Einführung knüpft an die Geschichte der germanistischen Soziolinguistik in Deutschland an und gibt einen Überblick über Forschungsparadigmen, Theorieansätze und Forschungsmethoden (Kap. I). Dies erscheint besonders im Hinblick auf die Verwendung des Bandes im fortgeschrittenen Masterbereich sinnvoll, sodass neben der theoretischen Erarbeitung auch praktisch-empirische Anknüpfungs- und Umsetzungsmöglichkeiten geboten werden. Neun ausgewählte, für die Soziolinguistik zentrale klassische wie neue Gegenstandsfelder werden im Spiegel aktueller Forschungsliteratur genauer vorgestellt (Kap. II) und können auch je einzeln bearbeitet werden. Ein Einblick in aktuelle Anwendungsfelder von Schule, Sprachberatung und Sprachkritik sowie Sprachwandel (Kap. III) rundet die Darstellung ab.

Zur Bestimmung des engeren Gegenstandsfelds der Soziolinguistik werden sechs zentrale Aspekte zur Diskussion gestellt, die der Abgrenzung gegenüber anderen Teildisziplinen der Variationsforschung dienen und, wenn möglich, in allen ausgewählten Gegenstandsfeldern wieder erkennbar sind und zu deren Kohärenz beitragen. Im Gegensatz zu einem nahezu unbegrenzten Ansatz der Variationslinguistik, der Probleme einer klaren Ein- und Abgrenzung mit sich bringt (»Was ist eigentlich keine Variation?«), bietet der doppelte Zuschnitt mit seiner Fokussierung a) auf die *soziolektal* bedingte Variation und b) auf soziolinguistische Phänomene innerhalb der deutschen Sprache eine gut begründbare und nachvollziehbare Auswahl an Themen. Vieles kann allerdings nur kurz angerissen werden und zu vertieften Auseinandersetzungen anregen. Dazu werden in jedem Kapitel weiterführende und allgemeine Literaturhinweise gegeben. Das verwendete generische Maskulinum soll sich ausdrücklich auf männliche wie auf weibliche Referenten beziehen.

Der Band eignet sich daher als Seminargrundlage und Überblickslektüre, der auch die Zusammenhänge der Themen herausstellen und nicht Variationen beliebiger Provenienz und Ausprägung unverbunden nebeneinanderstellen will. Teile des Bandes wurden in Seminarveranstaltungen im Inland und im Ausland erprobt; den Studierenden sei dafür herzlich gedankt.

Die einzelnen Kapitel orientieren sich, soweit möglich und sachdienlich, an der chronologischen Folge der Forschungsentwicklung, bemühen sich um ein ausgewogenes Verhältnis von Theorie und Empirie in der gebotenen komprimierten Form und präsentieren weiterführende Literaturhinweise zur Vertiefung und zum Selbststudium. Gleichwohl stellen die überblicksartig vorgestellten Gegenstandsfelder eine selektive Auswahl dar, die eine Ergänzung v. a. durch das internationale Handbuch unter Berücksichtigung von Aktualität sowie durch einschlägige Fachzeitschriften nicht ersetzen.

Einzelne Kapitel wurden von einschlägig ausgewiesenen Fachkolleginnen und Fachkollegen gegengelesen und kommentiert. Ihnen allen: Peter Colliander (†), Norbert Dittmar, Claus Ehrhardt, Joachim Gerdes, Birte Kellermeier-Rehbein, Benjamin Könning, Helga Kotthoff, Corinna Peschel danke ich von Herzen. Christian Efing hat die Kapitel II.7, III.1.2 und III.3.2 beigetragen. Florian Volkhausen und Thien Ngo haben mich bei der Herstellung des Manuskripts unterstützt. Auch Ihnen sei herzlich gedankt. Der Manuskriptabschluss erfolgte im Juni 2022.

Eva Neuland

I Grundzüge und Grundlagen

1 Geschichte und frühe Entwicklungen

Die Soziolinguistik hat sich als ein Teilgebiet der Linguistik seit der Mitte des letzten Jahrhunderts entwickelt. Von der ersten Erwähnung der Bezeichnung durch Haver C. Currie (1952) bis zur Entwicklung einer eigenständigen Teildisziplin vergingen einige Jahrzehnte. Dazu trugen wichtige Forschungsparadigmen bei, die im folgenden Kapitel (I.2) ausführlicher vorgestellt werden.

Der soziale Aspekt von Sprache wurde aber in der Entwicklung der Sprachwissenschaft des Deutschen schon zuvor verschiedentlich thematisiert, und zwar insbesondere von Sprachwissenschaftlern des 19. (v. a. Humboldt, H. Paul) und der ersten Hälfte des 20. Jahrhunderts (v. a. Saussure, Sapir, Whorf). Zwar stand, wie Löffler (2016: 26ff.) die **vorlinguistischen Traditionen** resümiert, die Konsolidierung der Schriftsprache einerseits und der »echten« Dialekte andererseits weiterhin im Fokus der Betrachtungen. Doch mangelte es an einer entsprechenden empirischen Forschung, während strukturimmanente Sprachbeschreibungen dominierten (so Dittmar 1997: 25). Gleichwohl existierte bereits eine dialektologische Tradition (u. a. mit Informantenbefragungen und zum Lautwandel) im Rahmen der Arbeiten zu Sprachatlanten des Deutschen (Wegener 1880, Wenker 1881, Wrede 1903). Die Entwicklung der Soziolinguistik orientierte sich in Deutschland hingegen stark an angloamerikanischen Forschungen.

Die Konstitution der Soziolinguistik fand in den 1950er Jahren in den Vereinigten Staaten statt und ist verbunden mit den Namen und Forschungsrichtungen der Sprachsoziologie, besonders mit **Fishman**, mit der Sozialen Dialektologie oder Variationslinguistik, besonders **Labov**, mit der Ethnographie der Kommunikation, besonders **Hymes**, sowie mit interaktionslinguistischen Fragestellungen, besonders **Gumperz** (→ Kap. I.2). Die empirischen Forschungen im Zwischenbereich von Sprache und Gesellschaft wurden mit ca. zehnjähriger Verspätung im deutschen Sprachraum aufgegriffen und mit Studien zum **schichtspezifischen Sprachgebrauch im Deutschen** weitergeführt (→ Kap. II.1). Dabei spielte der Gesichtspunkt der **sozialen Ungleichheit** eine zentrale Rolle und führte in der frühen Soziolinguistik im Kontext von fach- und bildungspolitischen Reformen zur sog. Sprachbarrierenforschung. In späteren Entwicklungsphasen weitete sich das Gegenstandsfeld und das Methodenspektrum der germanistischen Soziolinguistik aus.

1.1 Fach- und bildungspolitische Entstehungsbedingungen in der Bundesrepublik Deutschland

Sieht man von früheren Traditionen wissenschaftlicher Beschäftigung mit dem Zusammenhang von Sprache und Gesellschaft, v. a. in der Dialektologie, ab, so gelten die **1960er Jahre als ›Geburtsstunde‹** der Soziolinguistik in Deutschland, namentlich in Westdeutschland. Vor allem zwei wichtige Komplexe haben als Auslösefaktoren zu dieser Entwicklung beigetragen:

- **Fachpolitische Faktoren**
  Die auf den Germanistentagen 1966 in München und 1968 in Berlin diskutierte **Krise** des Faches mit der Kritik an seiner unaufgearbeiteten Vergangenheit und geisteswissenschaftlich-ideengeschichtlicher Ausrichtung spielte bei der euphorischen Rezeption der frühen Soziolinguistik eine entscheidende Rolle. Rufe nach einer **Neubestimmung der Germanistik** wurden im Band: *Germanistik – eine deutsche Wissenschaft* von Lämmert, Killy, Conrady und von Polenz 1967 laut und in der von Kolbe 1969 herausgegebenen Sammlung: *Ansichten einer künftigen Germanistik* konkretisiert. H.-W. Jäger hob die gesellschaftskritischen Aspekte der Germanistik, besonders das Sprachbarrierenproblem hervor (S. 66), Lämmert (S. 87) und von Polenz (S. 180f.) plädierten für eine stärkere Berücksichtigung der Gegenwartssprache und eine Reform des Sprachunterrichts. Forderungen nach einem Gegenwarts- und Gesellschaftsbezug des Faches und nach seiner empirischen Fundierung und Praxisrelevanz wurden laut. Dies schien die Soziolinguistik mit ihrer Kritik an Homogenitätsvorstellungen des Sprachgebrauchs und der Sprachgemeinschaft einzulösen.
- **Bildungspolitische Faktoren**
  Im Bildungsbereich und in den Erziehungswissenschaften wurde in den 1960er Jahren ein Bildungsnotstand diagnostiziert, der die bundesdeutsche Wirtschaft und Demokratie gefährde (vgl. Georg Picht: *Die deutsche Bildungskatastrophe* 1964, Ralf Dahrendorf: *Bildung ist Bürgerrecht* 1965, Gutachtenband des Deutschen Bildungsrats, hg. v. H. Roth 1969). Die sog. **Bildungskatastrophe** hatte in Westdeutschland Forschungen zu Bildungshindernissen ausgelöst; eine Erschließung von *Begabungsreserven* wurde gefordert. Dieser Prozess verlief analog zu den einige Jahre zuvor initiierten Entwicklungen in den USA: Als Reaktion auf den technologischen Vorsprung der UdSSR, bekannt unter

dem Stichwort vom sog. *Sputnik-Schock* (1957), wurden Forschungen zu Ursachen und Wirkungen sozialer Deprivation und einem vorherrschenden middle class bias im schulischen Sprachgebrauch veranlasst. Auch zur Bearbeitung solcher Probleme im Anwendungsbereich von Schule und Erziehung sollte die Soziolinguistik mit Forschungen zum Zusammenhang von sozialer Schicht und Sprachgebrauch Lösungsvorschläge anbieten (→ Kap. II.1 und Kap. III.1).

1.2 Frühe Ziele und Erkenntnisinteressen

Soziale Ungleichheit erschien somit als zentrales Thema und verbindendes Erkenntnisinteresse der frühen bundesdeutschen Soziolinguistik. Studierende der Sozial-, Erziehungs- und Sprachwissenschaften und die kritische Studentenbewegung nahmen solche Thesen gegen Ende der 1960er Jahre mit großem Engagement auf und trugen Ideen der Bildungs- und Wissenschaftsreform (u. a. dynamische Begabungskonzepte, alternative Begabungsformen wie die Kreativität und das divergente Denken, die Bedeutung der Sozialisation, der Plastizität und Variabilität menschlicher Eigenschaften), z.T. in selbstverantworteten studentischen Seminaren, in die Fachdiskussionen (vgl. die Broschüre *Sprachbarrieren. Beiträge zum Thema Sprache und Schichten*, Bochum WS 1969/70).

Die Themen und die damit verbundenen Erkenntnisinteressen lösten einen großen Zuwachs an entsprechenden Publikationen in der Germanistik aus: Das Institut für deutsche Sprache stellte mit dem Band *Sprache und Gesellschaft* einer größeren Fachgemeinschaft *Beiträge zur soziolinguistischen Beschreibung der deutschen Gegenwartssprache* (Moser 1971) vor. Klein und Wunderlich (1971) präsentierten grundlegende empirische und theoretische Ansätze der internationalen Soziolinguistik; Wunderlich diskutierte darin den Status der Soziolinguistik in der Struktur des Wissenschaftsbetriebs und benannte als wissenschaftspraktische Zielsetzungen der Soziolinguistik in Deutschland u. a. die Antizipation herrschaftsfreier Kommunikationsformen, Gesellschaftsveränderung durch Sprachveränderung sowie Einflussnahme auf die Sozialisationsphase (1971: 297 ff.). Hager et al. (1973) bemängelten in ihrem Band über *Soziologie und Linguistik: Die schlechte Aufhebung sozialer Ungleichheit durch Sprache.* Dittmars verdienstvolle Bände zur *Soziolinguistik* (1973, 1997) machten einschlägige Studien aus den Vereinigten Staaten bekannt; zu seiner kommentierten trat die (geschätzt) mehrere tausend Einträge umfassende Bibliographie von Simon (1974) hinzu.

Neben den fach- und bildungspolitischen Rahmenbedingungen haben aber erst wesentliche **fachgeschichtliche Entwicklungen** die Bearbeitung der o. g. Fragestellungen ermöglicht. Dazu gehörten in der damaligen Zeit vor allem die Vorstellungen zur **gesprochenen Sprache** und zur **mündlichen Kommunikation** sowie die Entwicklungen der linguistischen **Pragmatik und Kommunikationsforschung** (→ Kap. I.2). Interdisziplinäre Bezüge, wie der Einbezug von Aspekten der Sozialisationsforschung, namentlich der Rollentheorie sowie der Schulforschung traten hinzu.

Thematische Schwerpunkte in den frühen 1970er Jahren bildeten sich in der germanistischen Sprachwissenschaft im Kontext von **Norm**, **Variation** und **Sprachwandel** heraus, wie sich insbesondere an der Kritik an den Vorstellungen der sogenannten *Hochsprache* und einer homogenen Sprachgemeinschaft zeigte (dazu u. a. Braun 1987). *Soll die Schule Sprachnormen als fest, wandelbar oder veränderbar lehren?* formulierte Augst programmatisch im Sammelband: *Schulen für einen guten Sprachgebrauch* der Deutschen Akademie für Sprache und Dichtung (Mogge/Radtke 1982). Einen zentralen Stellenwert nahm weiterhin die Differenzierung von sozialen und regionalen Einflüssen auf den Sprachgebrauch ein, auch in Verbindung mit den empirischen Studien zum Sprachgebrauch von Kindern und Jugendlichen (→ Kap. II.1).

Es ist aufschlussreich, dass beide Themenschwerpunkte, die ja auch in engem Zusammenhang stehen, zugleich in ihrer Auswirkung auf Bildungsprozesse und gesellschaftlichen Aufstieg diskutiert wurden (vgl. auch Roeder et al. 1965, Rolff 1969). Ob und inwiefern ein **Ausgleich** oder gar eine **Aufhebung sozialer Ungleichheiten** durch eine Form der Sprachförderung erzielt werden könne, bildete einen zentralen und kontroversen Diskussionspunkt der damaligen Zeit (vgl. u. a. Hager et al. 1973).

Auch in der DDR wurden im Zeitraum von ca. 1970 bis 1989 einige Studien betrieben, die man als *soziolinguistische* werten kann (dazu Schönfeld 1983). Dittmar bezeichnete sie als »*Soziolinguistik eigenen Typs*« (so Dittmar 2004: 716). Wichtige Studien beschäftigten sich mit dem Rückgang von Dialekten zugunsten einer standardnahen Umgangssprache, wie Rosenkranz/Spangenberg in Thüringen (1963) zeigten, und mit den Veränderungen der gesprochenen Sprache, wie Herrmann-Winter in Norddeutschland (1979) und die Studie von Donath/Schönfeld zur Sprache im sozialistischen Industriebetrieb (1978). Kontexte von *Sprachnorm* (v. a. Hartung 1977) und *Sprachkultur/Sprachpflege* bildeten wichtige Diskussionspunkte in der damaligen Zeit. In den 1980er und 1990er Jahren unterlagen Untersuchungen zur Jugendsprache in der DDR (Beneke 1986, Heinemann 1989) allerdings der Zensur, da sie nicht mit der vorherrschenden ideologischen Meinung über eine sozialistische Einheitssprache vereinbar waren.

1.3 Entwicklungsphasen

In aktuellen Einführungen und Übersichtsbeiträgen zur Soziolinguistik, v. a. von Löffler (2016), Dittmar (2004), Auer (2015), finden sich wissenschaftsgeschichtliche Phasierungsvorschläge, die sich in formaler Hinsicht ähneln und etwa das folgende Bild ergeben:

- **Vorsoziolinguistische Phase**
  Diese bezog sich auf die Tradition der frühen Sprachforschung in Deutschland, insbesondere zur Dialektgeographie gegen Ende des 19. Jahrhunderts, auch zur sozialen Schichtung von Mundarten (der Nationalsozialist A. Bach 1950/1934) und zu sprachpolitischen Fragen (Kloss 1978/1952) mit der Hinwendung zur gesprochenen Sprache und mit Anfängen der Feldforschung und wissenschaftlich fundierter Befragungsmethoden. Schlieben-Lange diagnostiziert allerdings eine »*Askese*« d. h. eine Ausklammerung soziologischer Gesichtspunkte als dominantes Paradigma der damals vorherrschenden Sprachwissenschaft (1973: 25). Sie bezieht sich dabei auf Steger (1971: 9 f.), demzufolge die Askese gekennzeichnet ist »durch extreme Eingrenzung des empirischen wie theoretischen Erkenntnisinteresses«. Die Idealisierungen der Homogenität und Statik des Sprachsystems wurden von der strukturalistischen wie von der transformationellen Sprachwissenschaft übernommen. Schlieben-Lange konstatiert für die Mitte der 1960er Jahre folgende Tendenzen:

Untersucht wurden homogene Sprachsysteme, nicht das Zusammenleben verschiedener Systeme. Untersucht wurde das Funktionieren der autonomen Sprache, nicht ihre Einbettung in Handlungszusammenhänge. (Schlieben-Lange 1973: 28)

- **Konstitutionsphase**
  In der Bundesrepublik um 1965, in den Vereinigten Staaten bereits seit den 1950er Jahren in den Gebieten der Ethnographie der Kommunikation (Hymes 1962, Gumperz 1972), der Soziologie der Sprache (Fishmann 1968, Ferguson 1965), und der Variationslinguistik (Labov 1968) (→ Kap. I.2.2).
- **Konsolidierungsphase**
  Ab ca. 1980 mit einer Ausweitung der Forschungsfelder (v. a. Sprachgebrauch und Geschlecht, Sprachgebrauch und Migration, Sprachgebrauch in der Stadt, Sprachgebrauch in West- und Ostdeutschland), des Methodenspektrums (korrelative und funktionale Studien, Einzelfallanalysen) und wichtigen Formen wissenschaftlicher Institutionalisierung vor allem im Bereich der Veröffentlichungen von Einführungen, Zeitschriften und Jahrbüchern.

1.4 Neue Tendenzen und konzeptionelle Überlegungen

Aktuelle und künftige Entwicklungen nach der Konsolidierungsphase zeigen sich v. a. im Bereich der Mehrsprachigkeitsforschung, Sozialdialektologie, Spracheinstellungsforschung, Jugendsprachforschung, Höflichkeitsforschung und in medienlinguistischen Fragestellungen. Von diesen Kontexten ist die Soziolinguistik allerdings nicht immer scharf zu unterscheiden. Neben vielen gegenstandsspezifischen spielen allerdings soziolinguistische Perspektiven und Methoden eine wichtige Rolle.

Eine solche formale wissenschaftsgeschichtliche Orientierung soll jedoch um eine prinzipiell **kulturgeschichtliche Betrachtungsweise** ergänzt werden. Die Themenschwerpunkte in einzelnen Entwicklungsphasen der Soziolinguistik sind ja nicht etwa zufällig oder willkürlich ausgewählt worden; vielmehr stehen sie in Zusammenhang mit **gesellschaftlich-historischen Entwicklungen** in der Bundesrepublik Deutschland.

In gewissem Maße folgen **wesentliche Entwicklungen der germanistischen Soziolinguistik** sowie weitere Bereiche der Sozial- und Bildungswissenschaften weitgehend, wenn auch nicht ausschließlich, wesentlichen gesellschaftlichen Entwicklungen, Problemlagen und Umbrüchen. Dazu gehören ab der Mitte des vergangenen Jahrhunderts v. a. Bildungskrisen, Protest- und Frauenbewegungen, politische Umbrüche, Migrationsbewegungen, Entwicklungen alternativer Szenen und Jugendrevolten. Diese Kontexte werden in späteren Kapiteln wieder aufgegriffen und in ihren sprachlichen Auswirkungen konkretisiert.

Eine solche Sichtweise, die gesellschaftlichen **Auslöse- und Anwendungskontexten** der Soziolinguistik folgt und innerhalb der verschiedenen Gegenstandsfelder nach vergleichbaren Momenten sucht, unterscheidet sich von den vorgenannten fachgeschichtlichen Darstellungen.

- So entwickelt Dittmar ein Mischmodell zwischen formalen (Anfangsphase, Gründerzeit, Konsolidierung) und inhaltlichen Entwicklungsphasen (ideologische Auseinandersetzungen der 1970er Jahre, widersprüchliche Tendenzen ab den 1990er Jahren). Schließlich folgert er für die heutige Zeit ein »Verblassen des Gesamtprofils« der Soziolinguistik (2004: 702).
- Auer konstatiert eine wissenschaftsgeschichtliche Selbstinszenierung der bundesdeutschen Soziolinguistik als eine ›neue‹ Wissenschaft und diagnostiziert eine ›Vagheit ‹ ihres Gegenstandsbereichs (2015: 382).
- Löffler schließlich entfaltet ein nahezu unbegrenztes Spektrum von Gegenstandsfeldern der Sprachvariation, der Kommunikation und allgemeiner gesellschaftlich-historischer Einflüsse und postuliert: »Eine germanistische Soziolinguistik (...) kann im Grunde mit der Wissenschaft »von der aktuellen Gegenwartssprache Deutsch gleichgesetzt werden«. ([5]2016: 14).

Dem Verdikt der ›*Blässe*‹ und ›*Vagheit*‹ wollen wir uns nicht anschließen; eher sehen wir in Löfflers allumfassendem Spektrum eine angemessene Würdigung der vielschichtigen gesellschaftlichen **Einflussfaktoren auf den Sprachgebrauch**, wobei für einen soziolinguistischen Zugang im engeren Sinne folgende Momente hinzutreten sollten:

1. **Fokus auf soziale Differenz im Sprachgebrauch /2. Einbezug soziokultureller Bedingungskontexte** (Auslösung und Anwendung)
Diese beiden Punkte sind selbsterklärend: Sie bilden das zentrale Gegenstandsfeld der Soziolinguistik, wenn auch die Auswahl und Gewichtung der Bedingungskontexte in einzelnen soziolinguistischen Konzepten unterschiedlich ausfallen mögen (→ Kap. I.2). Auch sei in Rechnung gestellt, dass sich eine gewisse Abhängigkeit von der tagespolitischen Aktualität und von konjunkturellen Schwankungen einstellen kann, der wissenschaftspolitisch entgegenzusteuern ist.
3. **Mehrdimensionalität der sprachlichen Variation**
Die aktuelle Variationsforschung, auf die sich das linguistische Forschungsinteresse der jüngeren Zeit konzentriert (s.v.a. Barbour/Stevenson 1998, Häcki Buhofer 2000, Eichinger/Kallmeyer 2005) legt nahe, dass die Fixierung auf *einen* einzelnen außersprachlichen sozialen Faktor, z. B. Raum (›Dialekt‹), Schicht (›Soziolekt‹), Geschlecht (›Genderlekt‹) oder Alter (›jugendsprachliche Varietät‹), wie es in den Bezeichnungen: Dialekt, Genderlekt oder auch Jugendsprache zum Ausdruck kommt, der Komplexität von Sprachvariation nicht gerecht werden kann.
4. **Bedeutung subjektiver Faktoren**
Zur Mehrdimensionalität sprachlicher Variation sind subjektive Faktoren wie Spracheinstellungen, subjektive Wahrnehmung und Selbstverortung u. a. zuzurechnen, um nicht von einem zu mechanistischen Wirkungsverhältnis sozialer Aspekte auszugehen. Allerdings ist auch in dieser Subjektivität eine sozial-kollektive Dimension eingeschrieben.
5. **Einflüsse auf Gegenwartsdeutsch** bzw. Sprachwandel
Soziolinguistische Einflüsse auf Sprachwandel spielen in einzelnen Konzepten eine unterschiedliche Rolle. Manche beschränken sich auf Auswirkungen bei Individuen oder Familien, andere greifen makrosoziologische Kontexte auf. Solchen Überlegungen werden wir im Teil III des Bandes nachgehen.
6. **Empirie**, v. a. in interaktionalen Kontexten
Soziolinguistische Beschreibungen und Erklärungen sollten empirisch gestützt erfolgen, ohne von einer Dominanz einzelner Forschungsmethoden auszugehen. Vielmehr erscheinen Methodenkombinationen heute der sicherste Weg, Vorteile und Nachteile einzelner quantitativer und/oder qualitativer Verfahren auszugleichen (→ Kap. I.3).

Die genannten Faktoren sind auch hilfreich bei der Abgrenzung der Soziolinguistik v. a. von der Varietätenlinguistik: So stehen die ersten beiden Faktoren sowie der vierte Faktor in der Variationslinguistik weit weniger im Fokus als in der Soziolinguistik.

Die vorliegende Darstellung folgt generell weitgehend einer kulturgeschichtlichen Betrachtungsweise und hebt dabei insbesondere drei **wesentliche soziolinguistische Themenschwerpunkte** und ›Kerngebiete‹ der Soziolinguistik hervor (vgl. Neuland 2016):

- Sprachgebrauch und soziale Schichten
- Sprachgebrauch und Geschlecht
- Sprachgebrauch und Migration

Diese entsprechen den jeweiligen soziokulturellen Bedingungskontexten:

- Bildungskrise und soziale Ungleichheit (ab den 1960er/70er Jahren)
- Frauenbewegungen und Sprachpolitik (ab den 1970er/80er Jahren)
- Migration und Mehrsprachigkeit (ab den 1980er/90er Jahren)

Weitere Themenschwerpunkte sind in jüngerer Zeit hinzugetreten wie:

- Sprachgebrauch der Generationen im Bedingungskontext von Jugendbewegungen und der kulturellen und medialen Inszenierungen von Generationsbildern wird später noch ausführlicher erörtert (→ Kap. II.4)
- Ost-West-Differenzen im deutschen Sprachgebrauch (→ Kap. II.3)
- urbane Sprachformen, die mit Problemen der Stadtentwicklung verbunden sind (→ Kap. II.2.4)
- neuere Entwicklungen im Bereich Digitalisierung und Sprachgebrauch in sozialen Medien (vgl. v. a. Androutsopoulos 2014; → Kap. II.8)
- soziolinguistisch relevante Aspekte sprachlicher Umgangsformen (→ Kap. II.9)

Der Bezug wissenschaftlicher Modelle auf aktuelle soziokulturelle Bedingungskontexte birgt allerdings auch eine Gefahr bzw. demonstriert ein Dilemma, und zwar hinsichtlich einer Dominanz tagespolitischer Moden und konjunktureller Schwankungen zu Ungunsten der wissenschaftlichen Entwicklung und Kontinuität. Dies hat sich in der Soziolinguistik der deutschen Sprache im vergangenen Jahrhundert zumal am Beispiel der Sprachbarrierenthematik, der ›Frauensprache‹ und der ›Jugendsprache‹ gezeigt, worauf noch verwiesen werden wird.

Dabei werden im Verlauf der folgenden Darstellungen viele der soziolinguistischen Grundbegriffe und soziologischen Konzepte erwähnt und erweitert, die in den Kapiteln II und III im internationalen Handbuch *Soziolinguistik* aufgeführt werden (Ammon et al. 2004/5).

Ein wichtiges Themenfeld, das der **historischen Soziolinguistik**, können wir in diesem Kontext leider nicht aufgreifen und ausführlicher erörtern. Es sei zumindest darauf hingewiesen, dass die Verbreitung der Schrift und damit der Zugang zu Bildung und gesellschaftlichem Aufstieg sowie die Sprachgeschichte ›von unten‹ zentrale soziolinguistische Momente darstellen, die eine ausführliche Darstellung verdient hätten (vgl. dazu die Forschungen von Maas, z. B. 2003, 2005, Elspaß 2005).

1.5 Zusammenfassung und weiterführende Literatur

Die frühen Entwicklungen der Soziolinguistik in der Bundesrepublik Deutschland fanden in einem historisch besonderen fach- und bildungspolitischen Kontext statt: Die Krise der geisteswissenschaftlichen Disziplin der Germanistik und der Bildungsnotstand begünstigten die Entwicklung der Soziolinguistik in Deutschland, ihr frühes auf soziale Ungleichheit gerichtetes Erkenntnisinteresse wie aber auch ihre pädagogische Verwertung. In der Konsolidierungsphase weitete sich ihr Gegenstandsfeld vor allem auf die Bereiche Sprachgebrauch und Geschlecht sowie Sprachgebrauch und Migration aus; ebenso erweiterte sich das Methodenspektrum. Kulturgeschichtlich lassen sich soziolinguistische Themenschwerpunkte mit soziokulturellen Entwicklungen in Deutschland verbinden. Zur Bestimmung des engeren Gegenstandsfelds der Soziolinguistik werden sechs zentrale Aspekte zur Diskussion gestellt.

Literatur (weiterführend)

Auer, Peter (2015): Die Geschichte der germanistischen Soziolinguistik in Deutschland: eine Skizze. In: Eichinger, Ludwig (Hg.): *Sprachwissenschaft im Fokus. Positionsbestimmungen und Perspektiven.* Berlin/Boston, 379–405.

Dittmar, Norbert (2004): Forschungsgeschichte der Soziolinguistik (seit Verwendung dieses Ausdrucks). In: Ammon, Ulrich/Dittmar, Norbert/Mattheier, Klaus J./Trudgill, Peter (Hg.): *Soziolinguistik. Ein internationales Handbuch zur Wissenschaft von Sprache und Gesellschaft.* Berlin/New York, 698–721.

Neuland, Eva (2016): Dimensionen der germanistischen Soziolinguistik: Rückblick und Ausblick auf den Sprachgebrauch der Generationen. In: Japanische Gesellschaft für Germanistik (Hg.): *Germanistische Soziolinguistik und Jugendsprachforschung.* München, 9–35.

Literatur (gesamt)

Ammon, Ulrich/Dittmar, Norbert/Mattheier, Klaus J. /Trudgill, Peter (Hg.) (2004/05): Soziolinguistik, Ein internationals Handbuch der Wissenschaft von Sprache und Gesellschaft. 2. Aufl.Berlin/Boston.

Androutsopoulos, Jannis (2014): Mediatization and sociolinguistic change. Key concepts, research traditions, open issues. In: ders. (Hg.): *Mediatization and sociolinguistic change.* Berlin, 3–48.

Auer, Peter (2015): Die Geschichte der germanistischen Soziolinguistik in Deutschland: eine Skizze. In: Eichinger, Ludwig (Hg.): *Sprachwissenschaft im Fokus. Positionsbestimmungen und Perspektiven.* Berlin/Boston, 379–405.

Bach, Adolf (1950/1934): *Deutsche Mundartforschung. Ihre Wege, Ergebnisse und Aufgabe.* 2. Aufl. Heidelberg.

Barbour, Stephen/Stevenson, Patrick (1998): *Variation im Deutschen. Soziolinguistische Perspektiven.* Berlin.

Beneke, Jürgen (1986): Die jugendspezifische Sprachvarietät – ein Phänomen unserer Gegenwartssprache. In: *Linguistische Studien.* ZISW/A Berlin H.140, 1–82.

Bielefeld, Hans-Ulrich/Hess-Lüttich, Ernest W.B./Lundt, André (1977): *Soziolinguistik und Empirie. Beiträge zu Problemen der Corpusgewinnung und –auswertung. Wiesbaden.*

Braun, Peter (1979): *Tendenzen der deutschen Gegenwartssprache. Sprachvarietäten.* Stuttgart.

Currie, Harver C. (1952): A projection of sociolinguistics: the relationship of speech and social status. In: *Southern Speech Journal 18*:1, 28–37.

Dahrendorf, Ralf (1965): *Bildung ist Bürgerrecht. Plädoyer für eine aktive Bildungspolitik.* Hamburg.

Der Deutschunterricht 1/2004: Sprachvariation im heutigen Deutsch, hg. v. Eva Neuland.

Der Deutschunterricht 4/2017: Soziolinguistik, hg. v. Eva Neuland/Peter Schlobinski.

Dittmar, Norbert (1973): *Soziolinguistik. Exemplarische und kritische Darstellung der Theorie, Empirie und Anwendung.* Frankfurt/M.

Dittmar, Norbert (1997): *Grundlagen der Soziolinguistik. Ein Arbeitsbuch mit Aufgaben.* Tübingen.

Dittmar, Norbert (2004): Forschungsgeschichte der Soziolinguistik (seit Verwendung dieses Ausdrucks). In: Ammon, Ulrich/Dittmar, Norbert/Mattheier, Klaus J./Trudgill, Peter (Hg.): *Soziolinguistik. Ein internationales Handbuch zur Wissenschaft von Sprache und Gesellschaft.* Berlin/New York, 698–721.

Donath, Joachim/Schönfeld, Helmuth (1978): *Sprache im sozialistischen Industriebetrieb: Untersuchungen zum Wortschatz bei sozialen Gruppen.* Berlin.

Eichinger, Ludwig/Kallmeyer, Werner (Hg.) (2005): *Standardvariation. Wieviel Variation verträgt die deutsche Sprache?* Berlin.

Elspaß, Stephan (2005): Sprachgeschichte von unten: Untersuchungen zum geschriebenen Alltagsdeutsch im 19. Jahrhundert. Tübingen.

Felder, Ekkehard (2016): *Einführung in die Varietätenlinguistik.* Darmstadt.

Häcki Buhofer, Annelies (2000) (Hg.): *Vom Umgang mit sprachlicher Variation. Soziolinguistik, Methoden, Wissenschaftsgeschichte.* Tübingen/Basel.

Hager, Friedjof/Haberland, Hartmut/Paris, Rainer (1973): *Soziologie und Linguistik. Die schlechte Aufhebung sozialer Ungleichheit durch Sprache.* Stuttgart/Hamburg.

Hartung, Wolfdietrich (1977): Sprachkultur als gesellschaftliches Problem und als linguistische Aufgabe. Wiederabdruck in: Wimmer, Rainer (1985) (Hg.): *Sprachkultur.* Düsseldorf, 70–81.

Heinemann, Margot (1989): *Kleines Wörterbuch der Jugendsprache.* Leipzig.

Herrmann-Winter, Renate (1979): *Studien zur gesprochenen Sprache im Norden der DDR. Soziolinguistische Untersuchungen im Kreis Greifswald.* Berlin.

Klein, Wolfgang/Wunderlich, Dieter (Hg.) (1971): *Aspekte der Soziolinguistik.* Frankfurt/M.

Kloss, Heinz (1978/1952): *Die Entwicklung neuer germanischer Kultursprachen seit 1800.* 2., erw. Aufl. Düsseldorf.

Kolbe, Jürgen (Hg.) (1969): *Ansichten einer künftigen Germanistik.* München.

Kursbuch (24/1971): Schule, Schulung, Unterricht.

Lämmert, Eberhard/Killy, Walther/Conrady, Karl Otto/v. Polenz, Peter (1967): *Germanistik – eine deutsche Wissenschaft.* Frankfurt/M.

Löffler, Heinrich (2016): *Germanistische Soziolinguistik.* 5. neu bearb. Aufl. Berlin.

Maas, Utz (2003): Alphabetisierung. Zur Entwicklung der schriftkulturellen Verhältnisse in bildungs- und sozialgeschichtlicher Perspektive. In: W. Besch et al. (Hg.): *Sprachgeschichte. Ein Handbuch zur Geschichte der deutschen Sprache und ihrer Erforschung.* Bd. 2, 3. Teilbd. 2. Aufl. Berlin 2003, S. 2403–2418.

Maas, Utz (2005): Übergang von Oralität in Literalität in soziolinguistischer Perspektive. In: Ammon, Ulrich et al. (Hg.): *Soziolinguistik. Ein internationales Handbuch.* Bd. 2, Berlin, 2147–2170.

Mogge, Brigitta/Radtke, Ingulf (Hg.) (1982): *Schulen für einen guten Sprachgebrauch. Deutsche Akademie für Sprache und Dichtung.* Bd. 3. Stuttgart.

Moser, Hugo (Hg.) (1971): *Sprache und Gesellschaft: Beiträge zur soziolinguistischen Beschreibung der deutschen Gegenwartssprache.* Düsseldorf.

Neuland, Eva (2016): Dimensionen der germanistischen Soziolinguistik: Rückblick und Ausblick auf den Sprachgebrauch der Generationen. In: Japanische Gesellschaft für Germanistik (Hg.): *Germanistische Soziolinguistik und Jugendsprachforschung.* München, 9–35.

Picht, Georg (1964): *Die deutsche Bildungskatastrophe, Analyse und Dokumentation.* Freiburg.

Roeder, Peter Martin/Pasdzierny, Artur/Wolf, Willi (1965): *Sozialstatus und Bildungserfolg. Bericht über empirische Untersuchungen.* Heidelberg.

Rolff, Hans G. (1969): *Sozialisation und Auslese durch die Schule.* Heidelberg.

Rosenkranz, Heinz/Spangenberg, Karl (1963): *Sprachsoziologische Studien in Thüringen.* Berlin.

Roth, Heinrich (Hg.) (1969): *Begabung und Lernen. Ergebnisse und Folgerungen neuer Forschungen. Deutscher Bildungsrat. Gutachten und Studien der Bildungskommission.* Bd. 4. 4. Aufl. Stuttgart.

Schlieben-Lange, Brigitte (1973): *Soziolinguistik. Eine Einführung.* Stuttgart.

Schönfeld, Helmut (1983): Zur Soziolinguistik in der DDR. Entwicklung, Ergebnisse, Aufgaben. In: *Zeitschrift für Germanistik* 4:2, 213–222.

Simon, Gerd (Hg.) (1974): *Bibliographie zur Soziolinguistik.* Tübingen.

Sinner, Carsten (2014): *Varietätenlinguistik. Eine Einführung.* Tübingen.

Spitzmüller, Jürgen (2022): *Soziolinguistik. Eine Einführung.* Stuttgart.

Sprachbarrieren. Beiträge zum Thema Sprache und Schichten (1972): Verf. v. Mitgliedern des stud. Seminars Soziolinguistik. Bochum WS 1969/70. 6. korr. u. erw. Aufl. Hamburg.

Steger, Hugo (1971): Soziolinguistik. Grundlagen, Aufgaben und Ergebnisse für das Deutsche. In: Moser, Hugo (Hg.): *Sprache und Gesellschaft.* Düsseldorf, 9–44.

Veith, Werner H. (2005): *Soziolinguistik. Ein Arbeitsbuch.* 2. Aufl. Tübingen.

Wegener, Philipp (1880): Über deutsche Dialectforschung. In: *Zeitschrift für deutsche Philologie* 11, 450–480.

Wenker, Georg (1881): *Sprach-Atlas von Nord- und Mitteldeutschland. Auf Grund von systematisch mit Hülfe der Volksschullehrer gesammeltem Material aus circa 30000 Orten.* Straßburg/London.

Wrede, Ferdinand (1903): Der Sprachatlas des Deutschen Reichs und die elsässische Dialektforschung. In: Wrede, Ferdinand (1963): *Kleine Schriften*, hg. v. Berthold, Luise/Bernhard, Martin/Mitzka; Walther. Marburg, 309–324.

2 Forschungsparadigmen und Theorieansätze

Im folgenden Kapitel wollen wir uns grundlegenden Forschungsparadigmen und wesentlichen Theorieansätzen zuwenden, die für die Entwicklung der Soziolinguistik in Deutschland bedeutsam sind. So ist die in den 1960er Jahren einsetzende Entwicklung der Forschungen zur gesprochenen Sprache und zur mündlichen Kommunikation eine wichtige Voraussetzung für die systematische Beschäftigung mit sozialen Einflüssen auf den Sprachgebrauch. In den 1970er Jahren traten verstärkt Forschungen zur linguistischen Pragmatik und Kommunikationsforschung hinzu. An dieser Stelle werden die beiden wesentlichen Forschungskontexte der subjektiven Faktoren (Spracheinstellungen) und der soziolinguistische Einfluss auf Sprachwandel erörtert. Die linguistische Erfassung der sprachlichen Variation im sozialen Kontext soll anhand wesentlicher Theoriekonzepte (Code-Theorie Bernsteins, Variationslinguistik Labovs, Ethnographie der Kommunikation (Hymes) und interaktionale Linguistik (Gumperz), Sprachsoziologie von Fishman) vorgestellt werden. Einige vergleichende Überlegungen schließen das theoretische Kapitel ab.

2.1 Forschungen zur gesprochenen Sprache und Kommunikation

Die Normsprache in der Sprachwissenschaft war, von wenigen, v. a. dialektgeographischen Ausnahmen abgesehen, seit jeher die Schriftsprache (**written language bias**). Erst in den 1960er Jahren setzte im deutschen Sprachraum eine systematische Erforschung der gesprochenen Sprache ein, da mittlerweile auch die technischen Voraussetzungen zur Aufnahme und Speicherung der mündlichen Sprachdaten gegeben waren. Nach einer Phase der Kontrastierung geschriebener und gesprochener Sprache begann bald auch die Transkription, Dokumentation und Erforschung von sprechsprachlichen Texten in alltäglichen Verwendungszusammenhängen (→ Kap. II.4). In den 1970er Jahren traten verstärkt Forschungen zur linguistischen Pragmatik und Kommunikationsforschung hinzu, die weitere Anregungen für soziolinguistische Fragestellungen boten. Damit war ein fruchtbarer Impuls für die empirische Sprachforschung verbunden.

Die Freiburger Forschungsstelle des Instituts für deutsche Sprache veröffentlichte eine Reihe: *Texte zur gesprochenen deutschen Standardsprache* I–III, darunter der Band III: *Alltagsgespräche* (hg. v. Fuchs/Schank 1975). Deren Beschreibung und Klassifikation erfolgte mit Hilfe redekonstellativer Merkmale im Rahmen des **Redekonstellationskonzepts** (Deutrich/Schank 1973, Schank/Schoenthal 1983). Die Zuordnung eines konstanten Merkmalsinventars erwies sich allerdings als einem dynamischen Prozessverlauf und den variierenden Strukturen und Funktionen von Gesprächen unzulänglich (Neuland 1980). Mit der sich seinerzeit auch in Deutschland verbreitenden Gesprächs- bzw. Konversationsanalyse (vgl. dazu Wunderlich 1976, Dittmann 1979; → Kap. I.3.4) lagen angemessenere Analysemöglichkeiten vor.

2.1.1 Beispiel: Gespräch in einer Arbeiterfamilie

Neuland demonstrierte das an Beispielen aus Gesprächen mit einer Arbeiterfamilie:

Beispiel: »Punkt zwölf muss et Essn auf'm Tisch stehn!«

E1: Frau P., arbeiten Sie auch noch? ... Nee, nä?
W1: (Ja, ... stundenweise.
C1: (Nä ... morgens nur ä ... 'ne Stunde. ((verhalten, leise))
W2: 'Ne Stunde ä hier ä/tut se hier'(n bisken nebenbei *putzn.*
C2: (Also anderthalb Stunde ä ä . normalerweise, aber ich bin meistens'n in'ne Stunde wieder zurück. Anderthalb Stunde krich ich'
E2: Muss man . im Haushalt ja auch die Zeit haben, nä.',
C3: 'anderthalb Stunde krich ich (dann bezahlt, nä.
W3: (Ja datt is ja die Zeit, wo die/wo Th. schon in'ne Schule is un die K. noch am *schlafen* is, in der Zeit hat se ja Zeit,. un da kann se sich ja da noch'n paar Pfennige nebenbei *verdienen,* da braucht se nur hier drüben. am Sauerstoffwerk hin, hier um'e Ecke iss'e da.
E3: Un wenn se wiederkommt, is die Kleine auch aufgewacht, nä,
W4: Ja.
E4: un der Junge kommt nachher aus de Schule, und sie kann in Ruhe Essen kochen'
W5: Ja.
C4: Ja un dann dann dann ä muss ich ja schon Essn fertich haben, dee kommt ja auch schon um zwölf sein Essen wieder abholen.
W6: ((lacht)) Nä un wie (ä
C5: (Punkt zwölf muß et Essn aufm Tisch stehn!

W7: ((hustet)) Un genau wie wer sachten vorhin schon mit de de Eltern, Zeit für de Kinder hat man ja sowieso nich mit'n/groß mit'n Lernen. Weil wenn gezz ä/gezz komm ich ja komm gezz ä mittachs *Essn* abholen. Datt is ja, kann man sagen, zu 97 Pro/3 Prozent kommt datt ja nur vor, datt die die Väter nach Hause komm un sich et Essn mittachs abholen. Meistens essen se ja *nam*mittachs, wenn se von'ne *A* beit komm, nä'..

C6: Datt werd ich au ma einrichten. Datt geht nich mehr. Oder ich hol dir wieder'n Henkelmann. Wenn ich ma weg will morgens, dann ä ((Gelächter))

W8: Da werd ich zu dick!

(C6): dann ä muss ich wieder um Punkt zwölf da sein.

W9: Nä un ä un dann is et ja *so* bei den meisten/ Ja, bei den meisten Fällen is et ja *so*, da gehen die Eltern gehen mo / vielmehr die Mutter geht morgens in der Zeit, wo de Jung in'ne Schule is, eben wacker in'ne Stadt einkaufen. Weil se ja/ dat is ja dee Moment, wo se de meiste *Zeit* hat, zwei Stunden oder drei, nä. Dann kommt kommt se nach Haus, kommt de Jung aus de *Schule*, da kann se ja nich mehr bei de Schulabeiten bleiben, sie muß ja et *Essn k*ochen un die Wohnung fertich haben, wenn dee *Mann* nach Hause kommt. ... Also wer soll denn gezz dabei sein, um datt de Jung anständich Schulabeiten machen kann? Is doch gar keiner ... Un wenn doch gezz ä dabeibleibn *will*, watt bleibt zurückliegn? Die Wohnung oder et Essenmachen. Eins von beiden bleibt zurückliegen. Un watt gib et End vom Lied? Datt kuckt dee Mann sich dreimal an, un beim viertenmal gib et Theater: Mein *Essen* is wieder nich fertich!', nä? ... So mach *ich* wenichstens Theater, nä.

C7: ((laut, abgesetzt)) Tja genau, genau, sprech du nur von *dir!* (Komm *du* ma mit

W10: ((Gelächter)) ja, nä?

(C7) deine Wahrheit raus, du willss et ja nie gewahr haben, wenn *ich* et dir sach, nä?

W11: Ja wenn ich ä / wenn ich pünktlich nach *Hause* komm, will ich auch pünktlich mein *Essn* haben!

C8: Kommss du ma pünktlich nach Hause? ((sehr hoch))

W12: Ja.

C9: War anfangs jedenfalls nich so.

W13: Wieso?

C10: Früher war datt nich so ... (heute'.

W14: (Ja heute ja.

C11: Seitdem de't eingesehn hass, datt ich *recht* hatte.

W15: Heute is man länger verheiraat, da muß man datt länger könn, da hat man datt gelernt. ((lachend))

C12: Nä, seitdem ich / seitdem de eingesehen hass, datt ich *recht* hatte.

W16: Nä un ä

C13: Ich hab immer gesacht ((stark emotional)), de S. is kein Umgang für ihn ... ‚Nein mein *Kollege*, mein *Abeitskollege*, datt is so 'n *Kollege!*' Hijaa, un jezz hat er't endlich *eingesehen.* Denn *der* hat den nur verführt immer zum Saufen! Dee kam von'ne Abeit aus nich nach Hause, dee ging *saufen.* Datt *mußte* ja nich sein!

W17: Na, ab un zu muß man,
C14: Nä, datt musste ja nich sein! Un da ä / machte ich mir *Sorgen*, weil er nich zu Hause war. Ja verdammt,(wo bleibt denn? Auf Abeit war'e nich mehr.)
W18: (In säm in sämtlichen Sachen
C15: (Wer weiß watt in in in kurzer Zeit passieren kann. Weiß man ja *alles* nich, nä? Brauch ja nur'n *Unfall* gebaut zu haben.
W19: ln sämtlichen Sachen ä (läu
C16: Watt dann?'
(W19): läuft man sich eimal de Hörner stumpf.
C17: Ja ja, sicher ...(ich mein, du hass ja gesehen, wie de S. un de C. is, nä?
W ((Lachen))
W21: J ä (is eben Pech!
C18: (*Saufen* gehn un andere *Weiber* im Kopp un dann nix anderes ... (und *du*'
W22: (Ja ä *eins* muss dann bleiben.
(C18) *du* wärss nämmich *genauso* geworden, wenn de nich auf mich *gehört* hätts.
W23: Ja!
C20: ((versöhnlich)) Ja, hass'e aber endlich ma *ein*gesehn
W24: Entweder ha ä/gehss'e saufen, dee eine hat datt un dee andere hat datt.
C21: Ja ja, sicher.
W25: Entweder hat man's oder man hat's nich! ((Lachen))
C22: ((Lachen)) Jaa, entweder hat man / hätts ja *gehen* könn, ich wär auch gegangen.
W ((Lachen))
E6: Ja, aber das Familienleben leidet doch so und so drunter,
W26: Ja, is klar, is klar.
C23: Hatt man't Essn fertich, watt wird et: *kalt*! Fressen se't nich, weil se *gesoffen* haben, nä? Ja wofür *kocht* man dann? ...Damit man't anschließend im *Klo* schmeißen kann, nä?
W27: Ja kumma, jezz sauf ich bald *gar* nich mehr.
C24: Ja jezz is ja / datt is schon ma *viel* Wert, datt du / datt die Krankheit festgestellt worden is, du. Ich gönn dir ja nix Schlechtes, aber datt hab ich dir gegönnt, du. ((Lachen))

(nach Neuland 1981)[1]

1 Erläuterung zur Transkription: Phonetische Besonderheiten wurden ansatzweise orthographisch wiedergegeben; Kursivierungen geben besondere Akzentsetzungen wieder, Klammern Simultansprechen, Schrägstriche Anakoluthe, ´ Hebungen.

2.1.2 Gesprächsanalyse

Merkmale gesprochener Sprache

- Variabilität und Multimodalität
- Bedeutungskonstitution und Beziehungsdefinition im Gespräch

Im Unterschied zu der durch die Orthographie weitgehend einheitlich geprägten geschriebenen Sprache hatte sich die Sprechsprache kaum durch Vorgaben der Hochlautung regeln lassen. Umgangssprache, soziale und regionale Einflüsse waren vielmehr ausschlaggebend, hinzu traten paraverbale und nonverbale Kommunikationsmittel, für die unterschiedliche Notations- und Beschreibungssysteme entwickelt wurden. Das angeführte Gesprächsbeispiel lässt z. B. die folgenden **soziolektalen und dialektalen Merkmale** erkennen:

Regionalsprachliche Lautungen aus dem Ruhrgebietsdeutsch:

- auslautendes /s/ wird als Verschlusslaut realisiert: *watt* und *datt,*
- anlautender Frikativ /j/ wie in *jetzt* wird als Verschlusslaut /g/ ausgesprochen: *gezz,*
- Vokaldehnung vor silbenauslautendem /r/: *auf`e Aabeit*
- die im Mündlichen übliche Kontraktionen und Verschleifungen: *um'e* Ecke, *in'ne Schule, nämmich*
- Spirantisierung auslautendes /g/ wie in *fertich*
- Verwendung **sozialer Topik**: *'n paar Pfennige nebenbei verdienen, sich de Hörner stumpf laufen, dee eine hat datt un dee andere hat datt*
- Ersatz der finalen Subordination: *damit* durch: *um datt.*

Zu Beginn der transkribierten Gesprächsphase wird sogleich eine Bedeutungsdifferenz zwischen den Eheleuten sichtbar, indem die angesprochene Ehefrau C ihre Arbeitstätigkeit des Putzens anders definiert als ihr Mann W und es dadurch zu kontroversen Antworten auf die Frage von E kommt (W1: *ja.* C1: *nein*). In der Fortsetzung von W: (*N'bisken nebenbei putzn*) wird dann genauer definiert, dass mit der ›*Arbeit*‹ kein hauptberufliches Vollzeitarbeitsverhältnis, sondern eine stundenweise Nebentätigkeit gemeint ist. Aus den anschließenden Erläuterungen beider Eheleute wird auch eine positive Selbstdarstellung ersichtlich, dass man die günstigen Gegebenheiten zu nutzen weiss: (*un da kann se sich ja da noch'n paar Pfennige nebenbei verdienn* (W3)), womit auf ein **sozialtypisches kollektives Erfahrungsmuster** verwiesen wird.

Aufschlussreich für die Beziehungskonstellation der Eheleute ist die Tatsache, dass W sich für die Beantwortung der Frage an seine Frau zuständig erklärt. Im weiteren Gesprächsverlauf ergreift er immer wieder die Rede als dominanter Gesprächspartner, der Redebeiträge und Beitragsversuche seiner Frau überhört und ein neues Subthema initiieren will, bis es zum Widerstand seiner Frau mit einer anschließenden offenen Eskalation kommt. Diese Dominanz reflektiert zugleich die **geschlechtspezifischen Machtverhältnisse** zwischen den Eheleuten. Die hier nur unzureichend wiedergegebene starke emotionale Beteiligung der Frau zeigt sich in ihrer erhöhten Lautstärke, in starken Akzentsetzungen, einer zweigipfligen Interjektion (C13: *hijaa!*) und schließlich auch in einem Stilwechsel zu einer drastischen Lexik:

> C23: *Hat man't Essn fertich, watt wird et: kalt! Fressen se't nich, weil se gesoffn haben, nä? Ja, wofür kocht man dann? ... Damit man't anschließend im Klo schmeißn kann, nä?*

Die Linguistik der gesprochenen Sprache und mündlichen Kommunikation hat mittlerweile feinere Möglichkeiten der Widergabe solcher Gesprächsverläufe entwickelt. Nach den anfänglich eher taxonomisch angelegten Übersichten (v. a. Schwitalla 2012, Fiehler et al. 2004) dokumentieren sie inzwischen genauer die interaktiven Prozesse (v. a. das Gesprächsanalytische Transkriptionssystem GAT von Selting u. a. 2009). Das anfangs als **Gesprächslinguistik** bezeichnete Verfahren (Henne/Rehbock 2001), mittlerweile überwiegt **Konversationsanalyse** (Erfassung der sprechereigenen emergenten Gestaltung von Redebeiträgen, die in Interaktionsprozessen formale konstruktive Muster bilden, vgl. z. B. Birkner et al. 2020) firmiert mittlerweile unter dem Terminus der **Interaktionslinguistik** als pragmatisch fundierte Beschreibung von Interaktionsprozessen in Gesprächen, die von den beobachtenden Teilnehmern rekonstruiert werden (z. B. Deppermann 2008). Auf die Tradition dieses Ansatzes in der Ethnographie der Kommunikation werden wir später noch genauer eingehen. Mit der Wahl unseres Beispiels heben wir jedoch eine *genuin soziolinguistische* Beschreibungs- und Herangehensweise hervor.

Die Interaktionslinguistik untersucht das Sprechereignis in seiner **Situationsbezogenheit** entsprechend der gemeinsam hergestellten sequenziellen Struktur des Kommunikationsablaufs (vgl. Selting/Couper-Kuhlen 2000, Imo 2013, Imo/Lanwer 2019). Das obige Gesprächsbeispiel dokumentiert auch einen wichtigen Punkt der Verletzung konditioneller Relevanzen zwischen der wiederholten, einen **impliziten Vorwurf** enthaltenen Äußerung der Ehefrau in C5: *Punkt zwölf muss et Essn auf'm Tisch stehn!* und der Folgeäußerung des Ehemannes in W7 (*Un genau wie wer sachten vorhin schon mit de de Eltern* (...). Dieser fehlt dagegen mit dem Rückgriff auf einen schon zuvor erwähnten und gemeinsam abgehandelten Themenbereich jede inhaltliche und pragmatische Bezugnahme auf die Vorgängeräußerung seiner Frau. Damit setzt er zwar lokal eine neue Gesprächsphase mit einem neuen Handlungsschema durch (Erläuterungen über allgemeine Probleme der Hausaufgabenbetreuung abgeben), doch lässt sich die weitere Dynamik des Gesprächsverlaufs bis zur Eskalation global ohne diesen **Kooperationsverstoß** nicht erklären.

Zuletzt sei noch darauf hingewiesen, dass der besondere Stil dieses Gesprächs mit Hilfe der **Sozialstilistik** beschrieben werden kann. Für einen solchen Zugang eignet sich eine pragmatische Sicht von Stil als Erwartungshaltung und mit zusätzlicher Bedeutung versehen weitaus eher als eine allein nach Förmlichkeitsgraden der Sprechsituation unterscheidende Auffassung von *Kontextstilen* im Sinne Labovs. Im Unterschied zu *Varietäten*, aber auch zu *Registern*, die hauptsächlich grammatisch und lexikalisch bestimmt werden, weisen **soziolinguistische Stile** als Ausdrucksformen sprachlichen wie nichtsprachlichen Handelns überdies auch paralinguistische und nonverbale Merkmale auf. Für einen soziolinguistischen Stilbegriff, der für die Jugendsprachforschung fruchtbar gemacht werden konnte (vgl dazu Neuland 2018; → Kap. II.4), hält Dittmar (1997: 225 ff.) die expressive Funktion für wesentlich; Kallmeyer (2000: 266 ff.) hebt ihre Funktion als Mittel der sozialen Positionierung von Sprechern hervor. Dies zeigt sich insbesondere bei der Analyse größerer Interaktionseinheiten und kommunikativer Handlungsmuster wie Erzählen oder Lästern und Frotzeln.

2.2 Bedeutung subjektiver Faktoren

Die subjektive Bewertungsdimension und die Spracheinstellungen (language attitudes) haben seit den Anfängen in der Soziolinguistik bei Labov eine bedeutende Rolle gespielt. Methoden und Probleme ihrer Erfassung werden vorgestellt, ebenso ihre Anwendung in verschiedenen soziolinguistischen Forschungsschwerpunkten.

Als ›*objektive*‹ Daten galten in der Geschichte der modernen Linguistik zwar die sprachlichen Äußerungen der Informanten selbst, nicht aber ihre Äußerungen *über* Sprache, die von einem positivistischen Wissenschaftsverständnis aus als subjektive Daten verpönt wurden (vgl. dazu Neuland 1993). Obwohl die begriffliche Trennung von ›objektiven‹ und ›subjektiven‹ Sprachdaten methodologisch zunehmend problematischer wurde, sind bislang kaum Beschreibungskategorien und Analysemethoden für den Umgang mit ›subjektiven‹ Faktoren entwickelt worden.

Sprachgefühl, Spracheinstellungen und Sprachbewusstsein sind **Forschungsgegenstände einer Soziolinguistik der Sprache**, die die sozialen Bedingungen und Wirkungen des Sprachgebrauchs nicht nur in ihren äußerlich manifesten Erscheinungsweisen erforschen, sondern auch die Verarbeitung der sozialen Wirklichkeit im Bewusstsein von Sprechern und Hörern berücksichtigen will.

Erkenntnisse über Sprachvariation und Sprachwandel sprechen für die Bedeutsamkeit der *subjektiven*, gleichwohl sozial vermittelten und kollektiv vorhandenen Faktoren der Spracheinstellungen für Spracherwerb und Sprachlernen, Sprachverwendung und Sprachkonflikte, Spracherhalt und Sprachverlust. So können Sprachgebrauchsweisen subjektive wie gemeinsam geteilte Eindrücke und Stereotypen auslösen und, je nach Situation und Kontext, Auswirkungen auf gesellschaftliches Ansehen, Schulerfolg und beruflichen Aufstieg ausüben (vgl. z. B. Neuland 1993; Plewnia/Rothe 2011).

2.2.1 Mehrkomponentenansatz

Einstellungen oder Attituden bezeichnen nach Allports frühem Ansatz (1935) eine auf Erfahrung beruhende Verhaltensbereitschaft gegenüber sozialen Objekten, die mit kognitiven, affektiven und verhaltensbezogenen Aspekten zusammenhängen. Der Mehrkomponentenansatz enthält:

- **kognitive Komponenten**
  wie auf Sprache bezogene klassifizierende Konzepte und laienlinguistische Kategorien, wie z. B. *schwäbeln* oder *sächseln, wie vom Dorf sprechen, hört sich ungebildet an*
- **affektive Komponenten**
  wie Gefühlsempfindungen wie Sympathie/Antipathie, z. B. *Schauer auf dem Rücken* und abwertende Zuschreibungen bei Soziolekten und Dialekten
- **verhaltensbezogene Komponenten**
  wie Übernahme oder Ablehnung von Sprechweisen, Kontaktsuche oder Kontaktvermeidung von Sprechern

Einstellungen sind demnach verdeckte, aber erschließbare Größen. Selbst nicht direkt beobachtbar, lassen sich doch ihre einzelnen Komponenten externalisiert als metasprachliche Äußerungen über Meinungen, Gefühle und Verhaltensbereitschaften operationalisieren. Einstellungen stellen keine fixen Persönlichkeitsmerkmale dar; vielmehr sind sie als gesellschaftlich vermittelte Produkte sozialer Lernprozesse veränderbar und in ihrer Aktualisierung von situationsbedingten Faktoren abhängig (Triandis 1975, Bierbrauer 1976, Bohner 2002).

2.2.2 Sprachliche und soziale Korrelate

Zu den sprachlichen Auslösefaktoren gehören v. a. Erfahrungen mit unüblichem, von der Sprachnorm abweichendem Verhalten, wie sie im Umgang mit Sprachvarietäten, v. a. Dialekten und Soziolekten, mit Mehrsprachigkeit, beim Zweitspracherwerb etc. auftreten. Während die strukturalistische Linguistik solche subjektiven Daten nicht ernst genommen und als unwissenschaftlich beiseitegeschoben hat, bilden sie seit Anbeginn ein wichtiges Forschungsfeld der Soziolinguistik. Folgende Schwerpunkte können unterschieden werden:

Labov hatte Tests zur ›*subjektiven Bewertung*‹ entwickelt, mit denen die Reaktion von Probanden auf bestimmte linguistische Variablen des Nonstandards erfasst werden sollten (→ Kap. I.3). Zur Klassifikation dienten Skalen der Berufseignung (*Fernsehansager, Lehrer, Bürovorsteher, Verkäufer, Postbeamter, Vorarbeiter, Fabrikarbeiter*), Skalen der *Härte*/toughness (von *knallharter Killer* über *Durchschnittstyp* bis zu *Niete* und *Memme*) und Freundschaftsskalen (von sicher über wahrscheinlich bis nie) sowie Skalen zur kulturellen Selbstzurechnung (von *Allah* und *Bruder* über *Farbiger* bis zum *knallharten Schweinefleischfresser*) (Labov 1976/1978: 74 ff.). Auch die ›Doppelrollen‹-Technik (matched guise-Technik) setzte Labov ein, um subjektive Reaktionen auf kritische Variablen von Sprachwandel zu erforschen (Labov 1976/1978: 302 ff.). Das wird in Kapitel I.3 näher ausgeführt.

Dabei verweist er auf die Forschungen des kanadischen Psychologen Wallace Lambert (1960, 1969), der die matched guise-Technik zur Beurteilung von Sprachen in multilingualen Gesellschaften wie z. B. Englisch und Französisch in Kanada entwickelt hatte. Für die Sprachsoziologie und die Fragen von Sprachwahl, Spracherhalt und -verlust sind die sozialen Einstellungen wichtige Bedingungsfaktoren, um *Prestige* und *Stigma* von Sprachen und Varietäten genauer bestimmen zu können. Ein weiterer Forschungsschwerpunkt lässt sich auf den Sozialpsychologen und Linguisten Howard Giles (1970, 1987) zurückführen, der sich mit evaluativen Reaktionen auf Sprachstile beschäftigt hatte.

In der germanistischen Soziolinguistik Deutschlands hat die Spracheinstellungsforschung mit ihren Auswirkungen im pädagogischen Kontext leider nur wenig Resonanz gefunden. Allerdings findet sie in der sozialen Dialektologie, insbesondere der Perzeptiven Dialektologie, neue Aufmerksamkeit (→ Kap. II.2).

Subjektive Faktoren wirken zugleich als wesentliche Variablen der Fremd- wie Selbsteinschätzung und beeinflussen auch den eigenen Sprachgebrauch. Sie weisen dem Individuum eine aktive Rolle beim sprachlichen Handeln zu; sie wirken allzu deterministischen Vorstellungen des Einflusses gesellschaftlich-historischer Kontexte auf den Sprachgebrauch entgegen und öffnen das Blickfeld für mehrdimensionale Variation.

Zumal im Bereich der soziolinguistischen Jugendsprachforschung lässt sich sehr nachdrücklich die Wirkung subjektiver Faktoren belegen: So können sich Jugendliche durch die Nutzung von Fachwörtern z. B. als Experten für einen bestimmten Straßensport oder für eine bestimmte Musikrichtung ausweisen, durch den Gebrauch von Regionalismen ihre Ortsgebundenheit demonstrieren, durch provozierende sprachliche Derbheiten und Obszönitäten *Härte* symbolisieren und sich als *Nonkonformist* oder *Macho* stilisieren (vgl. Neuland 2018). Dies verdeutlicht die *sozialsymbolische*, identifikatorische Funktion von subkulturellen Sprachstilen (→ Kap. II.4).

- Die Rolle subjektiver Faktoren wird aber nicht nur in der Jugendsprachforschung deutlich; vielmehr spielen sie eine wichtige Rolle in der soziolinguistischen Genderlinguistik, nimmt man den nicht nur in der feministischen Linguistik geäußerten Wunsch nach dem ›*Mitgemeint-sein-wollen*‹ ernst. Studien wie die von J.Klein (1987) veranschaulichen die psycholinguistischen Auswirkungen des generischen Sprachgebrauchs (→ Kap. II.3).

Konstitutiv scheinen subjektive Faktoren schließlich für die Wahrnehmungsdialektologie, die die subjektiven Empfindungen und Meinungen der Sprachteilhaber zum Ausgangspunkt ihrer Forschungen nimmt (→ Kap. II.2).

Im Kontext von Schule und Sprachunterricht spielt schließlich die kritische Auseinandersetzung mit Stereotypen und Vorurteilen eine zentrale Rolle beim sozialen Lernen und der Reflexion über Sprache (→ Kap. III.1).

2.3 Einflüsse auf Sprachwandel

Soziolinguistik und Sprachwandelforschung weisen viele Überschneidungsbereiche auf. Sie betreffen vor allem die Ausbreitung von sozialen oder auch regionalen Sprachvarianten in die Gemeinsprache; allerdings sind nicht alle Sprachwandelphänomene soziolinguistisch motiviert. Dazu gehören v. a. Aspekte des syntaktischen Wandels, wie die Unterscheidung des *epistemischen* vom *faktischen weil* (Keller 1993) und des *korrektiven* vom *restriktiven obwohl* (Günthner 1999) sowie des phonetischen Wandels, wie z. B. die Kürzung und eventuelle Entspannung eigentlich langer, gespannter Vokale, z. B. *Omega* [o:mega oder ɔmɛga] (vgl. Colliander 2012). Darauf werden wir in diesem Band nicht weiter eingehen.

In der Sprachwandelforschung wird ›**externen**‹ **Faktoren** unterschiedliches Gewicht gegenüber sprachinternen Faktoren beigemessen. Für eine soziolinguistische Betrachtungsweise spielen soziale Faktoren wie Generation, Geschlecht, Migration entscheidende Rollen. Schon von Polenz hatte in seiner Sprachgeschichte ein Kapitel den sozialen oder regionalen Sprachvarianten gewidmet und z. B. Einflüsse der älteren Studentensprache sowie der jüngeren Jugendsprache auf die Gemeinsprache festgestellt (1999: 454 ff.). Auch Besch und Wolff spüren dem Einfluss von Varietäten des Deutschen auf die Gemeinsprache in ihrer Sprachgeschichte nach (2009: 107 ff.).

Aus soziolinguistischer Sicht hatte sich Labov, wie noch gezeigt werden wird (→ Kap. I.4.2), in mehreren Studien mit sozialen Faktoren von Sprachwandel beschäftigt. Dabei berücksichtigte er neben sozialen Schichten und der sozial stratifizierten Bewertung sprachlicher Variablen Faktorenkomplexe wie Alter, Migration und ethnische Gruppen, lokale Identität bzw. Gruppenidentität als **Zugehörigkeitskategorien** sowie schließlich auch die Rolle der Frauen mit ihrer Sensibilität für Prestigeformen (→ Kap. II.3). Weiterhin unterschied er zwei Typen von Prozessen der Verbreitung sprachlicher Innovationen: und zwar den **Druck von oben**, der sich hauptsächlich auf sprachpolitische Maßnahmen (v. a. durch neue Normvorschriften) bezieht und bewusst verläuft, sowie den **Druck von unten**, der sich eher spontan und unbewusst vollzieht. Mittels subjektiver Reaktionstests und der matched guise-Verfahren (→ Kap. I.3.2.2) wurden phonologische Merkmale wie die Frikativform des /th/ und das postvokale /r/ als Prestigevarianten der oberen Mittelschicht analysiert. Die These von der Hyperkorrektheit der unteren Mittelschicht als Zeichen sprachlicher Unsicherheit und als Faktor von Sprachwandel konnte insbesondere für formellere Sprechsituationen bestätigt werden.

Auch im deutschen Sprachraum können **sprachliche Einflüsse auf die Gemeinsprache** wie Alter bzw. Generation, Geschlecht, Migration und Gruppenidentitäten festgestellt werden (ausführlich → Kap. III.3). Während jedoch der angeblich negative Einfluss Jugendlicher und ihrer informelleren Sprachstile auf die Standardsprache in der Öffentlichkeit oft übergewichtet (→ Kap. II.4) und der Einfluss von Migration als Russendeutsch, Türkendeutsch oder Kanaksprache verunglimpft wird, ist demgegenüber der Einfluss von genderbezogenen Sprachstilen und speziell des geschlechtergerechten Sprachgebrauchs zweifellos größer als gemeinhin angenommen (→ Kap. II.3).

Die vielfach empfundene soziale Ungleichbehandlung von Männern und Frauen in der Sprache wurde zum Anlass für sprachpolitische Forderungen genommen, die z. B. in **Empfehlungen zum geschlechtergerechten**

Sprachgebrauch bzw. zur sprachlichen Gleichstellung mündeten. Diesen Forderungen wird heute durchwegs im öffentlichen und politischen Raum Rechnung getragen. Ein weiterer Einfluss geht von der Digitalisierung aus und wird später noch ausführlich dargestellt (⟶ Kap. III.3).

Eichinger (2018) hebt in einer Übersicht über Entwicklungen im Deutschen insbesondere **Neuerungstendenzen im Wortschatz, Subkultur** und **neue Mehrsprachigkeit** sowie **Veränderungen im grammatischen System** hervor. »Die neuen Medien, jugendkulturell Lockeres, an modernen Lebensstilen und nicht autochthonen Kulturen Orientiertes, international Gängiges und in den Medien Präformiertes« zeigen sich in den Veränderungen, weiterhin : »politisch korrekte Reaktionen (*Fracking, Inklusionsklasse*) und entsprechende Lebensstile (*grüner Smoothie, Vöner, Helikoptereltern*), neue Elektronik und Medien (*Fingerwisch, Selfie*) und Aspekte aktuell modernen Lebens (*Freistoßspray, Pop-up-Restaurant*)« spiegeln sich im Wortschatz des modernen Lebens wider. (2018: 14) Dazu werden die klassischen Wortbildungsmuster der Deutschen verwendet wie vor allem die Komposition, aber auch Kontaminationen und Kurzwörter (*GroKo*). (vgl. dazu auch das Neologismen-Wörterbuch des IDS (www.owid.de), Steffens/Al-Wadi 2013 sowie Eisenberg 2013).

Das Veränderungspotential mit der Tendenz **zunehmender sprachlicher Lockerung** bei **gleichzeitiger fachlicher Diversifizierung** hängt mit gesellschaftlichen Entwicklungen zusammen, die Eichinger (2018: 16) wie folgt gruppiert:

- Neue, bis dahin als marginal angesehene Sprechergruppen beanspruchen Gehör in der Öffentlichkeit (u. a. Jugendkulturen),
- zunehmende Binnenmehrsprachigkeit als Folge von Arbeitsmigration,
- Ausdifferenzierung und Omnipräsenz klassischer und elektronischer Medien.

Die zunehmende **Informalisierung des Sprachgebrauchs** zeigt sich nicht nur in der Lexik, sondern auch in alltäglichen sprachlichen Umgangsformen, v. a. der Anrede, Begrüßung und Verabschiedung, wie die entsprechende Studie von Neuland (2015) mit dem Passe-partout-Wort: *Hallo* demonstriert (⟶ Kap. II.9).

Auf einige soziolinguistisch bedeutsame Aspekte von Sprachwandel werden wir am Ende des Bandes genauer eingehen (⟶ Kap. III.3).

2.4 Soziolinguistische Theorieansätze

Zu den vier überwiegend aus der US-amerikanischen Forschung stammenden Theorieansätzen, die Dittmar (1997) in den *Grundlagen der Soziolinguistik* aufzählt:

- Soziale Dialektologie oder Variationslinguistik,
- Sprachsoziologie,
- Ethnographie der Kommunikation,
- Interaktionale Soziolinguistik,

wollen wir die Sprachbarrierenforschung hinzurechnen, die sich in Großbritannien entwickelt hat und großen Einfluss auf die Soziolinguistik der deutschen Sprache ausgeübt hat (⟶ Kap. II.1). Dabei müssen wir uns aus Platzgründen auf jeweilige Hauptvertreter und auf einige Grundgedanken und Grundbegriffe beschränken, wodurch der Aspektreichtum der jeweiligen Ansätze leider nur verkürzt und in Auswahl dargestellt werden kann.

2.4.1 Code-Theorie und Sprachbarrierenthese (Basil Bernstein)

Der britische Soziologe Basil Bernstein (1924–2000) hat sich mit den Sprachfähigkeiten von Angehörigen unterschiedlicher Gesellschaftsschichten und dem Zusammenhang mit der Schulbildung beschäftigt. In seinen Schriften entwickelte er seit Ende der 1950er Jahre die These, dass der Bildungs- und Aufstiegserfolg von Gesellschaftsmitgliedern entscheidend vom Grad der Wohlorganisiertheit ihrer Sprachverwendung abhängt (Dittmar 1973: 1). In diesem Zusammenhang traf er die Unterscheidung einer ›öffentlichen‹ Sprache der sozialen Unterschicht und einer ›formalen‹ Sprache der Mittelschicht, die er in späteren Schriften als **restringierten** (RC) und **elaborierten Code** (EC) bezeichnete. Die durch die Sprache vermittelte unterschiedliche soziale Erfahrung deutet Bernsteins Orientierung an der Sapir-Whorf-Hypothese an, auf die er selbst mehrfach verweist.

Bereits in den frühen Schriften nimmt er eine Beschreibung der beiden Sprechweisen vor, die starke linguistische Kritik auf sich gezogen hat, wie er auch selbst in der Einleitung zu seinen Schriften konstatiert (z. B.

1972: 42). Besonders die Merkmalslisten des restringierten Codes gleichen einer Mängelliste (1972: 88). Das hat mit dazu geführt, den Bernstein'schen Theorieansatz als **Defizitkonzeption** zu bezeichnen, da die Unterschichtangehörigen über eine geringere sprachliche Variationsbreite zu verfügen scheinen: »Diese zentrale Annahme, daß die Unterschichtsprache unqualifizierter und beschränkter als die Mittelschichtsprache ist, wollen wir im folgenden *Defizit-Hypothese* nennen.« (Dittmar 1979: 1)

Schon in seinen frühen Schriften präsentiert Bernstein Charakteristika der beiden Codes (Tab. I.2.1).

Es verwundert die unklare Begrifflichkeit, die Vermischung linguistischer und psychologischer Charakterisierungen, die Schlichtheit des Schichtungsmodells, der hohe Allgemeinheitsgrad und Verallgemeinerungsanspruch sowie vor allem die mangelnde empirische Validierung und der offensichtliche Wertungsmaßstab.

Empirische Validierungsversuche stammen eher von späteren Schülern und Mitarbeitern Bernsteins (wie Coulthard, Hawkins, Henderson, Lawton). Bernstein selbst hatte seine Daten auf eine Stichprobe von 61 5–18jährigen Besuchern der Berufsschule (Arbeiterschichtgruppe) und 45 in Alter und Geschlecht gleichgesetzten Besuchern von Public Schools bezogen, die alle eine freie Diskussion zum Thema ›Abschaffung der Todesstrafe‹ durchführten. Untersuchungsvariablen waren u. a. Häufigkeit und Länge von Sprechpausen, Gesamtlänge der Äußerungen, Anzahl und Klassifikation einzelner Wortarten, v. a. von Personalpronomen. Die Anlage der Untersuchung und die Analyse wurden einer detaillierten Kritik unterzogen (vgl. v. a. Dittmar 1973: 58 ff., Neuland 1975: 44 ff.).

Selbst wenn man bedenkt, dass der Autor nicht auf linguistische Vorbilder oder Traditionen zurückgreifen konnte, kann man der zusammenfassenden **Kritik an den Merkmalslisten der linguistischen Codes** von Dittmar (1973: 24) nur zustimmen:

1. Sie geben nur sehr global an, welcher Natur Unterschiede zwischen den zwei Sprechweisen sein können.
2. Die Trennung zwischen linguistischer Ebene und anderen Ebenen ist nicht geklärt.
3. Die Charakterisierungen gehen von Normvorstellungen aus, die weder gesellschaftlich hinterfragt noch durch ein explizites wissenschaftliches Modell gerechtfertigt werden.

	öffentliche Sprache	**formale Sprache**
1	Kurze, grammatisch einfache und oft unvollständige Sätze, die das Aktiv betonen.	Genaue grammatische Struktur und Syntax regulieren das Gesagte
2	Einfacher und sich wiederholender Gebrauch von Konjunktionen	Grammatisch komplexe Satzkonstruktionen und der vielfältige Gebrauch von Konjunktionen und Relativsätzen
3	Häufiger Gebrauch kurzer Befehle und Fragen.	Häufige Verwendung von Präpositionen, die auf eine logische Beziehung und auf einen zeitlichen und räumlichen Zusammenhang verweisen.
4	Häufiger Gebrauch von Adjektiven und Adverbien.	Differenzierende Verwendung von Adjektiven und Adverbien.
5	Gelegentlicher Gebrauch von unpersönlichen Fürwörtern als Subjekte von Bedingungs- und Hauptsätzen.	Häufige Verwendung unpersönlicher Fürwörter.
6	Fragen implizierende Feststellungen, die eine »sympathetische Zirkularität« in Gang bringen.	
7	Begründungen und Folgerungen werden zu einer kategorischen Behauptung vermengt.	
8	Häufig individuelle Auswahl aus einer Gruppe idiomatischer Wendungen.	Ein Sprachgebrauch, der auf die Möglichkeiten verweist, die sich in einer komplexen Begriffshierarchie zur Einordnung von Erfahrungen finden.
9	Angewandte Symbole weisen eine niedrige Allgemeinheitsstufe auf.	Expressive Symbole mit der Funktion, eher das Gesagte zu untermalen, als dessen Inhalt in logischer Hinsicht verständlicher zu machen.
10	Die individuelle Qualifikation liegt implizit in der Satzorganisation: Es ist eine Sprache impliziter Bedeutungen.	Die individuelle Qualifikation wird durch die Struktur und die Beziehungen innerhalb und zwischen den Sätzen vermittelt. Es handelt sich somit um eine explizite Qualifikation

Tab. I.2.1: Bernstein-Thesen zur öffentlichen und formalen Sprache (1972/1959: 88 f.) (gekürzt und kontrastiv geordnet v. E.N.)

Auch die später eingeführten Merkmale: universalistisch (EC) vs. partikularistisch (RC) sowie geringe (EC) vs. hohe Vorhersagbarkeit (RC). tragen nicht zu einer grundlegenden Klärung bei. Umso mehr verwundert die unkritische bis euphorische Rezeption der Begrifflichkeit wie der Thesen Bernsteins zur damaligen Zeit, die sich angesichts der weiter vorn skizzierten wissenschafts- und bildungspolitischen Rahmenbedingungen (→ Kap. I.1) vielleicht nur aus dem Bedürfnis nach einer wissenschaftlichen Bestätigung offensichtlich schichtspezifischer Differenzierungen des Homogenitätsmodells erklären lassen.

So ist schon der postulierte **Zusammenhang sozialer und sprachlicher Aspekte** bei Bernstein diffus geblieben. In folgendem Schaubild hatte er versucht, diesen für die Entwicklung der Soziolinguistik wesentlichen Kernpunkt zu klären:

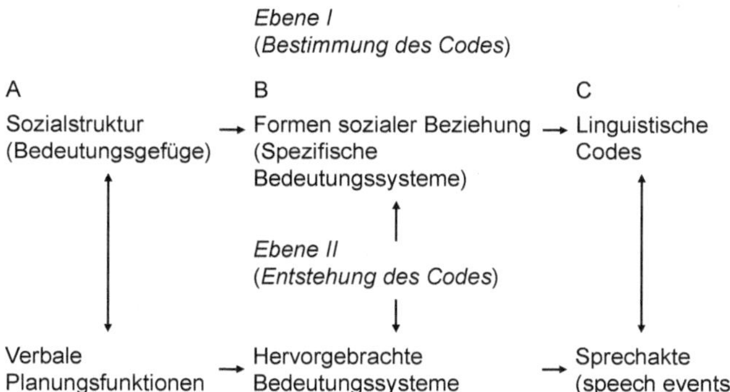

Abb. I.2.1: Auswirkung der Sozialstruktur auf linguistische Codes (Bernstein 1972/1959: 249)

Hier finden sich an den entscheidenden Stellen (von B nach C oben sowie innerhalb von A) Pfeile an Stellen theoretischer Explikationen. Bernsteins Code-Theorie bleibt trotzdem weiterhin eine spannende These und Herausforderung für die Sprachwissenschaft – bei aller Plausibilität seiner Ausführungen zu möglichen Folgen sozial unterschiedlicher Sprechweisen, die sich mit Mitteln der interaktionalen Kommunikationsforschung heute präziser beschreiben lassen. Auf Bernsteins Ausführungen zur sprachlichen Sozialisation werden wir in Kapitel II.1 näher eingehen.

Zur breiten Bernstein-Rezeption in Deutschland haben zweifellos die zahlreichen Studien beigetragen, die Grundgedanken Bernsteins aufgriffen und auf den deutschen Sprachraum übertrugen. Dazu zählt vor allem die Arbeit: *Sprache und soziale Herkunft* (1970) des Soziologen Ulrich Oevermann. Darin formuliert er als Generalhypothese:

1. Zwischen Kindern der Mittelschicht und der Unterschicht zeigen sich im Sprachverhalten Unterschiede, die mit der theoretischen Interpretation der linguistischen Merkmale in der Dimension »restringiert« – »elaboriert« übereinstimmen.
2. Diese Unterschiede zwischen der Unterschicht und der Mittelschicht bestehen unabhängig vom Niveau der gemessenen Intelligenz. (1970: 94)

Diese Hypothesen sollten anhand von Aufsätzen in einer sechsten Realschulklasse mit künstlich gepaarten Unterschicht- und Mittelschichtkindern überprüft werden, und zwar mit einer Liste von insgesamt 89 Variablen, die unter fünf theoretischen Gesichtspunkten subsummiert waren (Komplexität, Differenzierung, Individuierung und Abstraktionsniveau).

Wie die minutiöse Ergebnisdarstellung zeigt, weist nur ein Teil der Variablen signifikante soziale Unterschiede auf, und zwar vor allem im Hinblick auf die syntaktische Komplexität. Im sonstigen Kontext genereller Kritikpunkte (wie schriftsprachliches Material aus dem schulischen Kontext, fragwürdige Schichtzuweisungen und Variablenauswahl) rechtfertigt das nicht unbedingt den Schluss einer Bestätigung Bernsteins Theorie, besonders im Hinblick auf das vermeintliche Defizit im Sprachgebrauch von Unterschichtangehörigen.

2.4.2 Soziale Dialektologie und Variationslinguistik (William Labov)

Die kritische Bernstein-Rezeption wurde in der Bundesrepublik schon bald auf die **Polarisierung Defizit- vs. Differenzkonzeption** konzentriert, für die der US-amerikanische Soziolinguist William Labov als Kronzeuge galt. Dittmar stellt die beiden unterschiedlichen Konzepte idealtypisch einander gegenüber (1973: 129f.):

Defizitkonzeption	Differenzkonzeption
Normatives Vorgehen	Deskriptives Vorgehen
Einseitige Fixierung auf die Analyse schichtenspezifischen Sprachgebrauchs	Untersuchung von Sprachvariation auf der Mikroebene verbaler Interaktion

Sprache der Mittelschicht (MS) leistet mehr als die Sprache der Unterschicht (US)	Sprachliche Varietäten sind funktional äquivalent
Schwerpunktmäßiger Einbezug kognitiver Aspekte, Anlehnung an Sprachrelativismus	Weitgehende Ausklammerung kognitiver Aspekte
Beschreibung des Sprachgebrauchs in einseitigen formalen Testsituationen, v. a. im schulischen Kontext	Erforschung des formalen-informalen Kontinuums natürlichen Sprachgebrauchs in unterschiedlichen sozialen Kontexten
Rolle des Sprachgebrauchs für den sozialen Erfolg von Sprechern, beschränkte Anzahl sozialer Parameter, gerichtete Hypothesen	Sämtliche durch Intervention sozialer Parameter verursachten sprachlichen Differenzierungen, ungerichtete Hypothesen

Tab. I.2.2: Defizit- vs. Differenzkonzeption (Dittmar 1973: 129 f., gekürzt v. E.N.)

Den Defiziteffekt erklären die Anhänger der Differenzkonzeption als Folge eines ›middle class bias‹ in soziolinguistischen Erhebungs- und Analysemethoden sowie mit unzureichenden linguistischen Analysen der Systematik nonstandardsprachlichen Sprachgebrauchs.

Ein wichtiger Punkt in diesem Modell ist die **soziale Bewertung sprachlicher Erscheinungsformen** (Privilegierung, Stigmatisierung) und deren mögliche Folgen für den Sprachwandel, der stärker in den Fokus gerückt wird. Entscheidend bleibt darüber hinaus die These der funktionalen Äquivalenz von unterschiedlichen Ausdrucksformen.

Dittmar (1973: 131 ff.) setzt sich ausführlich mit Grundbegriffen, Traditionen und theoretischen Konzepten zur Beschreibung von Sprachvariation auseinander. Löffler (2016: 30 ff.) verfolgt Aspekte der Schichtungstheorie und der Handlungstheorie einschließlich subjektiver Komponenten in der Weiterentwicklung der ursprünglich einfachen ›Code-Theorie‹ zu einer komplexen ›Varietäten-Linguistik‹. Nabrigs (1981: 9) spricht von einer ›Wiederentdeckung‹ der sprachlichen Heterogenität und zeichnet einen Paradigmenwechsel (›variationist paradigm‹, seit Bailey 1971) nach. W. Klein (1976: 30 f.) postuliert: »die Variation als wesentlichen Zug einer jeden Sprache, nicht bloß als Störfaktor, zu sehen, sie in die Sprachtheorie einzubeziehen und geeignete Methoden zu ihrer genauen Erfassung zu entwickeln.«

William Labov hat seit den frühen 1960er Jahren bahnbrechende Untersuchungen über Lautwandel und soziale Stratifikation des Englischen durchgeführt. Dabei ging es um die Realisierung des postvokalischen Phonems /r/ in von unterschiedlichen sozialen Schichten besuchten Kaufhäusern in New York City. Seine innovative Methodologie begründet er mit Prinzipien des Studiums der ›Sprache im sozialen Kontext‹ (1976/1978). Methodologische Axiome, darunter: Stilwechsel, Aufmerksamkeit, Regionaldialekt, Förmlichkeit führen ihn zur Formulierung des bekannten Beobachterparadoxons (→ Kap. I.3).

Auf methodologische Aspekte werden wir im folgenden Kapitel I.3 zurückkommen; hier soll der konzeptionelle Ansatz der ›Sozialen Dialektologie‹, teilweise auch als ›korrelative Soziolinguistik‹ bezeichnet, genauer verfolgt werden (vgl. dazu Labov 1976/1978). Seiner Ansicht nach war das Schichtgefüge der New Yorker Stadtsprache nicht mehr mit der traditionellen Dialektologie beschreibbar; vielmehr vertritt er die These, dass »das Englisch von Schwarzen und Weißen ein *Kontinuum* von Varietäten darstellt, die in den Formen erhebliche Kontraste aufweisen, aber gleichwertigen kommunikativen Funktionen/Normen entsprechen.« (Dittmar 1997: 53). *Soziolinguistische Variablen* sind mithin eine »Menge alternativer Möglichkeiten, sprachlich das gleiche zu sagen, damit aber unterschiedliche soziale Identitäten/Hintergründe/Bedeutungen zum Ausdruck zu bringen«. Die Summe der Varianten wird dann z. B. mit der Schichtzugehörigkeit eines Sprechers in einen Zusammenhang gebracht, d. h. korreliert. So kann die Realisierung des /r/ als (r-1), die Nichtrealisierung als (r-0) bezeichnet werden. Der im Vergleich zu den Unterschichtsprechern hohe Wert von (r-1) bei Mittelschichtsprechern weist dieses als ein soziolinguistisch bedeutsames Merkmal aus, das gesellschaftlich ›prestigebesetzt‹ ist.

Abbildung I.2 verdeutlicht eine **linguistische Variable** als Funktion von Kontextstilen und Schichtzugehörigkeit, eingeschränkt durch die Faktoren: Vertrautheit mit Normen und Sprechkontrolle.

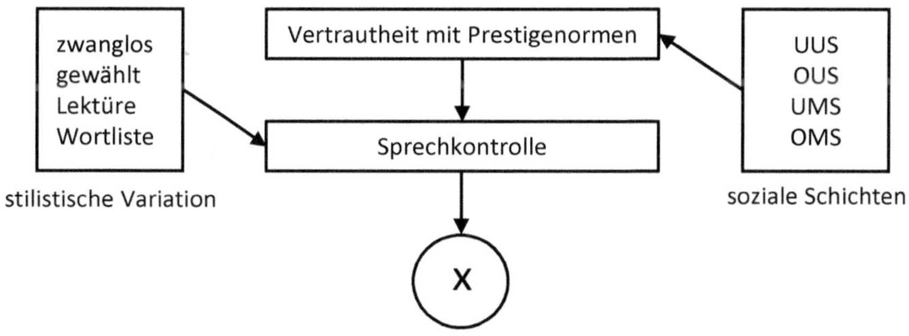

Abb. I.2.2: Linguistische Variable als Funktion von Kontextstilen und sozialen Schichten nach Labov (UUS/LWC = untere Unterschicht; OUS/UWC = obere Unterschicht; UMS/LMC = untere Mitelschicht; OMS/UMC = obere Mittelschicht (Dittmar 1997: 59)

Eine linguistische Variable kann Unterschiede in ihrer Distribution im Hinblick auf soziale Schichten und/oder Sprechstile aufweisen. Abbildung I.3 zeigt die Verteilung der Variablen (/th/) als prestigebesetzter interdentaler Frikativ (th-0) oder als lenisierter Verschlusslaut (th-2) im Hinblick auf Stil und Status des Sprechers. Die mögliche Form einer Affrikata (th-1) kam selten vor. Den Ergebnissen zufolge wurde der Frikativ in geringem Maße in der Unterschicht realisiert, jedoch bei formellem Sprechstil stärker als bei informellem:

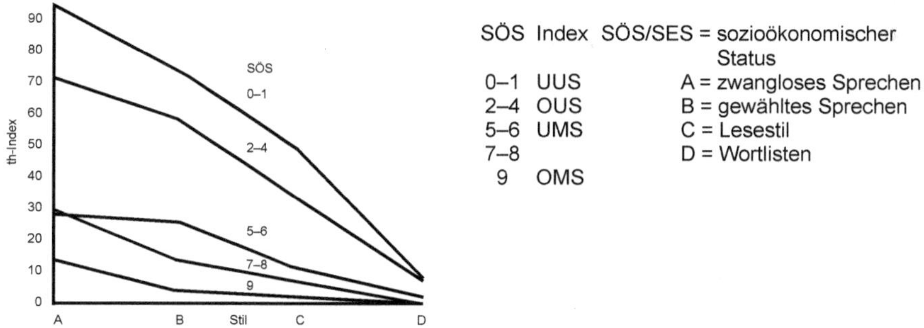

Abb. I.2.3: Soziale und stilistische Stratifizierung der Variable (/th/) nach Labov (Dittmar 1997: 59)

Die Abbildung zeigt zugleich einen ›cross over-Effekt‹, eine Überkreuzung der Werte der unteren Mittelschicht (UMS), von Labov als Zeichen für Hyperkorrektheit und Aufwärtsmobilität in einem sich vollziehenden Sprachwandel (mit »pressure from below«) gewertet. Im Regionaldialekt von New York, ehemals /r/-los, ist die /r/-Aussprache inzwischen zur Prestigenorm geworden. Einen solchen Hyperkorrektheitseffekt hat er auch für andere phonologische Variablen nachweisen können.

Zur präziseren Erfassung von variablen Sprachstrukturen hat Labov die *Variablenregel* als ein Beschreibungselement entwickelt, auf die hier nicht näher eingegangen wird.

Weitere sprachliche Erscheinungsweisen, mit denen sich Labov theoretisch wie empirisch beschäftigt hat, beziehen sich auf das NNE bzw. Black Englisch (BE) im Unterschied zum Standard-Englisch (SE), z. B. im Hinblick auf Formen der Negation, die im BE auch als doppelte bzw. mehrfache Negation realisiert werden kann (Labov 1971). Daneben hat er auch Interaktionsformen analysiert wie rituelle Beschimpfungen und konversationelle Erzählungen schwarzer Jugendlicher, die die interaktionale Soziolinguistik wesentlich beeinflusst haben.

Von großer Bedeutung sind schließlich seine Studien zu unbewussten sozialen Sprachurteilen, die er mit Hilfe subjektiver Reaktionstests erfassen wollte (→ Kap. I.3). Diese bezeichnet er als äußerst einheitlich in einer Sprachgemeinschaft:

> das Korrelat regelmäßiger Schichtung einer soziolinguistischen Variable im Verhalten ist die einheitliche Übereinstimmung der subjektiven Reaktionen auf diese Variable. (Labov 1971: 176)

Das demonstriert er anhand der Stratifikation von /r/ im Regionaldialekt junger Erwachsener, wobei vier unterschiedliche Altersgruppen miteinander verglichen werden:

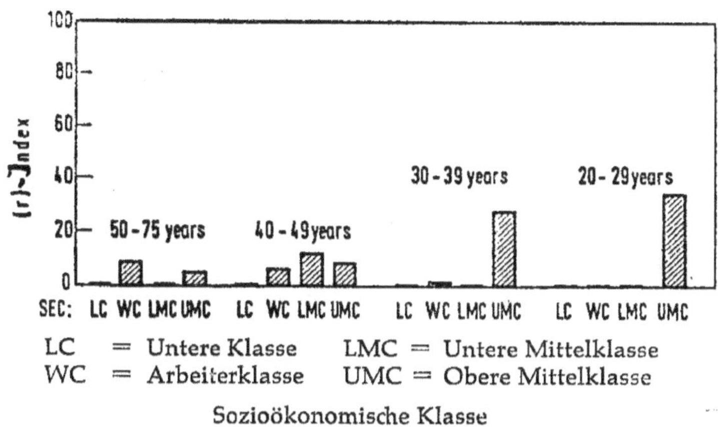

Abb. I.2.4: Soziale Stratifikation von postvokalem /r/ für vier Altersstufen in zwangloser Rede in New York City nach Labov (1971: 177)

Demnach besteht bei den unter 40jährigen ein deutlicher Unterschied im Gebrauch des /r/, also (r-1). Diesen Prestigestatus der /r/-Aussprache weisen auch die Ergebnisse der subjektiven Reaktionstests nach:

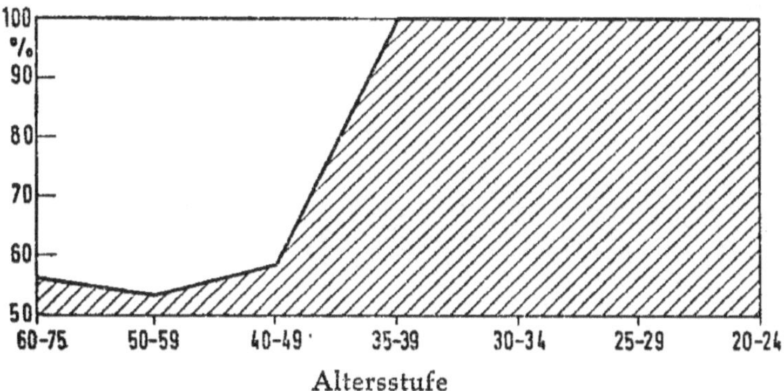

Abb. I.2.5: Prozentuale Verteilung der /r/-positiven Antworten auf subjektive Reaktionstests nach Altersstufen in New York City nach Labov (1971: 177)

Der Vergleich von Altersgruppen kann auch Hinweise auf künftigen Sprachwandel geben – allerdings als ›apparent time‹-Querschnittstudie, nicht als ›real time‹-Längsschnittvergleiche. Immer wieder hat Labov sich mit dem Thema des Sprachwandels auseinandergesetzt und eine weiterführende Begrifflichkeit sowie Erklärungsperspektiven unter Einbezug von auslösenden Faktoren und Übergangsstadien sowie sozialer Bewertungen eingeführt. Darauf werden wir in Kapitel III.3 zurückkommen.

Subjektive Reaktionstests können aber auch verdeckte, entgegengesetzte Wertungen enthüllen, wie die Einschätzung auf den bekannten Skalen für Berufseignung (Job), Schlägerei (fight) und Freundschaft (friend) zeigen:

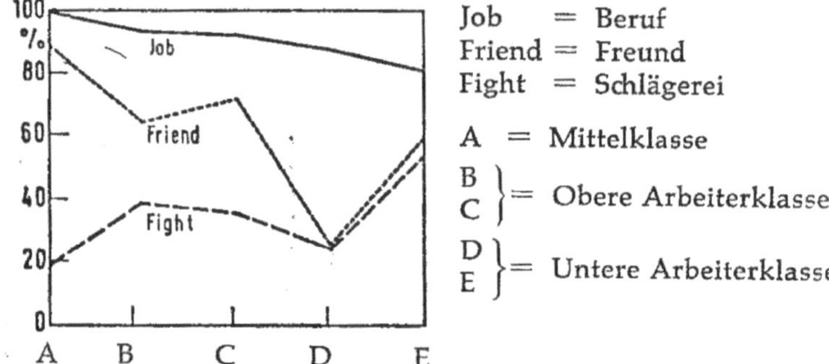

Prozentsatz derer (aus 5 sozialen Gruppen), die den Mittelklassesprecher höher als den Arbeiterklassesprecher in bezug auf drei Merkmale einstufen. (Labov *et al.*, 1968: 242)

Abb. I.2.6: Prozentuale Verteilung von fünf sozialen Gruppen der höheren Einschätzung eines ›Mittelklassesprechers‹ gegenüber einem ›Unterklassesprecher‹ in Bezug auf die drei Merkmale

Hier zeigt sich bei der unteren Arbeiterschicht wieder ein besonderer Effekt bei der Einschätzung auf den Freundschafts- und Schlägerei-Skalen.

2.4.3 Ethnographie der Kommunikation (Dell Hymes) und interaktionale Soziolinguistik (John Gumperz)

Auch die **Ethnographie der Kommunikation** beschäftigt sich mit dem alltäglichen Sprachgebrauch von Gesellschaftsmitgliedern. Allerdings versucht sie, daraus deren soziokulturelle Orientierungen und Verhaltensnormen zu rekonstruieren. Die bevorzugte Methode ist die *teilnehmende Beobachtung* ethnischer Gruppen in möglichst natürlichen Kommunikationssituationen.

Dell Hymes (1927–2009), der als Begründer der ethnographischen Soziolinguistik gilt, hat für die Analyse solcher ›Sprechereignisse‹ sieben Komponenten unterschieden (1979: 49) und das folgende Raster entwickelt:

S	setting scene	physical circumstances subjective definition of an occasion
P	participants	speaker/sender/addressor hearer/receiver/audience/addressee
E	ends	Purpose and goals Outcomes
A	act sequence	message form and content
K	key	tone, manner
I	instrumentalities	channel (verbal, nonverbal, physical) forms of speach drawn from community repertoire
N	norms	norms of interpretation norms of interaction
G	genres	categories such as poem, myth, tale, riddle, lecture etc.

Tab. I.2.3: SPEAKING-Modell nach Hymes (Dittmar 1997: 82)

Daneben unterscheidet Hymes **sieben Sprachfunktionen**, die den sieben genannten Faktoren entsprechen (1979: 59):

1. expressive (emotive)
2. direkte (konative, pragmatische, rhetorische, persuasive)
3. poetische

4. Kontaktfunktion
5. metasprachliche
6. Darstellungs bzw. Referenzfunktion
7. Kontextfunktion

Durch ihre anthropologische, deskriptive Orientierung unterscheidet sich die ethnographische Soziolinguistik sowohl von der korrelativen, quantitativen Variationslinguistik als auch insbesondere von der transformationellen Linguistik Chomskys. Mit dessen kontextfreier Analyse nach den Prinzipien der Grammatikalität und der Universalität setzt sich Hymes kritisch auseinander; er entwickelt den wirkungsmächtigen Begriff der ›**kommunikativen Kompetenz**‹, der das Anwendungsfeld des Sprachunterrichts so nachhaltig beeinflusst hat (→ Kap. III.1 sowie II.6.5), in bewusster Abgrenzung von der ***linguistischen Kompetenz*** Chomskys.

Sprachgemeinschaften unterscheiden sich seiner Überzeugung nach in Anzahl und Auswahl der für sie wichtigen Sprachstile, wobei es keine mechanischen Korrelationen von Sprachmerkmalen untereinander und mit Kontexten gibt; vielmehr muss dieser Stil außerhalb seines Kontextes erkannt und verwendet werden (1979: 177). Für größere, an soziale Gruppen gebundene Sprechstile schlägt er die Bezeichnung ***Varietäten*** vor, für solche, die an Personen, spezielle Situationen oder Genres gebundene: ***Register***.

John Gumperz (1922–2013), 1939 in die Vereinigten Staaten emigriert, hat sich in seinen Studien der ethnographischen Beschreibung von Kommunikationsprozessen gewidmet und gilt als Begründer der Interaktionalen Linguistik. Den **Kommunikationsprozess** beschreibt er wie folgt:

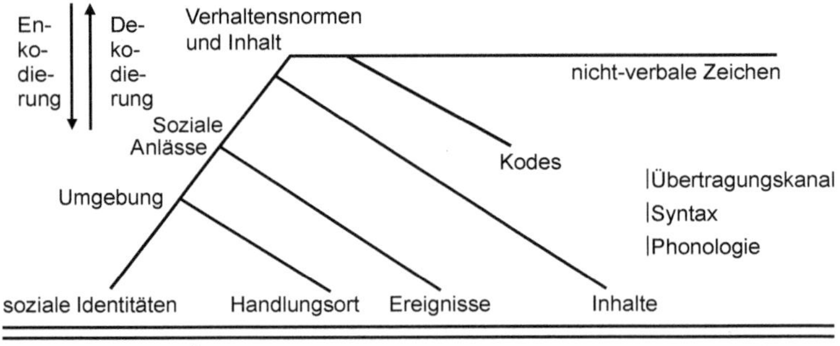

Abb. I.2.7: Kommunikationsprozess in ethnographischer Perspektive nach Gumperz (Dittmar 1997: 84)

Demnach verarbeiten Sprecher Reize der äußeren Situation entsprechend ihrem sozialen Hintergrund so, dass sie die kommunikativen Normen für die jeweilige Situation ableiten. Jeder Inhalt wird von sozialen und situativen Bedingungen beeinflusst, die die soziale Identität des Sprechers ausmachen.

Dem **Kontext** und der **Kontextualisierung** weist Gumperz eine herausragende Bedeutung für die Interaktion zu. Während der Kontext in den bislang angesprochenen Ansätzen als material gegebene Entität und als mit Hilfe quantifizierbarer Sozialdaten erfassbare Größe angesehen wird, geht der Kontextualisierungsansatz von einem ›aktiven Interaktionsteilnehmer‹ aus, der den Kontext interaktiv konstruiert (Auer 1986: 23).

Gumperz belegt dies zusammen mit Jan-Petter Blom (1975/1972) in seiner Studie über ›die soziale Bedeutung in sprachlichen Strukturen‹ am Beispiel des Codewechsels in einer norwegischen Gemeinde. Zum linguistischen Repertoire dieser Gemeinde gehört eine Variante der norwegischen Standardsprache und der regionale Dialekt, der für die Einheimischen lokale Werte und gemeinsame Identitäten innerhalb der lokalen Kultur symbolisiert. Wechselt ein Sprecher den Code unabhängig vom Gesprächsthema, so spricht Gumperz von *metaphorischem* gegenüber einem *situativen* Codewechsel.

Auer, der sich eingehend mit der Kontextualisierung beschäftigt hat, hält fest:

> Zusammenfassend kann man ›Kontextualisierung‹ also als eine dreistellige Relation definieren zwischen Ausdrucksmitteln (Idiomatik, Gestik, Prosodie etc.), der Bedeutung (Interpretation) bestimmter Handlungen und Wissensbeständen (frames), die diese Interpretation ermöglichen, indem sie als ihr Kontext relevant gemacht werden. (Auer 2013/1999: 179)

In der Weiterentwicklung der Interaktionalen Soziolinguistik wird vielfach auf die Grundgedanken von Gumperz zurückgegriffen (vgl. u. a. Hinnenkamp 1989, Keim 2007, Imo/Lanwer 2019), zumal dieser schon früh paralinguistischen Merkmalen der Satzprosodie und Merkmalen der Stilwahl als ›interpretative Schlüsselreize‹ Beachtung schenkte, die in der heutigen linguistischen Interaktionsforschung unter dem Stichwort der **Multimodalität** relevant geworden sind.

2.4.4 Soziologie der Sprache (Joshua Fishman)

Nach Joshua Fishman (1926–2015) untersucht die Soziologie der Sprache die Wechselbeziehungen zwischen: »dem Gebrauch der Sprache und dem sozial organisierten System des Verhaltens.« (1975: 13). Als *deskriptive* Soziologie der Sprache versucht sie, die Normen des Sprachgebrauchs einschließlich der Einstellungen gegenüber der Sprache in größeren oder kleineren Netzwerken oder Gemeinschaften sichtbar zu machen; als *dynamische* Soziologie der Sprache fragt sie darüber hinaus, wie und warum diese innerhalb derselben Netzwerke oder Gemeinschaften in verschiedenen Situationen verschieden sein können und aus einmal ähnlichen Netzwerken oder Gemeinschaften völlig verschiedene Systeme des Sprachgebrauchs und Verhaltensmuster gegenüber der Sprache entstehen können (1975: 15).

Fishman wendet sich einigen zentralen soziolinguistischen Termini aus soziologischer Perspektive zu, darunter Varietät, Dialekt, Soziolekt und bewertet diese im Hinblick auf ihre Standardisierung, Autonomie, Geschichtlichkeit und Vitalität (1975: 31). Auch wird der Begriff der Sprachgemeinschaft im Hinblick auf mögliche soziale und verbale Repertoires in traditionellen und modernen Erscheinungsformen erörtert.

Dabei führt er den für die Sprachsoziologie zentralen Terminus der **Domäne** ein, die aus einer Zusammenfassung kongruenter Situationen abgeleitet werden (Haus, Schule und Kultur, Arbeitsplatz, Regierung und Verwaltung, Kirche, 1975: 36). Mit Hilfe eines weiteren, von Ferguson (1959) geprägten zentralen Begriffs: der **Diglossie**, die das Vorhandensein komplementärer Varietäten für Funktionen innerhalb einer Gruppe bezeichnet (1975: 50) gelingt dann eine Differenzierung verschiedener Typen von Sprachgemeinschaften sowie eine Integration von makro- und mikrostruktureller Betrachtung.

Er betont aber auch:

> Das Sprachverhalten wirkt zurück auf die soziale Wirklichkeit, die es widerspiegelt und trägt dazu bei, sie in Übereinstimmung mit den Werten und Zielen bestimmter Sprachteilhaber auszubauen (oder zu verändern). (1975: 171)

Diese Relationen deutet das folgende Abbild nicht ganz zureichend an:

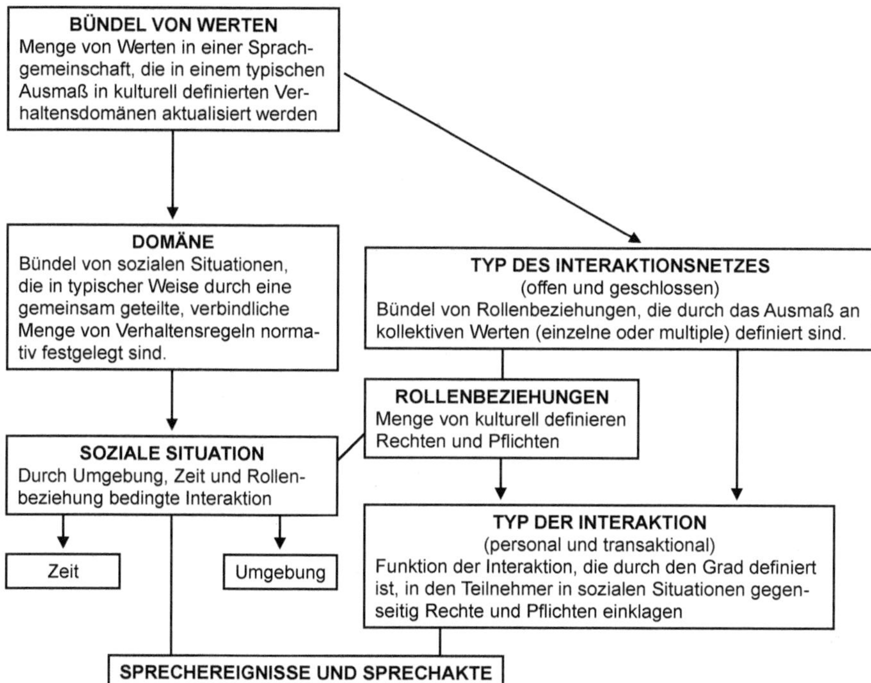

Abb. I.2.8: Beziehungen zwischen den Konstrukten der Makro- und Mikroebene von Fishman (1975: 60) nach Dittmar (1997: 76)

Bevorzugte Analysegegenstände Fishmans sind zwei- und mehrsprachige Gesellschaften, wie Englisch und Spanisch bei Puertorikanern in New York oder Katalanisch und Kastilisch in Teilen Spaniens. Die Varietäten werden mit bestimmten Wertungen und Domänen assoziiert. So analysierten Fishman und Greenfield (1970) nach Vorarbeiten von Greenfield fünf Domänen, die von den Sprechern mit je als angemessen empfundenen Gesprächspartnern, Orten und Themen assoziiert wurden:

Domäne	Gesprächspartner	Ort	Thema
Familie	Elternteil	Heim	Wie werde ich ein guter Sohn oder eine gute Tochter?
Freund-schaft	Freund	Strand	Wie spielt man ein bestimmtes Spiel?
Religion	Pfarrer	Kirche	Wie wird man ein guter Christ?
Erzie-hung/ Bildung	Lehrer	Schule	Wie löst man eine algebraische Aufgabe?
Beruf	Arbeitgeber	Arbeits-platz	Wie leiste ich mehr im Beruf?

Tab. I.2.4: Beispiel: Domänen nach Fishman und Greenfield 1970 (Fishman 1975: 53)

Die befragten Puertorikaner, die Englisch und Spanisch gleich gut beherrschten, gaben an, das Spanische bevorzugt in den Domänen Familie und Freundschaft, das Englische hauptsächlich in den Domänen Religion, Arbeit und Ausbildung zu verwenden. Englisch wird demzufolge als H-Varietät mit einem hohen Prestige und das Spanisch als L-Varietät mit einem niedrigen Prestige bezeichnet.

Allerdings richtet sich der konkrete Sprachgebrauch in mehrsprachigen Gemeinschaften nicht immer funktional nach allgemeinen und vermeintlich homogenen Prestigewertungen; vielmehr spielen weitere subjektive Faktoren der soziokulturellen Selbstzurechnung und Identifikation eine Rolle, wie auch die zum Teil heftigen sprachpolitischen Debatten zeigen (z. B. zwischen Französisch und Flämisch in Belgien, Kastilisch und Katalanisch in Teilen Spaniens, die Rolle des Schweizerdeutschen, der nationalen Dialekte gegenüber dem Hocharabischen in arabischsprachigen Gesellschaften etc.). Fishman selbst diskutiert auch Fälle von Divergenz zwischen Einstellung und Verhalten, z. B. verstärkte Wertschätzung nichtenglischer Muttersprachen von Migranten bei gleichzeitig zunehmender Verweisung dieser Sprachen an immer weniger und engere Domänen der Sprachverwendung (1975: 144). Hier berührt die Sprachsoziologie Fragen der Spracheinstellungsforschung.

2.4.5 Vergleichende und weiterführende Überlegungen

Dittmar hat zusammenfassend einige charakteristische Unterschiede von vier soziolinguistischen Orientierungen, und zwar der Sozialen Dialektologie oder Varietätenlinguistik, Sprachsoziologie, Ethnographie der Kommunikation und Konversationsanalyse – hier getrennt betrachtet – in einer schematischen Übersicht gegenübergestellt (1997: 99f.). Dabei bleiben die verschiedenen Spielarten innerhalb der Rahmenvorstellungen unberücksichtigt. Diese grob vereinfachende Tabelle wird in Tab. I.5 leicht modifiziert und um die Code-Theorie ergänzt wiedergegeben.

Zur Erläuterung mögen nach den ausführlicheren Einzeldarstellungen einige Stichworte genügen:

Zusammenfassende Charakterisierung

1. Im Hinblick auf das *Erkenntnisinteresse* stellen, wie auch Dittmar anmerkt, die linguistische Position der Variationslinguistik und die soziologische der Sprachsoziologie quasi die beiden extrem entgegengesetzten Positionen dar, während in Ethnographie und Interaktionslinguistik pragmalinguistische Vorstellungen dominieren.
2. Bei der *Datenbeschreibung* spielen in der Sprachsoziologie kommunikationsspezifische Regeln die geringste Rolle, während es in den übrigen Paradigmen um die Variation sozialen und sprachlichen Verhaltens geht, die zum Teil korrelativ oder durch Variablenregeln erfasst (wie in der Variationslinguistik), zum Teil durch kommunikative Kompetenz erläutert werden (wie in Ethnographie und Interaktionslinguistik).
3. Der *Erklärungsansatz* beruht bei den beiden letztgenannten auf qualitativen Überlegungen, während in der Variationslinguistik und Sprachsoziologie weitgehend quantitative Vorgehensweisen vorherrschen.
4. Dies schlägt sich in den verschiedenen Wegen der *Feldforschung* nieder: Ethnographie und interaktionale Linguistik bevorzugen teilnehmende Beobachtungen natürlicher Gespräche, die übrigen Ansätze setzen bevorzugt Interviewmethoden und Testverfahren ein (→ Kap. I.3).

	Code-Theorie	Variationslinguistik	Ethnographie der Kommunikation	Interaktionale Soziolinguistik	Sprachsoziologie
Gegenstand	Schichtspezifische Sprechweisen	Grammatische Variation und Spracheinstellungen	›Ways of Speaking‹/sozio- linguistische Stile und Register	Interaktive Konstruktion/Organisation des Diskurses	Status und Funktion von Varietäten, Spracheinstellungen
Erkentnisleitende Prinzipien (Theorie)	Soziale Konsequenzen schichtspezifischen Sprachgebrauchs	Korrelativer Zusammenhang soziologischer und linguistischer Kategorien	Kontextspezifische Angemessenheit kommunikativer Mittel in Sprechereignissen	Diskursorganisation als interaktives soziales Handeln	Soziologische Ansätze zum domänenspezifischen Sprachgebrauch
Beschreibung	Normative Betrachtung sozial bedingter Sprachunterschiede	Systemlinguistische Beschreibung unter Rückgriff auf außersprachliche Faktoren	Kontextsensitive Sprachgebrauchsregeln für Sprechereignisse	Instruktionsregeln zur Organisation des Diskurses durch Synchronisierung kommunikativer Mittel in Interaktionen	Muster und Regeln des Sprachwahlverhaltens unter domänenspezifischen Gebrauchsbedingungen
Erklärung	Korrelative Analyse sprachlicher Strukturen im Hinblick auf soziale Parameter	Soziale Dynamik von Varietäten in Sprachgemeinschaften/Sprachwandel	Funktionale Angemessenheit kommunikativen Verhaltens in unterschiedlichen sozialen Kontexten	Kommunikative Kompetenz: Synchronisierung von Verhaltensweisen in Interaktionen mit unterschiedlichen Zielen sozialen Handelns	Status- und Funktionsunterschiede von Varietäten, Relationen zwischen mikro- und makrosoziolinguistischen Aspekten

	Code-Theorie	**Variations-linguistik**	**Ethnographie der Kommuni-kation**	**Interaktionale Soziolinguistik**	**Sprachsoziologie**
Feldfor-schung	Interview, Test	Soziolinguistisches Interview (Quer-schnitt-studien), Tests	Teilnehmende Beob-achtung	Dokumentation in-teraktionalen Ver-haltens, Teilneh-mende Beobachtung	Fragebögen/Inter-views (Querschnitt-studien)

Tab. I.2.5: Soziolinguistische Paradigmen im Vergleich (ergänzt und modifiziert v. E.N. nach Dittmar 1997: 99 f.)

Greifen wir an dieser Stelle auf die in Kapitel I.1 genannten zentralen Aspekte für einen soziolinguistischen Zugang im engeren Sinne auf, so ist festzuhalten:

Vergleich mit den zentralen soziolinguistischen Aspekten

1. Fokus auf *soziale Differenz* im Sprachgebrauch:
   Dieser Fokus wird von allen angeführten Ansätzen eingenommen.
2. Einbezug *soziokultureller Bedingungskontexte* (Auslösung und Anwendung):
   Auslösende Bedingungskontexte werden in der Code-Theorie mit den Faktoren der Schichtzugehörigkeit und des familialen Rollensystems in der kindlichen Sozialisation erfasst; der Anwendungskontext der Erziehung ist von herausgehobener Bedeutung. Auch bei Labov spielt die Schichtzugehörigkeit eine wichtige Rolle, daneben werden regionale Faktoren (Regional- und Ortsdialekt) berücksichtigt. Auch treten Stilvarianten (zwanglos, gewählt etc.) hinzu. Als weitere soziolinguistische Auslösefaktoren werden ethnische Zugehörigkeit (Black bzw. Standard-Englisch), das Alter bzw. die generationelle Zugehörigkeit und das Geschlecht relevant.
   Ethnographie und interaktionale Linguistik beziehen sich auf den Kontext und die einzelnen Faktoren von Sprechereignissen. In der Sprachsoziologie sind es die Werte einer Sprachgemeinschaft, die Domänen und einzelne soziale Situationen, die die individuellen wie kollektiven Sprachpräferenzen beeinflussen.
   Pädagogische Anwendungskontexte werden bei den vier letztgenannten Ansätzen ausgeblendet.
3. *Mehrdimensionalität* der sprachlichen Variation:
   Das bleibt in der Code-Theorie Bernsteins unberücksichtigt und wurde hinlänglich kritisiert. Durch Einbezug des kommunikativen Kontextes bieten Ethnographie und interaktionale Linguistik differenzierte Erfassungen. Die Variationslinguistik Labovs bezieht die Stilvariation ein ebenso wie subjektive Wertungen, der auch von der Sprachsoziologie eine besondere Bedeutung zugewiesen werden, allerdings für Sprachgemeinschaften.

4. *Bedeutung subjektiver Faktoren*:
   Diese werden in der Code-Theorie ausgeklammert. Explizite Berücksichtigung finden sie hingegen in Variationslinguistik und Sprachsoziologie, wie soeben ausgeführt. In Ethnographie und interaktionaler Linguistik werden subjektive Faktoren durch den Handlungskontext einbezogen.
5. Einflüsse auf *Sprachwandel*:
   Diese werden von Ethnographie und Interaktionslinguistik ausgeklammert. Sprachwandel wird hingegen bei Labov wie in der Sprachsoziologie relevant. Beide Ansätze haben speziell soziolinguistische Zugänge zum Sprachwandel entwickelt.

Diese stichworthaften Übersichten ersetzen keine eingehendere Analyse der einzelnen Ansätze und ihrer Varianten. Sie wollen aber Diskussionsanreize zur vertiefenden Beschäftigung bieten. Viele einflussreiche internationale und europäische Soziolinguisten sind hier zwangsläufig unerwähnt geblieben. Von den erörterten Theorieansätzen wird aktuell im Deutschen insbesondere auf die interaktionale Soziolinguistik rekurriert, so in den Forschungen von Kallmeyer und Keim, Auer, Kotthoff und Androutsopoulos, worauf wir noch eingehen werden.

Nur kurz verwiesen sei hier auf die Position des französischen Soziologen und Sozialphilosophen Pierre **Bourdieu**, auf den sich einzelne der ausführlicher dargestellten Ansätze beziehen lassen: Schon früh nahm Bourdieu mit Passeron zur sozialen Ungleichheit Stellung (*Die Illusion der Chancengleichheit* 1964, dt. 1971) und erörterte in seinen späteren Schriften die Bedeutung der Sprache (Aussprache, Akzent, Grammatik, Stil) als ein Instrument von **symbolischer Macht** und **kulturellem Kapital**. Über seine ethnologischen Perspektiven zeigt sich eine Nähe zu Hymes und dessen Kompetenzbegriff, während die linguistische Kategorie des Kontextes durch den soziologischen Begriff des (sprachlichen) **Markt**es und den marxistischen Begriffs des (kulturellen) **Kapital**s ersetzt wird. Das sprachliche Kapital kann auf verschiedenen Märkten als kulturelles und als ökonomisches Kapital wirksam werden. Die distinktiven Merkmale der sprachlichen Kompetenz fasst Bourdieu unter dem Terminus des **Habitus**, zu dem neben dem Sprachstil auch Geschmack und Lebensstil rechnen. Sie bilden ein System **feiner Unterschiede** (*Die feinen Unterschiede* 1979, dt. 1982), die als symbolische Machtbeziehungen wirken. Die Verbindung von linguistischen und soziologischen Konzepten erweist sich hier als weiterführend für die Soziolinguistik.

2.5 Zusammenfassung und Literatur

Die Erhebung, Dokumentation und Analyse gesprochener Sprache sind wichtige Voraussetzungen für die Soziolinguistik. Die Forschungsentwicklung seit den 1970er Jahren wird nachgezeichnet von der ursprünglich kontrastiven Analyse gesprochener und geschriebener Sprache über die Gesprächslinguistik bis zur Interaktionalen Linguistik. Soziolektale Merkmale werden an einem familialen Streitgespräch veranschaulicht.

Die hier vorgestellten Forschungsparadigmen und Theorieansätze zur gesprochenen Sprache und Kommunikationsforschung, zur Code-Theorie und Variationslinguistik, zur Ethnographie der Kommunikation und interaktionalen Linguistik sowie zur Soziologie der Sprache dienen der theoretischen und begrifflichen Grundlegung der germanistischen Soziolinguistik. Wichtige Grundbegriffe konnten in ihrem theoretischen Kontext aufgezeigt werden. Die später vorgestellten Gegenstandsfelder (→ Kap. II) nehmen mit unterschiedlicher Gewichtung auf die einzelnen Ansätze Bezug. Eine einheitliche Ausrichtung ist in der Soziolinguistik hingegen nicht zu erkennen. Zweifellos dominiert die Beschäftigung mit der gesprochenen Sprache und Kommunikation. Auch hat sich gezeigt, dass eine rein deterministische Sicht auf den Einfluss von sozialen Faktoren der Eigenaktivität der Sprachbenutzer nicht gerecht wird. Subjektive, gleichwohl sozial geteilte Faktoren spielen beim Sprachgebrauch eine wichtige Rolle, ebenso die sozialsymbolische Funktion von Sprache als Symbol sozialer Identität.

Literatur (weiterführend)

Ammon, Ulrich/Dittmar, Norbert/Mattheier Klaus J., Trudgill, Peter (Hg.) (2004/05): *Soziolinguistik. Ein internationales Handbuch der Wissenschaft von Sprache und Gesellschaft.* Berlin/Boston.

Dittmar, Norbert (1997): *Grundlagen der Soziolinguistik. Ein Arbeitsbuch mit Aufgaben.* Tübingen.

Literatur (gesamt)

Allport, Gordon W. (1935): Attitudes. In: Murchison, Carl (Hg.): *A Handbook of Social Psychology.* Worchester, 798–844.

Auer, Peter (1986): Kontextualisierung. In: *Studium Linguistik* 19, 22–47.

Auer, Peter (2013/1999): *Sprachliche Interaktion. Eine Einführung anhand von 22 Klassikern.* 2. Aufl. Berlin/Boston.

Bailey, Charles-James (1971): Trying to talk in the new paradigm. In: *Papers in Linguistics* 4, 312–338.

Bernstein, Basil (1970): *Soziale Struktur, Sozialisation und Sprachverhalten. Aufsätze 1958–1970.* Amsterdam.

Bernstein, Basil (1972/1959): *Studien zur sprachlichen Sozialisation.* Düsseldorf.

Bernstein, Basil (1975): *Sprachliche Kodes und soziale Kontrolle.* Düsseldorf.

Bernstein, Basil (1977): *Beiträge zu einer Theorie des pädagogischen Prozesses.* Frankfurt/M.

Bernstein, Basil/Oevermann, Ulrich/Reichwein, Regine/Roth, Heinrich (1970): *Lernen und soziale Struktur. Aufsätze 1965–1970.* Amsterdam.

Besch, Werner/Wolff, Norbert Richard (2009): *Geschichte der deutschen Sprache. Längsschnitte – Zeitstufen – Linguistische Studien.* Berlin.

Bierbrauer, Günter (1976): Attituden – latente Strukturen oder Interaktionskonzepte. In: *Zeitschrift für Soziologie* I, 4–16.

Birkner, Karin/Peter Auer/Angelika Bauer/Helga Kotthoff (2020): *Einführung in die Konversationanalyse.* Berlin/New York.

Bohner, Gerd (2002): Einstellungen. In: Stroebe, Wolfgang/Jonas, Klaus/Hewstone, Miles (Hg.): *Sozialpsychologie. Eine Einführung.* Berlin/Heidelberg, 265–31.

Bourdieu, Pierre/Passeron, Jean-Claude (1971): *Die Illusion der Chancengleichheit. Untersuchungen zur Soziologie des Bildungswesens am Beispiel Frankreichs.* Stuttgart.

Bourdieu, Pierre (1982): *Die feinen Unterschiede. Kritik der gesellschaftlichen Urteilskraft.* Frankfurt/M.

Colliander, Peter (2012): Phonetische Eindeutschung – was heisst das? In: de Matteis, Mario/Kadzadej, Birkena/Röhling, Jürgen (Hg.): *Die Auslandsgermanistik im albanophonen Sprachraum.* Oberhausen, 73–106.

Deppermann, Arnulf (2008): *Gespräche analysieren. Eine Einführung.* 4. Aufl. Opladen.

Deutrich, Karl-Heinz/Schank, Gerd (1973): Redekonstellation und Sprachverhalten I, II. In: Baumgärtner, Klaus/Stegner, Hugo (Hg.): *Funk-Kolleg Sprache. Eine Einführung in die moderne Linguistik.* Bd. 2. Frankfurt/M., 242–263.

Dittmann, Jürgen (1979): *Arbeiten zur Konversationsanalyse.* Tübingen.
Dittmar, Norbert (1973): *Soziolinguistik. Exemplarische und kritische Darstellung ihrer Theorie, Empirie und Anwendung. Mit kommentierter Bibliographie.* Frankfurt/M.
Dittmar, Norbert (1997): *Grundlagen der Soziolinguistik. Ein Arbeitsbuch mit Aufgaben.* Tübingen.
Eichinger, Ludwig M. (2018): Entwicklungen im Deutschen. In: Moraldo, Sandro (Hg.): *Sprachwandel. Perspektiven für den Unterricht Deutsch als Fremdsprache.* Heidelberg, 9–29.
Eisenberg, Peter (2013): Anglizismen im Deutschen. In: Deutsche Akademie für Sprache und Dichtung (Hg.): *Reichtum und Armut der deutschen Sprache. Erster Bericht zur Lage der deutschen Sprache.* Berlin/Boston, 57–119.
Ferguson, Charles (1959): Diglossia. In: *Word* 15/2, 325–340.
Fishman, Joshua (1975): *Soziologie der Sprache. Eine interdisziplinäre sozialwissenschaftliche Betrachtung der Sprache.* München.
Fishman, Joshua/Greenfield, Lawrence (1970): Situational measures of normative language views in relation to person, place and topic among Puertorican bilinguals. In: Fishman, Joshua (Hg.): *Advances in the sociology of language II.* The Hague, 17–35.
Fiehler, Reinhard/Barden, Birgit/Elstermann, Mechthild/Kraft Barbara (2004): *Eigenschaften gesprochener Sprache.* Tübingen.
Fuchs, Harald/Schank, Gerd (1975): *Alltagsgespräche. Texte gesprochener deutscher Standardsprache III.* München.
Giles, Howard (1970): Evaluative Reactions to Accents. In: *Educ. Review* 3/22, 211–227.
Giles, Howard/Hewstone, Miles/Ryan, Ellen B./Johnson, Patricia (1987): Research on Language Attitudes. In: Ammon, Ulrich/Dittmar, Norbert/Mattheier, Klaus J./Trudgill, Peter (Hg.): *Sociolinguistics/Soziolinguistik.* Berlin/New York, 585–597.
Günthner, Susanne (1999): Entwickelt sich der Konzessivkonnektor ›obwohl‹ zum Diskursmarker? Grammatikalisierungstendenzen im gesprochenen Deutsch. In: *Linguistische Berichte* 180, 409–446.
Gumperz, John J. (1975): *Sprache, lokale Kultur und soziale Identität. Theoretische Beiträge und Fallstudien.* Düsseldorf.
Henne, Helmut/Rehbock, Helmut (2001): *Einführung in die Gesprächsanalyse.* 4. Aufl. Berlin.
Hinnenkamp, Volker (1989): *Interaktionale Soziolinguistik und interkulturelle Kommunikation. Gesprächsmanagement zwischen Deutschen und Türken.* Tübingen.

Hymes, Dell (1973): Die Ethnographie des Sprechens. In: Arbeitsgruppe Bielefelder Soziologen (Hg.): *Alltagswissen, Interaktion und gesellschaftliche Wirklichkeit. Bd. 2: Ethnotheorie und Ethnographie des Sprechens.* Reinbek, 338–433.

Hymes, Dell (1979): *Soziolinguistik. Zur Ethnographie der Kommunikation.* Eingel. u. hrsg. v. Florian Coulmas. Frankfurt/M.

Imo, Wolfgang (2013): *Sprache in Interaktion: Analysemethoden und Untersuchungsfelder.* Berlin/Boston.

Imo, Wolfgang/Lanwer, Jens (2019): *Interaktionale Linguistik. Eine Einführung.* Berlin.

Kallmeyer, Werner (2000): Sprachvariation und Soziolinguistik. In: Häcki Buhofer, Annelies (Hg.): *Vom Umgang mit sprachlicher Variation. Soziolinguistik, Dialektologie, Methoden und Wissenschaftsgeschichte.* Tübingen, 261–278.

Keim, Inken (2007): Socio-cultural identity, communicative style, and their change over time: A case study of a group of German-Turkish girls in Mannheim/Germany. In: Auer, Peter (Hg.): *Style and social identities. Alternative Approaches to linguistic Heterogeneity.* Berlin/New York, 155–186.

Keller, Rudi (1993): Das epistemische *weil.* Bedeutungswandel einer Konjunktion. In: Heringer, Hans/Stötzel, Georg (Hg.): *Sprachgeschichte und Sprachkritik.* Berlin/New York, 219–247.

Klein, Josef (1988): Die Benachteiligung der Frau im generischen Maskulinum – eine feministische Schimäre oder psycholinguistische Realität? In: Norbert Oellers (Hg.): *Das Selbstverständnis der Germanistik. Aktuelle Diskussionen. Germanistik und Deutschunterricht im Zeitalter der Technologie.* Bd. 1. Tübingen, 310–319.

Klein, Wolfgang (1976): Sprachliche Variation. In: *Studium Linguistik* 1, 29–46.

Labov, William (1971): Die Logik des Nonstandard English (Auszug) sowie: Das Studium der Sprache im sozialen Kontext. In: Klein, Wolfgang/Wunderlich, Dieter (Hg.): *Aspekte der Soziolinguistik.* Frankfurt/M., 80–97 sowie 111–194.

Labov, William (1976/1978): *Sprache im sozialen Kontext. Beschreibung und Erklärung struktureller und sozialer Bedeutung von Sprachvariationen.* 2 Bde. Kronberg/Ts.

Lambert, Wallace, E./Hodgson, R. C./Gardner, R. C./Fillenbaum, S. (1960): Evaluational Reactions to Spoken Language. In: *J. of Abnormal and Social Psychology* 1/60, 44–51.

Lambert, Wallace E./Tucker, Richard G. (1969): White and Negro Listener's Reactions to Various American-English Dialects. In: *Social Forces* 74/4, 463–468.

Lawton, Denis (1970): *Soziale Klasse, Sprache und Erziehung.* Düsseldorf.

Löffler, Heinrich (2016): *Germanistische Soziolinguistik.* 5., neu bearb. Aufl. Berlin.

Nabrigs, Kirsten (1981): *Sprachliche Varietäten.* Tübingen.

Neuland, Eva (1975): *Sprachbarrieren oder Klassensprache. Untersuchungen zum Sprachverhalten im Vorschulalter.* Frankfurt/M.

Neuland, Eva (1980): Alltagsgespräche. Untersuchungen zu ihrer Struktur, Funktion und didaktischen Relevanz. In: *Linguistik und Didaktik* 43/44, 179–198.

Neuland, Eva (1981): »Punkt zwölf muss et Essn auf'm Tisch stehn!«. Analyse alltäglicher Kommunikation in einer Arbeiterfamilie. In: *Linguistische Berichte* 76, 64–90.

Neuland, Eva (1993): Sprachgefühl, Spracheinstellungen, Sprachbewusstein. Zur Relevanz »subjektiver Faktoren« für Sprachvariation und Sprachwandel. In: Mattheier, Klaus J./Wegera, Klaus-Peter/Hofmann, Walter/Macha, Jürgen/Solms, Hans Joachim (Hg.): *Vielfalt des Deutschen. Festschrift für Werner Besch.* Frankfurt/M., 723–748.

Neuland, Eva (2015): »Hey, was geht?« Beobachtungen zum Wandel und zur Differenzierung von Begrüßungsformen Jugendlicher. In: *IDS-Sprachreport* 1, 30–35.

Neuland, Eva (2018): *Jugendsprache.* 2., erw. u. überarb. Aufl. Tübingen.

Oevermann, Ulrich (1972): *Sprache und soziale Herkunft: ein Beitrag zur Analyse schichtenspezifischer Sozialisationsprozesse und ihrer Bedeutung für den Schulerfolg.* Frankfurt/M.

Plewnia, Albrecht/Rothe, Astrid (2011): *Spracheinstellungen und Mehrsprachigkeit. Wie Schüler über ihre und andere Sprachen denken.* Tübingen.

Polenz, Peter von (1999): *Deutsche Sprachgeschichte vom Spätmittelalter bis zur Gegenwart* Bd. III: *19. und 20. Jahrhundert.* Berlin.

Schank, Gerd/Schoenthal, Gisela (1983): *Gesprochene Sprache. Eine Einführung in Forschungsansätze und Analysemethoden.* 2. Aufl. Tübingen.

Schwitalla, Johannes (2012): *Gesprochenes Deutsch. Eine Einführung.* 4. Aufl. Berlin.

Selting, Margret/Couper-Kuhlen, Elizabeth (2000): Argumente für die Entwicklung einer ›interaktionalen Linguistik‹. In: *Gesprächsforschung* 1, 76–95.

Steffens, Doris/Al-Wadi, Doris (2013): *Neuer Wortschatz. Neologismen im Deutschen 2001–2010.* 2 Bde. Mannheim.

Triandis, Harry C. (1975): *Einstellungen und Einstellungsänderungen.* Weinheim.

Vandermeeren, Sonja (2004): Research on Language Attitude/Spracheinstellungsforschung. In: Ammon, Ulrich/Dittmar, Norbert/Mattheier, Klaus J./Trudgill, Peter (Hg.): *Sociolinguistics/Soziolinguistik.* Berlin. 1318–1332.

Wunderlich, Dieter (1976): Entwicklungen der Diskursanalyse. In: Wunderlich, Dieter (Hg.): *Studien zur Sprechakttheorie.* Frankfurt/M., 293–395.

Internetquellen

Leibniz-Institut für Deutsche Sprache (o. J.): OWID – Online-Wortschatz-Informationssystem. Abrufbar unter: *https://www.owid.de/* (Stand: 01/06/2022)

Selting, Margret et al. (2009): Gesprächsanalytisches Transkriptionssystem 2. In: *Gesprächsforschung – Online-Zeitschrift zur verbalen Interaktion*, 10 (2009), 353–402. Abrufbar unter: http://www.gespraechsforschung-ozs.de/heft2009/px-gat2.pdf (Stand: 01/06/2022)

3 Forschungsmethoden

Aus der Kritik an der als unzulänglich empfundenen empirischen Grundlegung der Code-Theorie und Sprachbarrierenthese Bernsteins entwickelte sich in der deutschen Soziolinguistik alsbald eine fruchtbare Diskussion im Kontext von Soziolinguistik und Empirie.

3.1 Soziolinguistik und Empirie

Schlieben-Lange hält als **drei Aufgaben der Soziolinguistik** fest (1973: 103):

Aufgaben der Soziolinguistik:

1. Sie muss *aktuelle Sprachproben* beibringen, Texte, wie sie tatsächlich performiert werden.
2. Sie muss *objektive Angaben zur Person und zu den Modalitäten der Sprachverwendung* sammeln.
3. Sie muss die *Einstellungen* zu den verschiedenen Sprachformen ermitteln.

Auf Kolloquien und in Sammelbänden konnte 1977 eine erste Bilanz aus laufenden Projekten gezogen werden. Hess-Lüttich urteilt in seiner Einleitung zum Band: *Soziolinguistik und Empirie*:

> Linguistik, verstanden als eine der Sozialwissenschaften, gründet ihre Urteile auf die Beobachtung wirklichen sprachlichen Verhaltens und Hypothesen über mögliche Sätze. (Hess-Lüttich 1977: 10)

Als Wissenschaft, die sich mit sozialen Differenzen im Sprachgebrauch beschäftigt, ist die Soziolinguistik Sprachgebrauchsforschung und mithin eine empirische Disziplin. Löffler formuliert zwar noch die These vom »›integrativen‹ Charakter der Soziolinguistik als einer spekulativen Wissenschaft auf empirischer Grundlage.« (2016: 46) Introspektion und Selbstbeobachtung hatten lange Zeit in der Sprachwissenschaft vorgeherrscht, die sich zur Plausibilisierung ihrer theoretischen Einsichten konstruierter Beispielsätze bediente. Den intuitiv-heuristischen Verfahrensweisen aus der linguistischen Tradition wurde in der Weiterentwicklung der Soziolinguistik indessen immer weniger Aufmerksamkeit zuteil (vgl. dazu auch Dittmar 1973, Albert/Marx 2017).

Die Empirie, v. a. in interaktionalen Kontexten, hatten wir daher auch zu den konstitutiven Kennzeichen der hier dargestellten Soziolinguistik gerechnet (→ Kap. I.1). Gleichwohl gehen wir hier von einem offenen Empirieverständnis aus, das nicht nur quantitative wie qualitative Verfahrensweisen unterscheidet, sondern auch nach den theoretischen Vorannahmen empirischer Untersuchungen fragt. Schlobinski weist zu Recht darauf hin, dass es in der Sprachwissenschaft »keine Theorie ohne Bezug auf sprachliche Daten und keine Empirie ohne theoretische Vorannahmen gibt (bzw. geben sollte).« (1996: 9)

Insbesondere Labov hat sich in Auseinandersetzung mit Chomsky ausführlich mit der Empirie beim Studium der Sprache im sozialen Kontext befasst und **Probleme der Redebehandlung** diskutiert (1971: 116ff.), darunter:

- der ungrammatische Charakter der Rede, den er als einen Mythos bezeichnet
- Variation in der Rede und in der Sprachgemeinschaft, die seiner Ansicht nach nicht die Ausnahme, sondern den Normalfall darstellt.

Schwierigkeiten beim Hören und Aufnehmen aktuellen Sprachgebrauchs und Seltenheit bestimmter grammatischer Formen werden zusätzlich als Erschwernisse genannt. Für die Probleme von Sprachaufnahmen in natürlicher Umgebung hat Labov Lösungen entwickelt. Aus der Analyse soziolinguistischer Feldforschungsprojekte leitet er fünf methodologische Axiome ab, die zu dem bekannten Beobachter-Paradoxon führen:

Methodologische Axiome des Beobachter-Paradoxons:

1. *Stilwechsel*, die bei allen Informanten auftreten
2. *Aufmerksamkeit* für die Kontrolle des eigenen Sprechens
3. *Regionaldialekt (vernacular)* als Stil, dem dieser Kontrolle die geringste Aufmerksamkeit geschenkt wird
4. *Förmlichkeit*, zu der jede systematische Beobachtung des Sprechens führt

5. *brauchbare Daten* zur Gewinnung von Sprechproben, v. a. Interviews.

Das Beobacher-Paradoxon lautet schließlich:

Beobachter-Paradoxon
Das Ziel der sprachwissenschaftlichen Erforschung der Gemeinschaft muss sein, herauszufinden, wie Menschen sprechen, wenn sie nicht systematisch beobachtet werden; wir können die notwendigen Daten jedoch nur durch systematische Beobachtung erhalten. (Labov 1971: 135)

3.2 Forschungsablauf

Soziolinguistische Untersuchungen lassen sich in verschiedene Stufen bzw. Phasen gliedern (dazu Schlobinski 2018: 37, Denzin 1970), die im Einzelnen kurz angesprochen werden sollen:

1. **Fragestellung und Hypothesen**: Dabei geht es zunächst darum, in der Auseinandersetzung mit dem Forschungsstand Erkenntnisinteressen, Fragestellungen und Gegenstandsfeld präzise zu formulieren bis hin zu den Erwartungen oder konkreten Hypothesen.
2. **Planung und Durchführung** der Datenerhebung; dazu gehörten ggf. die Auswahl der Stichprobe und eventuelle Voruntersuchungen.
3. **Aufbereitung und Darstellung** der Untersuchungsergebnisse
4. **Analyse und Interpretation** der Daten, Beantwortung der einleitenden Fragestellungen und Hypothesen

Friedrichs (2003: 22) unterscheidet in den *Methoden der empirischen Sozialforschung* fünf Phasen, wobei er zusätzlich noch zwischen Problembenennung und Gegenstandsbenennung differenziert (Abb. I.9).

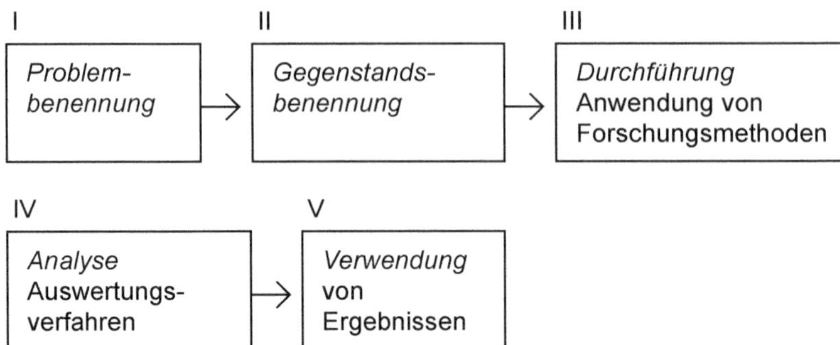

Abb. I.3.1: Forschungsphasen (nach Friedrichs 2003: 22)

Zur ersten Phase bzw. zum Übergang von Phase 1 zu 2 gehört auch speziell für die quantitativen Vorgehensweisen die **Operationalisierung** des Untersuchungsgegenstands und der theoretischen Vorannahmen, d. h. die Überführung in die in der Studie verwendeten Methoden. Angesprochen wird der Ziel-Mittel-Zusammenhang, also die Frage, wie ich etwas anhand welcher Variablen und mit Hilfe welcher Methoden überprüfen will. Friedrichs definiert:

> Unter Operationalisierung versteht man die Schritte der Zuordnung von empirisch erfassbaren, zu beobachtenden oder zu erfragenden Indikatoren zu einem theoretischen Begriff. Durch Operationalisierung werden Messungen der durch einen Begriff bezeichneten empirischen Erscheinungen möglich. (Friedrichs 2003: 50)

Bubenhofer hat für die **Korpusanalyse** das in Abbildung I.10 wiedergegebene Diagramm für den Forschungsprozess entwickelt.

Was hier am Beispiel der Korpusanalyse aufgezeigt wird, lässt sich auf andere Fragestellungen und Methoden übertragen: Wenn ich z. B. die Wortschatzkenntnis von Vorschulkindern aus unterschiedlichen sozialen Schichten prüfen will und von der These ausgehe, dass Unterschichtkinder keine geringeren Leistungen als Mittelschichtkinder aufweisen, so kann ich das Konstrukt Wortschatzkenntnis durch einen Wortschatztest oder eben durch eine Korpusanalyse der gesprochenen Spontansprache überprüfen. Dabei stellt sich zugleich das Problem der **Validität**, d. h. prüfen die Tests wirklich das, was sie vorgeben? Weitere Gütekriterien der **Reliabilität** und der **Objektivität** sowie der **Repräsentativität** treten bei der Anwendung von (auch selbstkonstruierten) Testverfahren hinzu, was hier nicht vertiefend behandelt werden kann.

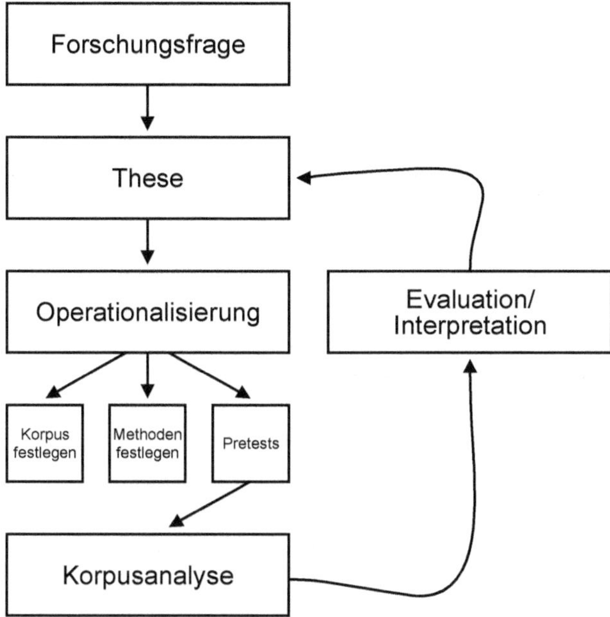

Abb. I.3.2: Ablaufdiagramm (Bubenhofer 2006–2015)

Eine für die Soziolinguistik wesentliche erhebungstechnische Schwierigkeit stellt die **Zugänglichkeit** der Informanten dar, wie Neuland ausführt:

> Gerade Unterschichtangehörige sind in dieser Hinsicht besonders empfindliche, wenn nicht sogar verunsicherte und eingeschüchterte Adressaten des Linguisten, mit einer möglicherweise bereits negativen Erwartungshaltung gegenüber der undurchschaubaren »Leistungssituation« und einer misserfolgmeidenden Einstellung gegenüber der eigenen Sprachleistung. (Neuland 1981: 65)

Dies bestätigen einschlägige Erfahrungen bei der Gewinnung von Informanten aus vergleichenden Studien zum schichtspezifischen Sprachgebrauch von Vorschulkindern (vgl. Neuland 1975: 98 f.): Während die Mittelschichteltern durchwegs eine positive Erwartungshaltung für die Testleistungen ihrer Kinder zeigten (*»Die/Der xy kann schon gut Geschichten erzählen.«*) offenbarten Unterschichteltern oft eher eine negative Einstellung und suchten nach Ablehnungsgründen (»*Die/Der xy hat ja so'n Anschlach an'ne Zähne.*«). Schließlich sollte die Gefahr einer Instrumentalisierung der Informanten daher stets mitbedacht werden, wenn diese nicht angemessen über die Forschungsintentionen aufgeklärt werden.

Besondere Sorgfalt muss auch der Objektivität der Erhebungsmethoden gewidmet werden. Aus den frühen soziolinguistischen Studien ist zu schließen, wie groß die Gefahr eines middle class bias ist. Gerade die auf **Standardisierung** aller Ausgangsbedingungen und Kontrolle möglicher **intervenierender Variablen** (z. B. subjektive Faktoren wie die unterschiedliche Motivation und die Situationsdefinitionen) bedachten vergleichenden Studien zeigen: »wie außerordentlich schwierig sich die Herstellung ›schichtneutraler Null-Punkt-Experimente‹ bzw. ›kulturfairer‹ Methoden gestaltet.« Dies belegen die kindlichen Reaktionen auf den für ›schichtneutral‹ gehaltenen Erzählanreiz einer beim Fußballspiel zerschlagenen Fensterscheibe (vgl. Neuland 1975: 172; → Kap. II.1).

In Einzelfall-Studien kann es sinnvoll sein, die Faktoren der Kommunikationssituation im Erhebungsverfahren nach dem ethnographischen Modell von Hymes (→ Kap. I.2.4.3) zu differenzieren, wobei schon die Unterscheidung von *setting* und *scene* das Interpretationsgeschick des Analysierenden herausfordert. Hier berühren sich *quantitative* und *qualitative* Daten, wozu einige allgemeine Bemerkungen angebracht sein werden.

Zuvor seien aber noch weitere grundlegende Unterscheidungen eingeführt: Subjektive Faktoren, wie sie bislang behandelt wurden, haben eine andere sprachliche Erscheinungsweise als die objektiven Sprachgebrauchsdaten selbst: Bei den erstgenannten handelt es sich z. B. um Meinungsäußerungen über Sprache, für die sich aktuell die Bezeichnung: **metapragmatische** im Unterschied zu **pragmatischen** Daten des Sprachgebrauchs eingebürgert hat, um der manchmal schiefen Optik der Gegenüberstellung von objektiven und subjektiven Daten zu entgehen.

Nur kurz kann hier auf den Umgang mit *gesprochensprachlichen* und *schriftsprachlichen* Daten eingegangen werden. Seit der Beschäftigung mit der gesprochenen Sprache (→ Kap. I.2.1) sind verschiedene **Transkriptionssysteme** entwickelt worden, die teilweise auch *paraverbales* (Intonation, Lautstärke, Akzente, Lachen, Hüsteln etc.) und *nonverbales* Verhalten (Gestik, Mimik, Blickrichtungen, Körperhaltungen etc.) notieren. Solche multimodalen *Performanzdaten* werden für die interaktionale Soziolinguistik, besonders im Rahmen der Jugendsprachforschung und der Genderlinguistik, immer bedeutsamer. Eine Erweiterung des multimodalen Ausdrucksfelds ist ebenso in der Schriftlinguistik zu verzeichnen.

Hier geht es um typographische Besonderheiten bis hin zu Smileys. Darauf werden wir in Kapitel II.5.5 zur gruppenspezifischen Variation von Schriftlichkeit zurückkommen.

3.3 Quantitative und qualitative Verfahren

Dittmar hat diese idealtypisch einander gegenübergestellt (Dittmar 1997: 101f.):

		Quantitative Methoden	Qualitative Methoden
1	Perspektive der Beobachtung	›Soziale Tatsachen‹ erheben; ›Selbstexploration‹ der Informanten; kontrollierte, standardisierte, wiederholbare Beobachtungen; Beobachtungsraster nach Theorievorgabe	›Binnenperspektive‹ erschließen; teilnehmende Beobachtung; Handeln, Normen, Werte aus der Interaktion erschließen; Beobachtungsraster während der Beobachtung gewinnen
2	Informantenwahl	Stichprobe; Zufallsauswahl; statistisch repräsentativ; Vorgabe sozialer Merkmale	Teilnahme an bestimmten Netzwerken, Handlungen, Interaktionen; Fallauswahl; repräsentativ im Sinne von ›typische Fälle‹
3	Art der Datenerhebung	Standardisierte Befragungen nach vorgegebenen Kategorien; Daten müssen ›meßbar‹ sein (Skalen etc.); ›äußere‹ Beobachtungen	teilnehmende Beobachtung; Tagebuch; natürliche Handlungen/Interpretationen; Daten über Binnenperspektive (Werte, Normen) der Informanten
4	Beobachtungsphase	festgelegte, operationalisierbare Beobachtungsterme auf der Folie der Theorie; Konstrukte	Alltagssprache; Protokolle; Dokumente, Biographien; Lebensgeschichte, Begriffe, Formulierungen, Stereotypen der Teilnehmer
5	Auswertungsphase	Übersetzung der Rohdaten in Variablen, Skalen; Zählen und Messen; statistische Verfahren; Variablenregeln, probabilistische Grammatiken, Implikationsskalen	Zuordnung der Beobachtungen zu Typen, Verstehendbeschreibungen; konstitutive Regeln

6	Art der Aussagen	Hypothesenüberprüfung; signifikante vs. nicht-signifikante Ergebnisse etc.	qualitativ distinktive Typen von Handlungen, Interaktionsweisen, Werte, Normen, Beziehungen etc.

Tab. I.3.1: Quantitative vs. qualitative Methoden (nach Dittmar 1997: 101 f.)

Schlobinski fasst zusammen:

> Quantitative Verfahren sind solche, bei denen das Operieren mit Zahlen eine zentrale Rolle spielt, qualitative sind solche, bei denen der Interpretationsprozess im Vordergrund steht und die sich auf der Folie hermeneutischer Verfahren entwickelt haben. Quantitative Verfahren sind letztlich statistische Verfahren, qualitative sind – zumindest in den Sprachwissenschaften – solche, bei denen Texte oder Diskurse nach einer bestimmten Methodik erhoben und interpretativ analysiert werden. (Schlobinski 2018: 35)

Bei den quantitativen Erhebungs- oder Elizitierungstechniken gibt es einige kritische Punkte, von denen wir hier nur die Stichprobentechnik und die Standardisierung herausgreifen wollen. Schlobinski veranschaulicht die Stichprobenziehung wie in Abbildung I.11 gezeigt; der dargestellte Induktionsschluss ist allerdings nur dann gerechtfertigt, wenn in der Stichprobe die gleiche Merkmalsausprägung vorliegt wie in der Grundgesamtheit. Eine *Repräsentativität* ist in den meisten soziolinguistischen Fällen damit nicht gegeben, vielleicht aber auch nicht notwendig.

Die Schwierigkeit einer Standardisierung haben wir weiter oben bereits skizziert. Aus den bisherigen Ausführungen folgt das Fazit, dass **quantitative und qualitative Verfahren** keine Gegensätze darstellen; vielmehr muss auch nach ›verborgener‹ Qualität bei den quantitativen und umgekehrt nach ›verborgener‹ Quantität bei den qualitativen Verfahren gesucht werden (dazu auch Ehlich 1982). Eine Reflexion der Verfahrensweisen scheint unabdingbar.

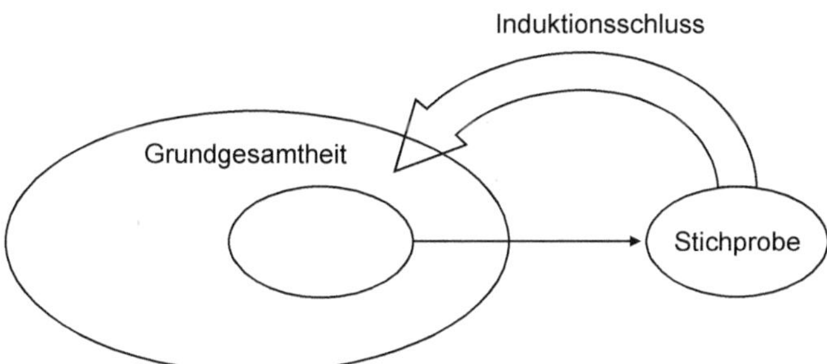

Abb. I.3.3: Stichprobenziehung (nach Schlobinski 2018: 40)

In den letzten Jahrzehnten sind in verschiedenen Disziplinen zahlreiche Veröffentlichungen zur qualitativen Forschung erschienen (u. a. Arbeitsgruppe Bielefelder Soziologen 1976, Soeffner 1979, Friebertshäuser/Prengel 1997, Kallmeyer 2005, Flick 2014, Flick et al. (Hg.) 2016, Dittmar 2018). Einzelne Methoden wie die teilnehmende Beobachtung, Interviews (biographische, narrative) und Gruppendiskussionen wurden ausführlich mit Vorzügen und Schwächen diskutiert. Darauf soll hier nur verwiesen werden.

3.4 Erhebungsverfahren

Daher wollen wir im Folgenden auch nicht mehr scharf zwischen qualitativen und quantitativen Verfahrensweisen trennen; vielmehr sollen diese im Einzelnen kurz angesprochen werden.

Folgende Verfahren der Datenerhebung werden in der Fachliteratur grob und jeweils mit bestimmten Untergruppen unterschieden:

Verfahren der Datenerhebung

1. Beobachtung, v. a. teilnehmende
2. Befragung, v. a. Fragebögen
3. Experiment und Testverfahren

1.Beobachtung

Beobachtungsverfahren spielen in soziolinguistischen Studien eine wichtige Rolle: Sie können in verschiedenen Formen erfolgen, die sich folgendermaßen unterscheiden:

Aspekte von Beobachtungsverfahren

1. Strukturiertheit
2. Offenheit
3. Partizipation des Beobachters

Um z. B. Unterrichtskommunikation frei von subjektiven Eindrücken vergleichbar und orientiert an unterschiedlichen Kriterien zu beobachten, ist das Flandersche Kategoriensystem entwickelt worden, in dem die Beobachter in bestimmten Zeitintervallen von drei Sekunden je eine Beobachtungskategorie protokollieren müssen. Dies erlaubt zwar eine gewisse Quantifizierbarkeit und Vergleichbarkeit, doch bergen die Kategorien selbst einen großen subjektiven Interpretationsspielraum, der Objektivität, Reliabilität und Validität des Verfahrens beeinflusst (z. B. Kategorie 1. Akzeptiert Gefühle).

Verdeckte Beobachtungen gewähren in soziolinguistischen Studien sicher einen guten Einblick in spontanes Sprachverhalten (s. das Labov'sche Beobachterparadox), doch stellen sich hier ethische und juristische Probleme, so dass von diesem Vorgehen eher abgeraten werden kann.

Die **teilnehmende Beobachtung** ist zweifellos das am meisten verwendete Verfahren der soziolinguistischen Datenerhebung. Es stammt aus der Ethnologie und wurde vor allem im Paradigma der Ethnographie der Kommunikation eingesetzt (→ Kap. I.2.4.3). Es bedeutet, dass die Forscher Teil des sozialen Systems und des Interaktionsfeldes werden. So hat das in Kap. 2.1 dokumentierte und zu einem Streitgespräch eskalierende Gespräch zwischen den Eheleuten in dieser Form wahrscheinlich nur wegen der Anwesenheit des teilnehmenden Beobachters stattgefunden. Erst dadurch wurde eine neue Bühne für Selbstdarstellungen und Rollenzuschreibungen eröffnet, die für die beiden Eheleute schon längst bekannt und oft ausgetauscht gewesen sein dürften. Für die Analyse von Peergruppengesprächen eignet sich diese Methode ebenfalls, wie schon Labov in seinen Untersuchungen zum Black English Vernacular von Jugendlichen in New York praktizierte. Um in der Rolle des >observer as participant< akzeptiert zu werden. haben sich einige Forscher etwa eine Zeitlang in den betreffenden Jugendgruppen einleben und integrieren müssen (z. B. Chovan 2003).

In soziolinguistischen Studien der jüngeren Zeit dominieren korpusanalytische Verfahren in Form von Einzelfallstudien, in denen ein gegenstandsspezifisch valide erhobenes Korpus sprechsprachlicher Daten mit einem digitalen Instrumentarium beschrieben wird (korpusanalytische Verfahren). Dabei wird das mit Hilfe von detaillierten Transkriptionsverfahren (vgl. dazu Dittmar 2009) aufbereitete Datenmaterial nach verschiedenen linguistischen Parametern ausgewertet – allerdings mit dem Vorbehalt begrenzter Verallgemeinerbarkeit und Vergleichbarkeit. Dies gilt auch für die Analyse von Internetkommunikation mit dem zusätzlichen Validitätsproblem der Anonymität der Interaktanten. Bei der materialgeleiteten induktiven Vorgehensweise ist die Auswahl der für die Fragestellung relevanten Analysekriterien besonders wichtig, wenn nicht nur eine nicht selten anzutreffende Paraphrasierung der Transkription als Ergebnis herauskommen soll. Musterhaftigkeit und Auftretensfrequenz der sprachlichen Merkmale sind daher von besonderer Bedeutung, um sich nicht in mehr oder minder großen Zufälligkeiten zu verlieren.

2. Befragung

Befragungsmethoden sind ebenfalls sehr beliebt und werden oft in soziolinguistischen Studien eingesetzt. Hierunter fallen insbesondere Interviews und Fragebogenerhebungen. Auch die verschiedenen Formen der Befragung können nach dem Parameter der Strukturiertheit unterschieden werden. So ist z. B. ein informelles Gespräch oder eine Gruppendiskussion in der Regel wenig strukturiert, ein Leitfadengespräch teilstrukturiert, Einzel- und Gruppeninterviews, telefonische Befragungen können wie Fragebogenerhebungen im schriftlichen Bereich stark strukturiert sein. Je höher die Strukturierung, desto höher auch der Anteil messbarer, quantitativer Aspekte; je geringer der Strukturierungsgrad, desto höher der Anteil der interpretativen, qualitativen Aspekte (dazu Atteslander 2003: 145). Durch eine inhaltsanalytische Kategorisierung können allerdings auch umfangreiche freie Äußerungen in quantifizierbare Bestandteile gruppiert werden. Auch hier zeigt sich wieder die enge Verwobenheit qualitativer und quantitativer Verfahrensweisen.

Als Beispiel für eine offene Frage bzw. Aufforderung, deren Antworten von über tausend Jugendlichen für die Auswertung kategorisiert werden müssen, sei die folgende aus den Wuppertaler Studien zur sprachlichen Höflichkeit bei Jugendlichen genannt (Neuland et al. 2020: 51):

Gib bitte ein Beispiel für sprachliche Höflichkeit.

Für die Antworten wurden linguistische Kategorien gebildet wie z. B. Siezen, Danken und Dankerwiderungen, Begrüßen und Verabschieden. Sind die Kategorien induktiv sehr textnah gebildet, wirken sie zwar authentisch, sind aber nicht sehr systematisch, wie es in deduktiven Verfahren der Fall sein dürfte. So vermischen sich z. B. Sprechhandlungen (wie oben angegeben), Höflichkeitswörter (wie *bitte* und *danke*) mit grammatischen Kategorien (wie Konjunktiv, Modalpartikel) oder konkreten Beispieläußerungen (*Hallo, wie geht es Ihnen?*). Dies ist bei Spracheinstellungsfragen noch virulenter, z. B. bei der Frage nach Gebrauchsbegründungen für Jugendsprache (Neuland 2016: 148):

Rang	Items*	m**	SD
1.	das mache ich ganz automatisch/aus Gewohnheit	3.93 1054	1.09
2.	weil Jugendliche eben so sprechen	3.36 1043	1.23
3.	weil das unkomplizierter ist als die Erwachsenensprache	3.28 1053	1.28
4.	um Gefühle wie Ärger, Freude usw. auszudrücken	3.27 1043	1.29
5.	um im Freundeskreis mitreden zu können	2.60 1045	1.21
6.	um anders zu reden als Erwachsene	2.36 1051	1.56
7.	um cool/lässig zu sein	2.22 1041	1.21
8.	ich gebrauche keine Jugendsprache	1.88 1028	1.05

Tab. I.3.2: Warum gebrauchst Du Jugendsprache? Häufigkeitsverteilung. * Items aus Formulierungen Jugendlicher in Voruntersuchungen gewonnen; ** angegeben wurden Mittelwerte (m) und Standardabweichungen (SD) der Einschätzungen von 1 (trifft nie zu) bis 5 (trifft immer zu)

Diese Kategorien können selbstverständlich noch abstrakter formuliert und besser systematisiert werden. Zur Prüfung der Kategorienbildung kann auch auf die Ergebnisse von Pretests zurückgegriffen werden.

Atteslander (2010: 161) veranschaulicht das Verhältnis von Strukturiertheit, Standardisierung und Art der Fragestellung wie in Abbildung I.3.4 dargestellt:

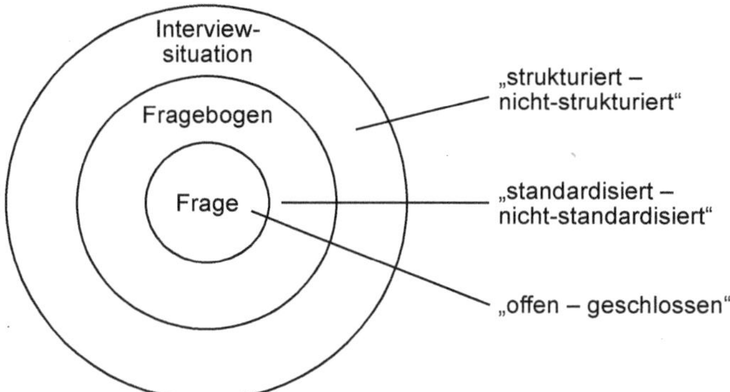

Abb. I.3.4: Verhältnis von Strukturiertheit, Standardisierung und Art der Fragestellung (nach Atteslander 2010)

Auf die Fachliteratur zu den verschiedenen Frageformen kann hier nur verwiesen werden. Als schriftliche Befragungsmethode wird in der Soziolinguistik, namentlich in der Jugendsprachforschung. bevorzugt die **Fragebogenerhebung** verwendet. Dies hat vielfach Kritik erfahren, wie schon zu Beginn der einschlägigen Forschungen die mündliche Befragung in Form von **Gruppeninterviews**. Die Beliebtheit dieser Verfahren liegt zweifellos darin, mit einem begrenzten Aufwand eine Menge an Daten mit dem Fokus auf Wortgebrauch und -bedeutungen zu erhalten. Doch sind mannigfache Reflexionen und Erprobungen der Methodenkonstruktion zu bedenken.

So hatte Henne (1986) Schüler in sein Universitätsseminar eingeladen, um u. a. Erkenntnisse über ihr Partnervokabular zu erhalten:

> »H: werden Freunde und Freundinnen angeredet? Das ist natürlich jetzt etwas schwierig ... äh [...] Sie sagen: mein Macker?«. Und etwas später: H: »Die Koseworte haben wir ja noch nicht gehört, irgendwelche ... Mausi ... Liebling [...] na ja, ich mein' das geht jetzt natürlich in Bereiche rein, die kann man praktisch nicht mehr generalisieren, nicht wahr [...]« (Henne 1986: 131 ff.)

In der frühen Phase der Lexikologie der Jugendsprachforschung wurden so in mündlichen wie in schriftlichen Befragungsverfahren **kontextisolierte Daten** von beschränkter Aussagekraft gewonnen, die eine faktisch nicht gegebene Homogenität und Standardisierung jugendlichen Sprachgebrauchs nahelegten (vgl. dazu Neuland 2018).

Im Wuppertaler Fragebogen, bundesweit an über 1000 Jugendlichen eingesetzt, wurde versucht, durch die Unterscheidung von Kenntnis und Gebrauch, Skalierung der Gebrauchshäufigkeit sowie Angabe eines Beispiels im Situationskontext ein differenzierteres Ergebnis zu erhalten:

Proll

... kenne ich:	ja O nein O
... bedeutet (ungefähr):	______
... benutzen wir im Freundeskreis	immer O · oft O · manchmal O · selten O · nie O
Falls Du das Wort benutzt: Mir fällt eine Situation ein (mit Beispiel), in der wir **Proll** selbst schon verwendet haben:	______
Falls Du das Wort **nie** *benutzt:* Warum nicht?	______

Abb. I.3.5: Beispiel-Item aus dem Wuppertaler DFG-Projekt zur Jugendsprache (Neuland 2016: 46 sowie 2018: 82)

3. Experiment und Testverfahren

Werfen wir abschließend zu den Erhebungstechniken noch einen Blick auf das **Experiment**, wiewohl es in soziolinguistischen Studien keine zentrale Rolle spielt. In der empirischen Sozialforschung, wo es hingegen als Königsweg der Forschung gilt, wird stets auf die Definition von Zimmermann (1972: 37) verwiesen. Demnach ist das Experiment:

> eine wiederholbare Beobachtung unter kontrollierten Bedingungen; dabei werden eine bzw. mehrere unabhängige Variablen so manipuliert, dass eine Überprü-

fungsmöglichkeit der zugrundeliegenden Hypothese, d. h. der Behauptung eines Kausalzusammenhangs in unterschiedlichen Situationen gegeben ist.

Atteslander veranschaulicht die soziale Situation im Experiment wie in Abbildung I.14 dargestellt.

Was als Vorzug von Experimenten geltend gemacht wird: der hohe Grad an Kontrollierbarkeit, erweist sich zugleich als nachteilig in verschiedener Hinsicht: Die Kontrolle aller bedeutsamen Variablen und die Manipulation der Versuchsbedingungen führen zu einer Künstlichkeit des Verfahrens und des dargestellten Ausschnitts sozialer Wirklichkeit, was ihrer Komplexität nicht gerecht wird. Diese Selektivität erschwert die Übertragbarkeit der Ergebnisse und stellt ihre Allgemeingültigkeit in Frage. Mit Feldexperimenten, Simulationen und Planspielen als Varianten des klassischen Experiments wurde versucht, dessen Nachteile abzumildern. Daher ist es nicht erstaunlich, dass sich diese Form der Datenerhebung in der Soziolinguistik, im Unterschied zur Psycholinguistik, nicht durchgesetzt hat.

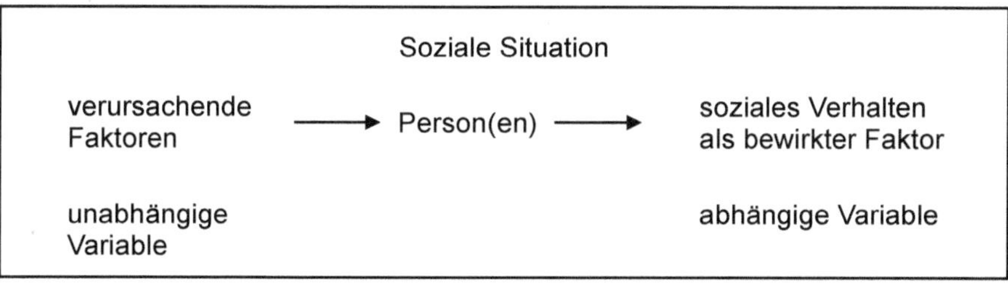

Abb. I.3.6: Soziale Situation im Experiment (nach Atteslander 2010: 199)

Testverfahren werden dagegen in manchen soziolinguistischen Studien durchgeführt, so schon bei Lambert und dann Labov mit subjektiven Reaktionstests (→ Kap. I.2). Das bekannteste Verfahren ist die **matched guise-Technik,** die **Doppelrollen-Technik**. Diese besteht aus Sprechproben z. B. von bilingualen Sprechern des Englischen und des Französischen in Kanada, die englischsprachigen und französischsprachigen Studierenden aus Quebec vorgespielt wurden, wobei diese davon ausgingen, dass es sich um verschiedene Sprecher handelt. Dabei wurden die englischsprachigen Proben stets besser bewertet, z. B. im Hinblick auf Intelligenz, Zuverlässigkeit etc. Labov hat solche Tests im Hinblick auf Einschätzungen von Normorientierung oder auch Berufseignung (von einer TV-Persönlichkeit über eine Telefonistin bis zur Fabrikarbeiterin), Freundschafts- und Schlägerei-Skalen durchgeführt

(→ Kap. I.2.4.2, Abb. I.4 bis I.6). Die große Frage ist, ob die sozialen Bewertungen einheitlich in einer Sprachgemeinschaft oder aber sozial differenziert sind, je nach Beurteilungsdimensionen.

Neuland hat eine Studie mit Dialektsprechern des Deutschen in diesem Paradigma durchgeführt: »*Wie hört der sich denn an?*« (1988) und dabei festgestellt, dass Sprecher mit ausgeprägteren Dialektmerkmalen beim Vorlesen eines Zeitungstextes stets negativer als standardnähere Sprecher eingeschätzt wurden. Ihnen wurde ein niedrigerer Schulabschluss, geringere Intelligenz und Selbstsicherheit, aber auch geringere Beliebtheit und Unterhaltsamkeit von Schülern und Studierenden unterstellt. Auf die Frage nach Prestige oder Stigma von Dialekten werden wir in Kapitel II.2 zurückkommen.

Schließlich wurde in verschiedenen Wuppertaler Studien, u. a. auch zur Interkulturellen Kommunikation, der Fragestimulus der **critical incidents** verwendet. Die ursprünglich von dem Psychologen Flanagan (1954) entwickelte CI-Technik wurde von uns erfolgreich eingesetzt, um interkulturelle Vergleiche beim Kritisieren und Komplimentieren von studentischen DaF-Lernern aus verschiedenen Kulturen zu erfassen (vgl. z. B. Neuland 2011). Das konstruierte kritische Ereignis muss dem Erfahrungsbereich der Probanden entstammen und als realistisch und kulturfair aufgefasst werden. Ein Beispiel betrifft eine Besuchssituation zum Essen bei einem Dozenten oder einem Freund, wobei jedesmal die Suppe versalzen ist. Anhand von vier aus Voruntersuchungen gewonnenen und vorformulierten Auswahlantworten und einer freien Kategorie sollen die Probanden nun einschätzen, welche Äußerung sie am ehesten bevorzugen würden. Auf diese Weise konnten wichtige kulturtypische Unterschiede im Umgang mit Kritik und Kompliment (z. B. im Hinblick auf den Direktheitsgrad der Äußerungen, auf den Einsatz von Witz und Ironie) und auf die Adressatendifferenzierung gewonnen werden.

3.5 Methodentriangulationen

In der aktuellen empirischen Forschung haben sich in verschiedenen Disziplinen in der jüngsten Zeit mixed methods-Verfahren, v. a. sog. Triangulationen durchgesetzt (v. a. Flick 2008, Ecarius/Miethe 2011, Schreier/Odag 2017), die die Nachteile einzelner Verfahren durch Kombination verschiedener ausgleichen sollen. Mey et al. veranschaulichen dies wie in Abbildung I.3.7 dargestellt.

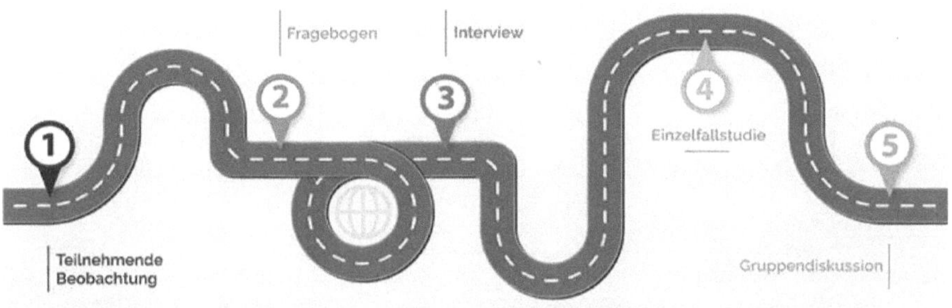

Abb. I.3.7: Methodentriangulation und Mixed Methods (https://studi-lektor.de/tipps/qualitative-forschung/triangulation-mixed-methods.html)

Durch die Einnahme unterschiedlicher Perspektiven soll ein vertieftes und vielschichtiges Verständnis des Untersuchungsobjekts erreicht werden. So können einzelne Verfahren auch zur vorläufigen Exploration und/oder abschließenden Überprüfung eingesetzt werden. In der empirischen Jugendsprachforschung wird nicht nur eine große Palette der Forschungsmethoden, sondern oft auch eine between method-Triangulation angewandt, wie der Sammelband *Jugendliche im Gespräch* dokumentiert (Neuland et al. 2018).

In der Studie von Neuland et al. zum Umgang von Jugendlichen mit sprachlicher Höflichkeit (2020) wurde ein Fragebogen bei über 1.000 Jugendlichen und ein weiterer bei ca. 160 Lehrkräften eingesetzt. Weiterhin wurden Spontandatenkorpora erhoben und in Unterrichtsgespräche, Pausengespräche und außerunterrichtliche Reflexionsgespräche in Form freier Gruppendiskussionen unterteilt, die sich in den Dimensionen von *spontan-elizitiert* und *objektsprachlich-metasprachlich* unterschieden. In der Tat differenzierten die Interaktionen je nach Gesprächstyp:

Reflexionsgespräche	**Unterrichts-kommunikation**	**Pausen-kommunikation**
• (A) elizitierte metasprachliche Äußerungen zum Thema Höflichkeit/Unhöflichkeit		
• (B) spontane metasprachliche Äußerungen zum Thema Höflichkeit/Unhöflichkeit	• (B) spontane metasprachliche Äußerungen zum Thema Höflichkeit/Unhöflichkeit	• (B) spontane metasprachliche Äußerungen zum Thema Höflichkeit/Unhöflichkeit
• (C) spontanes höfliches/unhöfliches Sprachverhalten	• (C) spontanes höfliches/unhöfliches Sprachverhalten	• (C) spontanes höfliches/unhöfliches Sprachverhalten
	• (D) methodisch abgeleitetes höfliches/unhöfliches Sprachverhalten	

Tab. I.3.3: Korpustypen und Arten von Sprachgebrauch (nach Neuland et al. 2020: 45)

So macht es schließlich einen großen Unterschied, ob eine als höflich eingestufte Äußerung Jugendlicher im Unterricht spontan geäußert oder methodisch elizitiert wurde, ob sie in Form eines objektsprachlichen Beispiels (z. B. *Das war richtich tofte!*) oder eines metasprachlichen Kommentars erfolgt (z. B. *Ich meine das ganz lieb!*).

Die Verfasser haben eine eigenständige **Korrespondenzdatenanalyse** durchgeführt und folgern, dass der Vergleich beider (idealtypischer) Datentypen, also von pragmatischen Spontandaten und metasprachlichen Fragebogendaten die Funktion einer gegenseitigen Unterstützung erfüllen oder auch einen Widerspruch aufdecken und damit die Validität der Ergebnisse insgesamt stärken kann. Gesprächsdaten können die Fragebogendaten interaktional veranschaulichen, wie statistische Daten die Spontandaten verallgemeinern (Neuland et al. 2020: 31.).

3.6 Zusammenfassung und Literatur

In diesem Kapitel wurden einige grundlegende Probleme empirischer Sprachforschung angesprochen (u. a. Zugänglichkeit der Informanten,

Schwierigkeiten der Standardisierung und der Operationalisierung, Gütekriterien der Forschung) und Typen von Daten sowie Erhebungsverfahren vorgestellt (v. a. teilnehmende Beobachtung, Fragebogenmethoden, matched guise-Techniken und critical incidents-Methoden). Dabei wurde deutlich, dass nicht mehr scharf zwischen quantitativen und qualitativen Verfahren unterschieden werden kann. In der aktuellen Forschung werden daher mixed methods-Verfahren, v. a. Triangulationen bevorzugt.

Literatur (weiterführend)

Dittmar, Norbert (2018): Datenerhebung qualitativ. Mit einem Ausblick auf Beschreibungsverfahren. In: Neuland, Eva/Schlobinski, Peter (Hg.): *Handbuch Sprache in Gruppen.* Berlin/Boston, 52–84.

Schlobinski, Peter (2018): Datenerhebung quantitativ. In: Neuland, Eva/Schlobinski, Peter (Hg.): *Handbuch Sprache in Gruppen.* Berlin/Boston, 35–51.

Literatur (gesamt)

Albert, Ruth/Marx, Nicole (2017): *Empirisches Arbeiten in Linguistik und Sprachlehrforschung.* Tübingen.

Arbeitsgruppe Bielefelder Soziologen (1976): *Kommunikative Sozialforschung.* München.

Atteslander, Peter (2003): *Methoden der empirischen Sozialforschung.* 10., neu bearb. u. erw. Aufl. Berlin.

Atteslander, Peter (2010): *Methoden der empirischen Sozialforschung.* 13., neu bearb. u. erw. Aufl. Berlin.

Bielefeld, Hans-Ulrich/Hess-Lüttich, Ernest W. B./Lundt, André (Hg.) (1977): *Soziolinguisik und Empirie. Beiträge zu Problemen der Corpusgewinnung und -auswertung.* Mit einem Register laufender Forschungsprojekte der Empirischen Soziolinguistik von Ernest W.B. Hess-Lüttich. Wiesbaden.

Chovan, Milos (2003): Kommunikative Praktiken in Peergruppen. Analysen und Vergleiche. In: Neuland, Eva (Hg.): *Jugendsprachen – Spiegel der Zeit.* Frankfurt/M., 347–360.

Denzin, Norman (1970): *The Research Act. Theoretical Introduction of Sociological Methods.* Chicago.

Dittmar, Norbert (1973): *Soziolinguistik. Exemplarische und kritische Darstellung ihrer Theorie, Empirie und Anwendung.* Mit kommentierter Bibliographie. Frankfurt/M.

Dittmar, Norbert (1997): *Grundlagen der Soziolinguistik. Ein Arbeitsbuch mit Aufgaben.* Tübingen.

Dittmar, Norbert (2009): *Transkiption. Ein Leitfaden mit Aufgaben für Studenten, Forscher und Laien.* Wiesbaden.

Dittmar, Norbert (2018): Datenerhebung qualitativ. Mit einem Ausblick auf Beschreibungsverfahren. In: Neuland, Eva/Schlobinski, Peter (Hg.): *Handbuch Sprache in Gruppen.* Berlin/Boston, 52–84.

Ecarius, Jutta/Miethe, Ingrid (Hg.) (2011): *Methodentriangulation in der qualitativen Bildungsforschung.* Opladen.

Ehlich, Konrad (1982): ›Quantitativ‹ oder ›qualitativ‹? Bemerkungen zur Methodologiediskussion in der Diskursanalyse. In: Köhle, Karl/Raspe, Hans-Heinrich (Hg.): *Das Gespräch wähend der ärztlichen Visite.* München, 298–312.

Flanagan, John C. (1954): The critical incident technique. In: *Psychological Bulletin* 51 (4), 327–358.

Flanders, Ned A. (1970): *Analysing teacher behavior.* Reading/Massachusetts.

Flick, Uwe (2008): *Triangulation. Eine Einführung.* Wiesbaden.

Flick, Uwe (2014): *Qualitative Sozialforschung.* Hamburg.

Flick, Uwe/v. Kardorff, Ernst/Steinke, Iris (Hg.) (2016): *Qualitative Forschung: Ein Handbuch.* Reinbek.

Friebertshäuser, Barbara/Prengel, Annedore (Hg.) (1997): *Handbuch qualitativer Forschungsmethoden in den Erziehungswissenschaften.* Weinheim/München.

Friedrichs, Jürgen (2003): *Methoden empirischer Sozialforschung.* Reinbek (1973):

Henne, Helmut (1986): *Jugend und ihre Sprache. Darstellung, Materialien, Kritik.* Berlin.

Hitzler, Roland/Honer, Anne (1997): *Sozialwissenschaftliche Hermeneutik.* Opladen.

Kallmeyer, Werner (2005): Qualitative Methoden. In: Ammon, Ulrich/Dittmar, Norbert/Mattheier, Klaus J./Trudgill, Peter (Hg.): *Sociolinguistics/Soziolinguistik.* Bd. 2. Berlin/Boston, 978–992.

Labov, William (1971): Das Studium der Sprache im sozialen Kontext. In: Klein, Wolfgang/Wunderlich, Dieter (Hg.): *Aspekte der Soziolinguistik.* Frankfurt/M., 111–194.

Löffler, Heinrich (2016): *Germanistische Soziolinguistik.* 5. Aufl. Berlin.

Neuland, Eva (1975): *Sprachbarrieren oder Klassensprache. Untersuchungen zum Sprachverhalten im Vorschulalter.* Frankfurt/M.

Neuland, Eva (1981): »Punkt zwölf muss et Essen auf'm Tisch stehn! « Analyse alltäglicher Kommunikation in einer Arbeiterfamilie. In: *Linguistische Berichte* 76, 64–90.

Neuland, Eva (1988): »Wie hört der sich denn an?«. Spracheinstellungen als Gegenstand der Sprachreflexion. In: *Diskussion Deutsch* 99, 53–72.

Neuland, Eva (2011): Kompliment, Kompliment! Formen des Komplimentierens im interkulturellen Vergleich. In: Ehrhardt, Claus/Neuland, Eva/Yamashita, Hitoshi (Hg.): *Sprachliche Höflichkeit zwischen Etikette und kommunikativer Kompetenz.* Frankfurt/M.

Neuland, Eva (2016): *Deutsche Schülersprache. Sprachgebrauch und Spracheinstellungen Jugendlicher in Deutschland.* Frankfurt/M.

Neuland, Eva (2018): *Jugendsprache.* 2., erw. u. überarb. Aufl. Tübingen.

Neuland, Eva/Könning, Benjamin/Wessels Elisa (Hg) (2018): *Jugendliche im Gespräch. Forschungskonzepte, Methoden und Anwendungsfelder aus der Werkstatt der empirischen Sprachforschung.* Frankfurt/M.

Neuland, Eva/Könning, Benjamin/Wessels Elisa (2020): *Sprachliche Höflichkeit bei Jugendlichen. Empirische Untersuchungen von Gebrauchs- und Verständnisweisen im Schulalter.* Frankfurt/M.

Schlieben-Lange, Brigitte (1973): *Soziolinguistik. Eine Einführung.* Stuttgart.

Schlobinski, Peter (1996): *Empirische Sprachwissenschaft.* Opladen.

Schlobinski, Peter (2018): Datenerhebung quantitativ. In: Neuland, Eva/Schlobinski, Peter (Hg.): *Handbuch Sprache in Gruppen.* Berlin/Boston, 35–51.

Schreier, Margrit/Odag, Özen (2017): Mixed Methods-Forschung in der Psychologie, In: Mey, Günther/Mruck, Katja (Hg.): *Handbuch qualitative Forschung in der Psychologie.* 2., erw. u. akt. Aufl. Heidelberg, 1–25.

Soeffner, Hans-Georg (Hg.) (1979): *Interpretative Verfahren in den Sozial- und Textwissenschaften.* Stuttgart.

Zimmermann, Ekkart (1972): *Das Experiment in den Sozialwissenschaften.* Stuttgart.

Internetquellen

Bubenhofer, Noah (2006–2015): Einführung in die Korpuslinguistik: Praktische Grundlagen und Werkzeuge. Elektronische Ressource: http://www.bubenhofer.com/korpuslinguistik/ (Stand: 01/06/2022)

Mey, Günter/Ruppel, Paul Sebastian/Vock, Rubina (o. J.): *Triangulation und Mixed Methods.* Abrufbar unter: https://studi-lektor.de/tipps/qualitative-forschung/triangulation-mixed-methods.html (Stand: 01/06/2022)

II Ausgewählte Forschungsfelder

1 Sprache und soziale Ungleichheit

1.1 Sprachliche Sozialisation, Sprachbarrieren und Sprachkompensatorik

Wie bereits erwähnt, hat die Erforschung sozialer und regionaler Einflüsse auf den Sprachgebrauch als Initialzündung der Soziolinguistik Deutschlands gewirkt. Der heute noch aktuelle Grundgedanke lautet, dass die in den sozialen Schichten unterschiedlichen Formen sprachlicher Sozialisation der Kinder zu kultureller und sprachlicher Deprivation führen und Schulerfolg und sozialen Aufstieg beeinträchtigen können.

1.1.1 Elterliche Kontrolltechniken in der sprachlichen Sozialisation

Nach Bernsteins Ausführungen zur *sprachlichen Sozialisation* erwirbt das Kind schon in der frühkindlichen Entwicklung vermittelt über den Sprachgebrauch der Familie seine **soziale Identität**. Ein sprachliches Mittel dabei bilden **Formen *elterlicher Kontrolle***, die wiederum mit dem Rollensystem und den Kommunikationsformen in der Familie zusammenhängen. Dabei unterscheidet er idealtypisch **zwei *Familientypen***: ***positionale*** Familien mit klarer Rollentrennung und einem geschlossenen *Kommunikationssystem* und ***personale*** Familien mit einem offenen Kommunikationssystem. Nach Bernstein werden in der sozialen Unterschicht Imperative und vergemeinschaftende **positionale Appelle** (z. B. Alters- oder Geschlechts-Status-Regeln wie: Kleine Jungen spielen nicht mit Puppen!) gegenüber individualisierenden personalen Appellen bevorzugt, die er der sozialen Mittelschicht zurechnet. Dies verdeutlicht er mit folgendem (konstruierten) Beispiel aus einer Mutter-Kind-Interaktion (Bernstein 1972: 200):

Beispiel: Mutter-Kind-Interaktion
Mutter: »Kinder küssen ihren Großvater.« (positional)
Kind: »Ich möchte nicht – warum muss ich ihn immer küssen?«
Mutter: »Es geht ihm nicht gut.« (positionaler Appell) – »Und jetzt genug mit deinem Unsinn!« (Imperativ)

Eine andere Mutter sagt in demselben Zusammenhang: »Ich weiß, dass du Großvater nicht küssen magst, aber es geht ihm nicht gut, er mag dich sehr gern, und es macht ihn sehr glücklich, wenn du ihm einen Kuss gibst.«

Demnach wird durch den kindlichen Sprachgebrauch zugleich die darin aufgehobene soziale Erfahrung bekräftigt:

> So wie das Kind seine Sprache lernt, oder (...) wie es spezifische Codes lernt, die seine verbalen Akte regulieren, lernt es auch die Erfordernisse seiner Sozialstruktur. Die Erfahrung des Kindes wird transformiert durch den Lernprozess, der erzeugt wird durch die eigenen, scheinbar freiwilligen Sprechakte. Die Sozialstruktur wird auf diese Weise das Substrat der kindlichen Erfahrung, und zwar wesentlich durch die mannigfache Auswirkung des linguistischen Prozesses. Unter diesem Gesichtspunkt wird, sobald das Kind spricht oder hört, die Sozialstruktur in ihm verstärkt und seine soziale Identität gestaltet. (Bernstein 1972: 202)

Abgesehen von den konkreten Benennungen und Beschreibungen ist dieser Grundgedanke heute noch aktuell.

In einer Studie von Cook-Gumperz 1976 konnten die wesentlichen Annahmen Bernsteins zur sprachlichen Sozialisation und den Konsequenzen für das Kind empirisch unterstützt werden:

> [...] dass elterlicher Kontrollstil und kommunikative Kompetenz als ein subtilerer Zugang zum Verständnis der Unterschiede in der schulischen Leistung des Kindes betrachtet werden können, insofern auf diese Weise eine Einsicht darin gewonnen werden kann, wie sich Schichtunterschiede im Verhalten manifestieren. (Cook-Gumperz 1976: 244)

1.1.2 Theorie der linguistischen Codes

Den Zusammenhang von Sozialstruktur, sozialen Beziehungen und Sprechakten, vermittelt durch linguistische Codes, will Bernstein in der Darstellung eines Interdependenzgefüges veranschaulichen, das allerdings keine letztliche Klärung erbrachte.

Bernstein entwickelte eine Theorie der linguistischen Codes als verbale Planungsstrategien, die in den verschiedenen Sozialschichten unterschiedlich ausfallen (→ Kap. I.2.4.1, Abb. I.2.1). Diese werden binär charakterisiert,

v. a. durch Grade lexikalischer und syntaktischer Vorhersagbarkeit, universalistische versus partikularistische Bedeutungen, und als *restringierter* und *elaborierter Code* benannt. So wird der restringierte Code nach Bernstein gekennzeichnet durch eine Art Mängelliste (→ Kap. I.2.2.1), die er mit den folgenden (ebenfalls konstruierten) Beispielen veranschaulicht:

Beispiel: Restringierter Code
Dies sind die zwei Geschichten:

1. Drei Jungen spielen Fußball und ein Junge schießt den Ball und er fliegt durch das Fenster der Ball zertrümmert die Fensterscheibe und die Jungen schauen zu und ein Mann kommt heraus und schimpft mit ihnen weil sie die Scheibe zerbrochen haben also rennen sie fort und dann schaut diese Dame aus ihrem Fenster und sie schimpft hinter den Jungen her
2. Sie spielen Fußball und er schießt ihn und er fliegt rein dort zertrümmert er die Scheibe und sie schauen zu und er kommt raus und schimpft mit ihnen weil sie sie zerbrochen haben deshalb rennen sie weg und dann sieht sie raus und sie schimpft hinter ihnen her.

(Bernstein 1972: 267)

Die Theorie der linguistischen Codes und die Vorstellungen einer **Sprachkompensatorik**, die die vermeintlichen sprachlichen Defizite von Unterschichtkindern im Hinblick auf die Norm des Sprachgebrauchs von Mittelschichtkindern ausgleichen sollte, haben sich auf die im Entstehen begriffene westdeutsche Soziolinguistik ausgewirkt. Die Studie des Soziologen Ulrich Oevermann (1972) leitet eine Reihe weiterer überwiegend korrelativer Studien zum sozialtypischen Sprachgebrauch von Kindern ein, darunter Wiederhold (1971), Bühler (1972), Oevermann (1972), Schlee (1973), Neuland (1975), Steinig (1976), Jäger (1978).

In kontrastiven Vergleichen und zumeist orientiert an der Bernstein'schen Charakterisierung des elaborierten und des restringierten Codes wurden schichtspezifische Unterschiede im Sprachgebrauch des Deutschen von Kindern und Jugendlichen festgestellt, weiterhin größere Übereinstimmungen des schulischen Sprachgebrauchs von Lehrkräften, Lehrwerken und auch Schulleistungstests mit dem Sprachgebrauch von Mittelschichtangehörigen (**middle class bias**). Die These von Sprachbarrieren als Bildungshindernisse für Schulerfolg und sozialen Aufstieg schien damit hinreichend belegt, nicht aber die defizitorientierten Beschreibungen der Sprache von Unterschichtkindern.

1.1.3 Beispiel: Vorschulkinder erzählen eine Geschichte zu Ende

Dazu seien die folgenden Beispiele von Vorschulkindern präsentiert. Sie stammen aus der Studie von Neuland (1975; Texte aus 1978: 17f.). Kindern aus Akademiker- und aus Arbeiterfamilien wurde der Anfang einer Geschichte als Erzählanreiz geboten[2]:

Beispiel: Vorschulkinder erzählen eine Geschichte zuende

Interviewer: Das Fußballspiel
Heute ist so schönes Wetter draußen. Die Kinder wollen auf die Straße gehen und spielen. Peter bringt einen großen Ball mit. »Au ja, ich habe eine Idee«, ruft Sabine. »wir spielen Fußball.« Das macht Spaß! Die Kinder schreien laut und rennen hinter dem Ball her. Plötzlich gibt es einen großen Krach. Der Ball fliegt mitten durch eine große Fensterscheibe. O je, jetzt ist die Scheibe kaputt! Was machen wir jetzt? Kannst Du Dir vorstellen, was die Kinder jetzt machen?

Petra: (...)
Dann. Dann. hat eine Mutter den anderen Kind ausgeschimpft, un da kam/ ... Dann is der wieder *zuhause* gegangen. Hat die Mutter gesacht: »Warum bis du denn so spät nach Hause gekommen?« hat se gesacht. »Ich hab 'ne Fenster kaputtgemacht.« Dann . dann da sacht er: »Ich hab 'ne Fenster kaputtgemacht.« Un da hat er von 'ne Mutter se gekricht.
I: Und was is mit dem Fenster passiert?
Da? Haben sie wieder ein *neues* reingemacht. Un da mußte der . der Junge den *bezahln*, den Fenster.
I: Hat da auch jemand geschimpft?
Ja! Ja *sicher*, die Frau hat da geschimpft, is rausgekommn.

2 Die Kursivierungen geben besondere Betonungen wider.

Bettina: (...)
Un. dann sah die/ ...un . dann sah . eine Mutter an dem Fenster das ... un . kuckte un . sah das . das . Un . dann kam die Mutter raus un . un schimpfte, daß der Ball da in das Fenster reingeflogen is ...
I: Ja, und dann?
Dann? Dann . sagte das Kind: »Na, was is'n *da* passiert? Da wird ich meiner Mami mithelfn, ... das Fenster *heile*machen . un . un schimpfn.« Un weiß du, was ich dann noch sage? ... Dann? Dann hat das Kind so kräftich geschimpft, daß die weggerannt sind . Un die . un die hattn *Geld* grade noch für ein neuen Ball.
I: Und wer muß die Fensterscheibe bezahlen?
Die *Kinder* mü . mü . müßtn die Fensterscheibe bezahln. Dann . ka . ka . kamn die mit ein neuen Ba . Ball nach Hause . un haben sich neues Geld . Geld von seiner Spardose geholt.

Karola: (...)
Da müssen se die Scheibe *bezahln.* Die *kostet* so viel...Da kam 'ne Frau, hat gesacht . gesacht: »Wer hat *datt* denn gemacht?« Die sind weggerannt. Die Frau hat se noch gekricht. »Habt *ihr* datt gemacht?« »Ja«, haben se gesacht . un müssn die Scheibe bezahln.

Dinah: (...)
Da *schimpft* die Frau . un sacht: »Ihr *könnt* hier nich mit'm Ball spieln. Ihr könnt aufn *Fußballplatz* gehen mit'n Ball spieln . un da spieln se *da.*
I: Und wer mußte die Fensterscheibe bezahlen?
Die Kinder.

Die **Beurteilung der sprachlichen Leistungen** der Kinder ist von den jeweils angelegten linguistischen Analyseaspekten und Wertmaßstäben abhängig: Ausführlichkeit, Informationsdichte, Ausschmückungen, Kohärenz, Erzählperspektive, Grammatikfehler u. a. m. können dabei beachtet werden; als inhaltliche Gesichtspunkte spielen u. a. der materielle Schaden, seine Behebung, Bestrafung der Kinder, alternative Spielmöglichkeiten eine Rolle.

Jedes der vier Mädchen liefert eine andere Geschichte, jedes kommt aber auch mit einer anderen Familiengeschichte in die Schule und weist schon während der Grundschulzeit einen anderen Schulerfolg auf. Die zwei Mädchen aus Akademikerfamilien (Bettina und Dinah) kamen in der ersten Grundschulklasse gut mit; die beiden anderen wurden nach kurzer Zeit in die Sonderschule verwiesen. Die Klassifikationen: reichhaltiger, *privilegierter* und armer, *stigmatisierter* Sprachgebrauch reflektieren **gesellschaftliche Wertmaßstäbe**, die linguistisch nicht zu begründen sind. Vielmehr verarbeiten die Kinder **je spezifische Umwelterfahrungen**, die sich in Auswahl und Gewichtung der inhaltlichen Aspekte niederschlagen (vgl. die Darstellung in Neuland 1975: 171 ff.). Die Erzählungen der Kinder weisen darauf hin, dass die Geschichte der zerbrochenen Fensterscheibe für die in einem gehobenen Neubauviertel wohnenden Vorschulkinder aus der Mittelschicht weniger ihren persönlichen Erlebnisbereich anspricht, als es für die in einem Obdachlosenasyl wohnenden Unterschichtkinder der Fall ist. Das Beispiel verweist zugleich auf die Schwierigkeit, »**schichtneutrale**« **Erzählanlässe** zu finden. Für die Unterschichtkinder bilden der durch die zerbrochene Fensterscheibe verursachte materielle Schaden und die Bestrafung dafür wesentliche Erzählaspekte, für die Mittelschichtkinder wiegen dagegen stärker die Aspekte der Schadensbehebung und der Ersatzmöglichkeiten für das Fußballspiel (Neuland 1975: 213).

Solche heute noch zum Nachdenken anregenden Befunde werden in der frühen deutschen Soziolinguistik als Argumente gegen die Defizitthese und für eine Differenzkonzeption zur Beschreibung der schichtspezifischen Sprachunterschiede gewertet. Beispiele für die lebhafte kontroverse Diskussion bilden Dittmar (1973: 130 ff.), Hess-Lüttich/Steinig (1973), Ammon (1975: 96 ff.), Neuland (1977: 9 ff.) u. a.

Auch Ammon (1972b) griff in einer frühen Studie das Thema Dialekt, soziale Ungleichheit und Schule auf und trug damit zu einer spezifisch deutschen Variante der Sprachbarrierenforschung bei, indem er den ***Dialekt als Sprachbarriere*** untersuchte (→ Kap. II.2). In seiner Studie über Dialekt und Einheitssprache in ihrer sozialen Verflechtung (1972a) weist er den vernachlässigten Aspekt von Sprache und sozialer Ungleichheit bei Dialektsprechern nach und macht auf ihre Probleme beim Lesen, Rechtschreiben und der mündlichen wie schriftlichen Textproduktion aufmerksam (→ Kap. III.1). Vor allem Löffler hat sich um eine differenzierte Erfassung dialektbedingter Schwierigkeiten beim Erwerb der Standardsprache bemüht (1972). Diese beruhen oft auf Strukturdifferenzen zwischen dialektaler Ausgangssprache und standardsprachlicher Zielsprache und können zu *Interferenz-*

fehlern (z.B. *Köllchrank*) oder *Hyperkorrekturen* (z. B. *sparzierengehen*) führen (vgl. Schüwer 1977).

1.2 Sprachdefizite und Sprachdifferenzen

Die Theorie der linguistischen Codes und das Bernstein-Oevermann-Paradigma der sog. **Defizithypothese** wurde einer heftigen theoretischen wie methodischen Kritik unterzogen.

Kritik an der Defizithypothese betrifft

- die *vorpragmatischen* linguistischen Annahmen und wertgebundenen linguistischen Beschreibungen, den »*middle class bias*« der zugrundegelegten Sprach(bewertungs)normen,
- den unterstellten Zusammenhang zwischen Sprache und Denken (einfache bzw. komplexe Sprache = einfaches/komplexes Denken)
- die zu einfachen sozialen Schichtungsmodelle und die soziologischen Zuordnungen,
- die voreiligen Didaktisierungen und die mangelnde Sprachdiagnostik und Evaluation kompensatorischer Maßnahmen.

Studien wie die von Neuland (1975) wandten sich bereits scharf gegen die *Defizithypothese* und verstanden sich als Beiträge zu einer Differenzkonzeption. Diese bezog sich auf das vom amerikanischen Linguisten William Labov (1976/78) vertretene Sprachvariationskonzept und seine Studien zum Nonstandard English und dessen systematische Abweichungen vom Standard (→ Kap. I.2). Die daran orientierte **Differenzhypothese** im deutschen Sprachraum betonte die aufgrund der unterschiedlichen sozialen Erfahrungen differenten schichtspezifischen Sprachgebrauchsweisen, ohne diese einer normativen Wertung zu unterziehen. Neuland (1975) veranschaulichte diese These mit dem **Modell von sich nur teilweise überschneidenden Kreisen** im Unterschied zur Defizithypothese, die vom Sprachgebrauch der unteren sozialen Schichten als geringere Teilmenge des Sprachgebrauchs von Mittelschichtangehörigen ausging. Dieses Modell wurde durch differenzierte Analysen insbesondere auf der lexikalischen und semantischen sowie inhaltlichen Ebene unterstützt, die auf gemeinsame schichtübergreifende und je schichtspezifische Repertoires hinweisen (für die Kinder der Mittelschichtgruppe z. B. differenzierte Bezeichnungen für Kleidung, Diminutivformen, kindersprachliche Ausdrücke, für die der Unterschichtgruppe z. B. für Süßigkeiten, Strafen, aggressive Handlungen) (Neuland 1975: 203 ff.).

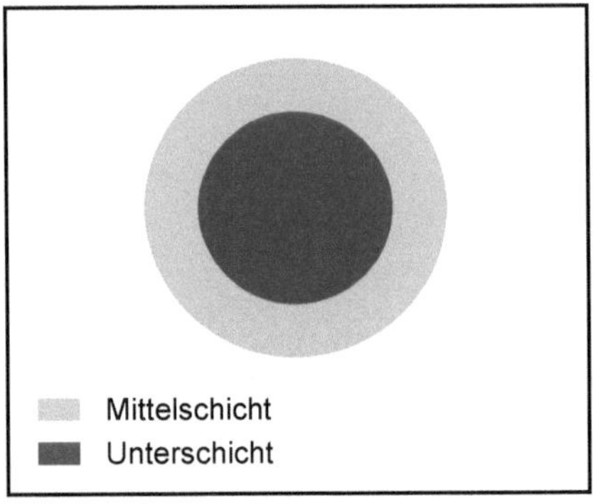

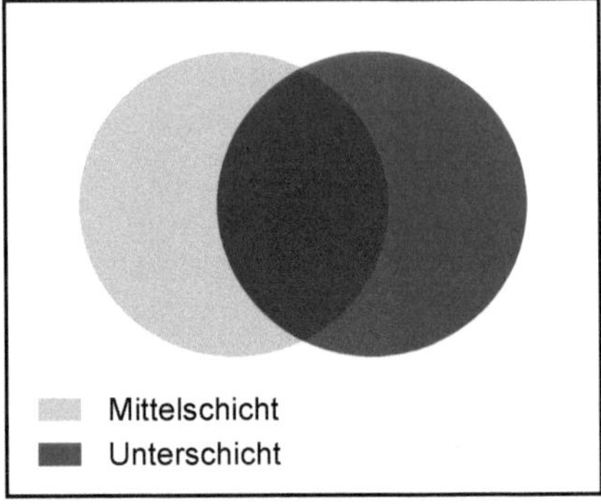

Abb. II.1.1:Symbolisierungen der Defizit- und der Differenzkonzeption schichtspezifischen Sprachgebrauchs (nach Neuland 1975: 219 ff.)

Wie Abbildung II.1.1 verdeutlicht, setzte die Defizitkonzeption den Sprachgebrauch von Mittelschichtangehörigen als Norm, den von Unterschichtangehörigen dem gegenüber als mangelhafte Teilmenge. Dieses als Mangel gegenüber der Mittelschichtnorm symbolisierte Defizit sollte durch schon bei Bernstein postulierte sprachkompensatorische Maßnahmen behoben werden. Allerdings hatte sich schon Bernstein selbst kritisch gegen den »Unfug mit der kompensatorischen Erziehung« (1970) gewandt, die von den Problemen der Bildungsinstitutionen ablenke und die Kinder *als unvollständige Systeme* betrachte (1972: 281); (→ Kap. III.1).

Der bildungspolitische Wandel, der auf die konstatierte **Bildungskatastrophe** (so Picht 1964) und die damals radikale Forderung *Bildung ist Bürgerrecht* (so Dahrendorf 1965) folgte, sowie die fachlichen Weiterentwicklungen der Forschungen zur Sprachvariation und die Verlagerung der Forschungsinteressen zur Gender- und Migrationslinguistik trugen zu einem **Erliegen** der wissenschaftlichen Diskussion um das Sprachbarrierenthema bei.

Das bedeutet aber keineswegs ein Ende der Debatte um die soziale Ungleichheit. Das schlechte Abschneiden des deutschen Bildungssystems in

Schulleistungstest wie PISA zeigt, wie notwendig und wichtig sie nach wie vor ist (vgl. der sog. **Pisa-Schock** 2000). Auch neueste Befunde zur sozial differenzierten Schulbildung in Deutschland weisen noch eine **Bildungsbenachteiligung** nach.

Ein Ende der Debatte um die Sprachbarrieren gilt ebenfalls nicht für den öffentlichen Sprachgebrauch, in welchem die Rede von Sprachbarrieren als eine **Metapher für Kommunikationsprobleme jeglicher Art** immer noch stark verbreitet ist (vgl. dazu schon Mattheier 1974). Das »Überwinden von Sprachbarrieren« ist bereits zu einem geflügelten Wort geworden. Die heutige soziolinguistische Forschung zum Komplex soziale Ungleichheit vermeidet v. a. die Zuordnung der Probanden zu sozialen Schichten, da sich diese Modelle angesichts der gesellschaftlichen Differenzierung als zunehmend problematisch erweisen. Das Problem sozialer Ungleichheit bzw. unterschiedlicher **Teilhabechancen**, wie es heute heißt, ist allerdings nach wie vor aktuell. Dies wurde dem deutschen Bildungssystem nicht nur durch die ländervergleichenden PISA-Studien bescheinigt. Vielmehr belegen neueste Befunde zur sozial differenzierten Schulbildung, dass nur 7 % der Gymnasiasten aus Elternhäusern mit Hauptschulabschluss stammen, gegenüber 65 % aus Elternhäusern mit Abitur/Fachhochschulreife.[3] Die Studie von Quasthoff/Krah (2015) kann nachweisen, dass die familiale Kommunikation immer noch eine wichtige Ressource für die Entwicklung der Argumentationskompetenz von Kindern darstellt. Damit eröffnen sich aktuelle interaktionslinguistische Perspektiven für den frühen soziolinguistischen Forschungsschwerpunkt Sprache und soziale Ungleichheit.

1.3 Alte und neue Sprachbarrieren

Heute ist auch vielfach von »neuen Sprachbarrieren« die Rede; das soll an einigen Beispielen illustriert werden (vgl. dazu auch Kellermeier-Rehbein 2017).

---

3 Vgl. Datenreport 2018 der Bundeszentrale für politische Bildung, SZ v. 15.11.2018: Das Land der großen Unterschiede: Kinder aus sozial schwachen Familien haben schlechte Chancen.

1.3.1 Deutsch als Zweitsprache

Damit wird überwiegend der Bereich Deutsch als Zweitsprache angesprochen und der Schwerpunkt der Betrachtung auf die unzureichende Beherrschung des Deutschen als Bildungshindernis für Kinder und Jugendliche nichtdeutscher Muttersprache gelegt (vgl. v. a. Gogolin et al. 2013), während die zusätzlichen Kompetenzen und der Wert der Mehrsprachigkeit oft weniger Beachtung finden (→ Kap. II.7). Damit ergibt sich eine Fortsetzung wie Potenzierung der mittlerweile in Deutschland nicht mehr so aktuellen These vom Dialekt als Sprachbarriere. Die Potenzierung ist durch die unterschiedlichen sprachlichen Ausgangssysteme bedingt; die Fehlleistungen der Interferenz und der Hyperkorrektur ähneln sich hingegen und steigern sich noch als **verdeckte Sprachschwierigkeiten** mit vermehrtem Einsatz von Schriftlichkeit im Laufe der Schulzeit, oft in Verbindung mit einer eingeschränkten Weiterentwicklung der jeweiligen Erstsprachen. Die These von einer **doppelten Halbsprachigkeit**, d. h. unzureichender sprachlicher Kompetenzen in Erst- und in Zweitsprache hat in den vergangenen Jahrzehnten in Wissenschaft wie Öffentlichkeit Befürworter wie aber auch Gegner wie z. B. Brizic (2009) und Franceschini/Saxalber (2016) gefunden.

Wie die Daten des Bildungsberichts von 2016 belegen, zeigt sich ein deutliches Ungleichgewicht bei der Verteilung auf verschiedene Schultypen mit höheren Bildungsabschlüssen zuungunsten von Schülern mit Migrationshintergrund, was für ein Fortbestehen sozialer Ungleichheit und Bildungsdisparität spricht[4]. Kinder von im Ausland geborenen Eltern haben bereits in der Grundschule einen Nachteil von rund einem Lernjahr gegenüber Kindern ohne Migrationshintergrund (Daten von 2011), wobei sozio-ökonomische Faktoren besonders ausschlaggebend wirkten. Hinsichtlich der Beteiligung an weiterführenden Schulen sind eklatante Unterschiede bemerkbar: Während deutsche Jugendliche im Schuljahr 2014/15 fast zur Hälfte am Gymnasium sind (rund 44 %) und nur zu 8 % an Hauptschulen, besucht lediglich knapp ein Viertel (24 %) der ausländischen Jugendlichen das Gymnasium und ein weiteres Viertel (25 %) die Hauptschule. Die allgemeine Hochschulreife erreichen Jugendliche mit Migrationshintergrund

---

4 Laut Bildungsbericht haben z. B. unter den Kindern und Jugendlichen mit Migrationshintergrund zwischen 6 bis 12 % der Eltern die schulische Ausbildung lediglich auf Grundschulniveau beendet; unter denen ohne Migrationshintergrund sind dies nur rund 1 % der Eltern (2016: 168). Generell erschweren die sehr unterschiedlichen Datenlagen Vergleiche.

mit Studienberechtigung immer noch deutlich seltener (16 %) als deutsche Jugendliche (44 %).

1.3.2 Deutsch als Bildungssprache

Angeregt aus der Sprachpädagogik wird auch die Forderung erhoben, Deutsch als Bildungssprache in der Schule zu vermitteln. Damit ist ein Sprachgebrauch gemeint, der u. a. durch einen hohen Grad an konzeptioneller Schriftlichkeit und einen Fachwortschatz gekennzeichnet ist (u. a. Feilke 2012, Augst 2020, Gogolin/Lange 2011, Gogolin et al. 2013). Eine Gleichsetzung mit dem elaborierten Code aus der alten Sprachbarrierendebatte liegt nahe.

Die Bildungssprache wird als ein Register beschrieben, das der Fach- und der Wissenschaftssprache im Hinblick auf Schriftlichkeitsorientierung, Formalität, Abstraktion und Komplexität gleicht, aber zur Alltags- und zur Schulsprache kontrastiert. Funktional soll die Bildungssprache vor allem der Explizierung, Verdichtung und Verallgemeinerung dienen, was zu einer komplexen Grammatik führt, z. B. zu Passivkonstruktionen und Konjunktivverwendungen. Dies zeigt sich auch im Wortschatz in Form von Nominalisierungen, Komposita und Partizipialattributen.

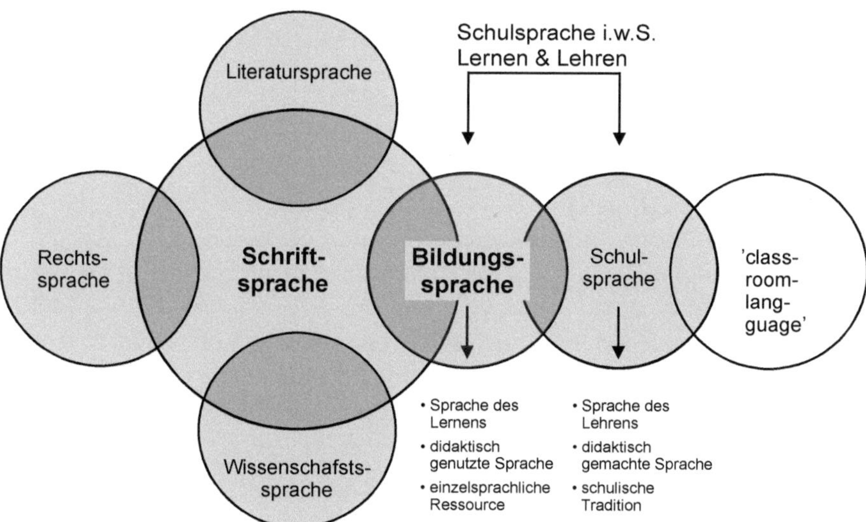

Abb. II.1.2: Begriffliches Umfeld der Bildungssprache (Feilke 2012: 6)

Eine Gleichsetzung mit dem elaborierten Code aus der Sprachbarrierendebatte liegt nahe, wird aber selten thematisiert und macht die genauere Erforschung von Variablen wie soziale Herkunft, ethnische Herkunft und Schulerfolg notwendig. Solchen Fragen sind in der jüngsten Vergangenheit verschiedene Studien der empirischen Bildungsforschung nachgegangen (u. a. Nauck/Schnoor 2015). In der Studie von Schnoor (2019) wurden überdies bildungssprachliche Deutschfähigkeiten zur Erklärung der herkunftsbedingten Bildungsungleichheit zwischen deutschen, vietnamesischen und türkischen Schülern in den Blick genommen. Solche bildungssprachlichen Kompetenzen werden als ein wichtiges Zwischenglied im Prozess der intergenerationellen **Statustransmission** und **Wohlfahrtsproduktion** angesehen. Beide Migrantengruppen wiesen dabei signifikant geringere Fähigkeiten als die deutsche Referenzgruppe auf, wobei die Schüler vietnamesischer Herkunft signifikant über dem der türkischen Gruppe liegen. Der hohe Bildungserfolg der vietnamesischen Gruppe, so schließt der Verfasser, ist demnach:

> nicht mit ihren bildungssprachlichen Deutschfähigkeiten zu begründen. [...] Bezüglich der Koppelung der bildungssprachlichen Deutschfähigkeiten an die soziale Herkunft ist diese in der *deutschen Herkunftsgruppe* mit 21 % der Varianzaufklärung am stärksten. (Schnoor 2019: 151)

Die entsprechenden Daten für die türkische Gruppe lauten: 17 %, für die vietnamesische 11 %. Das Akkulturationsverhalten (bessere Deutschfähigkeiten der Mutter, Besuch einer Kindertagesstätte) löst hier signifikante Effekte aus. Bessere bildungssprachliche Fähigkeiten spielen damit zwar bei deutschen, nicht aber bei Schülern mit Migrationshintergrund eine entscheidende Rolle als ›kulturelles Kapital‹ und sollten daher auch nicht überbewertet werden.

Kontrastiv zum Konzept einer Bildungssprache sind Impulse aus den Inklusionsdebatten um eine **leichte Sprache** zu verzeichnen, die sozusagen einen *barrierefreien* Zugang Aller erlauben soll (vgl. dazu u. a. Der Deutschunterricht 5/2018). Dabei sollen v. a. Fach- und Fremdwörter sowie Mehrdeutigkeiten vermieden, bekannte Wörter und kurze Sätze bevorzugt und Alltags- und Adressatennähe, strukturelle Einfachheit und Transparenz, Direktheit und Orientierung am Hier und Jetzt bewirkt werden (Bredel/Maaß 2018: 4). Dazu ein Beispiel:

Beispiel

Schlecht: Wenn Sie mir sagen, was Sie wünschen, kann ich Ihnen helfen.

Gut: Ich kann Ihnen helfen.
Bitte sagen Sie mir:
Was wünschen Sie?

Abb. II.1.3: Beispiel aus Netzwerk Leichte Sprache (Bock 2018: 17)

Um das Konzept einer leichten Sprache hat sich eine heftige Kontroverse entwickelt, die sich u. a. um den Einsatz für historische und literarische Texte und die Nutzung im Sprachunterricht dreht. Darauf kann hier nur verwiesen werden.

1.3.3 Weitere Kontexte

Ein weiterer Bedeutungskontext neuer Sprachbarrieren ist mit der Nutzung elektronischer Medien angesprochen. Hier wird zwischen **digital natives** und **digital immigrants** unterschieden (Prensky 2001). Mit letzterem sind ältere und ungeübte sowie eventuell auch ärmere Nutzer (→ Kap. II.8) gemeint, für die sich der erschwerte Zugang zu den neuen Medien als Sprachbarriere erweisen kann.

Nicht zuletzt kann auch (Standard)Deutsch als eine Sprachbarriere für die internationale Kommunikation wirken, wenn man Englisch nicht gut genug beherrscht.

Weitere Bedeutungszuschreibungen sind möglich und sprechen für die Fruchtbarkeit der Metapher der Sprachbarrieren, trotz aller Fragwürdigkeit ihres linguistischen Fundaments und aller Unklarheiten der empirischen Fundierung.

Unbeschadet von solchen Konjunkturen ist der Komplex von Spracheinstellungen und Sprachbewertungen als soziolinguistisches Querschnittsthema aktuell geblieben.

1.4 Soziale Einstellungen

Als wichtige Variable im Zusammenhang mit sozialen und regionalen Einflüssen auf den Sprachgebrauch und seine Auswirkungen haben sich die subjektive Sprachbewertung bzw. die Spracheinstellung erwiesen (vgl. Neuland 1988, 1993). Aktuell wird für Teile dieses Kontexts auch der Terminus des **Enregisterment**s verwendet (Agha 2007). Sprechern, die sub- und nonstandardsprachliche Merkmale in ihrem Sprachgebrauch aufweisen, werden im Urteil von Laien, aber auch von z. B. Lehramtstudierenden und Lehrkräften, oft negative Eigenschaften (*hört sich ungebildet an*, *wie jemand vom Lande* u. a.) zugeschrieben, was sich in bestimmten Kontexten als **self-fulfilling prophecy** erweisen kann. Während die strukturalistische Linguistik solche subjektiven Daten nicht ernst genommen und als unwissenschaftlich beiseitegeschoben hat, bilden sie seit Anbeginn ein wichtiges Forschungsfeld der Soziolinguistik, vor allem bei Labov (⟶ Kap. I.2). Fishman verweist auf die Erforschung des **symbolischen Werts** von Sprachvarietäten als eine der Aufgaben der *Soziologie der Sprache* (1975: 17). Während die Forschung zu ***language attitudes*** im Bereich der sozialen Dialektologie durch die *perzeptive* Dialektologie auch in Deutschland wieder zugenommen hat, ist sie in der germanistischen Soziolinguistik bis auf wenige Ausnahmen weitgehend versandet bzw. nie so richtig in den Fokus genommen worden.

1.5 Zusammenfassung und weiterführende Literatur

Das Thema: soziale Ungleichheit in der Sprache diente als eine Initialzündung der bundesdeutschen Soziolinguistik. Die heute noch aktuellen und zum Nachdenken anregenden Grundgedanken zur sprachlichen Sozialisation werden vor dem damaligen bildungspolitischen Hintergrund der Bildungskrise und angesichts fortbestehender unterschiedlicher Teilhabechancen sozial schwacher Gesellschaftsgruppen vorgestellt und an Beispielen veranschaulicht. Die Studien von Basil Bernstein fanden in Deutschland eine intensive Rezeption und führten zu vergleichbaren empirischen Studien und zur Forderung pädagogischer Konsequenzen der Sprachförderung. Anfangs auf die Kontroverse zwischen Defiziten oder Differenzen im Sprachgebrauch konzentriert, kam die Debatte um Sprachbarrieren und Sprachkompensatorik bald zum Erliegen. Das Erkenntnisinteresse an sprachlichen

Formen sozialer Ungleichheit bleibt in der Soziolinguistik weiter bestehen; der Terminus *Sprachbarrieren* wird heute breiter verwendet. Neue Sprachbarrieren können v. a. Deutsch als Zweitsprache und als Bildungssprache darstellen.

Literatur (weiterführend)

Ammon, Ulrich (1975): Differenz- oder Defizithypothese schichtenspezifischer Sprache? In: Ammon, Ulrich/Simon, Gerd (Hg.): *Neue Aspekte der Soziolinguistik.* Weinheim, 96–121.

Neuland, Eva (1979): Soziolinguistik und Sprachunterricht. In: Boueke, Dietrich (Hg.): *Deutschunterricht in der Diskussion. Forschungsberichte.* Bd. 1. 2., erw. u. bearb. Aufl. Paderborn, 240–288.

Hess-Lüttich, Ernest/Steinig, Wolfgang (1973): Defizit oder Differenz? Überlegungen zu kontroversen sprachlichen Sozialisationshypothesen. In: *Wirkendes Wort* 5, 327–342.

Kellermeier-Rehbein, Birte (2017): Alte und neue Sprachbarrieren. In: *Der Deutschunterricht* 4/2017, 16–28.

Literatur (gesamt)

Agha, Asif (2007): *Language and Social Relations.* New York.

Ammon, Ulrich (1972a): *Dialekt und Einheitssprache in ihrer sozialen Verflechtung.* Weinheim.

Ammon, Ulrich (1972b): *Dialekt, soziale Ungleichheit und Schule.* Weinheim

Ammon, Ulrich (1975): Differenz- oder Defizithypothese schichtenspezifischer Sprache? In: Ammon, Ulrich/Simon, Gerd (Hg.): *Neue Aspekte der Soziolinguistik.* Weinheim/Basel, 96–121.

Augst, Gerhard (2020): *Der Bildungswortschatz. Darstellung und Wörterverzeichnis.* Hildesheim.

Autorengruppe Bildungsberichterstattung (Hg.): *Bildung in Deutschland 2016.* Ein indikatorengestützter Bericht mit einer Analyse zu Bildung und Migration.

Bernstein, Basil (1970): Der Unfug mit der »kompensatorischen« Erziehung. In: Bernstein, Basil et al.: *Lernen und soziale Struktur.* Aufsätze 1965–1970. Amsterdam, 34–47.

Bernstein, Basil (1972): *Studien zur sprachlichen Sozialisation.* Düsseldorf.

Bock, Bettina M. (2018): Was ist für wen verständlich? Befunde zu Wortschatz, Grammatik und leserseitigem Wissen. In: *Der Deutschunterricht* 5/2018, 15–25.

Bredel, Ursula/Maaß, Christiane (2018): Leichte Sprache – Grundlagen, Prinzipien und Regeln. In: *Der Deutschunterricht* 5/2018, 2–114.

Brizic, Katharina (2009): Bildungsgewinn bei Sprachverlust? Ein soziolinguistischer Versuch, Gegensätze zu überwinden. In. Gogolin, Ingrid/Neumann, Ursula (Hg.): *Streitfall Zweisprachigkeit – the bilingualism controversy.* Wiesbaden, 133–143.

Bühler, Hans (1972): *Sprachbarrieren und Schulanfang. Eine pragmalinguistische Untersuchung des Sprechens von Sechs- bis Achtjährigen.* Weinheim und Basel.

Bundeszentrale für politische Bildung (2018): *Datenreport 2018 der Bundeszentrale für politische Bildung.*

Cook-Gumperz, Jenny (1976): *Strategien sozialer Kontrolle in der Familie.* Düsseldorf.

Dahrendorf, Ralf (1965): *Bildung ist Bürgerrecht. Plädoyer für eine aktive Bildungspolitik.* Osnabrück.

Der Deutschunterricht 5/2018: *Leichte und fairständliche Sprache*, hg. v. Andrea-Eva Ewels/Peter Schlobinski.

Dittmar, Norbert (1973): *Soziolinguistik. Exemplarische und kritische Darstellung der Theorie, Empirie und Anwendung.* Frankfurt/M.

Feilke, Helmut (2012): Bildungssprachliche Kompetenzen – fördern und entwickeln. In: *Praxis Deutsch* 233, 4–13.

Fishman, Joshua (1975): *Soziologie der Sprache. Eine interdisziplinäre sozialwissenschaftliche Betrachtung der Sprache.* München.

Franceschini, Rita/Saxalber, Annemarie (2016): Zum Zusammenhang von Mehrsprachigkeit, sprachlicher Kompetenz und schulischer Integration. In: *Der Deutschunterricht* 6/2016, 33–46.

Gogolin, Ingrid/Lange, Imke/Michel, Ute/Reich, Hans H. (Hg.) (2013): *Herausforderung Bildungssprache – und wie man sie meistert.* Münster.

Gogolin, Ingrid/Lange, Imken (2011): Bildungssprache und Durchgängige Sprachbildung. In: Fürstenau, Sara/Gomolla, Mechthild (Hg.): *Migration und schulischer Wandel: Mehrsprachigkeit.* Wiesbaden, 107–127.

Hess-Lüttich, Ernest/Steinig, Wolfgang (1973): Defizit oder Differenz? Überlegungen zu kontroversen sprachlichen Sozialisationshypothesen. In: *Wirkendes Wort* 5, 327–342.

Jäger, Siegfried et al. (1978): *Warum weint die Giraffe? Ergebnisse des Forschungsprojekts: Schichtenspezifischer Sprachgebrauch von Schülern.* Kronberg.

Kellermeier-Rehbein, Birte (2017): Alte und neue Sprachbarrieren. In: *Der Deutschunterricht* 4/2017, 16–28.

Labov, William (1976/1978): *Sprache im sozialen Kontext. Beschreibung und Erklärung struktureller und sozialer Bedeutung von Sprachvariation.* hgg.v. Norbert Dittmar und Bert-Olaf Rieck. 2 Bde. Kronberg.

Lawton, Denis (1970): *Soziale Klasse, Sprache und Erziehung*. Düsseldorf.

Löffler, Heinrich (1972): Mundart als Sprachbarriere. In: *Wirkendes Wort* 22, 23–39.

Mattheier, Klaus J. (1974): Sprache als Barriere. Bemerkungen zur Entstehung und zum Gebrauch des Begriffs »Sprachbarriere«. In: *DS* 1, 213–232.

Nauck, Bernhard/Schnoor, Birger (2015): Against all odds? Bildungserfolg in vietnamesischen und türkischen Familien in Deutschland. In: *Kölner Zeitschrift für Soziologie und Sozialpsychologie* 67/4, 633–657.

Neuland, Eva (1975): *Sprachbarrieren oder Klassensprache? Untersuchungen zum Sprachverhalten im Vorschulalter*. Frankfurt/M.

Neuland, Eva (1977): Zur Theorie der Sprachbarrieren II: Darstellung und Kritik der Differenzkonzeption. In: *Mitt. d. dt. Germverb.* 4, 9–23.

Neuland, Eva (1978): *Sprache und Schicht. Texte zum Problem sozialer Sprachvariation*. Hgg., eingel. u. komm. v. EN. Kommunikation/Sprache. Materialien für den Kurs- und Projektunterricht. Frankfurt/M.

Neuland, Eva (1988): »Wie hört der sich denn an?« Spracheinstellungen als Gegenstand der Sprachreflexion. In: *Diskussion Deutsch* 99, 53–72.

Neuland, Eva (1993): Sprachgefühl, Spracheinstellungen, Sprachbewusstein. Zur Relevanz »subjektiver Faktoren« für Sprachvariation und Sprachwandel. In: Mattheier, Klaus J./Wegera, Klaus-Peter/Hofmann, Walter/Macha, Jürgen/Solms, Hans Joachim (Hg.): *Vielfalt des Deutschen. Festschrift für Werner Besch*. Frankfurt/M., 723–748.

Oevermann, Ulrich (1972): *Sprache und soziale Herkunft ein Beitrag zur Analyse schichtenspezifischer Sozialisationsprozesse und ihrer Bedeutung für den Schulerfolg*. Frankfurt a/M.

Picht, Georg (1964): *Die deutsche Bildungskatastrophe, Analyse und Dokumentation*. Freiburg.

Prensky, Marc (2001): Digital Natives, Digital Immigrants. In: *On the Horizon* 9/5, 1–6.

Quasthoff, Uta/Krah, Antje (2015): Familiale Kommunikation als Spracherwerbsressource: Das Beispiel argumentativer Kompetenzen. In: Neuland, Eva (Hg.): *Sprache der Generationen*. 2., akt. Aufl. Frankfurt/M., 127–145.

Schlee, Jörg (1973): *Sozialstatus und Sprachverständnis. Eine empirische Untersuchung zum Instruktionsverständnis bei Schulkindern und Vorschulkindern aus unterschiedlichen Sozialschichten*. Düsseldorf.

Schnoor, Birger (2019): *Soziale Herkunft und Bildungssprache Humankapitalinvestitionen in deutschen, türkischen und vietnamesischen Familien*. Wiesbaden.

Schüwer, Hermann (1977): Zur Theorie der Sprachbarrieren III: Dialekt als Sprachbarriere. In: *Mitt. d. dt. Germverbandes* 4/1977, 23–32.

Steinig, Wolfgang (1976): *Soziolekt und soziale Rolle. Untersuchung zu Bedingungen und Wirkungen von Sprachverhalten gesellschaftlicher Gruppen in verschiedenen sozialen Situationen.* Düsseldorf.

Steinig, Wolfgang (1980): Zur sozialen Beurteilung sprachlicher Variation. In: Cherubim, Dieter (Hg.): *Fehlerlinguistik.* Tübingen, 106–123.

Wiederhold, Karl August (1971): *Sozialstatus und Kindersprache. Empirisch-pädagogische Untersuchungzum Sprachstand und Sprachwandel von Kindern des ersten und zweiten Grundschuljahres.* Köln.

2 Sprachgebrauch und Region

Es kann als eine Besonderheit der Soziolinguistik in Deutschland gelten, dass der Beginn der Sprachbarrieren-Diskussion stark auf das Thema Dialekt als Sprachbarriere bezogen wurde. In diesem Kapitel verfolgen wir die Entwicklung dieser Diskussion angesichts der Veränderungen im regionalen Varietätengefüge im heutigen Deutsch bis zur Stadtsprachenforschung und zur Perzeptiven Dialektologie.

2.1 Dialekt als Sprachbarriere und Dialekt - Hochsprache kontrastiv

Im Vordergrund der dialektologischen Forschung stand von jeher die raumbezogene Betrachtungsweise in Form der Dialektgeographie (vgl. z. B. Goossens 1977). Löffler frmuliert:

> Im Zusammenhang mit der Diskussion über die Sprachbarrieren, d. h. den sprachlich bedingten und daher mit Mitteln der Linguistik beschreibbaren Hinder- und Hemmnissen innerhalb des Schul- und Bildungsbetriebes, wird Mundart als eine Sonderform von regionaler und sozialer Sprachbarriere genannt. (Löffler 1974: XI)

Eine gesellschaftsbezogene Betrachtungsweise und Orientierung auf die Dialektsprecher statt einer strikt auf die Sprache beschränkten Sichtweise entwickelte sich erst im Rahmen der Sprachbarrieren-Diskussionen und führte zu einer Fülle von dialektsoziologischen Publikationen (u. a. *Mundart als Sprachbarriere* (Löffler 1972) und empirischen Studien zur Benachteiligung dialektsprechender Kinder in der Schule, z. B. *Abhängigkeit des Schulerfolgs vom Einfluss des Dialekts* (Hasselberg 1972), *Zusammenhang von Dialekt, sozialer Ungleichheit und Schule* (Ammon 1972a), *Dialekt als Barriere bei der Erlernung der Standardsprache* (Besch 1975), *Schlechte Chancen ohne Hochdeutsch* (Reitmajer 1975), *Dialekt und Bildungschancen* (Hasselberg 1976a).

2.1.1 Entwicklung einer kommunikativen Dialektologie

Mit Mattheiers *Pragmatik und Soziologie der Dialekte* wurde 1980 eine *Einführung in die* **kommunikative Dialektologie** *des Deutschen* vorgelegt, die Befunde zu Parametern der gesellschaftlichen Strukturierung wie Geschlecht und Alter, soziale Gruppen und Situation zusammentrug und die Funktion des Dialekts in der Schule sowie im Hinblick auf zentrale Veränderungsprozesse der Gesellschaft diskutierte. Er resümiert:

> Dialekte sind heute keine ausschließlich raumgebundenen Varietäten mehr, wenn sie es überhaupt jemals waren. Dialekte sind sprachliche Existenzformen, die eingebunden sind in vielfältige und verschiedenartige gesellschaftliche und situative Bezüge, die nicht ihren Randbereich bilden, sondern das Phänomen der Dialektalität heute zentral prägen. (Mattheier 1980: 199)

Aus der Diskussion von Forschungsbefunden konstruiert der Verfasser zwei fiktive sprachliche Lebensläufe eines Dialektsprechers und einer Dialektsprecherin mit idealtypisch diglossischer Domänen- und Rollenverteilung. Solche Konstrukte sind heute durch multifaktorielle Variation, gewandelte Geschlechterrollen und Sprachwertungen sowie subjektive Faktoren und den allgemeinen Sprachwandel zu differenzieren.

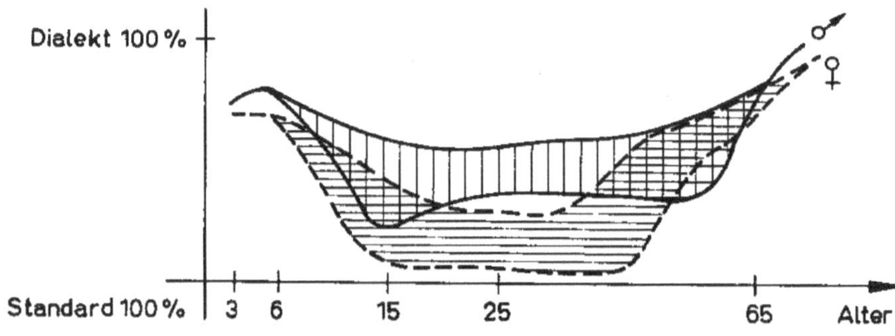

Abb. II.2.1: Idealtypische sprachliche Lebensläufe eines Dialektsprechers und einer Dialektsprecherin (nach Mattheier 1980: 54)

2.1.2 Dialektbedingte Fehlertypologien

Ein Forschungsschwerpunkt der 1970er Jahre war insbesondere die differenzierte Erfassung dialektbedingter Normverstöße beim Gebrauch der

Standardsprache (s. auch Schüwer 1977, Reitmajer 1975). Solche Normverstöße wurden wie im Fremdsprachenunterricht mit strukturellen Differenzen zwischen zwei sprachlichen Systemen erklärt, und zwar entweder als **Interferenzfehler** der Übertragung einer sprachlichen Regel/Üblichkeit von einem System in das andere (z. B. *Waatesaal*) oder um **hyperkorrekte Bildungen** der Umsetzung auf Fälle, für die sie nicht gelten (z. B. *sparzierengehen*). Hauptsächliche Fehlerschwerpunkte liegen nach Löffler (1972), Hasselberg/Wegera (1975), Besch/Löffler (1973) in folgenden Bereichen:

- **Phonetik/Phonologie** – nach Reitmajer mit Abstand die größte Fehlergruppe im Mündlichen im vierten Grundschuljahr –, wenn standardsprachliche Unterscheidungen aufgrund mundartlicher Interferenz nicht gemacht werden, z. B. Aufhebung der Konsonantenoppositionen t:d, als Fehler etwa: *drotz*
- **Morphologie** – eine große Fehlergruppe im schriftlichen Sprachgebrauch –, wenn das Morpheminventar zwischen Dialekt und Standard verschieden ist, z. B. als Fehler: *Steiner/Steine, Bröter/Brote*
- **Lexik** – hier können in Ausgangs- und Zielsprache unterschiedliche Wortinventare oder Bedeutungsinventare vorkommen.

2.1.3 Dialekt und Schule

Hasselberg (1972, 1976) schließt aus seinen Untersuchungen an verschiedenen Schultypen in Hessen, dass Schülern aus der Unterschicht und Dialektsprechern in Lehrerprognosen und sprachlich relevanten Tests schlechter als Schüler aus Mittel- und Oberschicht und Sprecher der Einheitssprache abschneiden. Zu ähnlichen Tendenzen kommt Reitmajer (1975, 1976) im bairischen Sprachraum: die besonderen Schwierigkeiten mundartgeprägter Grundschulkinder in der Orthographie, Grammatik, beim Lesenlernen und in der Unterrichtsbeteiligung wirken sich negativ auf die Deutschnote und den Zugang zu weiterführenden Schulen aus.

Der erste Dialektologe, »der sich die Frage nach dem Zusammenhang zwischen gesellschaftlichen Schichten und dem Gebrauch von Sprachvarietäten wie Dialekt und Standardsprache in einem umfassenderen systematisch-theoretischen Zusammenhang stellt und zugleich den Versuch unternimmt, sie empirisch gut zu lösen, ist Ulrich Ammon.« So würdigt Mattheier (1980: 82) das dialektologische und sprachdidaktische Verdienst Ammons.

In zwei großen Studien lenkte Ammon 1972 den Blick auf *Dialekt, soziale Ungleichheit und Schule* sowie 1973 auf das Verhältnis von *Dialekt und Einheitssprache in ihrer sozialen Verflechtung*. Dabei berücksichtigte er neben der hauptsächlichen Dichotomie der unterschiedlichen Arbeitsweisen (Hand- und Kopfarbeit) in den sozialen Schichten, von der zeitgenössischen Kritik als zu eng empfunden, auch die Kategorien von Geschlecht und Alter und entwickelte die Messtechnik der dialektalen Stufenleiter für unterschiedliche Dialektniveaus.

Dem Komplex Dialekt und Schule wandte sich Ammon mit seiner Studie von 1972a zu. Die Frage, wie groß der Prozentsatz primär dialektal sozialisierter Kinder bei Schuleintritt ist, bleibt wegen der unterschiedlichen Auffassungen von ›Dialektsprechern‹ in Umfragen schwer zu beantworten. Mattheier (1980), ging – bei großer regionaler Schwankung und dem bekannten **Nord-Süd-Gefälle** – von geschätzt einem Viertel aller Schulkinder in Deutschland aus. Aktuelle Umfrageergebnisse weisen entgegen allen Prognosen über das Absterben von Dialekten immernoch auf einen großen Anteil von Dialektsprechern in der Gesamtbevölkerung hin: Die bundesweite Repräsentativumfrage des Instituts für deutsche Sprache (2009) schließt auf 60 %– bei allen methodischen Vorbehalten (Gärtig et al. 2010: 137). Bayern, Baden-Württemberg und das Saarland weisen nach eigenen Angaben die meisten Dialektsprecher auf, wobei das Alter stark differentiell wirkt. Die Gesellschaft für deutsche Sprache ging 2008 von folgender Statistik aus:

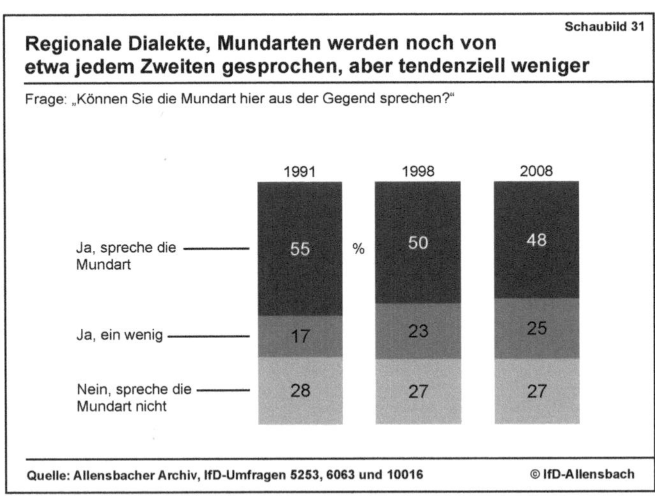

Abb. II.2.2: Dialektgebrauch (GfdS 2008: 30)

2.1.4 Ein Beispiel aus einer niederrheinischen Landwirtsfamilie

Entsprechend klein dürfte der Prozentsatz von Dialektsprechern bei Schuleintritt sein. Die Erkenntnis, dass der Dialekt das Erlernen und Praktizieren der Standardsprache erschwert, hat sich über Generationen hinweg in der Elternschaft durchgesetzt. Dies veranschaulichen Befragungen von Lehramtsstudierenden bei Landwirtsfamilien im niederrheinischen Sprachraum. Es sind zugleich Belege für die **Relevanz von Spracheinstellungen** für den Sprachgebrauch.

Beispiel: Niederrheinische Landwirtsfamilie zu Dialekt und Standardsprache

I_1: Und ihre Kinder sprechen mit den Enkelkindern auch wieder Hochdeutsch ... kein Platt.

G: Keiner ... *keiner.*

I_1: Ja und warum nich?

G: Dat kunnten die nit. ‚Ja warum denn nit?‘ Warum denn Platt? Dat is doch nit anjebracht, dat Platt.

I_1: Ja wo, wo is es denn angebracht?

G: En Kind, isch will mal sagen jetz wie *dat* Kind oder et unsere »deutet auf die 8jährige Enkeltochter« ... jetz ...also die Jahre sind schon wieder vorbei. Isch will mal sagen: *fünf, sechs* Jahre, und die Kinder kommen zur Schule, wat meinen Se, was die's *schwer* haben. ... Und drum sollten wir mit den Kindern ein bißchen Deutsch anfangen »mit erhobener Stimme«, dat dat denen nachher nit so schwerfällt.

I_2: Ja meinen Sie denn nicht, die sollten in der Schule einfach auch Dialekt sprechen dürfen?

G: Dürfen die nit »flüsternd«.

I_2: Ja meinen Sie denn nicht, das wär gut, *wenn* die das dürften?

I_1: Wenn die *beides* könnten?

G: *Dat* weiß isch nit.

I_2: Ja, jetzt hätt ich mal eine Frage an Sie: warum sprechen Sie denn mit Ihren Kindern nich mehr Dialekt?

M: Ja, da is folgendes, weil ä weil die Kinder/ weil wir früher zu/ in der Schule Schwierigkeiten dad/ dadurch hatten, und wir jetz bemüht sind, daß die Kinder . ä es doch etwas leichter haben, besonders im Rechtschreiben. Denn uns wurde früher/ ä ä also wir wurden früher von den Lehrern darauf hingewiesen, daß wir zuviel Platt sprachen, und

ä wir dann auch manche Wörter im Diktat hatten, die eventuell auf's Platt rauskamen. Ja und ä ä wir unterhalten uns (...) wir unterhalten uns zuhause viel mit den Kindern Platt. Und eben drum können unsre Kinder auch noch was Platt. (...)
I_2: Können Sie uns denn vielleicht kurz sagen, in welchen Situationen die Kinder Platt sprechen. Zum Beispiel wie Sie eben sachten, wenn die Kinder reingerufen werden oder so? Können Sie uns das kurz sagen?
M: Ja, wenn isch die Kinder reinrufe, dann komm isch, komm isch doch in die Verlegenheit . ä . komm isch doch noch in die Verlegenheit, sie Platt anzurufen. Also, anders is es, wenn isch den Kindern etwas aufgebe, oder die sa/ oder etwas befehle sozusagen, dann ä ä dann mach isch das in Hochdeutsch, eben darum, weil ... weil sie das doch besser ä verwer/ also verwenden können.
I_1: Ich hätte noch mal eine Frage: wie is das, wenn Sie Ihren Kindern bei den Schularbeiten helfen?
M: Ja, das geht dann nur in Hochdeutsch. Wenn es dann mal danebengeht, dann kommt dann auch wieder mal/ wenn es heftich geht, da kommt wieder mal das Platt durch ... Ja, das wär es denn, ä ä was ich dazu zu sagen hätte.
(Befragungen einer Großmutter (G) und einer Mutter (M) nach Neuland 1978: 30 f.)

2.1.5 Dialekt – Hochsprache kontrastiv

Auf Einzelheiten der damaligen Überlegungen zu einer dialektorientierten Didaktik kann hier nicht eingegangen werden (⟶ Kap. III.1.2). Doch wollen wir ein Projekt besonders hervorheben, und zwar die seit 1974 erschienene Heftreihe *Hochsprache/Mundart – kontrastiv*. Jedes der acht Hefte besteht aus einer linguistischen Analyse des Großraumdialekts auf kontrastiver Basis. Für eine Auswahl divergierender Sprachbereiche bieten die Hefte eine Reihe von Sprachübungen, mit deren Hilfe Lehrkräften die Diagnose dialektbedingter Schwierigkeiten und deren Förderung ermöglicht wird. Als Beispiel sei aus der Einführung zum Rheinischen zitiert:

In jedem Einzelkapitel wird eine kontrastive Analyse, d. h. eine Beschreibung und (historische) Erklärung der auftretenden Differenzen zwischen Mundart und Hochsprache durchgeführt; die Fehlermöglichkeiten werden aufgezeigt und vor allem anhand konkreter Beispiele erläutert. Die von mundartsprechenden Kindern zu leistende Umsetzung dialektaler Laute und Formen ins Hochdeutsche wird als Entsprechungsregel aufgeführt. Als Beispiel dafür kann folgende Regel dienen:

Hochdeutsch		Rheinisch	Dialektbeispiel
/ü/			*Wö:sch* (Würste)
	>	/ö/	
/ö/			*Röck* (Röcke)

Abb. II.2.3: Beispiel für eine *kontrastive Analyse* im Rheinischen (nach Klein et al. 1978: 24, zit. nach Neuland/Hochholzer 2006: 180)

Für die Fehlerschwerpunkte (hier: die Senkung hoher Vokale im Rheinischen) werden entsprechende Übungsaufgaben entwickelt.

Der kontrastive Ansatz stößt aber da an seine Grenzen, wo es um semantische und vor allem pragmatische Unterschiede geht. Die beschränkte Reichweite des kontrastiven Ansatzes wurde in kritischen Kommentaren hervorgehoben, ohne die Notwendigkeit einer **Fehlergeographie** grundsätzlich in Zweifel zu ziehen (Löffler 2003).

2.2 Regionales Varietätengefüge im heutigen Deutsch

In der Sprachforschung der letzten Jahrzehnte sind wesentliche Erkenntnisse über aktuelle Verschiebungen im Varietätengefüge der deutschen Sprache und über die vielfachen **Ausgleichsprozesse** gewonnen worden. Neuland formuliert in der Einleitung zur *Sprachvariation im heutigen Deutsch*:

> Das Varietätengefüge des Deutschen ist in Bewegung geraten; es lässt sich nicht mehr ohne Weiteres mit einer begrenzten Anzahl von Parametern und dem einheitlichen Zugriff der frühen Varietätenlinguistik erfassen. Vor allem erweisen sich strikte Grenzziehungen und stabile Funktionsteilungen zwischen einzelnen Varietäten als der Dynamik und Komplexität der Sprachentwicklung des heutigen Deutsch nicht mehr angemessen. Auch scheint ein strukturalistisches Varietäten-

> modell mit einer eher sprachsystembezogenen Sichtweise die sprecherbezogene Perspektive des Sprachgebrauchs und seiner Bedeutung für sozialdistinktives Handeln nicht zureichend zu erfassen. (Neuland 2006: 10)

Ergebnisse der aktuellen Sprachwandelforschung lassen demgegenüber Ausgleichsprozesse bipolarer, oftmals eher konstruierter Kontrastierungen zwischen Standard und den **Basisdialekten** bzw. **Grundmundarten** erkennen. Niebaum/Macha sprechen daher von einer **Polymorphie** der Dialekte und machen auf Anregungen aus der Mehrsprachigkeitsforschung und Kontaktlinguistik aufmerksam (1999: 5 ff., dazu auch Macha 2006 und Löffler 2016: 127 ff.).

Dem ›Zwischenraum‹, der regionalen Umgangssprache, wird dagegen große kommunikative Relevanz zugesprochen. Bellmann (1983) schlug dafür den Terminus **neuer Substandard** vor. Eichhoff veranschaulichte diesen Bereich wie in Abbildung II.2.4 gezeigt:

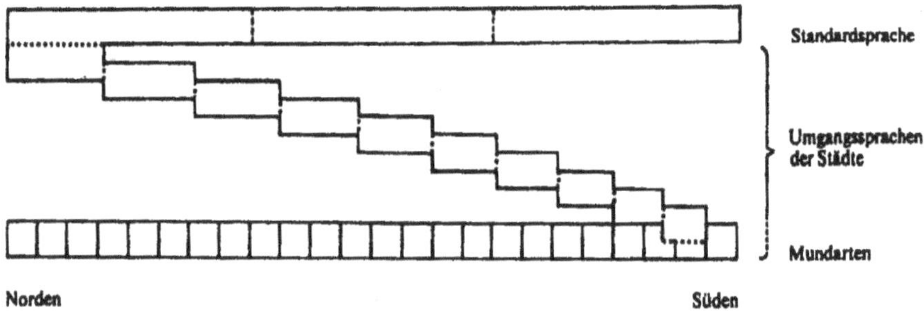

Abb. II.2.4: Umgangssprachen zwischen Standardsprache und Mundart (nach Eichhoff, zit. nach Macha 2006: 154)

Während der Abstand zwischen den norddeutschen Umgangssprachen und der Standardsprache am geringsten sein dürfte, scheint dieser Abstand zur Standardsprache bei den süddeutschen Umgangssprachen am größten. Die mittleren geographischen Zonen Deutschlands weisen die meisten Sprachwandelgebiete auf. Dingeldein präsentiert die folgende Kartenskizze (1997: 130):

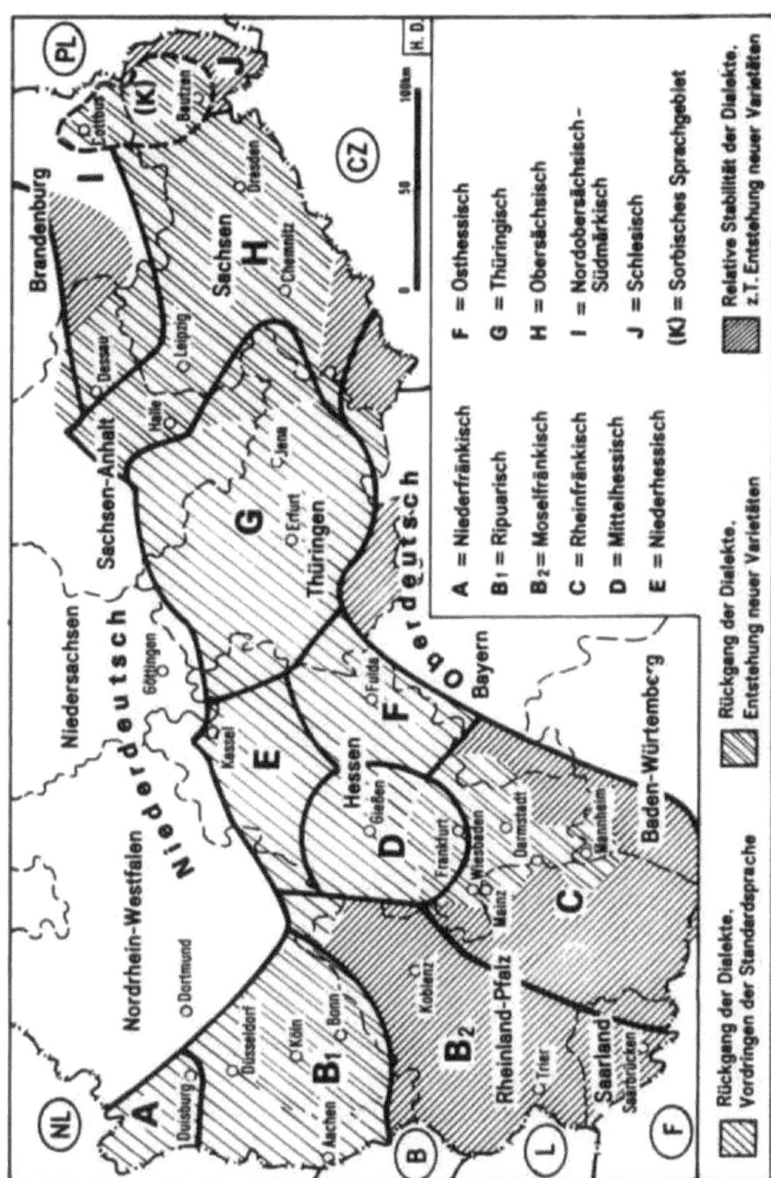

Abb. II.2.5: Verbreitung und Entwicklung der Sprachvarietäten im mittleren Deutschland (Dingeldein 1997: 130)

Städtische Ballungsgebiete müssen dabei ausgeklammert werden, mit diesen werden wir uns im übernächsten Abschnitt beschäftigen. Allgemein lässt sich aber beobachten, dass man heute nicht mehr von einer strikten Dichotomie Hochsprache – Dialekt ausgeht, sondern eher von einem Kontinuum der Regionalsprachlichkeit und von ›neuen‹ Dialekten, die mit alten Basisdialekten als Objekte der Sprachpflege kaum mehr etwas gemein haben und selbst aus einer Mischung, z. B. mit Jugendsprachen bestehen. Ein prominentes Beispiel bilden die Texte regionaler Musikgruppen, z. B. der Kölner Band BAP (s. weiter unten).

2.2.1 Dialekt-Renaissance?

Zudem muss eine allgemeine Entwicklungstendenz beachtet werden, die als **Dialekt-Renaissance** bezeichnet wird und sich gegenläufig zur hohen Wertschätzung der Standardsprache seit einigen Jahrzehnten abzeichnet (dazu v. a. Mattheier 1997). Ein vermehrter Dialektgebrauch ist für weite Bereiche des öffentlichen Lebens festzustellen, womit eine **Domänenverschiebung** zu ungunsten der Standardsprache verbunden ist. Werbesprüche wie: *Wir können alles – außer Hochdeutsch* zeugen von einem neuen regionalen Selbstbewusstsein, das auch dazu führt, dass z. B. Predigten im Dialekt gehalten werden. Anhaltspunkte für die These von der Dialekt-Renaissance bieten Volksstücke und Dialekttheater, die in den Medien Verbreitung finden, daneben Lieder moderner Popgruppen, aber auch aus dem Karneval.

Eine Studie von Reinert-Schneider zum Kölner Raum erfragte genauer die Rezeptionsmotive von Probanden mit folgendem Ergebnis (1987: 211): Motive des Dialekterhalts mit 54 % und der Brauchtumspflege mit 46,8 % der Befragten sind besonders stark vertreten, gefolgt von diversen Vorzügen des Dialekts, u.a.:

- weil der Dialekt nicht so steif ist wie das Hochdeutsche (52,4 %)
- weil etwas aus dem Leben erzählt wird (47,8 %)
- weil so viel Menschliches darin vorkommt (41,6 %)
- weil hier etwas Echtes und Ursprüngliches geboten wird (40,3 %)
- weil der Dialekt eine positive Lebenshaltung ausdrückt (39,6 %)
- weil der Dialekt Nähe und Wärme vermittelt (39,5 %)

Dabei ist allerdings zu berücksichtigen, dass die Motive je nach Textsorte und Altersklasse stark differieren. Und schließlich ist zu bedenken, dass es nicht um ein Wiedererstarken des alten Basisdialekts geht, sondern zumindest teilweise um Formen des neuen Substandards, der gerade in Opposition zur Sprach- und Brauchtumspflege steht, wie Beispiele entsprechender Auseinandersetzungen um das Rheinische der Gruppe BAP aus dem Kölner und Düsseldorfer Raum zeigen (vgl. Neuland/Hochholzer 2006: 187):

Beispiel: Neuer Substandard
Vüür paar Woche, nit lang her,
jedenfalls do spillte mir
en dä Kneip, wo mir sons och sinn.
Alles toll, die Buud woor voll,
alles woor su wie et soll,
op einmohl kütt die Wahnsinnsfrau rinn.
Die überdurchschnittlich superstarke,
mir noch absolut inbekannte,
ruut, wieß, blau, querjestriefte Frau.
[...]
(Erste Strophe des Songtextes: *Ruut-wiess-querjestrifte Frau* von BAP, https://www.songtexte.com/songtext/bap/ruut-wiess-blau-querjestriefte-frau-bc2217a.html)

In diesem Textbeispiel finden sich Merkmale der regionalen Umgangsprache (*nit lang her*), der Sprechsprache (*alles toll*) und der Jugendsprache (*Kneipe, Bude*) neben Merkmalen des rheinischen Basisdialekts (*kütt rinn*).

2.2.2 Beliebtheitsskalen deutscher Dialekte

Wenden wir uns einem weiteren Bereich laienlinguistischer Wahrnehmung von Dialekten zu: den bekannten **Beliebtheitsskalen** deutscher Dialekte. Dabei ist zunächst festzuhalten, dass regionalsprachliche Markierungen von den meisten Befragten positiv eingeschätzt werden: Über 63 % finden dialektal gefärbtes Deutsch »(sehr) sympathisch«, über 23,4 % »teils/teils«, ca. 6 % »(sehr) unsympathisch« (Gärtig et al. 2010: 155). Die Rangfolge der Beliebtheit erweist sich als bemerkenswert konstant (so auch Adler/Plewnia 2019: 145 f.), wenn auch die Prozentzahlen und die vorgegebenen Dialektauswahlen in den Umfragen leicht variieren und das Alter sowie die Herkunft der Befragten eine Rolle spielen. Für 2010 halten Gärtig et al. fest:

Besonders sympathischer Dialekt		Besonders unsympathischer Dialekt	
Norddeutsch	24 %	Sächsisch	30 %
Bairisch	20 %	Keinen	28 %
Alemannisch	13 %	Bairisch	13 %

Tab. II.2.1: Beliebte und unbeliebte Dialekte (Gärtig 2010 et al., gekürzt nach Löffler 2016: 139)

Nach einer aktuellen Umfrage (Stand 1/2021) liegen süddeutsche Dialekte, v. a. Bairisch, vor norddeutschen (https://www.wochenblatt.de/archiv/die-bayern-haben-glueck-ihr-dialekt-ist-besonders-beliebt-103653).

Aufschlussreich ist, dass der Dialekt auch in der Internet-Kommunikation auftritt, wie Tophinke/Ziegler mit Dialektthematisierungen in einem Gameblog nachweisen:

> BÄRLINISCH!!!!. ick find das dis der läscherste dialekt is (gibt natürlich auch die hardcore berliner, die versteh ich dann sogar manchma nich..) und bayrisch is mir einfach ma zu anstrengend zum anhören... nix gegen bayern!! (D 30)
>
> ich babbel badisch. isch faschd s gliche wie schwäbisch, nur dass badisch eifach bessa isch. weil: badner ischs höchschte was e mensch werre konn ... s gibt halt badische un unsymbadische ... [...] (D 4)
>
> nice to be a Preiß but it's higher tob e a Bayer ... Wohn im tiefsten Niederbayern, von daher erklärt sich die Frage nach dem Dialekt ganz von selbst (D 31) (Tophinke 2019: 11)

Mit der subjektiven Perspektive in den letzten Beispielen haben wir bereits ein Teilgebiet der Dialektologie beschritten, das der sog. Perzeptiven Dialektologie zugerechnet wird. Diese sei Im Folgenden kurz skizziert.

2.3 Perzeptive Dialektologie

Im letzten Viertel des 20. Jahrhunderts rückte eine neue dialektologische Sichtweise in den Blick, die als Perzeptive oder Wahrnehmungsdialektologie bezeichnet wird. Dabei geht es um laienlinguistische Einstellungen, Konzeptualisierungen und Wissensbestände im Hinblick auf regionale Varietäten.

Nach einer Etablierungaphase ist die Perzeptive oder Wahrnehmungsdialektologie nun in der deutschsprachigen Areallinguistik angekommen, wie Hundt feststellt (2018: 99). Eingeführt wurde dieser Untersuchungsgegenstand von Preston am Beispiel der verschiedenen Formen des US-amerikanischen Englisch und des damit verbundenen Laienwissens über Sprache. Was Laien über entsprechende Dialekte wissen und wie sie diese bezeichnen, wie sie Dialektareale verorten (mental maps) und deren Korrektheit und Beliebtheit beurteilen, sind bis heute leitende Fragestellungen der Wahrnehmungsdialektologie. Zu Beginn des neuen Jahrtausends breiteten sich die entsprechenden **Forschungsinteressen im deutschsprachigen Raum** spürbar aus (vgl. dazu Anders et al. 2010).

Themenkomplexe der Wahrnehmungsdialektologie (Hundt 2018: 102 ff.):

- **Einstellungen** (Prestige, Stigma) gegenüber Dialekten und deren Sprechern
- **Salienz** von Merkmalen der Dialekterkennung und Konzeptkonstitution, die nicht immer der Sprachwirklichkeit entsprechen
- **mental maps** linguistischer Laien, wobei diese eine draw a map-Aufgabe zu erfüllen haben. Dieser Aufgabentyp fand bereits in der Mehrsprachigkeitsforschung Anwendung (→ Kap. II.6).

Inzwischen plädieren viele Forscher »Für eine perzeptive Varietätenlinguistik« (so Krefeld/Pustka 2010) und vergrößern damit das linguistische Anwendungsfeld dieses Zugangs.

Abb. II.2.6: Beispiel für mental map (nach: Der deutsche Sprachraum aus der Sicht linguistischer Laien, https://www.wahrnehmungsdialektologie.uni-kiel.de/de/bilder/ki116.jpg)

Hundt führt zahlreiche Beispiele für wahrnehmungsdialektologische Studien auf, vor allem auch in deutschschweizer und in österreichischen Sprachräumen.

2.4 Stadtsprachenforschung

Städte als Ballungszentren mit entsprechender sprachlicher Heterogenität und mit Konfliktpotential bieten eine besondere Herausforderung für die Soziale Dialektologie. »Die Stadt war immer in gewissem Sinne Stein des Anstoßes für die Dialektologie und Prüfstein für die Soziolinguistik«, wie Kallmeyer formulierte:

> Die Aufrechterhaltung von Sprachunterschieden und die Entstehung neuer Sprachunterschiede innerhalb von Gemeinschaften ist ebenso mit den Prozessen der Konstitution von größeren sozialen Einheiten verbunden wie die sprachliche Angleichung. Variation ist ein allgemeines Prinzip der Sprachverwendung. Die Konstitution von Sprache durch das Sprechen und die Konstitution von sozialen Strukturen durch das – weitgehend sprachliche – Handeln der Individuen ist ein universeller Prozess, auf dessen Grundlage sich die sozialen und sprachlichen Grenzziehungen sozio-historisch ausprägen. Wegen der spezifischen Eigenschaften der »modernen« sprachlichen Verhältnisse in der Stadt besteht eine Affinität von Stadt und Soziolinguistik, die auch in der Forschungsgeschichte deutlich wird. (Kallmeyer 1994: 6 f.)

Das 1981 durchgeführte und 1982 von Bausch herausgegebene IDS-Kolloquium: *Mehrsprachigkeit in der Stadtregion* dokumentiert die Belebung und Neuorientierung dieses Forschungsbereichs im deutschen Sprachraum mit besonderer Berücksichtigung der Mehrsprachigkeit durch Migration.

Dittmar und Schlieben-Lange (1982) skizzieren in einem umfangreichen Einführungsbeitrag ›Forschungsrichtungen und -perspektiven einer vernachlässigten soziolinguistischen Disziplin‹ mit einem Überblick über ausgewählte einschlägige Studien in verschiedenen Ländern sich die Stadtsprachenforschung früher sprachsoziologischen Fragestellungen und empirischen Methoden zugewandt hatte als die deutsche Dialektologie, die Stadtsprachen lange Zeit mehrheitlich als ›unreine‹ Mischungen ausgeklammert hatte. Insbesondere durch den Innovationsschub von Labovs Studien zum Sprachgebrauch in New York City wurde geradezu ein dialektologischer Paradigmenwechsel – so Dittmar und Schlieben-Lange (1982: 10) – ausgelöst, demzufolge Städte als sozialdeterminierte, geordnete Varietätenräume aufgefasst wurden, die sozialen und sprachlichen Wandel initiieren können. Durch den industriellen Modernisierungsschub und den verstärkten Einfluss der Schriftsprache durch Verwaltungs- und Bildungsinstitutionen kommt der Stadtmundart eine Zwischenposition mit besonderem Prestige und einer Ausgleichsfunktion zwischen Standardsprache und ländlichen Mundarten zu, die Debus in seiner These von der ›Strahlungskraft der Stadtsprache‹ pointiert zusammenfasst (1962: 13).

In der Auseinandersetzung mit Forschungstraditionen in romanischsprachigen Ländern, besonders in Katalonien, mit Konzentration auf Barcelona, und in Italien treten wichtige, in der nordamerikanischen Tradition weniger beachtete Aspekte der Stadtsprachenforschung auf, wie z. B. die Sozialgeschichte der Stadt, das Verhältnis von Stadt und Land, die Besonderheit von Stadtvierteln und städtischen Subkulturen, schließlich die Binnenmigration. Aber auch kanadische Studien, v. a. in Montreal zum weitgehend stigmatisierten Franco-Kanadischen und britische Untersuchungen, v. a. von Cheshire zu soziolinguistischen Normen in städtischen Subkulturen Readings, und Milroys Studien zur Relevanz sozialer Netzwerke in Belfast fügten den soziolinguistischen Beschreibungen von Stadtsprachen innovative Aspekte hinzu.

Die Entwicklung der Stadt- bzw. Ortssprachenforschung in Deutschland brachte zugleich wesentliche **Impulse für die Soziolinguistik** mit sich. Kallmeyer zählt einige davon unter folgenden Stichworten (1987: 84) auf:

- Stadt-Umland-Verhältnis
- Stadt als Varietätenraum
- Mehrsprachigkeit in der Stadt
- Binnenstrukturen der Stadt
- Stadt als Raum interkultureller Kommunikation

So wurden die Konzepte der Diglossie und der Domänenverteilung von Fishman entschieden dynamisiert, v. a. die für städtische Gesellschaften typische Dichotomie von öffentlichen und privaten Bereichen, ebenso das Verständnis einer Sprachgemeinschaft, das durch Netzwerkanalysen nicht zureichend ersetzt werden kann, und die seit Labov plausiblen Kontinuumsvorstellungen, denen die subjektiv empfundene Diglossievorstellung Betroffener von ›eigener‹ und ›fremder‹ Sprache gegenübergestellt wurde.

Im deutschsprachigen Raum war es vor allem das ›Erp-Projekt‹ von Besch et al. (1981/1982), das sich den Beziehungen von Stadt und Umland am Beispiel von Köln und Erp/Erftstadt unter besonderer Berücksichtigung des Pendler-Phänomens widmete, die Auswirkungen der Urbanisierung auf das Umland einer Großstadt empirisch belegte und das Konzept der ›**Sprachlagen**‹ zur vertikalen Differenzierung der Ortsmundarten sowie die ›**Ortsloyalität**‹ als Faktor der subjektiven Zugehörigkeit einführte.

Mattheier veranschaulichte den Zusammenhang von situativen Varietäten, Ortsgebundenheit und Arten sozialer Netzwerke wie folgt (1982: 102):

	Sprecher, die dominierend in geschlossenen Netzwerken leben	**Specher, die dominierend in offenen Netzwerken leben**
Alltagssprache	Dialekt	Tendenz zum Dialekt
öffentliche Varietät	Tendenz zum Dialekt	starke Tendenz zur Standardsprache

Tab. II.2.2: Zusammenhang von situativen Varietäten und Arten sozialer Netzwerke im Erp-Projekt (nach Mattheier 1982: 102)

Das Erp-Projekt steht für die sprachsoziologische Öffnung der deutschen Dialektologie. Das Projekt hat zugleich entschieden die Sprecher selbst in den Fokus gerückt, was künftig nicht mehr hintergangen werden sollte.

2.5 Beispiele der Stadtsprachenforschung im Deutschen

Die Stadtsprachenforschung, die sich den aktuellen Problemen der Stadtentwicklungen zuwandte, hat demgegenüber noch entschiedener die Mehrdimensionalität der sprachlichen Variation in ihr Zentrum gerückt.

Von den zahlreichen Beispielen der aktuellen Stadtsprachenforschung mit ihren unterschiedlichen Herangehensweisen und theoretischen Orientierungen seien hier Forschungsprojekte zu Berlin und Mannheim herausgegriffen:

1. Berlin

An diesem Beispiel einer von 1961 bis 1989 geteilten Stadt können zugleich einige Aspekte der West-Ost-Variation im Deutschen aufgezeigt werden. Dazu wurden in der Studie (vgl. Dittmar et al. 1986, Schlobinski 1987) drei Bezirke im Hinblick auf bestimmte Variablen miteinander verglichen: das bürgerliche Westberliner Zehlendorf, der traditionelle Westberliner Arbeiterbezirk Wedding und der Ostberliner Prenzlauer Berg, damals noch Arbeiterbezirk. Im Hinblick auf die unterschiedliche Realisierung von sechs phonologischen Variablen ergibt sich folgende Dialektverteilung: Zehlendorf: 28 %, Wedding: 52 %, Prenzlauer Berg: 79 % (Schlobinski 1987: 153). Das unterschiedliche Ausmaß der Sprachvariation in den beiden ursprünglich relativ homogenen Berliner Arbeiterbezirken lässt sich vor dem Hintergrund der politisch geteilten Kommunikationsgemeinschaften und sozialen Netzwerke erklären (→ Kap. II.3.2).

2. Mannheim

Das 1981 begonnene Projekt verfolgt nach Kallmeyer das folgende Ziel:

> Im Zentrum der Analyse standen die sprachlichen Erscheinungsformen der sozialen Zugehörigkeit von Städtern, d. h. ihre Zugehörigkeit zu unterschiedlichen städtischen Milieus mit unterschiedlich ausgeprägter lokaler Bindung. (Kallmeyer 1994: 2)

Dazu wurden Beobachtungen von ausgewählten Gruppen aus verschiedenen Stadtteilen Mannheims durchgeführt. Es handelt sich also um die Binnendifferenzierung einer Stadtsprache mit Konzentration auf die wesentlichen Kommunikationsformen für die Herstellung und Aufrechterhaltung von sozialem Zusammenhalt unter städtischen Lebensbedingungen. Dabei geht es im Einzelnen um die Benutzung von **Sprache als Ausdruck sozialer Identität** und um die **Rolle sozialer Stile** für die städtische Gesellschaft (ebd.: 21). Dazu sollten prinzipiell alle Eigenschaften des Sprachverhaltens in Betracht gezogen und nicht nur eine Beschreibungsebene der phonologisch-phonetischen Variation berücksichtigt werden.

Im Verlauf der Projektarbeit wurden zahlreiche Einzelstudien zu Gruppen von Jugendlichen (Schwitalla), von Migrantinnen (Keim), von Frauen einer Bastelgruppe vorgenommen. Kallmeyer führt aus:

> Es handelt sich dabei jeweils um die Verknüpfung einer Population in einem Geflecht sozialer Beziehungen und die Abgrenzung eines spezifischen Bezirks der gesellschaftlichen Wirklichkeit, in dessen Handlungszusammenhang sich ein besonderes Sinnsystem bildet, eigene Kommunikationsregeln gelten und sich Muster des sprachlichen Verhaltens entwickeln. Derartige Strukturen stellen soziale Rahmen dar, an denen sich die Handlungsorientierungen der Beteiligten und ihre Bewertungskriterien für angemessenes, erfolgreiches und authentisches Handeln ausrichten. (Kallmeyer 1994: 22)

Dafür greifen die Verfasser das Konzept der ›**sozialen Welten**‹ aus dem Symbolischen Interaktionismus auf. Keim führt aus:

> Kennzeichnend für die soziale Welt ist die Fokussierung auf Kernaktivitäten, mit denen sich alle zur sozialen Welt Gehörenden identifizieren und die sie gemeinsam bearbeiten. (2018: 314)

Im Konzept des kommunikativen sozialen Stils ist Stil sozial-funktional definiert. Sprecher setzen Stilformen als Mittel zum Ausdruck sozial-kultureller Zugehörigkeit und zur sozialen Positionierung in Relation zu relevanten Anderen ein. (ebd.: 316) Im Hinblick auf soziale Identität folgt das Projekt dem interaktionistischen Ansatz von Gumperz, wonach soziale Identität keine feststehende Größe ist, sondern in der Interaktion immer wieder neu ausgehandelt und festgelegt wird.

In ausführlichen Detailanalysen deuten die Mitglieder der Projektgruppe einzelne sprachliche Szenen. Keim fasst in ihrem Beitrag von 2018 einige davon zusammen:

- die »Bastelgruppe« als Beispiel für einen kommunikativen sozialen Stil einer Frauengruppe aus der »Welt der kleinen Leute«,
- die »Literaturfrauen« aus der Welt des Bildungsbürgertums,
- die »türkischen Powergirls«, deren Stil als Ausdruck der Rebellion gegen ihre Herkunftskultur sowie gegen die der Mehrheitsgesellschaft gedeutet werden kann. Kennzeichen ihres Sprachstils sind v. a. die gegensätzlichen stilistischen Mittel, zwischen denen die Gruppenmitglieder virtuos wechseln. Dies zeigt sich nicht nur im System sozialer Kategorien, sondern auch im Umgang mit verschiedenen charakteristischen Sprechweisen wie das ›Gastarbeiterdeutsch‹, ›Ghettodeutsch‹ oder Mannheimerisch.

2.6 Zusammenfassung und Literatur

In diesem Kapitel haben wir die Entwicklung der Sozialen Dialektologie im Deutschen verfolgt vom Ausgangspunkt der These vom Dialekt als Sprachbarriere, die in den 1970er Jahren eine Vielzahl empirischer Studien auslöste. Das überwiegend kontrastive Verständnis von Dialekt und Hochsprache führte auch zu Vorschlägen einer dialektorientierten Sprachdidaktik in der Schule. Die Soziale Dialektologie lenkte den Blick auf die klassischen soziolinguistischen Variablen von Alter und Geschlecht sowie auf die Einstellungen und subjektiven Wertungen von Dialekten. Verschiebungen im Varietätengefüge der deutschen Sprache durch Ausgleichsprozesse und

Veränderungen im Stadt-Umland-Verhältnis führten u. a. zu Kontinuumsvorstellungen an Stelle einer fixen Dichotomie und zum Konzept eines neuen Substandards. Die Perzeptive Dialektologie lenkte den Blick erneut auf die subjektiven Spracheinstellungen und das Laienwissen über Dialekte. Die beispielhaft vorgestellte Stadtsprachenforschung versucht schließlich die Mehrdimensionalität der städtischen Sprachvariation zu erfassen.

Literatur (weiterführend)

Dittmar, Norbert/Schlieben-Lange, Brigitte (1982): Stadtsprache. Forschungsrichtungen und Perspektiven einer vernachlässigten soziolinguistischen Disziplin. In: Bausch, Karl-Heinz (Hg.): *Mehrsprachigkeit in der Stadtregion.* Mannheim, 9–86.

Macha, Jürgen (2006): Dynamik des Varietätengefüges im Deutschen. In: Neuland, Eva (Hg.): *Variation im heutigen Deutsch: Perspektiven für den Sprachunterricht.* Frankfurt/M., 149–160.

Mattheier, Klaus J. (1980): *Pragmatik und Soziologie der Dialekte. Einführung in die kommunikative Dialektologie des Deutschen.* Heidelberg.

Literatur (gesamt)

Adler, Astrid/Plewnia, Albrecht (2019): Die Macht der großen Zahlen. Aktuelle Spracheinstellungen in Deutschland. In: Eichinger, Ludwig/Plewnia, Albrecht (Hg.): *Neues vom heutigen Deutsch. Empirisch – methodisch – theoretisch.* Berlin, Boston, 141–162.

Ammon, Ulrich (1972a): *Dialekt, soziale Ungleichheit und Schule.* Weinheim.

Ammon, Ulrich (1972b): Dialekt als sprachliche Barriere. Eine Pilotstudie über Schwierigkeiten von Dialektsprechern im Schulaufsatz. In: *Muttersprache* 82, 224–237.

Ammon, Ulrich (1973): *Dialekt und Einheitssprache in ihrer sozialen Verflechtung. Eine empirische Untersuchung zu einem vernachlässigten Aspekt von Sprache und sozialer Ungleichheit.* Weinheim.

Ammon, Ulrich/Mattheier, Klaus J./Nelde, Peter H. (Hg.) (1987): *Brennpunkte der Soziolinguistik.* Tübingen.

Anders, Christina Ada/Hundt, Markus/Lasch, Alexander (Hg.) (2010): *Perceptual Dialectology – Neue Wege der Dialektologie.* Berlin/New York.

Bausch, Karl-Heinz (Hg.) (1982): *Mehrsprachigkeit in der Stadtregion.* Düsseldorf.

Bellmann, Günter (1983): Probleme des Substandards im Deutschen. In: Mattheier, Klaus J. (Hg.): *Aspekte der Dialekttheorie.* Tübingen, 105–130.

Besch, Werner (1975): Dialekt als Barriere bei der Erlernung der Standardsprache. In: Moser, Hugo et al.: *Sprachwissenschaft und Sprachdidaktik.* Düsseldorf, 150–165.

Besch, Werner/Löffler, Heinrich (1973): Sprachhefte: Hochsprache Mundart – kontrastiv. In: Bausinger, Hermann (Hg.): *Dialekt als Sprachbarriere. Ergebnisbericht einer Tagung zur alemannischen Dialektforschung.* Tübingen, 89–110.

Besch, Werner/Löffler, Heinrich/Reich, Hans H. (Hg.) (1974 ff.): *Dialekt/Hochsprache – kontrastiv. Sprachhefte für den Deutschunterricht.* Düsseldorf.

Besch, Werner/Hufschmidt, Jochen/Kall-Holland, Angelika/Klein, Eva/Mattheier, Klaus J. (Hg.) (1981): *Sprachverhalten in ländlichen Gemeinden. Ansätze zur Theorie und Methode. Forschungsbericht Erp-Projekt.* Berlin.

Besch, Werner/Mattheier, Klaus J. (1985): *Ortssprachenforschung. Beiträge zu einem Bonner Kolloquium.* Berlin

Christen, Helen (2010): Was Dialektbezeichnungen und Dialektattribuierungen über alltagsweltliche Konzeptualisierungen sprachlicher Heterogenität verraten. In: Anders, Christina Ada/Hundt, Markus/Lasch, Alexander (Hg.): *Perceptual Dialectology – Neue Wege der Dialektologie.* Berlin/New York, 269–290.

Debus, Friedhelm (1962): Zwischen Mundart und Hochsprache. Ein Beitrag zur Stadtsprache – Stadtmundart und Umgangssprache. In: *Zeitschrift für Mundartforschung* 29, 1–43.

Dittmar, Norbert/Schlieben-Lange, Brigitte (1982): Stadtsprache. Forschungsrichtungen und Perspektiven einer vernachlässigten soziolinguistischen Disziplin. In: Bausch, Karl-Heinz (Hg.): *Mehrsprachigkeit in der Stadtregion.* Düsseldorf, 9–86.

Dittmar, Norbert/Schlobinski, Peter/Wachs, Inge (1986): *Berlinisch: Studien zur Lexik, zur Spracheinstellung und zum Stilrepertoire.* Berlin/New York.

Dingeldein, Heinrich J. (1997): Sprachvarietäten in ›Mitteldeutschland‹. Gebrauch und Räumlichkeit. In: Stickel, Gerd (Hg.): *Varietäten des Deutschen, Regional- und Umgangssprachen.* Berlin/New York, 109–141.

Gärtig, Anne-Kathrin/Plewnia, Albrecht/Rothe, Astrid (2010): *Wie Menschen in Deutschland über Sprache denken: Ergebnisse einer bundesweiten Repräsentationserhebung zu aktuellen Spracheinstellungen.* Mannheim.

Gesellschaft für deutsche Sprache (2008): *Wie denken die Deutschen über ihre Muttersprache und über Fremdsprachen? Eine repräsentative Umfrage der Gesellschaft für deutsche Sprache.* Wiesbaden.

Goossens, Jan (1977): *Deutsche Dialektologie.* Berlin/Boston.

Gumperz, John J. (1994): Sprachliche Variabilität in interaktionsanalytischer Perspektive. In: Kallmeyer, Werner (Hg.): *Kommunikation in der Stadt*, Bd. 1: *Exemplarische Analysen des Sprachverhaltens in Mannheim.* Berlin/New York, 612–640.

Hasselberg, Joachim (1972): Die Abhängigkeit des Schulerfolgs vom Einfluss des Dialekts. In: *Muttersprache* 82, 201–223.

Hasselberg, Joachim (1976a): *Dialekt und Bildungschancen. Eine empirische Untersuchung an 26 hessischen Gesamtschulen als Beitrag zur soziolinguistischen Sprachbarrierendiskussion.* Weinheim.

Hasselberg, Joachim (1976b): Dialektsprecher in der Förderstufe hessischer Gesamtschulen. In: *Deutsche Sprache* 165–180.

Hasselberg, Joachim/Wegera, Klaus-Peter (1975): Diagnose mundartbedingter Schulschwierigkeiten und Ansätze zu ihrer Überwindung. Informationen zum Projekt der Heftreihe »Hochsprache/Mundart – kontrastiv«. In: *Wirkendes Wort* 25, 243–255.

Herrgen, Joachim/Schmidt, Jürgen Erich (Hg.) (2019): *Sprache und Raum. Ein internationales Handbuch der Sprachvariation.* Berlin/New York.

Hoffmann, Walter/Mattheier, Klaus J. (1985): Stadt und Sprache in der neueren deutschen Sprachgeschichte. In: Besch, Werner/Reichmann, Oskar/Sonderegger, Stefan (Hg.): *Sprachgeschichte. Ein Handbuch zur Geschichte der deutschen Sprache und ihrer Erforschung.* 2. Bd. Berlin, 1837–1865.

Hufschmidt, Jochen/Klein, Eva/Mattheier, Klaus J./Mickartz, Heinrich (1983): *Sprachverhalten in ländlichen Gemeinden. Dialekt und Standardsprache im Sprecherurteil. Forschungsberichte Erp-Projekt.* Bd. 2. Berlin.

Hundt, Markus (2018): Wahrnehmungsdialektologie – quo vadis? In: Lenz, Alexandra/Plewnia, Albrecht (Hg.): *Variation – Norm(en) – Identität(en).* Berlin/Boston. 99–126.

Kallmeyer, Werner (1987): Stadtsprache als ein Schwerpunkt soziolinguistischer Forschung in Europa. In: Ammon, Ulrich/Mattheier, Klaus J./Nelde, Peter H. (Hg.): *Brennpunkte der Soziolinguistik.* Tübingen, 80–99.

Kallmeyer, Werner (Hg.) (1994): *Kommunikation in der Stadt,* Bd. 1: *Exemplarische Analysen des Sprachverhaltens in Mannheim.* Berlin/New York.

Kallmeyer, Werner (2000): Sprachvariation und Soziolinguistik. In: Häcki Buhofer, Annelies (Hg.): *Vom Umgang mit sprachlicher Variation. Soziolinguistik, Dialektologie, Methoden und Wissenschaftsgeschichte.* Tübingen/Basel, 261–278.

Kallmeyer, Werner (2004): Kommunikativer Umgang mit sozialen Grenzziehungen. Zur Analyse von Sprachstilen aus soziolinguistischer Perspektive. In: *Der Deutschunterricht* 1/2004: *Sprachvariation im heutigen Deutsch* (hgg. v. Eva Neuland), 51–58.

Kallmeyer, Werner/Keim, Inken (2003): Eigenschaften von sozialen Stilen in der Kommunikation: Am Beispiel einer türkischen Migrantinnengruppe. In: *Osnabrü-*

cker Beiträge zur Sprachtheorie 65: *»Multisprech«: Hybridität, Variation, Identität.* (hgg. v. Jürgen Erfurt), 35–56.

Keim, Inken (2008): *Die »türkischen Powergirls«. Lebenswelt und kommunikativer Stil einer Migrantinnengruppe in Mannheim.* 2. Aufl. Tübingen.

Keim, Inken (2018): Städtische Gruppen und ihre kommunikativen sozialen Stile. In: Neuland, Eva/Schlobinski, Peter (Hg.): *Handbuch Sprache in sozialen Gruppen.* Berlin/Boston, 313–330.

Klein, Eva/Mattheier, Klaus J./Mickartz, Heinz (1978): *Rheinisch.* Düsseldorf.

Krefeld, Thomas/Pustka, Elissa (2010): Für eine perzeptive Varietätenlinguistik. In: Krefeld, Thomas/Pustka, Elissa (Hg.): *Perzeptive Varietätenlinguistik.* Frankfurt/M. 9–30.

Lenz, Alexandra/Plewnia, Albrecht (Hg.) (2018): *Variation – Normen – Identitäten.* Mannheim.

Löffler, Heinrich (1972): Mundart als Sprachbarriere. In: *Wirkendes Wort* 23, 23–39.

Löffler, Heinrich (1974a): *Probleme der Dialektologie. Eine Einführung.* Darmstadt.

Löffler, Heinrich (1974b): Deutsch für Dialektsprecher: Ein Sonderfall des Fremdsprachenunterrichts? Zur Theorie einer kontrastiven Grammatik Dialekt/Hochsprache. In: *Deutsche Sprache,* 105–122.

Löffler, Heinrich (2003): Sprachliche Fehlleistungen von Schülern als geographisches Schicksal? Zur Idee einer gesamtdeutschen Fehlergeographie. In: Häcki Buhofer, Annelies (Hg.): *Spracherwerb und Lebensalter.* Tübingen/Basel, 147–161.

Löffler, Heinrich (2016): *Germanistische Soziolinguistik.* 5., neu bearb. Aufl. Berlin.

Löffler, Heinrich/Hofer, Lorenz (Hg.) (2010): *Stadtsprachenforschung. Ein Reader.* 2 Bde. Hildesheim.

Macha, Jürgen (1989): *Der flexible Sprecher. Untersuchungen zu Sprache und Sprachbewusstsein rheinischer Handwerksmeister.* Bonn.

Macha, Jürgen (2006): Dynamik des Varietätengefüges im Deutschen. In: Neuland, Eva (Hg.): *Variation im heutigen Deutsch: Perspektiven für den Sprachunterricht.* Frankfurt/M., 149–160.

Mattheier, Klaus J. (1980): *Pragmatik und Soziologie der Dialekte. Einführung in die kommunikative Dialektologie des Deutschen.* Heidelberg.

Mattheier, Klaus J (1982): Sprachgebrauch und Urbanisierung. Sprachveränderungen in kleinen Gemeinden im Umfeld großer Städte. In: Bausch, Karl-Heinz (Hg.): *Mehrsprachigkeit in der Stadtregion.* Mannheim, 87–107.

Mattheier, Klaus J. (1997): Dialektverfall und/oder Dialektrenaissance. In: Stickel, Gerd (Hg.): *Varietäten des Deutschen, Regional- und Umgangssprachen.* Berlin/New York, 405–410.

Neuland, Eva (Hg.) (1978): *Sprache und Schicht. Texte zum Problem sozialer Sprachvariation.* Frankfurt/M.

Neuland, Eva (Hg.) (2006): *Variation im heutigen Deutsch: Perspektiven für den Sprachunterricht.* Frankfurt/M.

Neuland, Eva/Hochholzer, Rupert (2006): Regionale Sprachvarietäten im muttersprachlichen Deutschunterricht. In: Neuland, Eva (Hg.): *Variation im heutigen Deutsch: Perspektiven für den Sprachunterricht.* Frankfurt/M u. a., 175–192.

Niebaum, Hermann/Macha, Jürgen (1999): *Einführung in die Dialektologie des Deutschen.* Tübingen.

Preston, Dennis (1989): *Perceptual dialectology – nonlinguist's view of areal linguistics.* Dordrecht.

Preston, Dennis (1999): *Handbook of Perceptual Dialectology.* Bd. 1. Amsterdam.

Preston, Dennis (2010): Perceptual Dialectology in the 21st Century, In: Anders, Christina Ada/Hundt, Markus/Lasch, Alexander (Hg.): *Perceptual Dialectology – Neue Wege der Dialektologie.* Berlin/New York, 1–30.

Reinert-Schneider, Gabriele (1987): *Gibt es eine Dialekt-Renaissance? Überlegungen und Analysen zum Kölner Raum.* Köln.

Reitmajer, Valentin (1975): Schlechte Chancen ohne Hochdeutsch. Zwischenergebnisse einer dialektologisch-soziolinguistischen Untersuchung im bairischen Sprachraum. In: *Muttersprache* 85, 310–324.

Reitmajer, Valentin (1976): Empirische Untersuchung über den Einfluss von Schicht- und Sprachzugehörigkeit auf die Deutschnote am Gymnasium. In: *Linguistik und Didaktik* 26, 87–112.

Sauer, Verena/Hoffmeister, Toke (2021): *Wahrnehmungsdialektologie. Eine Einführung.* Berlin/New York.

Schlobinski, Peter (1987): *Stadtsprache Berlin. Eine soziolinguistische Untersuchung.* Berlin/New York.

Schröder, Ingrid (2018): Sprachbiographie und Spracheinstellung. Niederdeutsch als Mittel der Identitätsstiftung in der Großstadt? In: Stickel, Gerd (Hg.): *Varietäten des Deutschen, Regional- und Umgangssprachen.* Berlin/New York, 99–120.

Schröder, Ingrid/Neumann, Lara (2018): »Denn hebbt wi ok mal Platt schnackt.« Codeswitching in sprachbiographischen Interviews. In: Lenz, Alexandra/Plewnia, Albrecht (Hg.): *Variation – Norm(en) – Identität(en).* Berlin/Boston, 41–62.

Schüwer, Hermann (1977): Zur Theorie der Sprachbarrieren III – Dialekt als Sprachbarriere. In: *Mitt. d. Dt. Germanistenverbandes* 4/77, 23–31.

Stickel, Gerhard (Hg.) (1997): Varietäten des Deutschen. Regional- und Umgangssprachen. Berlin/New York.

Tophinke, Doris (2019): Dialekte heute. In: *Praxis Deutsch* 275, 4–13.

Tophinke, Doris/Ziegler, Evelyn (2014): Spontane Dialektthematisierungen in der Weblogkommunikation: Interaktiv-kontextuelle Einbettung, semantische Topoi und sprachliche Konstruktionen. In: Cuonz, Christina/Studler, Rebekka (Hg.): *Sprechen über Sprache.* Tübingen, 205–242.

Internetquellen

Songtexte.com (o. J.): Ruut-wiess-blau querjestriefte Frau Songtext. von BAP. Abrufbar unter: https://www.songtexte.com/songtext/bap/ruut-wiess-blau-querjestriefte-frau-bc2217a.html (Stand: 02/06/2022)

Universität Kiel (o.J): Abrufbar unter: https://www.wahrnehmungsdialektologie.uni-kiel.de/de/bilder/ki116.jpg (Stand: 02/06/2022)

Wochenblatt (2017): Die Bayern haben Glück ihr Dialekt ist besonders beliebt. Abrufbar unter: https://www.wochenblatt.de/archiv/die-bayern-haben-glueck-ihr-dialekt-ist-besonders-beliebt-103653 (Stand: 02/06/2022)

3 Sprachgebrauch und Politik

Die Gegenstandsfelder dieses Kapitels könnten zwar auch unter regionalen, also sozialdialektologischen Perspektiven subsumiert werden, doch überwiegen hier die politischen Entscheidungen und Grenzziehungen, die den Sprachgebrauch maßgeblich beeinflusst haben. Nach einer Reflexion der Termini: Sprachpolitik, Sprachplanung und Sprachlenkung (→ Kap. 3.1) werden folgende soziolinguistisch bedeutsame Aspekte aus dem breiten Spektrum der Sprachpolitik herausgegriffen, und zwar die politischen Umbrüche im deutsch-deutschen Verhältnis, speziell in der Zeit ab 1945 mit der Wende von 1989 und ihren bislang absehbaren sprachlichen Folgen (→ Kap. 3.2), die Unterscheidung von Deutsch als Nationalsprache in Deutschland, Österreich und der Schweiz (→ Kap. 3.3) und ein Ausblick auf Deutsch als Fremdsprache in Europa (→ Kap. 3.4). Das Bemühen der deutschen Sprache innerhalb der EU eine höhere Geltung zu verschaffen und die Förderung von Deutsch als Fremdsprache in Europa können ebenfalls unter dem Terminus Sprachpolitik zusammengefasst werden. Weitere Gesichtspunkte auf der politischen Makroebene wie z. B. die deutschen Sprachinseln können an dieser Stelle nicht weiterverfolgt werden. Natürlich spielen auch politische Aspekte auf der Mikroebene des alltäglichen Sprachgebrauchs in der persönlichen und in der medienvermittelten Kommunikation eine Rolle, insbesondere der Sprachgebrauch der Politik. Dazu sei auf die einschlägigen Kapitel II.8 und II.9 verwiesen.

3.1 Sprachpolitik, Sprachplanung, Sprachlenkung

Generell wird unter Sprachpolitik jeder regulative Eingriff in die Entwicklung von Sprachen in der Gesellschaft verstanden (s. Coulmas 1985). Dies spielt in mehrsprachigen Ländern und in internationalen Organisationen eine große Rolle, u. a. für das schulische Fremdsprachenangebot und die Rechte von Minderheitensprachen.

3.1.1 Sprachpolitik und Sprachplanung

Unter Sprachpolitik oder Sprachplanung wurde ursprünglich die normative Tätigkeit einer eigens geschaffenen Institution wie die Académie Française verstanden (Haugen 1972). Der Begriffsumfang wurde seitdem deutlich erweitert: So können verschiedene Akteure (Individuen, Gruppen oder Institutionen) und Legitimationen sowie Arten der Sprachpolitik, wie z. B. offene und verdeckte, bewusst oder unbewusst herbeigeführte Formen der Sprachförderung, Sprachverbreitung oder auch des Sprachverbots, verschiedene Ziele, Mittel und Bereiche der Sprachpolitik unterschieden werden. Marten systematisiert das breite Spektrum der sprachpolitischen Kernbegriffe in Abbildung II.3.1 (2016: 27):

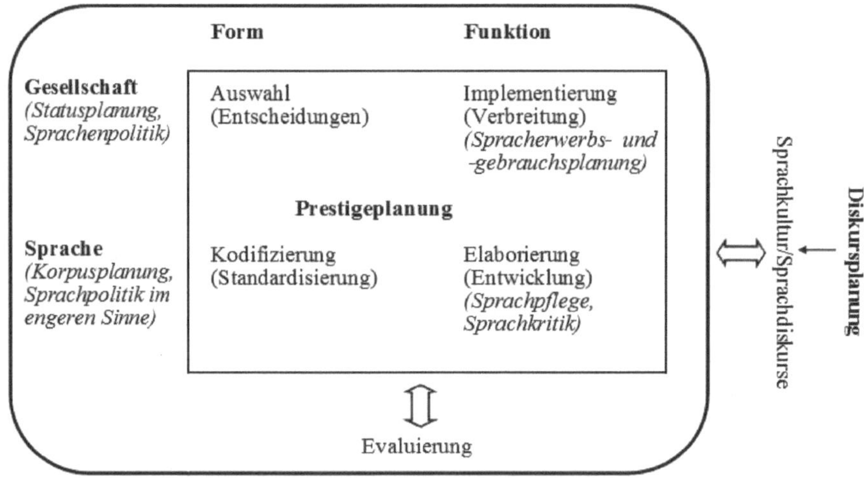

Abb. II.3.1: Sprachpolitische Kernbegriffe (Marten 2016: 27)

Im sprachpolitisch engeren Sinne spielt die Elaborierung der deutschen Sprache, z. B. durch die Rechtschreibreform, eine besondere Rolle, die in der jüngeren deutschen Wissenschaftsgeschichte auch eng mit den Faktoren der Sprachpflege und Sprachkritik verbunden ist (→ Kap. III.2). Statusplanung gehört dagegen zur Sprachenpolitik im weiteren Sinne und betrifft u. a. die Festlegung von Staats- und Amtssprachen und von schulischen Fremdsprachen.

In den folgenden Kapiteln veranschaulichen exemplarische Gegenstandsfelder je unterschiedliche sprachpolitische Themenbereiche, die von nicht intendierten Folgen politischer Entwicklungen im Sprachgebrauch bis zu nationalstaatlichen Identitäten und Verbreitung fremdsprachlichen Unterrichts reichen.

3.1.2 Sprachlenkung

Der Ausdruck Sprachlenkung ist negativ besetzt und rückt in die Nähe von Sprachmanipulation, da eine Lenkung möglicherweise ohne Wissen und Mitwirkung der Sprachbenutzer geschehen kann. Im Kontext gesellschaftlicher Machtverhältnisse können Tabus und/oder bestimmte Sprachgebrauchsweisen gesetzlich oder politisch vorgeschrieben und durchgesetzt werden. Von Sprachlenkung ist daher meist in Verbindung mit totalitären Systemen wie dem Nationalsozialismus die Rede (s. Schmitz-Berning 1999). Dies betraf u. a. die radikale sprachliche Assimilierung der Luxemburger Bevölkerung durch die Nazis in Form einer Aufnötigung von Deutsch als alleinige Amts- und Gerichtssprache und das Verbot der französischen Sprache in allen öffentlichen Bereichen sowie die Umbenennung von Orten und Personen (s. Scholten 2000).

Es sei daran erinnert, dass in der BRD seit 1949 die DDR laut einer regierungsamtlichen Regelung bis in die siebziger Jahre nur »DDR« (oder auch Zone) benannt werden durfte. Gleichwohl ließ sich der Alleinvertretungsanspruch der BRD und das von ihr behauptete eigentliche wahre Deutsch nicht aufrechterhalten.

Heute kann aber auch das Gebot politisch korrekten Sprechens (PC) als eine indirekte und sublime Art der Sprachlenkung im Sinne eines Sprachmoralismus (Jung 1996, Klug 2020; → Kap. II.9.4) angesehen werden.

3.2 Aktuelle deutsch-deutsche Sprachentwicklungen nach 1945

3.2.1 Sprachgebrauch in beiden deutschen Staaten

Die deutsche Teilung in zwei Staaten nach 1945 infolge des Nationalsozialismus und des Zweiten Weltkriegs und die Wiedervereinigung 1989 bilden zugleich ›ein faszinierendes linguistisches Beobachtungsfeld‹, wie Hellmann ausführt:

> Denn hier wird quasi in einem unfreiwilligen Großversuch vorgeführt, was sprachlich geschieht, wenn eine Nation in zwei staatlich organisierte Kommunikationsgemeinschaften mit unterschiedlicher Gesellschaftsordnung geteilt wird. (Hellmann 1989: 42)

Das Problem der Ost-West-Differenzen im Sprachgebrauch der Nachkriegszeit führt zu der Frage nach sprachlichen Gemeinsamkeiten oder einer **Sprachspaltung** nach 1945. Schon in den Bezeichnungen für die **Nationalvarietät** (v. a. deutsches Deutsch, deutschländisches Deutsch, Bundesdeutsch, Binnendeutsch) spiegeln sich die ideologischen Gegensätze. Es scheint, dass in manchen Studien das Trennende betont und das Gemeinsame, nämlich dieselbe sprachliche Grundlage bei der Teilung, vernachlässigt wird. Angesichts der geringen vor allem lexikalischen Differenzen zwischen Ost und West von bis zu 5 % kommt von Polenz zu dem Schluss (1999: 424): »Eine wirkliche ›Sprachspaltung‹ hat nicht stattgefunden.«

BRD-Wortschatz	WELT	ND	DDR-Wortschatz	WELT	ND
Aktie	925	5	Aktivist	3	142
Anzahlung	160	1	allseitig	7	125
Arbeitnehmer	133	5	antiimperialistisch	1	62
Aufsichsrat	231	6	Arbeiterklasse	3	589
Autohaus	44	0	Arbeitsnorm	1	23

Tab. II.3.1: West-Ost-Wortschatzvergleich (DIE WELT, NEUES DEUTSCHLAND 1949–1974), Fälle mit mind. 95,5 % Belegzahldifferenz, in Klammern weitere Wortbildungen (Hellmann 1992, Bd. 2: 3 ff., hier nach von Polenz 1999: 424)

Im Wortschatz kristallisierten sich die ideologischen Unterschiede zwischen der BRD und der DDR am deutlichsten heraus. Allerdings fehlen – wie Ammon anmerkt (1995: 389) – bei ideologisch oder auch institutionell geprägtem Wortschatz oft konsequente Vergleiche mit der anderen Seite. Zudem spielen häufig unterschiedliche Sprechergruppen und Intentionen eine Rolle. Man denke nur an: *Mauer* anstelle von: *antifaschistischer Schutzwall.* Auch ist der Übergang zur Benennung von Sachspezifika fließend:

> Man denke nur an Wörter wie Radikalenerlass (...), Aktionär, Demonstrationsrecht, Kaltmiete (...) und viele andere für die BRD oder an Wörter wie Namens-

weihe (...), Neuerer (...), Subbotnik (...), Wohnungskommission (...) und viele andere für die DDR. (ebd.: 390)

Solche Eintragungen finden sich auch in den Wörterbüchern der beiden deutschen Staaten, z. B. im *Duden. Das große Wörterbuch der deutschen Sprache*, 6 Bde. (Mannheim, 1976–1981) sowie dem ebenfalls sechsbändigem *Wörterbuch der deutschen Gegenwartssprache* (Leipzig, 1964–1977), meist mit dem Zusatz »BRD« oder »DDR« markiert.

Wirklich austauschbare Wörter zählt Ammon nur wenige auf:

BRD	**DDR**
(Brat)Hähnchen	Broiler
Diskjockey	Diskosprecher
Jeans	Niethose
Plastik	Plaste
Zielsetzung	Zielstellung

Tab. II.3.2: Lexikalische Varianten in beiden deutschen Staaten (Ammon 1995: 390)

Ein früheres Werbeplakat für DDR-Produkte aus ›Plaste und Elaste‹ leuchtet nun als Neonschild im Foyer des Deutschen Historischen Museums in Berlin (Neuland 1997: 5).

Auch Teubert stellt die These einer DDR-spezifischen Varietät des Deutschen nach einer Diskussion von DDR-spezifischen Neologismen in Frage, vor allem der vielzitierten Beispiele von *Broiler* und *Datsche* sowie von Denotaten wie *Intershop* und festen Fügungen wie *das unerschütterliche Bündnis* (1993: 38 ff.). Schließlich wird auch die Annahme einer **Doppelsprachigkeit** der Bürger der DDR, die zwischen einer offiziellen Parteisprache (**Verlautbarungssprache**, verballhornt auch *Kaderwelsch*) und einer inoffiziellen Privatsprache wechseln konnten, als vereinfachendes Stereotyp kritisiert (so bei Reiher/Baumann 2004). Zu den Kennzeichen der Verlautbarungssprache zählt Hellmann (1997: 17) u.a.: marxistisch-leninistische Terminologie, propagandistische Formeln, spezifisches Vokabular und markante Stilfiguren mit stereotypen Attribuierungen. Ein solch starrer Funktionalstil führte bereits in der DDR zu satirischen Persiflagen. Der Sprachwitz in der DDR richtete sich an eine inoffizielle Gegenöffentlichkeit.

Schiewe und Schiewe präsentieren u. a. Beispiele für sog. Gegenlosungen, die die von der SED vorgegebenen Losungen konterkarieren (2000: 34 ff.):

> Wir kennen zwar den Plan nicht, aber wir schaffen das Doppelte!
> Lieber schlank weg da im Westen als dicke da im Osten.
> Die DDR-Staatssicherheit marschiert unter der Losung: Kommen Sie zu uns – bevor wir zu Ihnen kommen.

Die **Zweisprachenthese** wurde von Fraas und Steyer (1992) zu einem Dreifachsystem von Kommunikationsbereichen erweitert, indem sie zusätzlich einen kulturell-literarischen Bereich der Halböffentlichkeit, z. B. in kirchlichen und oppositionellen, oft regional orientierten Diskussionsgruppen unterschieden.

Dieckmann verwies 1967 auf die ungenügende linguistische Methodik der Untersuchungen zum Ost-West-Problem, die erst später durch großangelegte Korpusanalysen von Tageszeitungen (Abb. II.3.2) auf eine solidere Basis gestellt werden konnten.

Abb. II.3.2: Titelblatt von Reiher/Läzer (1996)

Mit dem Ansatz einer plurizentrischen Sprache für das Deutsche und dem von Ammon vorgeschlagenen Terminus: **staatliche Varietät** statt **nationale Varietät** wurden die ideologischen Auseinandersetzungen um Sprache und Nation schwächer

3.2.2 Sprachliche Folgen der Umbruchsituation von 1989

Seit der Maueröffnung und der politischen Wende von 1989 hat für das deutsch-deutsche Sprachverhältnis und seine Erforschung eine weitere Entwicklungsphase begonnen. Sprachwissenschaftler aus Ost und West wandten sich sowohl dem Sprachgebrauch vor als auch nach der Wende zu mit den Schwerpunkten Lexik und Stil, aber auch Textsorten und kommunikativen Mustern. Aus der Fülle der Veröffentlichungen seien hier nur einige wenige exemplarisch herausgegriffen:

Wie verarbeiten unmittelbar Betroffene die politischen und kulturellen Umbrüche? Dieser Frage gingen Fix und Mitarbeiter in ihrem **Sprachbiographie**-Projekt mit zahlreichen narrativen Interviews und sprachreflexiven Äußerungen der Betroffenen nach.

Es stießen zwei Kommunikationsgemeinschaften aufeinander, die zwar durch die gleiche Sprache und gleiche kulturelle Wurzeln verbunden waren, sich aber nicht mehr genau kannten. So nahm man sich gegenseitig teilweise befremdet in seinen abweichenden Lebens-, Denk- und Sprachgebrauchsgewohnheiten wahr. (Fix/Schleichardt 2015: 228)

Dabei zeigte sich, dass in den 1990er Jahren die Auseinandersetzung mit dem Umbruch dominiert und je nach dem Grad der Systemkonformität unterschiedliche Sprechhandlungsmuster (z. B. erklären, rechtfertigen) und Topoi (z. B. ›*Man hat keine Wahl.*‹) vorherrschen. Im Zeitraum um 2008/2009 rücken sprachlich manifestierte Identitätskonflikte (z. B. ›*der is'n Ossi*‹) in den Mittelpunkt der Darstellungen.

Es ist offensichtlich, dass sich der *Wortschatz* am schnellsten wandelte, was sich vor allem am weitgehenden Verlust des offiziellen Wortschatzes der DDR manifestierte. Ein Gefühl von ›Fremdheit in der Muttersprache‹ – so der Titel eines damaligen Verbunds von Forschungsprojekten – stellte sich bei vielen ostdeutschen Bürgern ein. Ein Bedarf an Sprachberatung entstand (z. B. Kühn/Almstädt 1997). Generell ist zu konstatieren, dass die Hauptlast der Umorientierung von den Bürgern der ehemaligen DDR zu leisten war.

Ein ›Wendekorpus‹ mit einer Textsammlung aus Ost und West und Studien zu ausgewählten ›Schlüsselwörtern der Wendezeit‹ (Herberg et al.

1996) gibt Auskunft über den lexikalisch-semantischen Wandel der damaligen Zeit. Mit Textsammlungen zur Alltagssprache ›einer untergegangenen Republik‹ wollen Reiher und Mitarbeiter »Mit sozialistischen und anderen Grüßen« (1995) diese vor dem Vergessen retten: »Pläne, Losungen, ja Urkunden, Verträge und selbst Zeugnisse waren plötzlich Makulatur«, wie es im Klappentext lautet. Aus dem Gelöbnis für die Jungen Pioniere heißt es:

Gelöbnis

Ich verspreche, als Junger Pionier so zu leben und zu lernen, daß ich würdig bin, Mitglied der Pionierorganisation zu sein, die den Namen „Ernst Thälmann" trägt.

Ich verspreche, die Gesetze der Jungen Pioniere immer zu halten und nach diesen Gesetzen meine Aufgaben als Junger Pionier zu erfüllen.

DIE GESETZE DER JUNGEN PIONIERE, 1953

JUNGE PIONIERE *achten den Menschen*
Wir sind ein Teil des werktätigen Volkes – die revolutionären Kämpfer der Arbeiterklasse sind die Vorbilder der Jungen Pioniere.

JUNGE PIONIERE *lieben ihre Heimat*
Wir helfen nach unseren Kräften mit im Kampf um den Frieden, ein einheitliches, demokratisches, friedliebendes und unabhängiges Deutschland und den Aufbau des Sozialismus in unserer Deutschen Demokratischen Republik.

JUNGE PIONIERE *sind Freunde der Sowjetunion*
Wir hüten und pflegen die Freundschaft mit der Sowjetunion so, wie es uns Ernst Thälmann und Wilhelm Pieck lehren. Die Jungpioniere der Sowjetunion sind unsere Freunde, von ihnen wollen wir immer lernen.

Abb. II.3.3: Aus dem Gelöbnis für die Jungen Pioniere (aus: Reiher et al. 1995: 43)

Neben dem Wortschatz zeigten sich die Folgen des soziopolitischen Umbruchs aber auch in einer Veränderung des *Textsortenspektrums* und der *Kommunikationssituationen*: Es entstanden Forschungen zu Wohnungsanzeigen (z. B. Reiher 1997: Drei*raum*- vs. Drei*zimmer*wohnungen), Leserbriefen, Bewerbungen, Arbeitszeugnissen. Besondere Aufmerksamkeit erhielten Losungen und **Demo-Sprüche** (Pappert/Scharloth 2020), die u. a. Reime, Redensarten, Werbeslogans oder alte Losungen variieren, Wortspiele mit Personennamen verwenden u. a. m. (z. B. *Vorschlag für den 1. Mai: Die Führung zieht am Volk vorbei, Ruinen schaffen ohne Waffen – 40 Jahre DDR, Es ist nicht alles Gold, was krenzt*).

Abb. II.3.4: Plakate und Spruchbänder der Montagsdemonstrationen vom Herbst 1989 im Deutschen Historischen Museum in Berlin (picture-alliance | THILO RÜCKEIS TSP)

Forschungsprojekte, die auf größeren Korpora basieren, sind zu Bewerbungsgesprächen (Birkner 2001) und zum Erzählen (Bredel 1999) durchgeführt worden. Bredel untersucht Besonderheiten von ›Umbruch‹-Erzählungen von Ostberlinern. Birkners Studie basiert auf einem breiten Korpus von authentischen Gesprächen, Rollenspielen und Experteninterviews aus West und Ost und ermöglicht entsprechende Vergleiche. Ein wesentlicher Punkt in dieser Textsorte ist die Selbstdarstellung: Während Ostbewerbende sich ›nicht verkaufen‹ könnten, würden sich Westbewerbende im Schnitt ›besser darstellen‹, heißt es in einer Zusammenfassung (Internet-Quelle Auer). Insgesamt scheinen sich unterschiedliche Stilpräferenzen im Material abzuzeichnen: Während Ostdeutsche oft zu einer stärkeren Indirektheit tendieren, zeichnen sich Äußerungen von Westdeutschen häufig durch Direktheit aus; weiterhin scheinen Ostbewerber bisweilen eher konsensorientiert, Westbewerber dissenzbereit. Allerdings ist vor Generalisierungen und Stereotypisierungen zu warnen.

Circa 60 Gespräche mit Ost- und Westberlinern haben Dittmar und Bredel (1999) in ihrem Band: *Die Sprachmauer* zusammengefasst.

Abb. II.3.5: *Die Sprachmauer* (Dittmar/Bredel 1999)

Der erste Teil des Hauptkapitels dokumentiert narrative Interviews mit Ost- und Westberlinern zum 9.11.1989 und offenbart einen sehr formalen Umgang von Ostberlinern mit der Situation. Der zweite und zentrale Teil thematisiert *Umbruch und ›**kollektives Gedächtnis**‹* und zeigt Differenzerfahrungen der Probanden auf, bei Ostberlinern vor allem eine extreme Involviertheit, bei Westberlinern eher eine Erweiterung des eigenen Handlungsradius. Der dritte Teil *Registerwandel* erarbeitet Unterschiede im Gebrauch sprachlicher Mittel, die zugleich oft Merkmale gesprochener

Sprache sein können und mithin nicht unbedingt Ost-West-Unterschiede präsentieren.

Die 1998 durchgeführte und von Auer/Hausendorf 2000 dokumentierte Bielefelder Tagung: *10 Jahre Wiedervereinigung* demonstriert – ebenso wie das Resümee von Hellmann (2003) –, dass trotz der nachlassenden Brisanz in den jüngeren Generationen das Thema deutsch-deutsche Sprachentwicklung noch lange nicht erschöpft ist.

3.3 Deutsch in Europa

3.3.1 Nationale Varietäten des Deutschen

Auch historisch gesehen kann man nicht von einer einheitlichen deutschen Sprachgemeinschaft sprechen; vielmehr existierten neben dem Latein viele regionale Varietäten des Deutschen, die erst im Zuge eines langwierigen Ausgleichprozesses zu einer deutschen Hoch- und Schriftsprache mit gemeinsamer grammatischer und orthographischer Grundlage vereinheitlicht wurden. »Die Gemeinsamkeit der deutschsprachigen Länder basiert auf einer sprachhistorischen und kulturell-literarischen Gemeinsamkeit (…)« erinnert Löffler (2016: 62).

Erweitern wir unsere sprachpolitischen Betrachtungen auf den deutschen Sprachraum in Europa. Heute gehen wir von einer **plurizentrischen** deutschen Sprache (Clyne 1995) aus – wie mehrere andere europäische Sprachen auch (Englisch, Französisch, Niederländisch, Portugiesisch, Spanisch), insbesondere von einer **pluriarealen** Standardsprache. Deutsch ist in insgesamt sieben Staaten bzw. Teilen davon staatliche Amtssprache; in drei unabhängigen Staaten die Landes- oder Nationalsprache: Neben Deutschland sind dies Österreich und die deutschsprachige Schweiz, nach Ammon nationale **Vollzentren** der deutschen Sprache, die auch über eigene Nachschlagewerke, v. a. Wörterbücher, verfügen. Demgegenüber werden Liechtenstein, Luxemburg, Südtirol und Ostbelgien von Ammon als nationale **Halbzentren** bezeichnet, die zwar auch über standardsprachliche Besonderheiten verfügten, die aber nicht kodifiziert seien.

Die jeweiligen nationalen Standardvarietäten des Deutschen weisen Besonderheiten auf, vor allem im Bereich der Aussprache und der Lexik. In den drei deutschsprachigen Zentren werden diese Varianten als **Austriazismen** (im österreichischen Standarddeutsch), **Helvetismen** (im schweizerischen Hochdeutsch) und **Teutonismen** (im deutschen Standard) bezeichnet.

- Für das österreichische Deutsch können die Beispiele *Jänner* (Januar) und *Marille* (Aprikose),
- für das schweizer *Autocar* (Autobus) und *Rüebli* (Möhre),
- für das deutsche *Abitur* und *Sonnabend* genannt werden (nach Kellermeier-Rehbein 2022: 41).

Listen mit Austriazismen oder Helvetismen sind so beliebt, dass sie auch als Postkartenmotive mit ungefähren deutschen Entsprechungen zu finden sind (z. B. für Wienerisch: *i steh auf di* – ich liebe dich, *drahn* – abends ausgehen, *Ungustl* – widerlicher Typ, *Gstanzl* – kurzes Lied).

Die **nationalen Varianten** sind sprachliche Merkmale, die kennzeichnend für eine nationale Standardvarietät sind. Sie gelten als nationale *Schibboleths*, Erkennungszeichen für andere, die den Sprechern selbst nicht bewusst sein müssen. Der Grad an unterschiedlichen Ausdrücken ist allerdings relativ gering; die meisten werden *gemeindeutsch* genutzt und verstanden. Dennoch gelten die nationalen Varietäten als Symbole nationaler Identität und Eigenständigkeit und werden von den jeweiligen Sprechern auch als solche heftig und emotional verteidigt, vor allem gegen den sprachlichen Alleinvertretungsanspruch des in Deutschland üblichen Standards.

Ein besonders prägnantes Beispiel für einen solchen Sprachpatriotismus fand im Rahmen der Aufnahmeverhandlungen Österreichs mit der Europäischen Union 1994/95 statt: Und zwar wurde dem Beitrittsvertrag für Österreich ein Protokoll (Nr. 10) hinzugefügt, das 23 Varianten des österreichischen Standarddeutschs, also Austriazismen, nannte, die in EU-Texten zusätzlich zu den in Deutschland geltenden Varianten zu verwenden sind. Dies veranschaulicht der folgende Textauszug des Protokolls:

Im Rahmen der Europäischen Union gilt folgendes:

1. Die in der österreichischen Rechtsordnung enthaltenen und im Anhang zu diesem Protokoll aufgelisteten spezifisch öszterreichischen Ausdrücke der deutschen Sprache haben den gleichen Status und dürfen mit der gleichen Rechtswirkung verwendet werden wie die in Deutschland verwendeten entsprechenden Ausdrücke, die im Anhang angeführt sind.

2. In der deutschen Sprachfassung neuer Rechtsakte werden die im Anhang genannten spezifisch österreichischen Ausdrücke den in Deutschland verwendeten entsprechenden Ausdrücke in geeigneter Form hinzufügt:

Anhang

Österreich	Amtsblatt der europäischen Gemeinschaften
Beiried	Roastbeef
Eierschwammerl	Pfifferlinge
Erdäpfel	Kartoffeln
Faschiertes	Hackfleisch
Fisolen	Grüne Bohnen
Grammeln	Grieben
Hüfterl	Hüfte
Karfiol	Blumenkohl
Kohlsprossen	Rosenkohl
Kren	Meerrettich
Lungenbraten	Filet
Marillen	Aprikosen
Melanzini	Aubergine
Nuß	Kugel
Obers	Sahne
Paradeiser	Tomaten
Powidl	Pflaumenmus
Ribisel	Johannisbeeren
Rostbraten	Hochrippe
Schlögel	Keule

Topfen	Quark
Vogerlsalat	Feldsalat
Weichseln	Sauerkirschen

Abb. II.3.6: Protokoll über die Verwendung spezifisch österreichischer Ausdrücke der deutschen Sprache im Rahmen der Europäischen Union (Nr. L 30/4 Amtsblatt der Europäischen Gemeinschaften)

Besonders erwähnenswert sind nach Kellermeier-Rehbein (2022: 38) noch Sachspezifika, die es nicht in allen Zentren einer Sprache gibt. Dazu rechnen landestypische Speisen (z. B. *Panhas*), Besonderheiten der nationalen Verwaltung (z. B. *Regierender Bürgermeister*) und geographische Besonderheiten (z. B. *Hallig*).

Auch in der deutschsprachigen Schweiz existieren viele Besonderheiten im nationalen Standard, doch spielen diese für das Schweizer Nationalbewusstein keine so entscheidende Rolle wie in Österreich, da sich dieses stärker als in den übrigen deutschsprachigen Staaten vor allem im Dialekt ausdrückt.

3.3.2 Das Variantenwörterbuch

Daher bedarf die Entwicklung eines neuartigen Wörterbuchs (Ammon/Bickel/Lenz 2016) in Zusammenarbeit von drei nationalen Forschungsgruppen besondere Erwähnung, dessen zweite Auflage auch unter Berücksichtigung der im Untertitel genannten drei ›**Viertelzentren**‹, in denen Deutsch eine **Minderheitensprache** ist, und der regionalen Differenzierung neu bearbeitet wurde. Sie enthält nun ca. 12.000 standardsprachliche Wörter und Wendungen mit national und/oder regional eingeschränkter Verbreitung und/oder mit Differenzen im Gebrauch sowie deren gemeindeutsche Entsprechungen.

Grundlage bildet ein Korpus von geschriebenen Sachtexten, vor allem Zeitungen, die in der Regel eine Standardschriftlichkeit des Deutschen repräsentieren. Das Korpus wird genutzt bei der Analyse von Gebrauchsfrequenzen, der nationalen und regionalen Distribution sowie der Auswahl von Beispielsätzen. **Nationale Varianten** sind immer Varianten des jeweiligen Standards, sie

- sind spezifisch für das betreffende Land bzw. die Minderheit;
- kommen regelmäßig in Modelltexten vor;
- werden von jeweiligen Sprachnormautoritäten (v. a. Lehrkräften) als für den öffentlichen Sprachgebrauch korrekt anerkannt.

Erfüllt ein Lemma, diese Kriterien nicht, wird es z. B. in Modelltexten als nichtstandardsprachlich markiert (u. a. in Anführungszeichen gesetzt) und gilt als ›Grenzfall des Standards‹.

Gegenüber der Erstauflage (2004) wurde der gesamte Lemmabestand auf der Grundlage von Korpusanalysen, lexikographischen Nachschlagewerken und Expertenurteilen überprüft und aktualisiert.

Damit ist nicht nur ein wichtiges Hilfsmittel für die Forschung, sondern auch für viele Anwendungsbereiche (→ Kap. III.1) wie Übersetzen und Dolmetschen und Deutsch als Fremdsprache vorgelegt worden.

In einem Vorwort erläutern die Verfasser Intention und Zustandekommen des Nachschlagewerkes. An einem Beispielartikel soll das Variantenwörterbuch veranschaulicht werden. Die Artikel informieren über die national-regionale Zuordnung, Angaben zu Bedeutung, Grammatik, Lautung und nationale/regionale Varianten sowie ggf. weitere Zusatzangaben wie stilistische Markierungen.

> Ạbfallkübel A CH D-mittel/süd der; -s, –: ↗Mistkübel A CH, ↗Müllkübel A D, ↗Kehrichteimer CH, ↗Mistkorb RUM, ↗Schmutzkorb RUM ‚Abfalleimer; Mülleimer': Eines stimmt: Wenn man einen Ab-fallkübel sucht, ist er meist nicht da (Presse 4. 6. 2013, 23; A); Seit gestern sind die silbrigen Abfallkübel am Bahnhof Bern Geschichte. Sie wurden durch Recycling-Stationen ersetzt (Blick 16. 10. 2012, 1; CH); Ta ke -away-Betrieben wird die Pfl icht auferlegt, Abfallkübel aufzustellen und regelmäßig zu leeren (Badische Ztg 9. 2. 2012, 35; D) – Wird in A seltener verwendet als Mistkübel. Vgl. Kübel (Ammon/Bickel/Lenz 2016: s.v. ›Abfallkübel‹)

3.4 Deutsch als Fremdsprache

Die Einordnung dieses Kapitels unter der Überschrift: *Deutsch in Europa* trägt dem Umstand Rechnung, dass die deutsche Sprache hauptsächlich in Europa verbreitet war und ist; sie ist keine Weltsprache, obwohl Deutsch als Fremdsprache natürlich weltweit gelehrt und gelernt wird. Die Verteilung wird in Abbildung II.3.7 dargestellt:

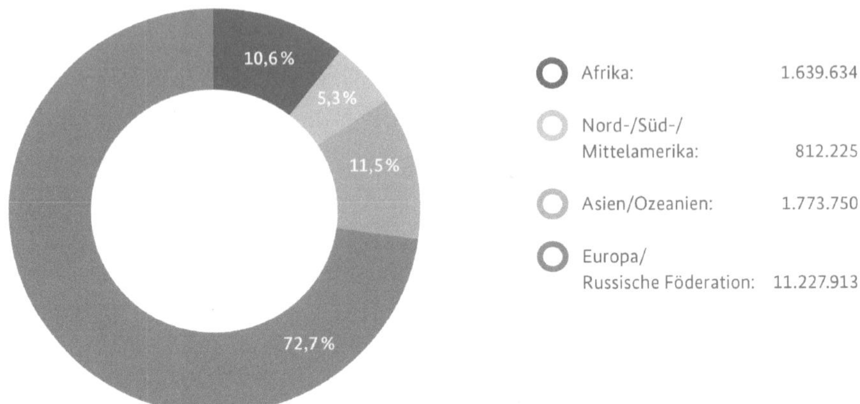

Abb. II.3.7: Weltweite Verteilung der Deutschlernenden nach Regionen (Auswärtiges Amt 2020: 8)

Als zentraler Bestandteil der Auswärtigen Kultur- und Bildungspolitik ist die Förderung von Deutsch als Fremdsprache (DaF) im Ausland Kernaufgabe des Auswärtigen Amts und seiner Partnerinstitutionen, vor allem des Deutschen Akademischen Austauschdiensts (DAAD) und des Goethe-Instituts (GI). Im Rahmen der auswärtigen Kultur- und Bildungspolitik kommt der Deutschförderung weltweit große Bedeutung zu. Zu den Maßnahmen gehört die 2008 vom damaligen Außenminister Steinmeier ins Leben gerufene PASCH-Initiative (Schulen: Partner der Zukunft), die Schulen im Ausland mit einem hohen Stellenwert des Deutschunterrichts fördert. Zu den politischen Maßnahmen rechnet auch das Fachkräfteeinwanderungsgesetz aus dem Jahr 2020, das der Anwerbung von Fachkräften aus sog. Drittstaaten, also Nicht-EU-Ländern dient. Das Auswärtige Amt fördert unter anderem Deutschunterricht an Schulen, die Aus- und Fortbildung von Lehrkräften, das Angebot an Hochschulstipendien sowie außerschulische und außeruniversitäre Sprachlernangebote.

In Europa ist Deutsch die Sprache mit der größten Anzahl von Muttersprachlern, als Fremdsprache steht Deutsch dagegen nicht an der Spitze aller erlernten Fremdsprachen, wie die folgenden Nachweise und Übersichten zeigen:

Deutsch ist **Muttersprache** von knapp 20 %. Darüber hinaus sprechen über 10 % der Europäer Deutsch als Fremdsprache; das heißt insgesamt rund 30 % der EU-Bürger sprechen Deutsch.

Insgesamt ist Englisch in Europa die meistgesprochene Sprache, das zeigen Daten von Eurostat. 38 % der Europäer beherrschen sie, gefolgt von Französisch mit 12 %. Deutsch liegt mit 11 % auf dem dritten Platz. (www.auswaertigesamt.de/de/aussenpolitik/europa)

Mit über 90 Millionen Sprechern ist **Deutsch** zudem die am meisten gesprochene Muttersprache in der Europäischen Union und rangiert unter den zehn stärksten Muttersprachen der Welt. Deutsch ist eine der 24 Amts- und Arbeitssprachen in der EU. Ursprünglich stark in Mittel- und Osteuropa verbreitet und als ›**Brückensprache**‹ Europas (Clyne 1995) bezeichnet, ist die Verbreitung und Geltung des Deutschen durch den Nationalsozialismus und den Zweiten Weltkrieg stark zurückgegangen und hat sich heute auf niedrigerem Niveau stabilisiert.

Verändert haben sich vor allem die Motive, Deutsch als Fremdsprache zu erwerben: Waren es früher hauptsächlich Motive der Bildungssprache, z. B. die Texte der deutschen Klassiker aus Literatur und Philosophie im Original zu lesen und zu verstehen, sind es heute Motive, die mit der Wirtschaftskraft Deutschlands zusammenhängen: Deutschlernende versprechen sich bessere Berufschancen auf dem Arbeitsmarkt, vor allem in Europa.

3.5 Zusammenfassung und Literatur

In diesem Kapitel haben wir drei sprachpolitische Gegenstandsfelder präsentiert, die primär auf der politischen Makroebene und sekundär auch auf der regionalen Ebene zu lokalisieren sind: Die politischen Umbrüche im deutsch-deutschen Verhältnis wurden insbesondere mit der Wende im Jahr 1989 und ihren sprachlichen Folgen skizziert (→ Kap. 3.2) und die Differenzierung von verschiedenen Standardvarietäten des Deutschen in Deutschland, Österreich und der Schweiz vorgestellt (→ Kap. 3.3). Schließlich folgte ein Ausblick auf die Verbreitung von Deutsch als Fremdsprache vor allem in Europa (→ Kap. 3.4). Bei aller grundlegenden Unterschiedlichkeit haben diese Gegenstandsfelder gemeinsam, dass (sprach)politische Entscheidungen die Entwicklungen beeinflusst haben, sei es als Folge von politischen Umbrüchen (→ Kap. 3.2) oder staatlicher Kulturpolitik (→ Kap. 3.3 und 3.4).

Weiterführende Literatur

Ammon, Ulrich (2006): Nationale Standardvarietäten in deutschsprachigen Ländern. Mit einem Bericht über das *Variantenwörterbuch des Deutschen.* In: Eva Neuland (Hg.): *Variation im heutigen Deutsch. Perspektiven für den Deutschunterricht.* Frankfurt/M., 97–111.

Der Deutschunterricht (1/1997): *Sprachwandel nach 1989* (hgg. v. Eva Neuland).

Literatur (gesamt)

Ammon, Ulrich (1995): *Die deutsche Sprache in Deutschland, Österreich und der Schweiz. Das Problem der nationalen Varietäten.* Berlin/New York.

Ammon, Ulrich (2004): Sprachliche Variation im heutigen Deutsch: nationale und regionale Standardvarietäten. In: *Der Deutschunterricht* 1, 8–17.

Ammon, Ulrich (2006): Nationale Standardvarietäten in deutschsprachigen Ländern. Mit einem Bericht über das *Variantenwörterbuch des Deutschen.* In: Neuland, Eva (Hg.): *Variation im heutigen Deutsch. Perspektiven für den Deutschunterricht.* Frankfurt/M., 97–111.

Ammon, Ulrich/Bickel, Hans/Lenz, Alexandra (Hg.) (2016): *Variantenwörterbuch des Deutschen. Die Standardsprache in Österreich, der Schweiz, Deutschland, Lichtenstein, Luxemburg, Ostbelgien und Südtirol sowie Rumänien, Namibia und Mennonitensiedlungen.* 2., neu bearb. Aufl. Berlin/New York.

Auer, Peter/Hausendorf, Heiko (2000): 10 Jahre Wiedervereinigung. Hauptrichtungen linguistischer Untersuchungen zum sprachlichen und gesellschaftlichen Wandel in den neuen Bundesländern. In: Auer, Peter/Hausendorf, Heiko (Hg.): *Kommunikation in gesellschaftlichen Umbruchsituationen.* Tübingen, 3–20.

Auswärtiges Amt (2020): *Deutsch als Fremdsprache weltweit: Datenerhebung 2020.* Berlin.

Barz, Irmgard/Fix, Ulla (Hg.) (1997): *Deutsch-deutsche Kommunikationserfahrungen im arbeitsweltlichen Alltag.* Heidelberg.

Bredel, Ursula (1999): *Erzählen im Umbruch. Studie zur narrativen Verarbeitung der »Wende«.* Tübingen.

Birkner, Karin (2001): *Bewerbungsgespräche mit Ost- und Westdeutschen. Eine kommunikative Gattung in Zeiten gesellschaftlichen Wandels.* Tübingen.

Clyne, Michael (1995): *The German Language in a changing Europe.* Cambridge.

Coulmas, Florian (1985): *Sprache und Staat. Studien zur Sprachplanung und Sprachpolitik.* Berlin.

Dittmar, Norbert/Bredel, Ursula (1999): *Die Sprachmauer: Die Verarbeitung der Wende und ihrer Folgen in Gesprächen mit Ost- und WestberlinerInnen.* Berlin.

Dieckmann, Walter (1967): Kritische Bemerkungen zum sprachlichen Ost-West-Problem. In: *Zeitschrift für deutsche Sprache* 3, 136–165.

Der Deutschunterricht (1/1997): Sprachwandel nach 1989 (hgg.v. Eva Neuland).

Dosdrowski, Günter (Hg.) (1976–1981): *Duden: Das große Wörterbuch der deutschen Sprache.* 6 Bde. Mannheim.

Fix, Ulla/Scheichardt, Sophia (2015): Der politische Umbruch von 1989 aus dem Blickwinkel verschiedener Generationen in Sprachbiographien. In: Neuland, Eva (Hg.): *Sprache der Generationen.* 2., aktual. Aufl. Frankfurt/M., 227–250.

Fraas, Claudia/Steyer, Kathrin (1992): Sprache der Wende – Wende der Sprache? Beharrungsvermögen und Dynamik von Strukturen im öffentlichen Sprachgebrauch. In: *Deutsche Sprache* 3, 172–184.

Haugen, Einar (1972): *Studies by Einar Haugen.* Hgg. v. Firchow, Ellen. Reprint 2012, Berlin/Boston.

Hellmann, Manfred (1978): Sprache zwischen Ost und West – Überlegungen zur Wotschatzdifferenzierung zwischen BRD und DDR und ihren Folgen. In: Kühlwein, Wolfgang/Radden, Günter (Hg.): *Sprache und Kultur: Studien zur Diglossie, Gastarbeiterproblematik und kulturellen Integration.* Tübingen, 15–54.

Hellmann, Manfred (1989): Das »sprachliche Ost-West-Problem« und seine Bearbeitung im IDS. In: *Institut für deutsche Sprache. 25 Jahre.* Mannheim, 41–46.

Hellmann, Manfred (1992): *Wörter und Wortgebrauch in Ost und West. Ein rechnergestütztes Korpus-Wörterbuch zu Zeitungstexten aus den beiden deutschen Staaten.* Tübingen.

Hellmann, Manfred (1997): Tendenzen der sprachlichen Entwicklung seit 1989 im Spiegel der Forschung. In: *Der Deutschunterricht* 1/1997: (hgg. v. Eva Neuland), 17–34.

Hellmann, Manfred (2003): Forschung zu Sprache und Kommunikation in Deutschland Ost und West – Was bleibt noch zu tun? Ein Überblick. In: Wengeler, Martin (Hg.): *Deutsche Sprachgeschichte nach 1945. Diskurs- und kulturgeschichtliche Perspektiven.* Hildesheim, 364–392.

Hellmann, Manfred (2009): Kontroversen um das »sprachliche Ost-West-Problem«. Zum Spannungsfeld zwischen Politik, Wissenschaftsförderung und Sprachwissenschaft. Ein forschungshistorischer Rückblick. In: *Deutsche Sprache* 37, 206–234.

Herberg, Dieter/Steffens, Doris/Tellenbach, Elke (1996): *Schlüsselwörter der Wendezeit. Wörter-Buch zum öffentlichen Sprachgebrauch 1989/90.* Berlin/New York.

Jung, Matthias (1996): Von der politischen Sprachkritik zur Political Correctness – deutsche Besonderheiten und internationale Perspektiven. In: *Sprache und Literatur in Wissenschaft und Unterricht* 27/2, 18–37.

Kämper, Heidrun (2008): Sprachgeschichte – Zeitgeschichte – Umbruchgeschichte. Sprache im 20. Jahrhundert und ihre Erforschung. In: Kämper, Heidrun/Eichinger, Ludwig M. (Hg.): *Sprache – Kognition – Kultur. Sprache zwischen mentaler Struktur und kultureller Prägung*. Berlin/New York, 198–224.

Kellermeier-Rehbein, Birte (2022): *Plurizentrik. Einführung in die nationalen Varietäten des Deutschen*. 2. Aufl. Berlin.

Klappenbach, Ruth/Steinitz, Wolfgang (Hg.) (1964–1977): *Wörterbuch der deutschen Gegenwartssprache*. 6 Bde. Berlin.

Klug, Nina-Maria (2020): Wortkritik im Zeichen der Political Correctness und aktuelle Formen antidiskriminierender Wortkritik. In: Kilian, Jörg/Niehr, Thomas/Schiewe, Jürgen (Hg.): *Handbuch Sprachkritik*. Berlin, 81–87.

Kühn, Ingrid (2006): West-Deutsch – Ost-Deutsch: Rückblick und Ausblick. In: Neuland, Eva (Hg.): *Variation im heutigen Deutsch: Perspektiven für den Sprachunterricht*. Frankfurt/M., 135–148.

Kühn, Ingrid/Almstädt, Klaus (1997): Deutsch-deutsche Verständigungsprobleme. Erfahrungen aus der Sprachberatung. In: *Der Deutschunterricht* 1, 86–94.

Löffler, Heinrich (2016): *Germanistische Soziolinguistik*. 5., neu bearb. Aufl. Berlin.

Marten, Heiko F. (2016): *Sprach(en)politik. Eine Einführung*. Tübingen.

Muhr, Rudolf/Schrodt, Richard (Hg.) (1997): *Österreichisches Deutsch und andere nationale Varietäten plurizentrischer Sprachen in Europa*. Wien.

Neuland, Eva (1997): Sprachwandel nach 1989. Einführung ins Thema. In: *Der Deutschunterricht* 1, 3–6.

Pappert, Steffen/Scharloth, Joachim (2020): Sprachrevolten (1968, 1989). In: Niehr, Thomas/Kilian, Jörg/Schiewe, Jürgen (Hg.): *Handbuch Sprachkritik*. Berlin.

von Polenz, Peter (1999): *Deutsche Sprachgeschichte vom Mittelalter bis zur Gegenwart*, Bd. III: *19. und 20. Jahrhundert*. 6.11: Nationale/Staatliche Varietäten: Deutsche Standardsprache in mehreren deutschsprachigen Staaten. Berlin/New York, 412–453.

Reiher, Ruth (1995): Deutsch-deutscher Sprachwandel. In: Reiher, Ruth: *Sprache im Konflikt. Zur Rolle der Sprache in sozialen, politischen und militärischen Auseinandersetzungen*. Berlin/New York, 232–243.

Reiher, Ruth und Mitarbeiter (Hg.) (1995): *Mit sozialistischen und anderen Grüßen. Portrait einer untergegangenen Republik in Alltagtexten*. Berlin.

Reiher, Ruth/Läzer, Rüdiger (1996): *Von Buschzulage und Ossinachweis. Ost-West-Deutsch in der Diskussion*. Berlin.

Reiher, Ruth (1997): Dreiraum- vs. Dreizimmerwohnung. Zum Sprachgebrauch der Ostdeutschen. In: *Der Deutschunterricht* 1, 42–49.

Reiher, Ruth/Baumann, Antje (Hg.) (2004): *Vorwärts und nichts vergessen. Sprache in der DDR – was war, was ist, was bleibt.* Berlin.

Schiewe, Andrea/Schiewe, Jürgen (2000): *Witzkultur in der DDR. Ein Beitrag zur Sprachkritik.* Göttingen.

Schmitz-Berning, Cornelia (1999): *Das Vokabular des Nationalsozialismus*, Berlin.

Scholten, Dirk (2000): Aufnötigung und Vorenthaltung von Deutsch in der NS-Zeit. In: Ammon, Ulrich (Hg.): *Sprachförderung.* Frankfurt/M., 43–49.

Teubert, Wolfgang (1993): Sprachwandel und das Ende der DDR. In: Reiher, Ruth/ Läzer, Rüdiger (Hg.): *Wer spricht das wahre Deutsch? Erkundungen zur Sprache im vereinigten Deutschland.* Berlin, 28–52.

Internetquellen

Auer, Peter (o. J.): Sprachgebrauchswandel in den neuen Bundesländern. Abrufbar unter: http://paul.igl.uni-freiburg.de/auer/?Forschung:Abgeschlossene_Drittmittelprojekte:Sprachgebrauchswandel_i.d._neuen_Bundeslaendern (Stand: 02/06/2022)

Picture-alliance/dpa (o. J.): Abrufbar unter: www.bundesregierung.de/breg-de/suche/leipziger-rufen-wir-sind-ein-volk-403754 (Stand: 02/06/2022)

4 Sprachgebrauch und Geschlecht

4.1 Sprachliche Benachteiligung von Frauen und Sexismus-Kritik

Das Interesse an frauenbezogenen Forschungsthemen nahm im Zuge der Frauenbewegungen in den 1970er Jahren in Westdeutschland deutlich zu. Nach der Institutionalisierung von Frauenstudien und den ersten Beiträgen zur linguistischen Frauenforschung in den Vereinigten Staaten, besonders mit dem 1973 erschienenen Beitrag von Robin Lakoff: *Language and Woman's Place*, erlebte auch die **feministische Linguistik** in Deutschland ihren Startschuss mit dem 1978 veröffentlichten Beitrag: *Linguistik und Frauensprache* von Senta Trömel-Plötz. Darin bemängelt sie die Diskriminierung von Frauen im Sprachsystem wie im Sprachgebrauch, wofür eine Reihe von Beispielen angeführt werden, v. a. das generische Maskulinum und die personale Referenz sowie der Gebrauch bestimmter Wortschatzregister entsprechend den traditionellen Frauenrollen, z. B. Formen der Verniedlichung, Fehlen von Vulgärausdrücken, Flüchen etc., Verwendung von Stilmitteln der Verschönerung, Abschwächung, von standardnäheren Prestigeformen des Sprechens. Und in ihrer Antrittsvorlesung: *Frauensprache in unserer Welt der Männer* 1979 an der Uni Konstanz resümiert sie:

> Die Forschung auf dem Gebiet Frauen und Sprache konzentriert sich darauf zu zeigen, dass und wie Frauen in der Sprache ausgeschlossen und machtlos, unsichtbar und peripher, benachteiligt und degradiert sind. Denn Männer dominieren auch in der Sprache und bei sprachlichen Aktivitäten, von den Trivialunterhaltungen des Alltags zum wissenschaftlichen Diskurs bis zur literarischen Tätigkeit und politischen Auseinandersetzung. (Trömel-Plötz 1982: 60)

Ihre starke These von der »Vergewaltigung von Frauen in Gesprächen«, Untertitel des Sammelbands *Gewalt durch Sprache* (1984), begründet sie gesprächsanalytisch mit Hypothesen anhand von zwei TV-Sendungen (58 ff.):

- Männer ergreifen öfter das Wort und reden länger als Frauen.
- Männer unterbrechen Frauen systematisch; Frauen unterbrechen Männer kaum.
- Frauen müssen um ihr Rederecht kämpfen und müssen kämpfen, es zu behalten.
- Männer bestimmen das Gesprächsthema, und Frauen leisten die Gesprächsarbeit.

> Darin sehe ich die Vergewaltigung von Frauen in Gesprächen, dass weder ihre Leistung und Arbeit im Gespräch honoriert wird noch ihre professionelle Kompetenz garantiert, dass sie gehört, geschweige denn gleichbehandelt werden. (Trömel-Plötz 1984: 65 f.)

Trömel-Plötz hat diese Hypothesen nicht systematisch überprüft; ihr provokativer Anspruch hat gleichwohl viele Studien animiert, die z.T. zu anderen Ergebnissen kamen und den universalistischen Anspruch einer homogenen ›Frauensprache‹ als letztlich unhaltbar erwiesen (→ Kap. II.4.3). Luise Pusch konzentrierte sich demgegenüber auf journalistisches, sprachkritisch-ironisches Schreiben und die Textsorte der Glosse v. a. in der Zeitschrift *Courage*. Ihre Texte sind an ein breiteres Publikum gerichtet und regen in der Tradition der öffentlichen Sprachkritik mit Witz zum Nachdenken über Sprache an.

Die **Erwiderung der vorherrschenden Linguistik** erfolgte rasch von Kalverkämper (1979): *Die Frauen und die Sprache*, der aus strukturalistischer Sicht die Argumentation der feministischen Linguistik zu widerlegen versuchte. Fortgesetzt wurde die Debatte von Pusch (1984) mit ihrem Beitrag: *Der Mensch ist ein Gewohnheitstier, doch weiter kommt man ohne ihr*, in dem sie das »Wahrgenommenwerden, Beachtetwerden, Identifiziertwerden und Gemeintsein« (23 ff.) als linguistisch ernst zu nehmende Größen in ihr Recht setzt.

Weitere Beiträge von Trömel-Plötz und Pusch präsentierten die Sammelbände von 1983 und 1984, die zugleich die Interdisziplinarität und Internationalität der feministischen Grundgedanken entfalteten. Einzelne Studien vertieften Forschungen v. a. zum Gesprächsverhalten, wie die von F. Werner (1983) und von C. Schmidt (1988) zum geschlechtstypischen Kommunikationsverhalten in studentischen Kleingruppen: »Typisch weiblich – typisch männlich«. Kommentare und Einordnungsversuche folgten von Bußmann (1995) und Schoenthal (1985) bis zu den ersten Übersichts- und

Einführungsbänden von Samel (2000), Klann-Delius (2005) und Ayaß (2008), die das Gegenstandsfeld der feministischen Linguistik zu systematisieren versuchten und dabei auch Aspekte wie Entstehung der feministischen Sprachwissenschaft, Sprachpolitik und Sprachwandel berücksichtigten. Karsta Frank präsentierte aus gesprächsanalytischer Sicht Metaanalysen vieler gemischtgeschlechtlicher Einzelstudien unter dem Titel: »Sprachgewalt: die sprachliche Reproduktion der Geschlechterhierarchie« (1992). Dabei diskutierte sie die Einwirkung von Variablen wie

- Aufnahmesituation,
- Gruppengröße und Gruppenzusammensetzung,
- Grad der Öffentlichkeit,
- Soziales Verhältnis der Beteiligten und ihr Bekanntheitsgrad,
- Gesprächsthema

auf die bislang in der feministischen Linguistik als Zeichen für die Dominanz von männlichen Gesprächsteilnehmern angesehenen Variablen der Redezeit, Zahl und Dauer von Redebeiträgen, Art und Anzahl von Sprecherwechsel (s. die Bemerkungen zu Trömel-Plötz), Mittel der Gesprächsarbeit wie Minimalbestätigungen, Mittel der Themenkontrolle. Ihr Plädoyer für eine kontextbezogene Interpretation sprachlicher Äußerungen nimmt grundlegende Einsichten der interaktionalen Linguistik vorweg (→ Kap. II.4.3, I.3.4).

Weitere **Ausdehnungen des Forschungsfeldes** in den 1980er Jahren bezogen sich auf »Körperstrategien« wie Körpersprache und nonverbale Kommunikation (Henley 1988) und den Umgang mit Humor (Kotthoff 1988). Besondere Aufmerksamkeit wurde auch dem Sexismus im Bildungswesen (Spender 1985) und dem Schulbereich gewidmet (Enders-Dragässer/Fuchs 1990).

Zusammengefasst sind **Verdienste wie Schwächen der feministischen Linguistik** zu würdigen. Ihre frühen Vertreterinnen haben auf wichtige Forschungsdesiderate im interdisziplinären und internationalen Kontext aufmerksam gemacht und zu intensiven Forschungen angeregt. Gleichwohl mussten sich die frühen Studien und Hypothesen als zu global erweisen, sowohl im Hinblick auf die biosoziale Kategorie des Geschlechts als auch auf die linguistische Kategorie einer ›*Frauensprache*‹.

Die Aspekte Sprachpolitik und Sprachwandel dominierten allerdings von Anbeginn die linguistische Beschäftigung mit der Thematik Sprache und Geschlecht und haben dazu beigetragen, die feministische Linguistik auf eine feministische Sprachkritik zu konzentrieren (→ Kap. III.2).

4.2 Auseinandersetzungen um das generische Maskulinum

In ihrem Buch *Genderlinguistik* bezeichnen die Verfasserinnen Kotthoff und Nübling im Kapitel: »Das so genannte generische Maskulinum« dieses als »eine der größten Kontroversen in der öffentlichen Diskussion« (2018: 91). Die Frage, ob maskuline Personenbezeichnungen wie *Leser*, *Hörer* und Indefinitpronomen wie *man*, *jeder* geschlechtsübergreifend referieren, bewegt die Öffentlichkeit bis heute, wie die jüngste Duden-Kritik belegt (vgl. SZ v. 6./7.3.2021: *Die Bösewichtin* sowie v. 11.3.2021: *Neue Pronomen braucht das Land*).

Allerdings wird der Begriff *generisch* in der Linguistik abstrakt auf eine Gattung (Klasse) bezogen und nicht auf konkrete Personen; er wird also nicht-referentiell verwendet (vgl. Klann-Delius 2005): *Dem Leser sollte das Buch gefallen.* Daher wäre die Bezeichnung *geschlechtsübergreifendes* (an Stelle von *generisches*) Maskulinum zutreffender. Tabelle II.5 soll den Zusammenhang von Referenzialität und der Relevanz von Geschlecht verdeutlichen: Je höher die Referenzialität, desto obligatorischer die Geschlechtsangabe:

	Beispiele	Kategorien	
a	*Sehr geehrter Gast! Lieber Rentner!*	adressierend	++ Referenzialität – – ++ Relevanz von Geschlecht – –
b	*Dieser Gast / Dieser Rentner bezieht gleich sein Zimmer*	referierend: spezifisch, demonstrativ, Agens	
c	*Der Gast / Der Rentner sucht noch seinen Koffer*	spezifisch, definit, Agens	
d	*Ich habe den Gast / den Rentner begrüßt*	spezifisch, definit, Patiens	
e	*Ich begrüße nachher noch einen [bestimmten] Gast / Rentner*	spezifisch, indefinit	

f	*Im Wirtshaus kommt nachher sicher noch [irgend] ein Gast / ein Rentner vorbei*	nicht-spezifisch, indefinit	
g	Sg.: *Ein (der) Gast / ein (der) Rentner ist immer willkommen;* Pl.: *Gäste / Rentner sind immer willkommen.*	generisch, Subjekt	
h	*Du bist ein beliebter Gast / jetzt (ein) Rentner*	prädikativ	

Tab. II.4.1: Zusammenhang von Referenzialität und Relevanz von Geschlecht (Kotthoff/Nübling 2018: 93)

Bei *Gast – Gästin*, einem Anlass für die derzeitige Duden-Schelte, besteht das Dilemma, dass die Form *Gästin* – obwohl schon früh bei Grimm im Deutschen belegt – nur äußerst selten moviert wird, wie auch im Duden angemerkt.

Zur Veranschaulichung der strukturellen Asymmetrie der Kennzeichnung von Geschlechterdifferenzen im Deutschen greifen die Verfasserinnen auf eine Darstellung von Pusch zurück (1984: 54):

Singular	sog. generisches Maskulinum (geschlechtsübergreifend)	der Student	
	geschlechtsspezifisch	**die** Student**in**	der Student
Plural	Geschlechtsspezifisch	die Studentinnen (Stu-dent**inn**en)	die Studenten
	sog. generisches Maskulinum (geschlechtsübergreifend)	die Studenten	

Tab. II.4.2: Asymmetrie der Kennzeichnung von Geschlechterdifferenzen (Kotthoff/Nübling 2018: 97)

Da die beiden Lesarten von *der Student* homophon sind – im Gegensatz zur geschlechtsspezifischen Lesart von *die Studentin* – können sich laufend Missverständnisse ergeben.

Die Vermutung, dass maskuline Personenbezeichnungen eine **Prädominanz männlicher Geschlechtsspezifizierung** erzeugen, wurde in mehreren Studien empirisch überprüft. Die erste stammt von Josef Klein, der Probanden mit entsprechenden Lückentests konfrontierte, darunter:

> Auch dieses Jahr haben wir die Ehre, einen Schüler unserer Schule für das beste Abitur mit einem Stipendium zu belohnen. Es handelt sich dabei um ... (Vorname) Kaiser. Wir gratulieren. (Klein 1988: 314)

Von insgesamt 158 männlichen wie weiblichen Probanden wählten nur 20 % einen weiblichen Vornamen, knapp 70 % assoziierten jedoch einen männlichen Schüler. An diesem Verhältnis ändert sich auch nichts Wesentliches, wenn man männliche und weibliche Probanden getrennt auswertet. Maskuline Personal- und Possessivpronomen erhöhen den Effekt der Geschlechterdominanz noch mehr. Aber selbst die Beidnennung löscht ihn auch nicht vollkommen aus; sie mindert ihn jedoch, und zwar durchaus erheblich am Beispiel des obigen Testsatzes (47 % Assoziationen mit weiblichen vs. 44 % mit männlichen Referenten), wie Klein zeigen konnte. Er kommt zu dem Schluss:

> Die Benachteiligung der Frau durch das generische Maskulinum ist also keine feministische Schimäre, sondern psycholinguistische Realität. (Klein 1988: 319)

Weitere Studien differenzieren die Wirkung einer Reihe von weiteren Faktoren im Hinblick auf die Geschlechterwahrnehmung (dazu z. B. Gottburgsen 2000, Heise 2000, Rothmund/Scheele 2004, darunter insbesondere verschiedene Referenzformen (generisches Maskulinum, Neutralformen wie *Jugendliche, geschlechtsspezifizierende Alternativformen* wie Beidnennungen, Binnen-I etc)), Kategorien wie Numerus, (In)Definitheit, Frequenz movierter Korrelate, daneben auch das Auftreten in verschiedenen Kontexten (z. B. Eishockey vs. Gymnastik) und Textsorten (z. B. Stellenanzeigen, Werbetexte). Die schlechtesten Ergebnisse im Sinne der Geschlechtergerechtigkeit erzielt stets das generische Maskulinum im Singular. Kotthoff und Nübling schließen angesichts der Forschungslage:

> Ist man beim Texten daran interessiert, beide Geschlechter zu repräsentieren, dann führt kein Weg an expliziten Sichtbarkeitsverfahren vorbei [...]. Finden sich keine expliziten Hinweise auf weibliches Geschlecht, greift der *male bias.* (Kotthoff/Nübling 2018: 115)

Neben der Auseinandersetzung um das generische Maskulinum haben auch weitere sprachliche **Verfahren der Markierung oder Neutralisierung** von Geschlecht heftige Kritik erfahren, darunter vor allem die Femininmovierung durch das Suffix *-in* (*Verfasserin, Leserin*) und der dahinterstehende Androzentrismus. Die Entwicklung von einer relationalen (die Frau des Pastors als *Pastorin*) zu einer funktionalen Movierung nach dem Agens-Prinzip (*Pastorin* als Berufsbezeichnung) spiegelt einen Zuwachs weiblicher Agentivität wider. Pusch kritisierte:

> Das hochproduktive Suffix *-in* konserviert im Sprachsystem die Jahrtausende alte Abhängigkeit der Frau vom Mann, die es endlich zu überwinden gilt. Auch sprachlich. (Pusch 1984: 59)

Puschs Versuch einer Maskulinmovierung (*die Pilot, der Piloterich*) hat sie selbst als »Beitrag einer außerirdischen Linguistik« bezeichnet (1984: 43). Manche Suffixe wie das französische *-euse* evozieren überdies im Deutschen pejorative Nebenbedeutungen (*Friseuse*, bes. bekannt: *Masseuse*) und werden vermieden (*Friseurin/Frisörin, Masseurin*). Neuerdings finden sich Neubildungen wie die Suffixe *-x oder -ecs als Ausdrücke der Diversität*, die die Zweigeschlechtlichkeit neutralisieren sollen, sich aber zugleich weit vom gesellschaftlichen Usus entfernen.

4.3 Geschlechtstypische Kommunikationsstile

Die Gesprächsforschung zum Thema Sprache und Geschlecht hat sich seit den Anstößen von R. Lakoff (1973) und im Deutschen Trömel-Plötz (1982) mit der männlichen **Dominanz** und den vermeintlichen **Defiziten** von Frauen im Gespräch beschäftigt: Der weibliche Gesprächsstil (**Genderlect**) sei durch Zurückhaltungen, Abschwächungen, Unsicherheiten gekennzeichnet (→ Kap. 4.3.1), der männlich dagegen sei stärker durchsetzungsbestimmt. Dies schienen auch frühe Studien wie die von Kotthoff zu argumentativen Dialogen an der Universität (1984) zu bestätigen: Unter dem Aspekt erfolgreicher Kommunikation erwies sich das direktere und beharrlichere Gesprächsverhalten des männlichen Probanden erfolgreicher im Erreichen eines bestimmten Gesprächsziels (Unterschrift des Dozenten) als der höflichere, verständnisvollere Gesprächsstil der weiblichen Probandin.

Trotz aller methodischer Kritik an den frühen Einzelbeobachtungen hat die **These der unterschiedlichen Gesprächskulturen**, die besonders durch Maltz und Borkers Zwei-Kulturen-These (1991) und die für eine breitere Öffentlichkeit geschriebenen Bestseller von Tannen (*Du kannst* *mich einfach nicht verstehen, warum Männer und Frauen aneinander vorbeireden* (1991) sowie *Das hab' ich nicht gesagt!* (1992) popularisiert wurde, weitgehende Zustimmung erfahren. Der ursprünglich negativ bewertete weibliche Gesprächsstil wurde – im Sinne einer **Differenzthese** – als kooperativer, indirekter und personorientierter beschrieben, der männliche dagegen als kompetitiver, direkter und selbstbezogener.

> Wenn Frauen eine Bindungs- und Intimitätssprache, Männer aber eine Status- und Unabhängigkeitssprache sprechen und verstehen, dann kann die Kommunikation von Männern und Frauen zur interkulturellen Kommunikation werden, die oft am unterschiedlichen Gesprächsstil scheitert. (Tannen 1991: 40)

Dazu ein Beispiel eines Gesprächs eines Ehepaars im Auto:

Beispiel: Missverständnis zwischen Mann und Frau
Die Frau hatte gefragt: ›Würdest Du gern irgendwo anhalten, um was zu trinken?‹ Ihr Mann hatte – wahrheitsgemäß – mit ›Nein‹ geantwortet und nicht angehalten. Frustriert musste er später feststellen, dass seine Frau verärgert war, weil sie gern irgendwo Rast gemacht hätte. Er fragte sich: ›Warum hat sie nicht einfach gesagt, was sie wollte? Warum spielt sie solche Spielchen mit mir?‹ Ich erklärte, dass die Frau nicht deshalb verärgert war, weil sie ihren Willen nicht bekommen hatte, sondern weil ihr Mann sich nicht dafür interessiert hatte, was sie gern gemacht hätte.
(Tannen 1991: 13)

Insgesamt muss man aber schließen, dass solche Gesprächsstile im Sinne der Mehrdimensionalität sprachlicher Variation nicht immer und nicht unbedingt nur mit der Kategorie Geschlecht verbunden und daher die Bezeichnungen als Genderlekte verkürzt sind. So urteilten schon Günthner und Kotthoff:

> Es darf aber nicht aus den Augen verloren werden, dass Geschlecht lediglich *einen* relevanten Parameter (unter anderen wie Alter, Bildung, soziale Schicht, ethnische Zugehörigkeit, sozioökonomischer Status etc.) in Interaktionssituationen darstellt. (Günthner/Kotthoff 1991: 38)

Gesprächsstilistische Forschungen haben im Übrigen dazu beigetragen, anfänglich eher unreflektiert verwendete linguistische Aspekte genauer zu differenzieren. Dazu gehören:

- **Unterbrechungen**: Sind von Überlappungen, Einwürfen, Rezipientensignalen mit je unterschiedlichen Funktionen im Gespräch zu unterscheiden; sie können Dominanz und Status oder auch hohe Involviertheit sowie Zustimmung oder Ablehnung des vorhergehenden Beitrags ausdrücken. Außerdem sind Unterbrechungen interkulturell sehr unterschiedlich zu interpretieren.
- **Fragen**: Können selbst in Verbindung mit Rückversicherungspartikeln (*nicht wahr? Oder?*) sehr unterschiedliche Formen und Funktionen aufweisen (z. B. Abschwächung des Geltungsgrads, Einführung eines neuen (Teil)Themas). Studien kommen dabei zu unterschiedlichen Ergebnissen, wobei Status und Kontext jeweils eine bedeutende Rolle spielen.
- **Rezeptionssignale**: Können zwar unterstützende Rückmeldefunktion anzeigen, aber auch andere Funktionen ausdrücken und als Zeichen von Status und Expertenrollen gelten.
- **Redezeit und -umfang**: Auch wenn sich Vorurteile wie die der geschwätzigeren Frauen bis heute erhalten und – wie das jüngste Beispiel des (ehemaligen) japanischen IOC-Vorsitzenden zeigt – zu politischen Rücktritten führen können, ist auch die Redezeit kein verlässlicher Indikator für die Geschlechtszugehörigkeit. Vielmehr bestätigt sich, dass männliche Gesprächsteilnehmer zumal in formellen Gesprächen oft höhere Redezeiten in Anspruch nehmen, wobei wiederum der Status in solchen Gesprächen eine ausschlaggebende Bedeutung hat.

Die Beispiele zeigen aber zugleich, dass die Selbstdarstellung von Expertentum und Autorität ein geschlechterbezogenes Gefälle ergibt und zudem ein interaktives, ko-konstruiertes Produkt darstellt, zu dem alle Gesprächsbeteiligten beitragen. Die Befunde aus verschiedenen Studien lassen den Schluss zu, dass es **keine geschlechtsexklusive Gesprächsstilistik** gibt (so auch Kotthoff/Nübling 2018: 303).

Neuerdings werden auch im Zuge der Gender-Debatten und der schriftsprachlichen Dokumentationen und Symbolisierungen von Geschlechterkonzepten unterschiedliche **Schreibstile** unterschieden (Kotthoff 2020; → Kap. III.3.3). Auf das Thema sprachliche Gleichstellung gehen wir im Kapitel III.3.3 ein.

4.4 Sozialisation, Stilisierungen und Doing Gender

Forschungen zu einer biologisch orientierten Geschlechterkategorie (*Sexus*) wurden schließlich auch in Deutschland durch die soziale Kategorie *Gender* ersetzt, womit nachdrücklich auf die kulturelle Bedingtheit des Sprachgebrauchs verwiesen wurde. Damit gerieten auch die Kategorie der **Geschlechtsrollenstereotype** und der sozialkonstruktivistische Ansatzpunkt verstärkt in den Blickpunkt der Forschung (u. a. Günthner et al. 2012). Die Frage also ist: Wie wird Geschlechtsidentität, Weiblichkeit und Männlichkeit im Gespräch hergestellt? Diese Frage wollen wir über die Sozialisationsforschung verfolgen, die die Wirksamkeit der Produktion von Genderdifferenzen aufgezeigt hat.

4.4.1 Doing Gender in der primären Sozialisation

Goffman ist dem Phänomen der **Geschlechterstilisierung** als naturalisiertem Faktor der Interaktionsordnung nachgegangen (1994). Solche Stilisierungen laufen im Gespräch fortdauernd und oft auch unbewusst mit.

Doing Gender nach West und Zimmerman (1987) sowie Fenstermaker und West (2001) setzt nach Kotthoff eine besondere Relevantsetzung von Geschlecht im Gespräch voraus und fällt überdies oft mit *Doing Dominance* zusammen. In jedem Fall ist diese Formulierung von einem essentialistischen Konzept von Geschlechtsspezifik als inhärentem Merkmal von Interaktanten zu unterscheiden und betont zudem die Handlungsebene im Gespräch. *Doing x* hat sich als passende Bezeichnung auch für die Stilisierungen in der Jugendsprachforschung erwiesen (→ Kap. II.5).

Bereits Neugeborenen werden aufgrund ihrer biologischen Geschlechtszugehörigkeit Merkmale und Eigenschaften zugewiesen, die dem Erwachsenenstereotyp von **Männlichkeit** und **Weiblichkeit** entstammen (H. Keller 1979). So werden weibliche Neugeborene eher als süß, zart und zerbrechlich, männliche als groß, stark und kräftig wahrgenommen und beschrieben, und zwar von Eltern wie von Nicht-Eltern. Die Existenz und verhaltenssteuernde Funktion von **Geschlechtsrollenstereotypen** auch unabhängig vom tatsächlichen Geschlecht des Kindes zeigt sich darin, dass Erwachsene mit ein- und demselben Kind, das ihnen – im gelben Strampelanzug – einmal als Mädchen und einmal als Junge vorgestellt wurde, differentiell interagieren – je nach angenommener Geschlechtszugehörigkeit.

Mütter agieren mit sechsmonatigen Jungen eher *distal*, mit gleichaltrigen Mädchen eher *proximal*, halten diese in größerer körperlicher Nähe und sprechen sie eher verbal an. Entsprechend dem traditionellen Geschlechtsrollenklischee hat man dem sprachlichen Sozialisationsregister die Bezeichnung **motherese** verliehen, also das Mutterische, im Deutschen früher vergleichbar mit der *Ammensprache*; es handelt sich um einen Gesprächsstil mit kürzeren, einfacheren und redundanteren, überbetonten Äußerungen. In der damals geringen Zahl von Studien über den Sprachgebrauch von Vätern wurden diese als »*Fathers and other Strangers. Men's Speech to Young Children*« (Berko Gleason et al. 1983) bezeichnet.

Das Mutterische ist allerdings auch nicht allein den Müttern zuzuordnen; schon Berko Gleason stellte fest, dass auch männliche Betreuungspersonen ein solches an der unterstellten Rezeptionsfähigkeit der Kinder angepasstes **Sozialisationsregister** aufweisen. Bei Zweijährigen wurden häufigere und längere Formen der Anrede mit einem höheren Anteil von Fragen, Lob und Wiederholungen verwendet. Insbesondere die Fragen spielen als interaktionsfördernde sequenzbildende Sprechhandlungen eine wichtige Rolle gegenüber den bei Jungen häufigeren Direktiven, auf die auch nonverbal reagiert werden kann (Cherry/Lewis 1976). Solche Unterschiede in der Eltern-Kind-Kommunikation setzen sich mit dem Lebensalter des Kindes fort: Eine in Kiel durchgeführte Studie von Pieper (2009/1981) stellte während einer Spielsituation mit Fünfjährigen fest: Unter anderem verwendeten die Väter mehr und direktere Befehlsformen, die Mütter mehr Fragen und indirekte Befehlsformen (Intonationsfragen, umschreibende Formen). Die Verfasserin resümiert, dass ihre Befunde in jeder Hinsicht das Klischee vom strengen. leistungsorientierten Vater und der nachgiebigen, weniger leistungs- als personorientierten Mutter bestätigen. Cook-Gumperz leitet aus ihren Beobachtungen dreijähriger Mädchen beim Mutter-Kind-Spiel die These ab, dass diese ihr Wissen um die weibliche Geschlechtsrolle für ihre kommunikative Kompetenz nutzen; sie fragt: »*Warum sind die Dreijährigen schon Frauen, noch bevor sie Mädchen werden?*« (1991: 317).

Die Internalisierung der Geschlechtsrollenklischees schreitet so voran. »*Learning what it means to talk like a lady*« betitelte Edelsky (1977) ihre Studie mit dem Ergebnis gradueller Annäherungen der kindlichen Einschätzungen geschlechtsspezifischen Sprachgebrauchs vom ersten bis zum sechsten Schuljahr im Hinblick v. a. auf den Derbheitsgrad von Flüchen und den Direktheitsgrad von Befehlen. Während es hier um das passive Erkennen und Zuordnen von Geschlechtsrollenklischees ging, untersuchte sie später den aktiven Sprachgebrauch in Dyaden gleichaltriger und verschiedenalter Kinder im Hinblick auf verbale Dominanzindikatoren. Dabei stellte sich heraus, dass die Mädchen in der dritten Klasse gegenüber jüngeren Kindern einen größeren Anteil tutorisierender Instruktionen, die Jungen hingegen größere Anteile angeberischer und verletzender Äußerungen aufwiesen. Bei den männlichen Erstklässlern fand sich im Gespräch mit älteren ein höherer Anteil an Komplimenten und Selbstdegradierungen (1996).

Beispiele für die **kulturelle Geprägtheit geschlechtertypischen Sprachgebrauchs** finden sich im Prozess der sprachlichen Sozialisation auch unabhängig von der Familienerziehung, insbesondere werden Geschlechtsrollenklischees – selbst wenn von Eltern vermieden – von medialen Vorbildern übernommen. Dies zeigen Beobachtungen von Kindern im Vorschulalter, die einen perfekt gendertypischen Sprachgebrauch produzieren können. Die fünfjährige Katharina wird bei einem selbst gewählten Rollenspiel (am Telefon) beobachtet. Sie spielt *feine Dame* mit deutlicher Artikulation und Akzentuierung, hoher Stimmlage und nasal:

Beispiel: Wie spricht eine feine Dame?
Auf meine Frage: › *Wie spricht eine feine Dame?*‹ reagiert die Fünfjährige in hoher Stimmlage wie folgt: »*Ich muss mal eben austreten gehen. Oh, eine schöne Kachel haben sie in der Toilette.*« Und begleitet ihre Rede mit einer entsprechenden Mimik (hochgezogene Brauen), Gestik (kleine Armbewegungen) und Bewegungsart (Tippelschritte). Auf die Frage: *und wie spricht ein feiner Herr?* »*Oh, meine Dame, darf ich Sie zum Tanz auffordern?*« in tiefer Stimmlage und mit großen, raumgreifenden Bewegungen.
(Neuland 1993: 186)

Die Übernahme sozialer Typisierungsschemata und Geschlechtsrollenklischees vollzieht sich oft außerhalb elterlicher Kontrolle durch mediale Vorbilder (wie die holländische Moderatorin Linda de Mol mit langen blonden Haaren), Kinderbücher und Spielzeug (wie die Barbie-Puppe) und kann das Sprachbewusstsein der Kinder bis in das Erwachsenenalter als

Vorurteile prägen. Selbst die Farb-Vorlieben (rosa, rosa und nochmals rosa) ändern sich dann erst im Laufe der Grundschulzeit.

4.4.2 Doing Gender in der Schule

In der **Schule** setzen sich gendertypische Interaktionsweisen fort, auch entgegen der Selbsteinschätzung der Lehrkräfte. In ihren Beiträgen über die unsichtbaren Frauen im Schulsystem spricht Spender über den ›*doppelten Standard*‹ im Klassenzimmer. Damit ist gemeint, dass Jungen in gemischten Klassen den größten Teil der Aufmerksamkeit der Lehrkräfte erhalten, auch wenn diese der Meinung sind, den Geschlechtern gleiche Zuwendung zukommen zu lassen:

> Bei 10 aufgenommenen Stunden an der Oberschule und im College betrug das Maximum an Interaktionszeit mit Mädchen 42 Prozent, der Durchschnitt 38 Prozent und das Minimum für Jungen 58 Prozent. Es war ein regelrechter Schock für mich, die Diskrepanz zwischen meiner Selbsteinschätzung und meinem tatsächlichen Verhalten zu erkennen. (Spender 1984: 74)

Die Erwartungen der Lehrkräfte entsprechen stark den Geschlechtsrollenklischees, wobei sich *Rosenthal-Effekte* (als self-fulfilling prophecies) einstellen können. Die Wirkung des *heimlichen Lehrplans* führt, so Barz (1990), zu einem Macht- und Überlegenheitsanspruch der Jungen und oft zu einer Vergrößerung der Leistungsschere zwischen den Geschlechtern. Die Jungen verarbeiten das zum Teil nach einer subjektiven Theorie als ungerechter, die Mädchen bevorzugender Lehrkräfte, was wiederum ihre Aggression gegenüber den Mädchen steigern kann.

Die feministische Schulforschung hat daher auch die »Kooperationsgretchenfrage« neu aufgeworfen (Fuchs 1992: 30) und letztlich dazu beigetragen, Jungen als aktuelle Problemgruppe in den Fokus zu rücken, die der PISA-Studie zufolge (2000) schwächere schulische Leistungen erbringt.

Neuere Arbeiten wie die Schulethnographien von Budde und Willems (2006) lassen aber auch erkennen, dass Mädchen in den letzten Jahren anscheinend stärker behütet werden als Jungen (vgl. Kotthoff/Nübling 2018: 239 f.).

Neuere Studien zum Sprachgebrauch in getrennt- und gemischtgeschlechtlichen Gruppen Jugendlicher arbeiten unterschiedliche Themenpräferenzen heraus (z. B. den *romantischen Markt* von Verliebtheit, Liebeskummer u. Ä. (Kotthoff 2010), soziale Kategorisierungen und Lästern über

Gruppenfremde (Branner 2003, Spreckels 2006) in Mädchengruppen). Ein Vergleich zwischen Mädchen- und Jungengruppen kommt jedoch nicht zu eindeutigen Genderpräferenzen, auch nicht beim Lästern (Schubert 2009, Walther 2014) oder bei der Verwendung von Bricolagen (Galliker 2014).

4.4.3 Geschlechtstypische Höflichkeit?

Studien zum Umgang mit sprachlicher Höflichkeit weisen dagegen signifikante Geschlechterdifferenzen auf (Neuland et al. 2020): Mädchen reagieren höflichkeitssensibler als Jungen, was z. B. verletzende Konnotationen von Bezeichnungen betrifft (Neuland 2016: 308), sie halten laut 1.126 Probanden insgesamt sprachliche Höflichkeit signifikant für wichtiger als Jungen (Neuland et al. 2020: 47):

Kategorien	**w [N = 597]**	**m [N = 529]**	**p**
	M	**M**	
wichtig	2,29	2,12	,003**
gebildet	1,49	1,47	,854
unecht	−0,57	−0,44	,203
spießig	−1,08	−0,91	,083
überflüssig	−1,27	−1,11	,14

Tab. II.4.3: Beurteilung sprachlicher Höflichkeit nach Geschlechtern (Neuland et al. 2020: 47)

Das Geschlecht erweist sich in den Höflichkeitsstudien als relevante soziolinguistische Variable, auch beim Äußern und Erwidern von Kritik. Held hatte in ihren kontrastiven Untersuchungen zur verbalen Höflichkeit anhand italienischer, französischer und österreichischer Beispiele des Kritisierens einen deutlichen Geschlechtereffekt festgestellt: »dass Mädchen generell mehr auf den Gesprächspartner eingehen und auf die Pflege einer guten Beziehung aus sind (und) keinen kommunikativen Aufwand (scheuen)« (2002: 127).

In einer Testaufgabe zu einem *critical incident* (Lehrkraft kritisiert Schüler vor der Klasse für eine schlechte Leistung) bevorzugen die Probandinnen hochsignifikant eine Minimalisierungsstrategie (*Das kann doch jedem mal passieren, dass man eine Frage nicht beantworten kann.*), die den Konflikt zwischen den beiden Parteien abmildern soll. Bei der entsprechenden kritischen Kommunikationssituation unter Gleichaltrigen (ein guter Freund/eine gute Freundin hat eine neue, unmögliche Jacke an) werden die Antwortmöglichkeiten direkte Kritik (*Oh Gott, was hast du denn da an? Die Jacke geht ja gar nicht!*) sowie auch das unechte Lob (*Die Jacke steht Dir echt gut!*) hochsignifikant von den Probandinnen abgelehnt (Neuland et al. 2020: 161 und 167). Eine klare Geschlechterdifferenz weist schließlich auch heute noch der Gebrauch von Beleidigungen bzw. Schimpfwörtern auf: Vergleicht man die häufigsten bei weiblichen und männlichen Probanden, so ergaben sich in einer Studie mit 235 Probanden folgende geschlechtsbezogene Differenzen:

Ausdruck	**Rang**	**weiblich [n = 120]**		**männlich [n = 115]**		**Differenz [% der Fälle]**
		abs.	**% der Fälle**	**abs.**	**% der Fälle**	
Hurensohn/ -tochter	1	2	1,7	25	**21,7**	20
Spasti	2	3	2,5	19	16,5	14
Schlampe	3	16	**13,3**	0	0	13,3
Wixxer	4	1	0,8	12	10,4	9,6
Arschloch	5	10	8,3	20	17,4	9,1
Hure	6	6	5	0	0	5
Bitch	7	5	4,2	0	0	4,2

Tab. II.4.4: Beleidigungen Gleichaltriger nach Geschlechtern (Neuland et al. 2020: 99)

Die größten Unterschiede zugunsten der männlichen Probanden zeigen sich bei den beiden erstgenannten Beispielen; *Schlampe, Hure* und *Bitch* sind in unseren Erhebungen spezifisch für weibliche Jugendliche.

4.5 Zusammenfassung und weiterführende Literatur

Die Forschung zum Zusammenhang von Sprachgebrauch und Geschlecht nahm ihren Ausgangspunkt in den feministischen Forschungen zur sprachlichen Benachteiligung von Frauen und zur Sexismus-Kritik, die sich insbesondere in den bis heute aktuellen Auseinandersetzungen um das generische Maskulinum niederschlug. Anzeichen für stabile geschlechtstypische Kommunikationsstile sind wegen der multifaktoriellen Einflüsse nur schwer auszumachen. Dagegen lassen sich belastbare Belege für Stilisierungen und *Doing Gender* in den Sozialisationsprozessen finden.

Literatur (weiterführend)

Günthner, Susanne/Kotthoff, Helga (Hg.) (1991): *Von fremden Stimmen. Weibliches und männliches Sprechen im Kulturvergleich.* Frankfurt/M.

Klann-Delius, Gisela (2005): *Sprache und Geschlecht.* Stuttgart.

Kotthoff, Helga/Nübling, Damaris (2018): *Genderlinguistik. Eine Einführung in Sprache, Gespräch und Geschlecht.* Tübingen.

Literatur (gesamt)

Ayaß, Ruth (2008): *Kommunikation und Geschlecht: Eine Einführung*. Stuttgart.

Barz, Monika (1990): Körperlich Gewalt gegen Mädchen. In: Enders-Dragässer, Uta/Fuchs, Claudia (Hg.): *Frauensache Schule. Aus dem deutschen Schulalltag: Erfahrungen, Analysen, Alternativen.* Frankfurt/M., 92–120.

Berko Gleason, Jean/Greif Blank, Esther (1983): Fathers and other Strangers. Men's Speech to Young Children. In: Thorne, Barry/Kramarae, Cheris/Henley, Nancy (Hg.): *Language, Gender and Society.* Rowley, 140–153.

Branner, Rebekka (2003): *Scherzkommunikation unter Mädchen: Eine ethnographisch-gesprächsanalytische Untersuchung.* Frankfurt/M.

Budde, Jürgen/Willems, Katharina (2006): Doing Gender in der Schule – Mädchen wollen unter sich bleiben. In: *Online Fallarchiv Schulpädagogik.*

Bußmann, Hadumod (1995): Das Genus, die Grammatik und der Mensch: Geschlechterdifferenz in der Sprachwissenschaft. In: Bußmann, Hadumod/Hof, Renate (Hg.): *Genus. Zur Geschlechterdifferenz in den Kulturwissenschaften.* Stuttgart, 115–160.

Cherry, Louise/Lewis, Michael (1976): Mothers and Two-Years-Olds: Sex Differences in Verbal Interaction. In: *Developmental Psychology,* 278–282.

Cook-Gumperz, Jenny (1991): Geschlechtstypisches Sprechen und geschlechtstypische Lebensformen: »Kleine Mädchen spielen Frauen«. In: Günthner, Susanne/Kotthoff, Helga (Hg.): *Von fremden Stimmen. Weibliches und männliches Sprechen im Kulturvergleich.* Frankfurt/M., 309–333.

Diewald, Gabriele/Steinhauer, Anja (2017): *Richtig Gendern: Wie Sie angemessen und verständlich schreiben.* Berlin.

Edelsky, Carole (1977): Acquisition of an Aspect of Communicative Competenz: Learning what it Means to Talk like a Lady. In. Ervin-Tripp, Susan/Mitchell-Kernan, Claudia (Hg.): *Child Discourse.* London, 119–158.

Edelsky, Carole (1996): Gender and the Expression of Status in Children's mixed-age conversations. In: *Journal of Applied Developmental Psychology* 17:1, 117–133.

Enders-Dragässer, Uta/Fuchs, Claudia (Hg.) (1990): *Frauensache Schule. Aus dem deutschen Schulalltag: Erfahrungen, Analysen, Alternativen.* Frankfurt/M.

Fenstermaker, Sarah B./West, Candace (2001): »Doing Difference« revisited. Probleme, Aussichten und der Dialog in der Geschlechterforschung In: Heintz, Bettina (Hg.): *Geschlechtersoziologie.* Opladen, 236–249.

Frank, Karsta (1992): *Sprachgewalt: Die sprachliche Reproduktion der Geschlechterhierarchie. Elemente einer feministischen Linguistik im Kontext sozialwissenschaftlicher Frauenforschung.* Tübingen.

Fuchs, Claudia (1992): Feministische Schulforschung. In: Günthner, Susanne/Kotthoff, Helga (Hg.): *Die Geschlechter im Gespräch: Kommunikation in Institutionen.* Stuttgart, 23–33.

Fuchs, Claudia/Müller, Sigrid (1993): *Handbuch zur nichtsexistischen Sprachverwendung in öffentlichen Texten.* Berlin.

Galliker, Esther (2014): *Bricolage. Ein kommunikatives Genre im Sprachgebrauch Jugendlicher aus der Deutschschweiz.* Frankfurt/M.

Goffman, Erving (1994): *Interaktion und Geschlecht.* Frankfurt/M.

Gottburgsen, Anja (2000): *Stereotype Muster des sprachlichen Doing Gender: Eine empirische Untersuchung.* Wiesbaden.

Günthner, Susanne/Kotthoff, Helga (Hg.) (1991): *Von fremden Stimmen. Weibliches und männliches Sprechen im Kulturvergleich.* Frankfurt/M.

Günthner, Susanne/Kotthoff, Helga (Hg.) (1992): *Geschlechter im Gespräch: Kommunikation in Institutionen.* Stuttgart.

Günthner, Susanne/Hüpper, Dagmar/Spieß, Constanze (Hg.) (2012): *Genderlinguistik. Sprachliche Konstruktionen von Geschlechteridentität.* Berlin.

Heise, Elke (2000): Sind Frauen mitgemeint? Eine empirische Untersuchung zum Verständnis des generischen Maskulinums und seiner Alternativen. In. *Sprache & Kognition* 19:12, 3–13.

Held, Gudrun (2002): Richtig kritisieren – eine Frage des höflichen Stils? Überlegungen anhand italienischer, französischer und österreichischer Beispiele. In: Lüger, Heinz-Helmut (Hg.): *Höflichkeitsstile.* Frankfurt/M., 113–128.

Henley, Nancy M. (1988): *Körperstrategien. Geschlecht, Macht und nonverbale Kommunikation.* Frankfurt/M.

Kalverkämper, Hartwig (1979): *Die Frauen und die Sprache.* In: Linguistische Berichte 62, 55–71.

Keller, Heidi (1979): *Geschlechtsunterschiede: Psychologische und physiologische Grundlagen der Geschlechterdifferenzierung.* Weinheim.

Klann-Delius, Gisela (2005): *Sprache und Geschlecht.* Stuttgart.

Klein, Josef (1988): Benachteiligung der Frau im generischen Maskulinum – eine feministische Schimäre oder psycholinguistische Realität? In: Oellers, Norbert (Hg.): *Das Selbstverständnis der Germanistik. Aktuelle Diskussionen. Germanistik und Deutschunterricht im Zeitalter der Technologie.* Bd. 1. Tübingen, 310–319.

Kotthoff, Helga (1984): Gewinnen oder verlieren? Beobachtungen zum Sprachverhalten von Frauen und Männern in argumentativen Dialogen an der Universität. In: Trömel-Plötz, Senta (Hg.): *Gewalt in Sprache. Die Vergewaltigung von Frauen in Gesprächen.* Frankfurt/M., 90–114.

Kotthoff, Helga (Hg.) (1988): *Das Gelächter der Geschlechter. Humor und Macht in Gesprächen von Frauen und Männern.* Frankfurt/M.

Kotthoff, Helga (2010): Constructions of the romantic market in girls talk. In: Jorgensen, J. Normann (Hg.): *Vallah, Gurkensalat 4U & Me! Current Perspectives in the Study of Youth Language.* Frankfurt/M., 43–75.

Kotthoff, Helga (2020): Gender-Sternchen, Binnen-I oder generisches Maskulinum, … – (Akademische) Textstile der Personenreferenz. In: *Linguistik online* 3/103, 105–127.

Kotthoff, Helga/Nübling, Damaris (Hg.) (2018): *Genderlinguistik. Eine Einführung in Sprache, Gespräch und Geschlecht.* Tübingen.

Lakoff, Robin (1973): Language and Woman's Place. In: *Language in Society* 2:1, 45–80.

Maltz, Daniel/Borker, Ruth (1991): Missverständnisse zwischen Frauen und Männern – kulturell betrachtet. In: Günthner, Susanne/Kotthoff, Helga (Hg.): *Von fremden Stimmen. Weibliches und männliches Sprechen im Kulturvergleich.* Frankfurt/M, 52–74.

Neuland, Eva (1993): Sprachbewusstsein und Sprachvariation. Zur Entwicklung und Förderung eines Sprachdifferenzbewusstseins. In: Klotz, Peter/Sieber, Peter (Hg.): *Vielerlei Deutsch.* Stuttgart, 173–192.

Neuland, Eva (2016): *Deutsche Schülersprache. Sprachgebrauch und Spracheinstellungen Jugendlicher in Deutschland.* Frankfurt/M.

Neuland, Eva/Könning, Benjamin/Wessels Elisa (2020): *Sprachliche Höflichkeit bei Jugendlichen. Empirische Untersuchungen von Gebrauchs- und Verständnisweisen im Schulalter.* Frankfurt/M.

Pieper, Ursula (2009/1981): Rollen- und geschlechtstypische Charakteristika in der verbalen Eltern-Kind-Interaktion. In: *Folia Linguistica* 15(1–2), 87–134.

PISA-Konsortium (2001): *PISA 2000. Basiskompetenzen von Schülerinnen und Schülern im internationalen Vergleich.* Opladen.

Pusch, Luise (1984): *Das Deutsche als Männersprache. Aufsätze und Glossen zur feministischen Linguistik.* Frankfurt/M.

Rothmund, Jutta/Scheele, Brigitte (2004): Personenbezeichnungsmodelle auf dem Prüfstand. In: *Zeitschrift für Psychologie* 212:1, 40–54.

Samel, Ingrid (2000): *Einführung in die feministische Sprachwissenschaft.* Berlin.

Schmidt, Claudia (1988): *»Typisch weiblich – typisch männlich«. Geschlechtstypisches Kommunikationsverhalten in studentischen Kleingruppen.* Tübingen.

Schoenthal, Gisela (1985): Sprache und Geschlecht. In: *Deutsche Sprache* 13, 143–185.

Schoenthal, Gisela (1989): Sprachliche Ausdrucksformen sozialer Identität am Beispiel von geschlechtstypischem Sprachgebrauch. In: Förster, Jürgen/Neuland, Eva/Rupp, Gerhard (Hg.): *Wozu noch Germanistik? Wissenschaft – Beruf – kulturelle Praxis.* Stuttgart, 248–260.

Schoenthal, Gisela (1999): Wirkungen der feministischen Sprachkritik in der Öffentlichkeit. In: Stickel, Gerhard (Hg.): *Sprache – Sprachwissenschaft – Öffentlichkeit.* Berlin, 225–242.

Schubert, Daniel (2009): *Lästern: Eine kommunikative Gattung des Alltags.* Frankfurt/M.

Spender, Dale (1984): Mir Aggressivität zum Erfolg: Über den doppelten Standard, der in den Klassenzimmern operiert. In: Trömel-Plötz, Senta (Hg.): *Gewalt in Sprache. Die Vergewaltigung von Frauen in Gesprächen.* Frankfurt/M., 71–90.

Spender, Dale (1985): *Frauen kommen nicht vor. Sexismus im Bildungswesen.* Frankfurt/M.

Spreckels, Janet (2006): *Britneys, Fritten, Gangschta und wir: Identitätskonstitution in einer Mädchengruppe.* Frankfurt/M.

Tannen, Deborah (1991): *Du kannst mich einfach nicht verstehen. Warum Männer und Frauen aneinander vorbeireden.* Hamburg.

Tannen, Deborah (1992): *Das hab' ich nicht gesagt!* Hamburg.

Trömel-Plötz, Senta (1978): Linguistik und Frauensprache. In: *Linguistische Berichte* 57, 49–68.

Trömel-Plötz, Senta (1982): *Frauensprache – Sprache der Veränderung*. Frankfurt/M.

Trömel-Plötz, Senta (Hg.) (1984): *Gewalt durch Sprache. Die Vergewaltigung von Frauen in Gesprächen*. Frankfurt/M.

Trömel-Plötz, Senta (1993): *Vater Sprache Mutter Land. Beobachtungen zu Sprache und Politik*. 2. Aufl. München.

Walther, Diana (2014): *Scherzkommunikation unter Jugendlichen*. Frankfurt/M.

Werner, Fridjof (1983): *Gesprächsverhalten von Frauen und Männern*. Frankfurt/M.

West, Candace/Zimmerman, Don H. (1987): Doing Gender. In: *Gender & Society* 2:1, 125–151.

5 Sprachgebrauch, Lebensalter und Generation

Das soziale Alter spielt in der Soziolinguistik eine wichtige Rolle als eine soziologische Variable, die allerdings, wie Kapitel I.3.2 zeigt, theoretisch in der Forschung kaum thematisiert wird. So ist eher von Kindern oder Jugendlichen ohne weitere Differenzierung die Rede. Das **Alter** als Kategorie hat natürlich auch die biologische Dimension der Reifung und Entwicklung im frühen und des Abbaus und Verlustes im späteren Lebenalter zur Folge und führt zu den bekannten ›**Tafelberg**‹-Modellen (vgl. Häcki Buhofer 2003) oder auch ›**Lebenstreppen**‹-Vorstellungen (z. B. Thane 2005), wenn man Entwicklungsverläufe des Lebensalters verfolgen möchte.

Abb. II.5.1: Lebenstreppe aus dem 19. Jahrhundert (Westfälisches Landesmuseum für Kunst und Kunstgeschichte, Münster)

Ein solcher Zugang führt dann eher in das Gebiet der Sprachentwicklungsforschung und neuerdings auch der **Alterslinguistik** (u. a. Cheshire 2004, Fiehler/Thimm 1998). **Sprachbiographisch** wichtige Zäsuren im Lebenslauf wie z. B. Einschulung, Schullaufbahn, Berufseintritt, Migration, Heirat/Lebenspartnerschaft, Familiengründung, Pensionierung etc. werden mit der Altersdimension allenfalls oberflächlich erfasst. Dabei hat gerade die Jugendsprachforschung gezeigt, dass ein formaler Altersbegriff für die Ausbildung jugendtypischen Sprachgebrauchs zu kurz greifen muss. Auch die Berücksichtigung des Ausdrucks **Postadoleszenz** kann dieses Problem nicht grundlegend lösen (s. Bahlo/Krain 2018). Wir schlagen daher vor, soziolinguistisch mit dem Begriff der Generation zu arbeiten.

Wir werden soziolinguistische Dimensionen des Generationsbegriffs aufzeigen, Beispiele für Verständigungsschwierigkeiten zwischen den Generationen diskutieren, den Sprachgebrauch der 68er Generation vorstellen und schließlich heutige Jugendsprachen veranschaulichen und Beispiele für die Stereotypisierung von Altersbildern anführen.

5.1 Soziolinguistische Dimensionen des Generationsbegriffs: gesellschaftlich, familial, relational, ideologisch

Der Generationsbegriff ist bislang noch kaum von der Soziolinguistik beachtet worden, doch kann er in verschiedener Hinsicht für die soziolinguistische Forschung fruchtbar gemacht werden und wichtige Forschungsfelder miteinander verknüpfen (Kohli 2009, Neuland 2015b). Gemeinhin wird in der Soziologie das Konzept der Generation mit den Bezugsgrößen Gesellschaft und Familie verbunden (vgl. Kohli/Szydlik 2000). Kohli formuliert:

> Auf beiden Ebenen ist das Generationskonzept ein Schlüssel zur Analyse der Bewegung durch die Zeit. In der Abfolge der Generationen schaffen Familien und Gesellschaften Kontinuität und Veränderungen im Hinblick auf Eltern und Kinder, ökonomische Ressourcen politische Macht und kulturelle Hegemonie. In allen Feldern sind Generationen eine Grundeinheit sowohl von sozialer Reproduktion wie von sozialem Wandel – also von Stabilität *und* Erneuerung oder Umsturz. (Kohli 2009: 233)

Der **gesellschaftliche Generationsbegriff** umfasst makroanalytisch Personen, die – in einem begrenzten Zeitraum geboren – bestimmte historische Ereignisse in ähnlichem Lebensalter erfahren haben. Der verbindende Generationszusammenhang und seine sprachlichen Klassifikationen stiften soziale Identität als lebenszeitliche Erfahrungs- und Erinnerungsgemeinschaft und ein biographisch prägendes Wir-Gefühl der Generationenlage Dies gilt in der jüngeren Sprachgeschichte u. a. für die *68er*-Generation, die *Wende*-Generation von 1989, die Generation *Facebook* (vgl. dazu z. B. Brommer/Dürscheid 2015), *-Praktikum*, *-Millenium* oder wie auch immer die Jugendlichen heute klassifiziert werden.

Der **familiale Generationsbegriff** bezeichnet mikroanalytisch die Generationsfolge der Herkunftsfamilien und lenkt den Blick auf die intergenerationelle Transmission von Werthaltungen und Weltorientierungen im kommunikativen Austausch zwischen Eltern und Kindern. Diese Dimension ist in den frühen soziolinguistischen Studien zur sprachlichen Sozialisation in der Folge der Bernstein-Studien (→ Kap. II.1.1) zum Tragen gekommen. Wie die Studie von Quasthoff/Krah (2015) veranschaulicht, ist die Sprache der Eltern-Generation ein wesentlicher Einflussfaktor für die Diskursfähigkeit von Kindern, aber auch immer noch für die Perpetuierung von sozialer Variation und damit verbundener Ungleichheit von Bildungschancen.

Schließlich lassen sich noch Generationsbeziehungen als dritte Dimension des Generationsbegriffs unterscheiden: Generationskonflikte etwa lassen sich oft nur im Rückbezug auf gesellschaftliche wie familiale Generationsdimensionen analysieren, wie am Beispiel vieler Konflikte in der *68er*-Generation gezeigt werden kann, in denen sich gesellschaftliche wie familiale Konfliktmomente spiegeln.

Fassen wir für die soziolinguistische Betrachtungsweise zusammen: Der Generationsbegriff eröffnet aus unserer Sicht v. a. die folgenden **vier Dimensionen für die Soziolinguistik** (Neuland 2015b: 21 ff.):

Vier Dimensionen des Generationenbegriffs

1. Die **gesellschaftliche Dimension** wird die je spezifischen gesellschaftlich-historischen Kontexte erklären helfen, innerhalb derer sich bestimmte Sprachgebräuche historischer Generationen herausbilden und wandeln können; damit wird ein Gegenstandsfeld für eine historische, sprachgeschichtlich orientierte Soziolinguistik gewonnen;
2. Die **familiale Dimension** macht die funktionalen Leistungen erkennbar, die der familiale Generationsverbund für die kulturelle Reproduktion, für die Tradierung von Erziehung und Bildung, und zwar insbesondere durch Spracherziehung und sprachliche Sozialisation, im Rahmen soziokultureller Differenzierung erbringt;
3. Die **relationale Dimension** eröffnet den Blick auf Generationskonstellationen, die durch je unterschiedliche generationelle

Normen und Wertvorstellungen, Konflikte und Brüche gekennzeichnet sind, die in der sprachlichen Interaktion ausgetragen und kommunikationsanalytisch untersucht werden können, z. B. Verständigungskonflikte in authentischen oder fiktionalen Texten;

4. Die **ideologische Dimension** unterscheidet schließlich noch die Produktion von ***Ideologien*** in Form von Altersbildern und Generationsstereotypen, die sich in je zeitgebundener sozialer Topik, in Redensarten und in Diskursen niederschlagen und ihre Wirksamkeit entfalten. Solche Altersstereotype werden insbesondere in der Werbung instrumentalisiert und bilden ein Thema für die soziolinguistische Sprachkritik.

5.2 Kindersprache, Jugendsprache, Alterssprache

Greifen wir noch einmal kurz zurück auf die o. e. Kategorie des Alters, so kann man festhalten: Die Linguistik hat sich mehr oder minder gründlich mit einzelnen Etappen von Sprachgebrauch und Kommunikation in verschiedenen Lebensphasen beschäftigt, so z. B. mit Formen der Kindersprache (vgl. dazu z. B. Butzkamm/Butzkamm 2008, Pregel 1970) und mit Prozessen der Sprachentwicklung und schließlich mit der Eltern-Kind- und der Peergruppen-Kommunikation.

Der Sprachgebrauch Jugendlicher und die Kommunikation in Jugendgruppen stehen im Fokus der Soziolinguistik und werden im Folgenden (⟶ Kap. II.5.5) genauer behandelt.

Die Erforschung des **Sprachgebrauchs im Alter** und der **Kommunikation mit Älteren** hat bedauerlicherweise erst kürzlich eingesetzt. Abgesehen von Fiehler/Thimm (1998) und Fiehler (2008) kann noch auf Sachweh (2000) verwiesen werden, die die Kommunikation in der ›Altenpflege‹ thematisiert. Unter dem Stichwort des **Ageismus** wird im Bereich der Sprachkritik seit Kurzem auf die *Altersdiskriminierung* aufmerksam gemacht (Kramer 1998, Neuland 2015a). Balsliemke (2015) dokumentiert, dass in einschlägigen Lexika zur Phraseologie *alt* zu einem hohen Prozentsatz mit negativen Bedeutungen verbunden wird (z. B. *ein alter Hut, alte Zöpfe abschneiden,* *alte/olle Kamellen, zum alten Eisen gehören* etc.). Bei Schimpfwörtern dominieren vor allem diskriminierende Bezeichnungen für Frauen (z. B. *alte Scharteke/Hexe* etc.).

5.3 Sprachgebrauch und Generationsbeziehungen

Generationskonflikte sind nicht nur ein beliebtes Thema in literarischen Texten; sie bieten auch ein reichhaltiges, wenn auch noch kaum beachtetes Forschungsfeld für die soziolinguistische Kommunikationsforschung.

5.3.1 Kommunikationskreislauf

Ryan und Kwong See (1998) untersuchen die Wirkung von Altersstereotypen in der Kommunikation (→ Kap. II.7.7) und demonstrieren ein **Kommunikationspräjudiz** des Alters in Form einer **patronisierenden Kommunikation**, das gewissermaßen dem motherese, dem Mutterischen in der primären Sozialisationsphase ähnelt (→ Kap. II.1.1). Dieser Kreislauf der kommunikativen Anpassung ist der **Akkomodationstheorie** von Giles u. a. entlehnt (→ Kap. I.3.3) und weist zugleich die Wirkung einer sich selbst erfüllenden Prophezeihung (**Rosenthal-Effekt**) auf:

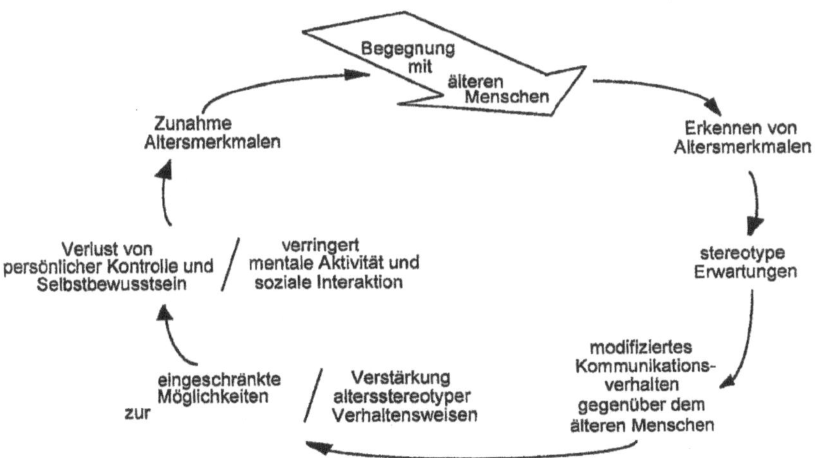

Abb. II.5.2: Kommunikationspräjudiz des Alters (Ryan/Kwong See 1998: 61 f.)

Der Kommunikationskreislauf muss aber innerhalb der einzelnen Altersphasen unterschiedlich akzentuiert werden.

5.3.2 Verständigungsschwierigkeiten zwischen den Generationen?

Probleme für die Verständigung zwischen den Generationen ›Alt und Jung‹ bilden schließlich auch ein ständiges Diskussionsthema in der medialen Öffentlichkeit und in der Schule. In der linguistischen Jugendsprachforschung wird argumentiert, dass Verständigungsschwierigkeiten zwischen den Generationen zumeist mediale Konstrukte darstellen.

Abb. II.5.3: Verständigungsschwierigkeiten zwischen den Generationen? (Titelseite von Müller-Thurau 1985)

Wie empirische Befunde belegen, unterscheiden Jugendliche recht genau zwischen verschiedenen Domänen des Sprachgebrauchs (v. a. Freizeit, Schule, Familie) und können in der Regel flexibel zwischen verschiedenen Sprachstilen im Gespräch untereinander und im Gespräch mit Erwachsenen wechseln. So ergaben Befragungen von über 1.000 Jugendlichen im Wuppertaler Forschungsprojekt (vgl. Neuland 2016) auf einer fünfstufigen Skala von 5 (immer) bis 0 (nie) klare **Domänenpräferenzen** für den Gebrauch jugendsprachlicher Ausdrucksweisen zwischen Freizeit (m = 3.91) und Schule (m = 3.68) gegenüber dem Gebrauch in der Familie (m =2.71).

	Freizeit		Schule		Familie	
	abs.	(in %)	abs.	(in %)	abs.	(in %)
immer	290	27,7	171	16,3	52	4,9
oft	491	46,9	471	45,0	205	19,4
manchmal	173	16,5	243	23,2	349	33,1
selten	66	6,3	117	11,2	277	26,3
nie	27	2,6	44	4,2	171	16,2
ges.	*1047*	*100,0*	*1046*	*100,0*	*1054*	*100,0*
m	**3,91**		**3,58**		**2,71**	

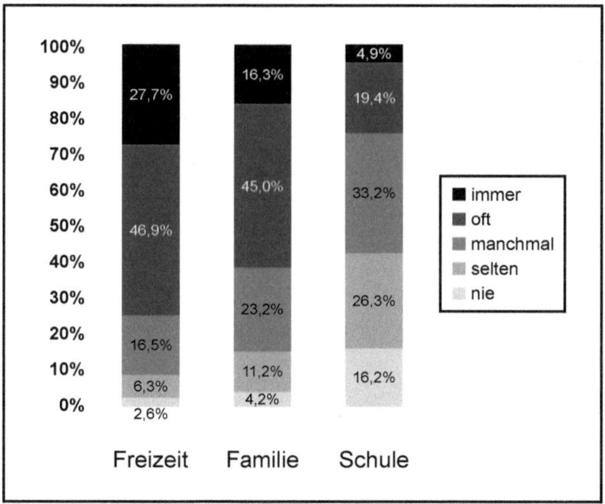

Abb. II.5.4: Häufigkeitseinschätzungen der Verwendung von Jugendsprache in den Domänen von Freizeit, Schule und Familie (Neuland 2016: 156)

Die Fähigkeit Jugendlicher, zwischen verschiedenen Domänen des Sprachgebrauchs (→ Kap. I.3.5) unterscheiden zu können, wird grob unterschätzt, wenn z. B. in Lehrwerken Gespräche zwischen den Generationen als ›*Zwei-Welten*‹-*Texte* präsentiert werden, die von keinem Jugendlichen heute mehr ernst genommen werden können, wozu die künstlich konstruierten, den Jugendlichen in den Mund gelegten Texte noch hinzutreten:

> Frank: Hör mal, Dad, in Oberhausen hat so'n neuer Schuppen aufgemacht, da würd' ich morgen Abend gern hin.
> Vater: Wovon redest Du eigentlich? Seit wann interessierst Du Dich für Landwirtschaft? [...]

Das Prinzip dieses Beispiels aus einem Sprachbuch von 1998 (Wortlaut 9) ist leider aktuell geblieben, wie Texte späterer Lehrwerke zeigen (z. B. Praxis Sprache 9, 2006: 143 f.; vgl. Steffin-Özlük 2015: 166 ff.):

> Tante: Komm rein, Paula! Schön, dass Du mich zum Mittagessen mal besuchst!
> Paula: Hab echt Bock, was in'n hohlen Zahn zu kriegen. Was gibt's? [...] (Hotz 1998: 188 f.)

In den Wuppertaler Studien zum Umgang von Jugendlichen mit Höflichkeit (2020) hat sich gerade die **Adressatenorientierung** als wichtige Variable für die Wahl eines Kommunikationsstils von Jugendlichen herausgestellt. Demnach würden Jugendliche lebensältere Personen gerade nicht in diesem Stil ansprechen.

5.4 Sprachgebrauch in gesellschaftlichen Generationen: das Beispiel 1968

Unter dem gesellschaftlichen Aspekt lassen sich einzelne Generationen sozialgeschichtlich genauer untersuchen, die als ›sprachprägend‹ angesehen werden. Dies wird insbesondere der *68er-Generation* nachgesagt. Folgt man der soziologischen Unterscheidung von **Generationsgestalten** in Form von »Protest-« und »Spaß- und Freizeitgenerationen« (so Fischer-Kowalski 1983), so verkörpert die 1968er-Generation in besonderer Weise einen sprachlich expliziten Protest aus Sicht der Außerparlamentarischen Opposition. Die APO-Sprache wird linguistisch auch eher als Beispiel eines politischen Sprachgebrauchs klassifiziert. Studierende als Träger dieses

Protests verkörpern jedoch in prototypischer Weise die neue Altersrolle der **Postadoleszenz** (vgl. Gillis 1980: 206 ff.).

Die Studenten- und die flankierenden Schülerbewegungen, die auch zur Bezeichnung der APO als »Jugendrevolte« führten, entwickelten neue Ausdrucksformen des antiautoritären Protests gegen Professoren (*Alle Professoren sind Papiertiger*), Lehrkräfte (*autoritäre Scheißer*) und generell gegen das *Establishment* (*wer zweimal mit derselben pennt, gehört schon zum Establishment*). Geschult an theoretischen Texten des Marxismus-Leninismus und der kritischen Theorie zeigte sich der studentische Sprachstil in Schrift und Rede als hoch komplex, z. B. durch die Verwendung eines entsprechenden Fachvokabulars sozialwissenschaftlicher (*Autorität, Manipulation, Repression*) und marxistischer Begriffe (u. a. *Kapitalismus, Mehrwert, Entfremdung*) sowie fester Wendungen (z. B. *herrschaftsfreier Raum, subversive Aktionen, Potential antiautoritärer Kräfte*).

Scharloth (2008: 228 ff.) hat eine **Sozialstilistik** von Sprachgebrauchsweisen in dieser Zeit entwickelt und u. a. einen *skeptischen Verweigerungsstil* von Vertretern der Studentenbewegung im Gespräch mit Vertretern des Establishments in Politik und Medien unterschieden. So verweigert Rudi Dutschke in einem SPIEGEL-Gespräch, die Bedeutung der Bezeichnung *Revolutionär* zu übernehmen und versucht stattdessen, sie aus seiner Sicht neu zu definieren. Neben einem in Diskussionen vorherrschenden *intellektuell-avantgardistischen Stil* wird schließlich noch ein *hedonistischer Selbstverwirklichungsstil* in Kommunen und Subkulturen mit sprech- und umgangssprachlichen Elementen und der Betonung der Ich-Perspektive und ihrer Relativität aufgeführt. Private Konfliktgespräche im familialen Generationskontext sind hingegen kaum dokumentiert, obwohl sie zweifellos häufige Praxis waren und sind.

Aus lexikalischer Sicht erläutert das **Revolutionslexikon,** 1968 als Handbuch der außerparlamentarischen Opposition von Weigt herausgegeben, einige zentrale Begriffe der damaligen Zeit, z. B. *Revolution, Repression, Pressekonzentration, Widerstandsrecht.* Ein kleiner roter Schülerduden (1970) wurde für die korrespondierenden Schülerbewegungen publiziert (»*Alle Erwachsenen sind Papiertiger.*«, S. 14).

Abb. II.5.5: Revolutionslexikon (Titelseite von Weigt 1968)

Im Rahmen neuer Ausdrucksformen des Protests entwickelten sich neue textsortenspezifische Sprachgebrauchsweisen, wie bei Demonstrationen rhythmisch gerufene (*Solidarisieren – mitmarschieren!*) und auf Spruchbändern aufgeschriebene Parolen (*Unter den Talaren – Muff von tausend Jahren*), Flugblätter mit kurzen appellativen Texten, *Teach-Ins* mit längeren und argumentativen Redebeiträgen. In zahlreichen Sprüchen, aber auch in neuen Wortbildungsmustern (z. B. *Love-In*) zeigen sich Kreativität und Witz bzw. Selbstironie als jugendtypische Kommunikationsmerkmale.

Zieht man – auch in sprachgeschichtlicher Perspektive – ein Fazit, so wird die These vertreten, dass das Jahr **1968 eine Zäsur in der jüngeren Sprachgeschichte** darstellt, und zwar im Hinblick auf eine erhöhte Sprachsensibilität und Bereitschaft zu sprachkritischer Reflexion in der Gesellschaft (so Wengeler 1995, Stötzel 1995). Darüber hinaus sind viele damals geprägte Bezeichnungen in den allgemeinen Sprachgebrauch eingegangen (dazu z. B. Stötzel/Eitz 2002; → Kap. III.3.1).

Die Frage, ob und inwieweit Merkmale jugendtypischer Sprachstile sich auf die jeweiligen Gegenwartssprachen auswirken und Sprachwandel auslösen können (→ Kap. III.3.1), wird in der Forschung unterschiedlich beantwortet: Während der Romanist Zimmermann in seinen kontrastiven Analysen die Frage eindeutig bejaht und von einer eigenen Varietätengenese spricht (2015), macht die Germanistin Christen in ihren dialektologischen Studien auch einige Einschränkungen geltend (2015).

5.5 Jugendsprachen: soziokulturelle Stile in der Gegenwart

Jugendliche Sprachstile sind in der heutigen Gesellschaft so vielfältig wie die Gesellschaft selbst, die der Sozialwissenschaftler Gerhard Schulze auch als eine *Erlebnisgesellschaft* bezeichnet hat. Jugendsprache wird heute überwiegend, aber durchaus nicht ausschließlich als ein mündlich konstituiertes, von Jugendlichen in bestimmten Situationen verwendetes Medium der Gruppenkommunikation definiert und durch die wesentlichen Merkmale der gesprochenen Sprache, der Gruppensprache und der mündlichen Interaktion gekennzeichnet (Neuland 2018: 79 ff.). Funktional dienen Jugendsprachen der **sozialen Distinktion**, d. h. der Abgrenzung nach *außen*, anderen Generationen gegenüber und der Identifikation nach *innen*, gegenüber anderen Jugendlichen. Bahlo et al. erwähnen die sozialsymbolische Funktion des Ausdrucks als *We-Code*, d. h. des Gemeinsamen in jugendlichen Peer-Gruppen (2019: 70). Jugendliche selbst äußern sich wie folgt zur Frage, warum sie Jugendsprache verwenden:

> *Jugendliche versuchen Wörter zu vereinfachen, kürzen umständliche Sätze, um ihre Meinung schneller zu Ausdruck zu bringen*
> [17jährige Berufsschülerin aus Chemnitz]
>
> *Unsere Sprache ist die Zukunft und da kann keiner was dran ändern, denn jede Generation hat ihren Teil zur deutschen Sprache beigetragen*
> [19jähriger Berufsschüler aus Giessen]
>
> *Weil sie für mich die Jugend und Phantasien unserer heutigen Generation ausdrückt*
> [15jährige Gymnasiastin aus Rostock]

Weil Jugendsprache fetter ist als das Gelaber von Erwachsenen
[18jähriger Berufsschüler aus Wuppertal]

Abb. II.5.6: Begründungen der Verwendung von Jugendsprache (Zit. in Originalorthographie n. Neuland 2016: 137 ff.)

Dies zeigt zugleich, dass Jugendsprache ein fest im Sprachbewusstsein von Jugendlichen verankertes Phänomen ist.

Trotz der lebhaften Forschungsentwicklung und der Ausweitung ihres Gegenstandsfelds und ihrer Forschungsmethoden, die in den knapp zehn bisherigen internationalen Tagungen dokumentiert werden, stellt sich die Frage nach der Typizität in der Heterogenität (Neuland 2018: 84 ff.).

Zwischenbilanz des bisherigen Forschungsstands

- Ist das Gegenstandsfeld der Jugendsprachen mittlerweile so heterogen geworden, dass kaum mehr eine kategoriale und begriffliche Ordnung möglich scheint?
- Welche Kenntnisse über jugendtypische Spezifika bzw. über »universelle« Merkmale von Jugendsprachen können als wissenschaftlich gesichert gelten?
- Ist Jugendsprache nur Gruppen- oder Szenesprache, Straßen- oder Stadtsprache?
- Ermöglicht die Vielzahl der Einzelfallstudien noch eine Vergleichbarkeit oder Verallgemeinerung der Befunde?
- Reicht das Kriterium ›Jugend‹ bzw. ›Jugendlichkeit‹ aus, um den multifaktoriellen Varietätenraum von Jugendsprachen zu beschreiben und zu erklären?
- Eine Anzahl von Forschungsdesideraten, gerade auch zu soziolinguistischen Merkmalen v. a. der sozialen Differenz, werden in der Literatur benannt.

5.5.1 Merkmale jugendtypischen Sprachgebrauchs

Betrachten wir im Folgenden kurz einige Merkmale jugendtypischen Sprachgebrauchs (vgl. Neuland 2018: 74 ff. sowie Bahlo et al. 2019: 56 ff.):

- **Lexik**: Der Wortschatz von Jugendlichen und seine rasche Veränderung stehen im Blickpunkt der Öffentlichkeit, wozu auch die zahlreichen Wörterbücher der Jugend- und Szenesprachen beigetragen haben. Er speist sich aus unterschiedlichen Domänen, z. B. der Mode, Medien und Musik (Androutsopoulos 1997), und ist z. T. auch fachsprachlicher Natur; daneben werden viele Anglizismen (*fuck, bitch, chillen*) verwendet. Solche Bildungen sind oft nur kurzlebig und einem raschen Wandel unterworfen. Längerfristig in Gebrauch sind dagegen Klassifikationsausdrücke wie *Proll* mit der Bedeutung: ›Angeber‹, ›Pseudo-King‹, ›Rumposer‹:

Beispiel: Bedeutungsbeschreibungen von ›Proll‹
Kategorie 1: *der immer angibt/mit Buffalos* (Freiburg GY 7 w), *angeberisch: wenn ich mit meinem 3er BMW-Carbio durch die Gegend fahre, werde ich selbst so bezeichnet* (Gießen GY 11 m), *Typen, die mit Weibergeschichten prahlen, in Wahrheit aber noch nie eine hatten* (Gießen GY 11 w), *Großkotz der alles kann* (Chemnitz HS 7 w), *zur Beschreibung einer arroganten und hochnäsigen Person* (Magdeburg BS m), *einer der total angibt und nur Markenklamotten trägt, den nennen wir so: auf der Straße »guck mal der prollt mal wieder voll rum«* (Kiel GY 7 w), *wir haben jemanden bei uns, der immer nur über seinen leistungsstarken PC prollt* (Kiel GY 7 m).
[...] *ein Proll ist eine Person, die kein Benehmen hat, aber einen auf superschlau und reich macht* (Regensburg GY 11 w), *jemand der mit seinen Wertsachen angibt* (Kiel HS 9 w), *Angeber, jemand der mit Goldketten und Markensachen rumläuft* (Erfurt GY 11 w)
(aus Neuland 2016: 105)

- **Morphologie**: Kompositionen (*Gangsterschlampen*) und Derivationen (*hammermäßig*) richten sich nach dem im Deutschen üblichen Regelsystem, ebenso die Kurzwortbildung (*Studis*) und die Verwendung von Akronymen.
- **Semantische Veränderungen**: Bedeutungsveränderungen sind im jugendsprachlichen Gebrauch besonders häufig, wenn auch nicht so augenfällig. Das bekannteste Beispiel ist sicherlich *geil*, das seine Bedeutung von ehemals *geschlechtlich erregt* zu einem allgemein positiv wertenden Adjektiv erweitert hat. Die *Schlampe* hat hingegen eine

Bedeutungsverengung erfahren, von einem unordentlichen zu einem liederlichen, sexuell freizügigen Mädchen.

- **Stilmerkmale**: Expressivität, Direktheit und Unernst lassen sich als Hauptmerkmale jugendtypischen Sprachstils benennen. Sie werden durch eine Vielzahl von Wertungsausdrücken, durch Witzeleien, Anspielungen, oft im Modus der Scherz- und Angebotskommunikation und nach dem Topping-Prinzip des sich gegenseitig Überbietens, realisiert (Beispiel: *Du bist verbogen*).

Beispiel: Scherzkommunikation DU BIST VERBOGEN

EI = Schülerin Eileen
MI = Schülerin Miranda
RO = Schüler Robert

001	MI:	SHIT!
		der schläger ist verBOgen;
003		(--)
004	EI:	hhh°-
005		(--)
006	RO:	<<f> du bist ver!BO:!gen ha ha, >
007		((MI und EI lachen))
008		((EI macht schaufelnde Bewegungen mit dem Federball-schläger))
009	EI:	SCHAUfeln;
010		okay wir spielen jetzt also mit BRATpfannen;
		((lachen und spielen weiter Federball))

(Neuland et al. 2020: 110)

- **Kommunikative Muster**: Als hauptsächliches Merkmal kann die **Bricolage**, die Stilbastelei, gelten. Dabei werden unterschiedliche kulturelle Ressourcen aus Filmen, Fernsehsendungen, jugendkulturellen Kontexten aus ihrem bisherigen Kontext herausgenommen und in einen neuen Verwendungskontext rekontextualisiert und zwar interaktiv im Rahmen der Gruppenkommunikation. Das veranschaulicht das folgende Beispiel: *Wayne interessiert's?* nach Könning (2015: 376), hier nach Neuland 2018: 61f.

Beispiel: Bricolage, Wayne interessiert's?

M1 [((lachen))]
M2 [(xxx xxx xxx) wird_n RICHtiger angeber irgendwann;]
F1 [ja der wird_n richtiger macho;]
M3 [ja der wird (.) ich mein der;]
<<in hoher versteller stimme intoniert> ich kann auch breakdancen >
((lachen))
M3 <<lachend> toll>.
F1 schön für dich;
M4 wen juckt_s,
wo is der bus,
M2 = wo is die kette,
M5 wayne interessiert_s,
((allgemeines lachen))
M2 wayne interessiert_s
M3 wayne rooney;
M6 voll whack alles hier.

(Könning 2015: 376, hier nach Neuland 2018: 61 f.)

In diesem Beispiel entlehnen jugendliche Gymnasiasten ihre Bricolage dem TV-Fomat: *Got to dance* und arbeiten Anspielungen auf das gemeinsame Busfahren, die Kette beim Einsteigen und auf Fußballspieler ein.

5.5.2 Konversationelle Muster

Neben diesen Praktiken finden wir in der informellen Freizeitkommunikation Jugendlicher vor allem den plaudernden Austausch, das **Banter** oder unverbindliches Geplänkel im Rahmen von **Scherzkommunikation** und **mock politeness**. Diese kann aber in jugendlichen Peergruppen schnell zu den Mustern des *Lästerns* und des *Frotzelns* führen (vgl. Technau 2017). Weitere in der Literatur unterschiedene Muster sind das *Blödeln* (Walther 2014: 317) und das *Dissen* (Deppermann/Schmidt 2001: 84). In typologischer Hinsicht können Blödeln und Frotzeln zum kooperativ-vergemeinschaftenden, Lästern und Dissen hingegen zum distinktiv-vergemeinschaftenden Typ kommunikativer Muster Jugendlicher gerechnet werden. Tabelle II.5.1

zeigt vergleichend einige komplexe konversationelle Handlungsmuster in informellen Gruppengesprächen Jugendlicher auf.

Die binäre Plus-/Minusdarstellung impliziert zwar eine gewisse Vereinfachung; dennoch lassen sich einige wesentliche Unterscheidungsmerkmale festhalten: Bei der Interaktantenkonstellation zeigt sich auch empirisch, dass Frotzeln und Dissen die Anwesenheit eines Publikums erfordern, die anderen Muster können auch in dyadischen Kommunikationssituationen auftreten. Das jeweilige Referenzobjekt ist ein weiteres Unterscheidungsmerkmal: Beim Klatschen und Lästern sind diese abwesend; beim Frotzeln und Dissen ist deren Anwesenheit geradezu konstitutiv. Bekanntheit und Vertrautheit mit den Referenzobjekten ist in schwächerem bis stärkerem Ausmaß für fast alle Handlungsmuster kennzeichnend. Der thematische Kern beinhaltet ein thematisches Ereignis und hat – bis auf das Lästern – auch einen Neuigkeitswert. Fiktionalisierungen spielen in sämtlichen Mustern eine mehr oder minder große Rolle. Funktionalen Merkmalen ist Tabelle II.5.1 gewidmet.

	Teilnehmer		Referenzobjekt			Thematischer Kern		
	Anzahl	Bekannt-heitsgrad	In situ	bekannt	vertraut	themat. Ereignis	Neuigkeit	Fiktinali-sierung
Erzählen	2 + x	+/-	+/-	+/-	+/-	+	+!	+
Klatschen	2 + x	+/-	-!	+	+/-	+	+!	(-)
Frotzeln	> 2	+	+!	+	+!	(-)	(-)	+
Lästern	2 + x	+!	-!	+!	+	+/-	+/-	(-)
Dissen	> 2	+	+!	+	+/-	-	(-)	+
Mobben	> 2	+	(+)	(+)	-!	-	(-)	+

Tab. II.5.1: Strukturelle und inhaltliche Merkmale konversationeller Handlungsmuster Jugendlicher (! = unbedingt; (x) = tendenziell) (Neuland 2016: 245)

	Alterorientiert	**Egoorientiert**		**Wertorientiert**	**Gruppenorientiert**		
	Unterhaltung	**Entlastung**	**Selbstdarstellung**	**Wertaushandlung**	**Vergemeinschaftung**	**Innendifferenzierung**	**Außenabgrenzung**
Erzählen	+	+	+	+	+	-	-
Klatschen	+	+/-	(+)	+	+	+/-	-
Frotzeln	+	-	(+)	+	+	+	-
Lästern	+	(-)	(+)	+	+	+	-
Dissen	+	-	+	-	-	+	(+)
Mobben	+	(-)	(+)	-	-	-	+

Tab. II.5.2: Funktionale Merkmale konversationeller Handlungsmuster (! = unbedingt; (x) = tendenziell) (vgl. Neuland 2016: 246)

Eine funktionale Gemeinsamkeit aller hier aufgeführten Handlungsmuster besteht zweifellos in der alter-orientierten Unterhaltung, die bei Jugendlichen stärker als bei Erwachsenen im Sinne von Ereignis, Performance gestaltet werden kann. Eine Selbstdarstellungsfunktion scheint nur beim Mobben sekundär, ebenso das Aushandeln geteilter Wertvorstellungen, das auch eher untypisch für das Dissen ist. Im Hinblick auf die Gruppenorientierung wirken vor allem die Handlungmuster des Erzählens, Klatschens sowie des Frotzelns und des Lästerns vergemeinschaftend. Das Mobben scheint eindeutig auf eine Abgrenzung gegenüber anderen Gruppen angelegt.

In einer Zusammenschau sämtlicher hier aufgeführter Merkmale lassen sich für die sechs konversationellen Handlungsmuster **drei übergeordnete Funktionaltypen** hypostasieren (vgl. Neuland 2016: 247):

- **kooperativ-vergemeinschaftend**
  Erzählen, Klatschen und Frotzeln
- **distinktiv-vergemeinschaftend**
  Lästern und Dissen
- **konfrontativ-dissoziativ**
  Mobben

Das folgende Beispiel einer Frotzelsequenz stammt aus einer Gruppe von Hauptschülerinnen (Su, An) und Hauptschülern (Ph, Mi) und weist eine deutlich genderbezogene Komponente auf:

Beispiel: Frotzelsequenz, *In festen Händen*

Iw: *Also (.) seid ihr in festen Händen?*
Su: *Ja (..) ich*
Ph: *Ja sie*
An: *Ich nich*
Ph: *Sie und er (..) un sie nich (...)*
An: *Ich will nich*
Ph: *Sie will ihn aber er will nich*
An: *Nein (..) ich will keinen haben*
Ph: *Nein?*
An: *Nein (..) die nerven nur*
Ph: *((lacht)) Überhaupt nich*
An: *Ja (.) die nerven nur*

Mi: *Du stellst dich auch immer an*

(Neuland 2018: 184)

Jugendsprachen sind aber nicht nur Gruppensprachen mit Kennzeichen von Stilmischungen; sie weisen darüber hinaus viele Sprachkontaktphänomene, z. B. in Form von Sprachmischungen auf (→ Kap. II.7). Solche Phänomene finden sich insbesondere beim sog. **Kiezdeutsch** (Wiese 2012). Die These, dass es sich dabei um einen multiethnischen Dialekt handelt, ist linguistisch kontrovers diskutiert worden (→ Kap. II.7). Dazu das folgende Gesprächsbeispiel zwischen zwei jungen Frauen in Berlin-Kreuzberg:

Beispiel: Kiezdeutsch, *heut muss isch wieder Solarium*

Seda: *Isch bin eigentlisch mit meiner Figur zufrieden und so, nur isch muss noch bisschen hier abnehmen, ein bisschen noch da.*
Dilay: *So bisschen, ja, isch auch.*
Seda: *Teilweise so für Bikinifigur und so, weißt doch so [...]*
Dilay: *Isch hab von allein irgendwie abgenommen. Isch weiß auch nisch, wie. Aber dis is so, weiß doch, wen wir umziehen so, isch hab keine Zeit, zu essen, keine Zeit zu gar nix.*
[...]
Heute muss isch wieder Solarium gehen.

(Wiese 2012: 9)

Und nicht zuletzt weisen Jugendsprachen Einflüsse aus dem Gebrauch von neuen Medien und der Internetkommunikation auf, wie z. B. an den Akronymen *hdl* (für *hab dich lieb*) und *lol* (für *laughing out loud*) gezeigt werden kann (→ Kap. II.8).

5.6 Altersbilder und Generationsstereotypen

Die **ideologische Dimension von Generationen** manifestiert sich in Altersbildern und Klischees, in Topoi (*Jugendwahn*, *Seniorenlawinen*) und Phraseologismen (*ein alter Hut*, *alte/olle Kamellen*, *alte Zöpfe abschneiden*), die symptomatisch für den jeweiligen gesellschaftlich-historischen Kontext sind und sich mit ihm wandeln. So ist es auch kein Zufall, dass mit der gesteigerten Wertschätzung von Jugendlichkeit als Prestigefaktor und der »Entdeckung« der Jüngeren in der Werbung auch das Klischee der Älteren von den »defizitären« Alten zur kaufkräftigen *Generation Gold* oder *Best Ager* werbemäßig aufgewertet wurde, wie Medienberichte und Werbeanalysen (Neuland 2015b) demonstrieren.

Abb. II.5.6: *Was heißt hier alt?* (Titelblatt aus *Focus* 51/2007)

Alter wird nicht mehr als Verlust oder Abbau gesehen, sondern als Erlebnis und Gewinn inszeniert: ältere Menschen mit jugendlichem Habitus gehen segeln (*Blasenschwäche – für uns kein Problem!*), Fahrrad fahren, küssen sich (*einer der beiden trägt die Dritten. Aber wer?*). Auch mit Generationsverhältnissen verschiedener Lebensalter wird Werbung, v. a. mit Mode gemacht: »Jugendlichkeit dient sozusagen als ein generationelles ›Bindemittel‹ zur Angleichung der Generationen im Konsum und damit auch zur Wiedergewinnung eines universellen Marktes.« (Neuland 2015a: 382) Denn dieser war durch die Unglaubwürdigkeit der auf Jugendliche zielenden Werbestrategien bereits erfolglos geblieben.

5.7 Zusammenfassung und weiterführende Literatur

Für die soziale und individuelle Relevanz des Sprachgebrauchs im Lebenslauf hat sich die Kategorie der Generation als fruchtbar erwiesen: und zwar sowohl im Hinblick auf die Verständigung in Generationsbeziehungen, auf die prägende Wirkung gesellschaftlicher Generationen, namentlich der 1968er Generation, als auch im Hinblick auf die familialen Generationen und die sprachliche Sozialisation von Kindern (→ Kap. II.1). Der Generation heutiger Jugendlicher und ihrem Sprachgebrauch wurde auch vor dem kulturgeschichtlichen Hintergrund der Jugendbewegungen und Jugendrevolten der 1970er und 1980er Jahre besondere Aufmerksamkeit gewidmet. Ein Ausblick wurde auf die Instrumentalisierung von Altersbildern und Generationsstereotypen in der Werbung vermittelt.

Literatur (weiterführend)

Bahlo, Nils/Becker, Tabea/Kalkavan-Aydın, Zeynep/Lotze, Netaya/Marx, Konstanze/Schwarz, Christian/Şimşek, Yazgül (2019): *Jugendsprache. Eine Einführung.* Stuttgart.

Cheshire, Jenny (2004): Age and generation-specific use of language/Alters- und generationsspezifischer Sprachgebrauch. In: Ammon, Ulrich/Dittmar, Norbert/ Mattheier, Klaus J./Trudgill, Peter (Hg.): *Soziolinguistik. Ein internationales Handbuch der Wissenschaft von Sprache und Gesellschaft.* Berlin/Boston, 1552–1564.

Neuland, Eva (2015a): Sprache und Generation. Eine soziolinguistische Perspektive auf Sprachgebrauch. In: Neuland, Eva (Hg.): *Sprache der Generationen.* 2. akt. Aufl. Frankfurt/M., 11–35.

Neuland, Eva (2018): *Jugendsprache.* 2. erw. u. überarb. Aufl. Tübingen.

Literatur (gesamt)

Androutsopoulos, Jannis (1997): Mode, Medien und Musik. Jugendliche als Sprachexperten. In: *Der Deutschunterricht* 6, 10–21.

Bahlo, Nils/Krain, Stefanie (2018): Indexing social age – Multimodale Begrüßungsroutinen Postadoleszenter als Index alternierender Lebensphasen. In: Neuland, Eva/Könning, Benjamin/Wessels, Elisa (Hg.): *Jugendliche im Gespräch. Forschungskonzepte, Methoden und Anwendungsfelder aus der Werkstatt der empirischen Sprachforschung.* Berlin u. a., 127–149.

Bahlo, Nils/Becker, Tabea/Kalkavan-Aydın, Zeynep/Lotze, Netaya/Marx, Konstanze/Schwarz, Christian/Şimşek, Yazgül (2019): *Jugendsprache. Eine Einführung*. Stuttgart.

Balsliemke, Petra (2015): Noch nicht in die Jahre gekommen ... Altersdiskriminierung als Gegenstand der Sprachkritik. In: Neuland, Eva (Hg.): *Sprache der Generationen*. Frankfurt/M. 2. akt. Aufl., 385–403.

Brommer, Sarah/Dürscheid, Christa (2015): Mediennutzung heutiger Jugendlicher – Generation Facebook? In: Neuland, Eva (Hg.): *Sprache der Generationen*. 2. akt. Aufl. Frankfurt/M., 271–293.

Butzkamm, Wolfgang/Butzkamm, Jürgen (2008): *Wie Kinder sprechen lernen*. Tübingen.

Cheshire, Jenny (2004): Age and generation-specific use of language/Alters- und generationsspezifischer Sprachgebrauch. In: Ammon, Ulrich/Dittmar, Norbert/Mattheier, Klaus J./Trudgill, Peter (Hg.): *Soziolinguistik. Ein internationales Handbuch der Wissenschaft von Sprache und Gesellschaft*. Berlin/Boston, 1552–1564.

Christen, Helen (2015): Junge als Anders-Sprecher? Zur Teilhabe junger Sprecher an lokalen Spracheigentümlichkeiten. In: Neuland, Eva (Hg.): *Sprache der Generationen*. 2. akt. Aufl. Frankfurt/M., 299–317.

Deppermann, Arnulf/Schmidt, Axel (2001): Hauptsache Spaß – Zur Eigenart der Unterhaltungskultur Jugendlicher. In: *Der Deutschunterricht* 6, 27–38.

Fiehler, Reinhard (2008): *Altern, Kommunikation und Identitätsarbeit*. Mannheim.

Fiehler, Reinhard/Thimm, Caja (Hg.) (1998): *Sprache und Kommunikation im Alter*. Opladen.

Fischer-Kowalski, Marina (1983): Halbstarke 1958, Studenten 1968: Eine Generation und zwei Rebellionen. In: Preuss-Lausitz, Ulf (Hg.): *Kriegskinder, Konsumkinder, Krisenkinder. Zur Sozialisationsgeschichte nach dem Zweiten Weltkrieg*. Weinheim, 53–70.

Gillis, John R. (1980): *Geschichte der Jugend. Tradition und Wandel der Altersgruppen und Generationen in Europa von der zweiten Hälfte des 18. Jahrhunderts bis zur Gegenwart*. Weinheim

Häcki Buhofer, Annelies (2003): Spracherwerb und Lebensalter. Einleitung. In: Häcki Buhofer, Annelies (Hg.): *Spracherwerb und Lebensalter*. Tübingen/Basel, 1–21.

Hotz, Karl et al. (1998): *Wortlaut 9. Ausgabe B. Sprachbuch für Gymnasien*. Bamberg.

Könning, Benjamin (2015): »Voll whack alles hier.« Pausengespräche. Zur Bedeutung eines vernachlässigten Gesprächstypus im Schulalltag. In: *Der Deutschunterricht* 1, 91–95.

Kohli, Martin (2009): Ungleichheit, Konflikt und Integration. In: Künemund, Harald/Szydlik, Marc (Hg.): *Generationen. Multidisziplinäre Perspektiven.* Wiesbaden, 229–237.

Kohli, Martin/Szydlik, Marc (Hg.) (2000): *Generationen in Familie und Gesellschaft.* Opladen.

Kramer, Udine (1998): Ageismus – Zur sprachlichen Diskriminierung des Alters. In: Fiehler, Reinhard/Thimm, Caja (Hg.): *Sprache und Kommunikation im Alter.* Opladen, 257–278.

Menzel, Wolfgang (Hg.) (2006): *Praxis Sprache 9.* Braunschweig.

Neuland, Eva (2015a): Alt und Jung. Vom Wandel der Generationsbilder in der Werbung. In: Neuland, Eva (Hg.): *Sprache der Generationen.* 2., akt. Aufl. Frankfurt/M., 371–385.

Neuland, Eva (Hg.) (2015b): Sprache und Generation. Eine soziolinguistische Perspektive auf Sprachgebrauch. In: Neuland, Eva (Hg.): *Sprache der Generationen.* 2., akt. Aufl. Frankfurt/M., 11–35.

Neuland, Eva (2016): *Deutsche Schülersprache. Sprachgebrauch und Spracheinstellungen Jugendlicher in Deutschland.* Frankfurt/M.

Neuland, Eva (2018): *Jugendsprache.* 2., erw. u. überarb. Aufl. Tübingen.

Neuland, Eva/Könning, Benjamin/Wessels Elisa (2020): *Sprachliche Höflichkeit bei Jugendlichen. Empirische Untersuchungen von Gebrauchs- und Verständnisweisen im Schulalter.* Frankfurt/M.

Pregel, Dietrich (1970): *Zum Sprachstil des Grundschulkindes: Studien zum Gebrauch des Adjektivs und zur Typologie der Stilalter.* Düsseldorf.

Quasthoff, Uta/Krah, Antje (2015): Familiale Kommunikation als Spracherwerbsressource: Das Beispiel argumentativer Kompetenzen. In: Neuland (Hg.): *Sprache der Generationen.* 2., akt. Aufl. Frankfurt/M., 127–145.

Ryan, Ellen Bouchard/Sheree, Kwong See (1998): Sprache, Kommunikation und Alter. In: Fiehler/Thimm (Hg.): *Sprache und Kommunikation im Alter.* Opladen, 57–72.

Sachweh, Svenja (2000): *»Schätzle hinsetze!« Kommunikation in der Altenpflege.* Frankfurt/M.

Scharloth, Joahim (2008): Die Sprache der Revolte: Linke Wörter und avantgardistische Kommunikationsstile. In: Klimke, Martin/Scharloth, Joachim (Hg.): *1968. Handbuch zur Kultur- und Mediengeschichte der Studentenbewegung.* Bonn, 223–235.

Steffin-Özlük, Hanne (2015): „Zwei-Welten-Texte". Verständigung zwischen den Generationen im Deutschunterricht. In: Neuland, Eva (Hg.): *Sprache der Generationen.* 2., akt. Aufl. Frankfurt/M., 161–174.

Stötzel, Georg (1995): 1968 als sprachgeschichtliche Zäsur. In: *Sprache und Literatur in Wissenschaft und Unterricht* 75/76, 132–146.

Stötzel, Georg/Eitz, Thorsten (2002): *Zeitgeschichtliches Wörterbuch der deutschen Gegenwartssprache.* Hildesheim u.a.

Technau, Björn (2017): Aggression in Banter. Patterns, Possibilities, and Limitations of Analysis. In: Bonacchi, Silvia (Hg.): *Verbale Aggression. Multidisziplinäre Zugänge zur verletzenden Macht der Sprache.* Berlin/Boston, 89–122.

Thane, Pat (Hg.) (2005*): Das Alter. Eine Kulturgeschichte.* Darmstadt.

Walther, Diana (2014): *Scherzkommunikation unter Jugendlichen.* Frankfurt/M.

Weigt, Peter (Hg.) (1968): *Revolutionslexikon. Handbuch der außerparlamentarischen Aktion.* Frankfurt/M.

Wengeler, Martin (1995): »1968« als sprachgeschichtliche Zäsur. In: Stötzel, Georg/Wengeler, Martin (Hg.): *Kontroverse Begriffe. Geschichte des öffentlichen Sprachgebrauchs in der Bundesrepublik Deutschland.* Berlin/New York, 383–404.

Wiese, Heike (2012): *Kiezdeutsch. Ein neuer Dialekt entsteht.* München.

Zimmermann, Klaus (2003): Kontrastive Analyse der spanischen, französischen, portugiesischen und deutschen Jugendsprachen. In: Neuland, Eva (Hg.): *Jugendsprache – Jugendliteratur – Jugendkultur. Interdisziplinäre Beiträge zu sprachkulturellen Ausdrucksformen Jugendlicher.* Frankfurt/M., 169–182.

Zimmermann, Klaus (2015): Jugendsprache und Sprachwandel: Sprachkreativität, Varietätengenese, Varietätentransition und Generationenidentität. In: Neuland, Eva (Hg.): *Sprache der Generationen.* 2., akt. Aufl. Frankfurt/M., 277–298.

6 Sprachgebrauch sozialer Gruppen

Im Unterschied zum Generationsbegriff wird der Begriff der sozialen Gruppe häufig in der Soziolinguistik verwendet. Der Terminus: *gruppenspezifischer* Sprachgebrauch hat den zu Beginn der soziolinguistischen Forschung in Deutschland üblichen *schichtspezifischen* Sprachgebrauch längst abgelöst.

6.1 Gruppensprachen

Der Terminus Gruppensprache ist nicht nur im alltäglichen Sprachgebrauch, sondern auch in der Sprachforschung neben dem der Standessprache bereits seit der Sondersprachforschung in der germanistischen Sprachwissenschaft gut eingeführt (vgl. im Folgenden in Orientierung an Neuland/Schlobinski 2018). Er scheint so vertraut, dass genauere Definitionen unterbleiben. Die **Sondersprachforschung** unterschied sozial determinierte Gruppensprachen von den fachlich determinierten Standes- bzw. Berufssprachen. Das folgende Schaubild von Hirt (1921/1909) verdeutlicht, dass die drei Variablen: sozialer Stand, Geschlecht und Alter unterschieden werden. Das sondersprachliche Forschungsinteresse war hauptsächlich auf den besonderen Wortschatz und seine Beziehung zur Gemeinsprache gerichtet.

Erst lange nach dem zweiten Weltkrieg wurde das Gegenstandsfeld der Gruppensprachen von der deutschen Sprachwissenschaft wieder aufgegriffen, und zwar im Zusammenhang der großen Paradigmenwechsel von der inhaltsbezogenen Sprachbetrachtung zur modernen Sprachwissenschaft. Steger (1964) forderte den Einbezug der sozialen Situation und gliederte im Sprachgebrauch von Gruppen junger Akademiker vier Kernbereiche gruppensprachlichen, von der Standardsprache unterschiedlichen Wortschatzes aus: Seminarbetrieb, gemeinsame Mahlzeit und Geselligkeit sowie Gewohnheiten in der Gruppe.

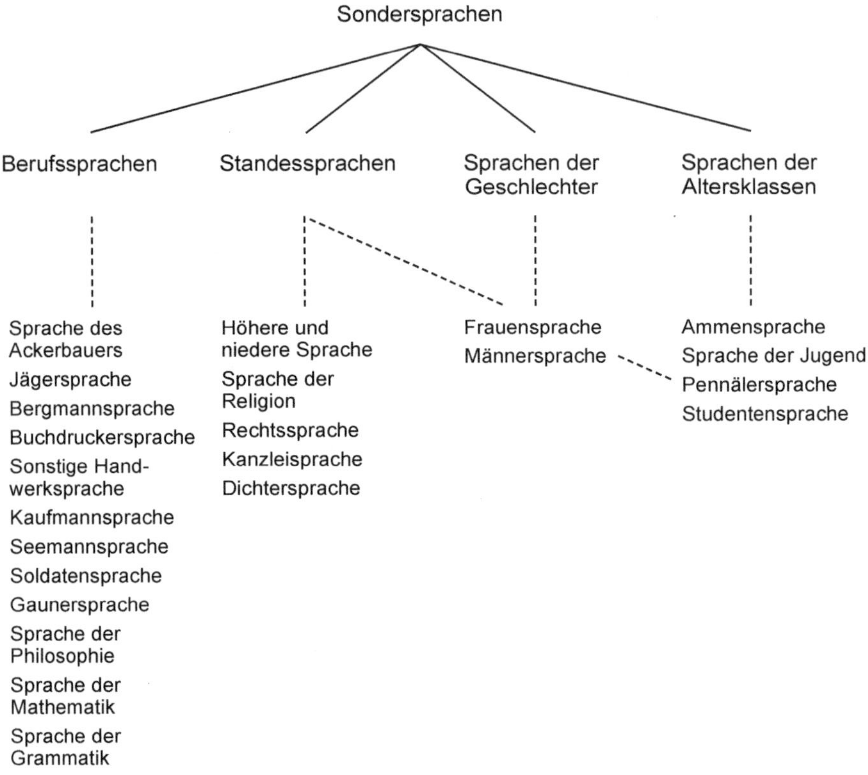

Abb. II.6.1: Klassifikation der Sondersprachen (Hirt 1921/1909)

Bausinger wandte sich hingegen von volkskundlich-kulturwissenschaftlicher Seite aus den Gruppensprachen (damals auch: »**Sozialdialekte**«) zu, wobei sein Forschungsinteresse insbesondere dem funktionalen Aspekt der »Gruppierungsfunktion« von »Sprache als Gruppenabzeichen« (so 1972: 118 ff.) galt. Insbesondere hebt Bausinger die Funktionen der Stärkung des Gruppenzusammenhalts einerseits und der externen Abgrenzung und Geheimhaltung andererseits hervor. Dies führt ihn zu folgender funktionalen Differenzierung von Sondersprachen in Geheimsprachen mit besonderer Abschließungsfunktion, sachorientierte Fachsprachen und gruppenorientierte Kontrasprachen. In der Geschichte der Gruppensprachforschung wurden diese jedoch durchwegs als homogene Einheiten aufgefasst.

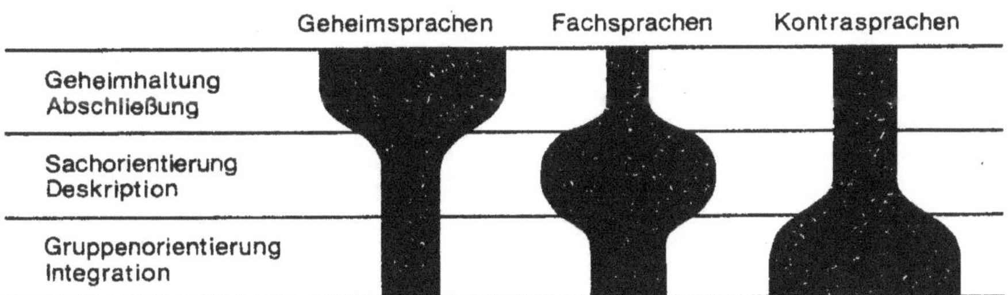

Abb. II.6.2: Funktionen der Sondersprachen (Bausinger 1972: 124)

6.2 Soziolekte

Mit der Entwicklung der Soziolinguistik und der **Varietätenlinguistik** nahmen die Versuche zu, die Gruppensprachen als Soziolekte in das varietätenlinguistische Klassifikationssystem einzuordnen. So ordnete Nabrings (1981) Gruppensprachen neben Sonder-, Berufs-, Geschlechts- und Alterssprachen der *diastratischen* Dimension sprachlicher Variation zu, die neben der diachronen, diatopischen und diasituativen Dimension das weiteste Feld der sprachlichen Differenzierung darstellt.

Der *Soziolekt* war in der frühen Soziolinguistik in Deutschland relativ stark mit der Bernstein'schen *Code-Theorie* verbunden und wurde praktisch mit den schichtspezifischen Sprechweisen gleichgesetzt (→ Kap. II.1). Nach Steinig (1976: 14) repräsentiert ein Soziolekt »das Sprachverhalten einer gesellschaftlich abgrenzbaren Gruppe von Individuen«.

Löffler widmet in seiner *Germanistischen Soziolinguistik* (2016) ein umfangreicheres Kapitel den Soziolekten als soziolektale (gruppale) Varietäten: »Gruppenspezifische Varietäten im weitesten Sinne werden neuerdings Soziolekte genannt« (Löffler 2016: 112). Seinem Einteilungsmodell zufolge werden drei große Gruppen von Soziolekten unterschieden, darunter »eigentliche Soziolekte« (Sondersprachen und nicht berufsbedingte Gruppensprachen), die transitorisch, temporär oder habituell sein können (→ Kap. II.2):

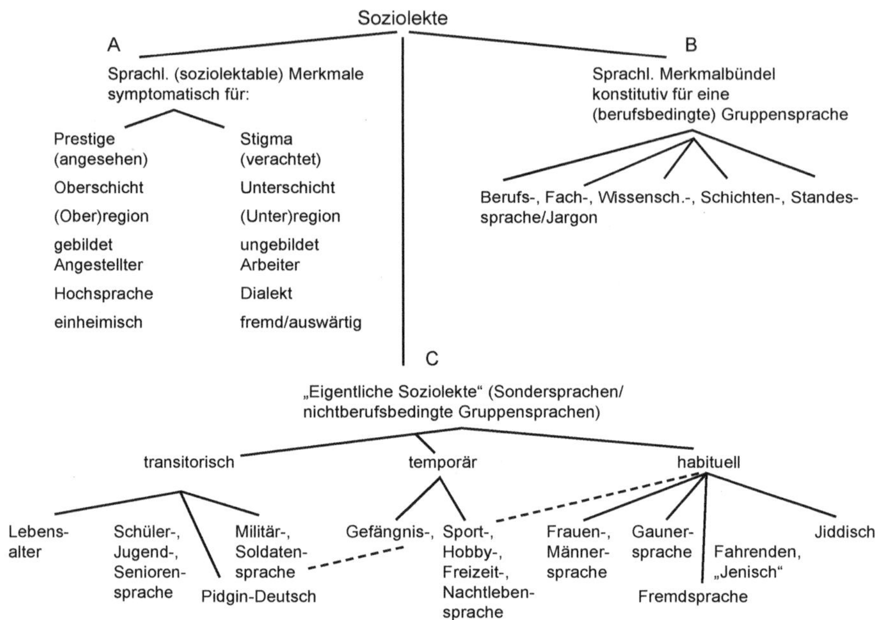

Abb. II.6.3: Einteilung der Soziolekte (Löffler 2016: 115)

Dabei zeigt sich, wie sehr der Gegenstandsbereich der *eigentlichen Soziolekte* zwischenzeitlich ausgedehnt wurde und ein fast unüberschaubares Feld unterschiedlicher Differenzierungen ergibt. Im angelsächsischen Bereich ist weiterhin der Terminus der *social dialects* üblich (Durrell 2004: 200 ff.).

Der Gruppenbegriff in der deutschsprachigen Soziologie

In der deutschsprachigen Soziologie wurde der Gruppenbegriff zur Bezeichnung sozialer Gebilde der **Vergemeinschaftung** und **Vergesellschaftung** von Individuen erst um die Wende des 19./20. Jahrhunderts fruchtbar gemacht, u. a. durch Ferdinand Tönnies, Max Weber, Georg Simmel und Leopold von Wiese. Vor allem aber hat die amerikanische Kleingruppenforschung in der ersten Hälfte des 20. Jahrhunderts (u. a. Robert Bales, Charles Cooley, George Homans, Jacob L. Moreno, Kurt Lewin) die Ausbildung einer **Gruppensoziologie** maßgeblich beeinflusst. Seitdem hat sich die Gruppensoziologie mit unterschiedlichen Theorien und Anwendungsfeldern des Gruppenbegriffs auseinandergesetzt und verschiedene Formen und Funktionen sozialer Gruppen unterschieden und z. T. mit binären Bezeichnungen charakterisiert.

Schäfers fasste prägnant zusammen:

> Eine soziale Gruppe umfasst eine bestimmte Anzahl von Mitgliedern, die ein gemeinsames Ziel verfolgen und für die Erreichung dieses Ziels dauerhaft in einem relativ kontinuierlichen Kommunikations- und Interaktionsprozess stehen, aus dem sie ein Zusammengehörigkeitsgefühl (Wir-Gefühl) entwickeln. Voraussetzung für die Erreichung des Gruppenziels und die Herausbildung einer Gruppen-Identität sind gemeinsame Normen und ein gruppenspezifisches Rollendifferential. (Schäfer 2013: 108)

Eingeführte Unterscheidungen betreffen formelle und informelle Gruppen; in jüngster Zeit sind virtuelle Gruppen in der computervermittelten Kommunikation hinzugetreten (vgl. dazu und im Folgenden Neuland/Schlobinski 2018).

6.3 Code-Switching

Vor dem Hintergrund von Globalisierung, Migration und Sprachkontakt erscheint es selbstverständlich, wie Petkova ausführt:

> dass multilinguale Praktiken wie das Code-switching einen festen Bestandteil des sprachlichen Repertoires darstellen und als Mittel genutzt werden, um Gruppenzugehörigkeit zu signalisieren, um die eigene(n) Identität(en) sichtbar zu machen und auch um die Kommunikation zu erleichtern. (Petkova 2018: 218)

Auf Code-Switching (CS) wird in verschiedenen theoretischen Zugängen (soziolinguistisch, psycholinguistisch, konversationell, bilinguistisch etc.) und Anwendungsfeldern Bezug genommen. Es lässt sich sprachstrukturell beschreiben, z. B. ob es satzintern oder gar wortintern auftritt; doch soll dieser Aspekt hier nicht weiterverfolgt werden. Vielmehr soll hier vorrangig die kommunikativ-funktionale Wirkung in den Blickpunkt rücken, wie sie schon bei Gumperz (1982) beschrieben wurde.

John J. Gumperz führte die **Unterscheidung zwischen situativem und metaphorischem Code-Switching** ein. Er hatte aber auch schon vor einer automatischen Bedeutungszuschreibung des Codewechsels gewarnt und auf die Berücksichtigung des Gesprächskontextes, der sozialen Voraussetzungen und des Vorwissens der Gesprächsbeteiligten verwiesen. Auch kann sich Code-Switching auf zwei Standardsprachen in bilingualen Gemeinschaften beziehen oder auf den Wechsel zwischen Stilen bzw. Varietäten einer Standardsprache, auch bei Monolingualen.

Code-Switching kann als Ausdruck von Identität und Gruppenzugehörigkeit angesehen werden, aber auch in der gruppeninternen Kommunikation auftreten und z. B. zur Markierung von Zitaten, Verstärkung von Aussagen, fachlichen Spezifizierung bis hin zum spielerischen Crossing (vgl. u. a. Androutsopoulos 2003b) verwendet werden. Es kann auch Gesprächsphasen zäsurieren und einen Wechsel der Adressatengruppe anzeigen, wie im Beispiel von Petkova aus der Schlussphase einer Fernsehmoderation, in der der Moderator nach Ende des Interviews von Hochdeutsch zum Schweizerdeutsch wechselt (Petkova 2018: 228). Schließlich findet sich CS auch in virtuellen Gemeinschaften (vgl. Androutsopoulos/Hinnenkamp 2001), wozu allerdings noch wenig Forschung vorliegt.

6.4 Formelle und informelle Gruppen

Der Sprachgebrauch in festen gesellschaftlichen Formationen wie Vereinen in Politik, Kirche und Freizeit, Fachverbänden oder Arbeitsgruppen ist ein gut eingeführtes und überschaubares Gegenstandsfeld. Gemeinsame Ziele und Interessen schlagen sich in einem themengebundenen Wortschatz nieder. Dennoch hat die germanistische Soziolinguistik bislang nur wenige einschlägige Beispiele untersucht.

6.4.1 Peergruppen

Der Sprachgebrauch in informellen Gruppierungen wird hingegen weit häufiger in soziolinguistischen Untersuchungen thematisiert. Dabei spielen vor allem Peergruppen eine entscheidende Rolle. Der **unmittelbare persönliche Kontakt** ist das Charakteristikum von Peergruppen, die für Prozesse der Sprachentwicklung, der Ausbildung spezifischer Kommunikationsgemeinschaften und Register, der Kommunikation in altersbezogenen Gruppen/Soziolekten von erheblicher Bedeutung sind (vgl. dazu Krappmann 1991).

> Die Gleichaltrigengruppe gilt als sozialer Ort spezifischer sozialer Erfahrungen und der Selbstverortung. (...) die zentrale Funktion dieser Primärgruppen ist ihr Sozialisationsbeitrag zur Entwicklung der sozialen Identität. (...) Die Gleichaltrigengruppen geben die Chance zur Behauptung gegenüber der Erwachsenenwelt, zur Suche nach Authentizität und zum Aufbau der eigenen Persönlichkeit und ihrer Identität. (Machwirth 1999: 248 ff.)

Die Peergruppenforschung entwickelte sich von verschiedenen Ansätzen her, darunter die jugendsoziologische und pädagogische Sozialforschung und Sozialpsychologie. Forschungsschwerpunkte bilden v. a. die Funktionen von Peergruppen für umfassendere soziale Gebilde sowie für die soziale Entwicklung des Individuums.

Empirische Studien in den Vereinigten Staaten wandten sich bereits Mitte des 20. Jahrhunderts dem ›abweichenden‹ Verhalten ›delinquenter‹ Jugendlicher in *Gangs* oder *Banden* im Kontext von Verstädterungs- und frühen Migrationsprozessen und sozialer Benachteiligung zu; besonders bekannt durch die gleichnamige Verfilmung wurde die von Leonard Bernstein 1957 konzipierte Geschichte: *West Side Story*. Dieser jugendsoziologische Forschungsbereich ist bis heute aktuell geblieben (z. B. Bohnsack 1989, Tertilt 1996).

Im Rahmen zunehmend komplexer gesellschaftlicher Anforderungen und Erwartungen können Peergruppen eine Schutz- und Ausgleichsfunktion erfüllen und in diesem Rahmen Sicherheit und Status vermitteln. Peergruppen spielen in der soziolinguistischen Forschung daher auch eine besondere Rolle.

Peer Gruppen in der soziolinguistischen Forschung
Durch die Ausbildung gemeinsamer Interessen, Meinungen und Wertungen und durch **gemeinsame Handlungspraxen** liegt die Entwicklung eines gruppentypischen Wortschatzes nahe. Da es sich zugleich um Interaktionsgemeinschaften handelt, ist dieser Wortschatz

aber in sprachliche Handlungskontexte eingebunden und oft nur in solchen Kontexten zu verstehen. Zur relativen Altershomogenität und Generationsgemeinschaft tritt zumeist eine milieu- und geschlechtstypische Differenzierung von Peergruppen hinzu, die diese zu einem bevorzugten Gegenstandsfeld soziolinguistischer Forschungen macht. Aufgrund der Unmittelbarkeit des **face to face-Kontakts** bildet der Sprachgebrauch in Peergruppen auch eine wichtige Basis für Forschungen zu gesprochener Sprache, interpersoneller Kommunikation und subkulturellen Stilbildungen.

Studien aus der Jugendsprachforschung greifen gern auf Probanden aus Peergruppen zurück, da diese untereinander gut vernetzt sind, und es zudem zunehmend schwierig ist, Jugendliche ohne Mitgliedschaft in informellen Gruppen zu finden. Dabei sind allerdings keine scharfen Grenzziehungen möglich. Differenzierter wurden in den 1980er Jahren z. B. jugendliche Angehörige der Alternativszene (Bättig/Schleuning 1980), später von Musik-Subkulturen wie v. a. Hip-Hop (Berns 2003), Rapper und Raver (Watzlawik 2000) betrachtet.

Mangels begrifflicher Präzisierungen kann man eher schließen, dass mit dem unbestimmten **Szene-Begriff** die Vorstellung kleinerer und lose verbundener sozialer Einheiten assoziiert wurde, die zum Teil lokal gebunden (z. B. die Szene vom xy-Platz) und großthematisch orientiert (v. a. Musik, Mode, Sport, vgl. Androutsopoulos 1997), aber mit nicht allzu fest gefügtem Weltbild, Verhaltenskodex und Lebensstil ausgestattet scheinen (Neuland 2018: 278).

Im Rahmen des Mannheimer Stadtsprachenprojekts analysierte Schwitalla (1986) eine Szene Jugendlicher, die durch das gemeinsame Beobachten und Kommentieren von Passanten einen lockeren Verbund bildete:

Beispiel: Kommentare zu Passanten
So äußerte ein Jugendlicher, als eine junge Frau in schwarzer Lederkleidung vorbeikam:

»Uäh! Ach Gott ... die asozial ... e e keggl – n kinderwaache schiewe schiewe un daß so e alte schlamp noch e kipp debei raacht ... so rischtisch uäh! Ajo! isch geh uff sämtlische hardrock-konzerte, verstehsch? do geht der fisch ab!« (rülpst) ((›keggl‹ = dialektaler Ausdruck für ›Kind‹))

Über ein vorbeikommendes Mädchen ((nachträgliche Erläuterung)):
»Des war so ne rischtische rockerbraut, wo der Mann jetzt grad bis um viere schafft beim benz. Un=na kommt er mit der maschine. Un=na geht=s ab.«: »verstehsch ... bin die rockerbraut!«

Über einen älteren, nach Handwerker aussehendem Mann:
»Ha jo, schaff isch bei benz fahrzeugmacher vogelstang ne ... bei benz geht der fisch ab! Verstehsch ... und dann ne halbe kaschde bier un a wiener schnitzel, alles klar, oder?«

Über einen Jugendlichen:
»Verstehsch ... kumpels fahr ins neggazentrum, mach die leut õ. alles klar!«
»Ha jo, vertehsch, geh un guck noch schnalln, geht der fisch ab ne?!«
(Schwitalla 1986: 250)

Die Studie von Schlobinski et al. (1993) kann als Beispiel für die heute immer weniger trennscharfe **Unterscheidung von formellen und informellen Gruppen** gelten. Untersucht wurden eine Jugendgruppe in einer Kirchengemeinde und Jugendliche aus einer Schulklasse. Die Wuppertaler Studie zu deutschen Schülersprachen (Neuland 2016: 53 ff.) rekrutierte ihre Probanden aus Schulklassen, in denen nach Gruppen gefragt wurden, die sich auch in der Freizeit treffen. Diese setzen sich aber eben nicht nur aus Mitschülern zusammen; vielmehr ist das Altersspektrum etwas größer, und die *Freizeitgruppen* eint oft ein gemeinsames Interesse, z. B. Theater spielen, Musikvorlieben, Umweltengagement. Abgesehen von vielleicht einem besonderen Wortschatz spielen jugendsprachliche Unterschiede aber keine große Rolle. Ob auch eine Mitschülergruppe als Peergruppe im engeren Sinne gelten kann, ist eine offene Frage, denn die *Mitgliedschaft* in einer solchen Gruppe ist ja eher aus formalen Gründen und nicht als bewusste Wahl zustande gekommen.

Galliker (2014) führte eine Studie zum Sprachgebrauch von Jugendgruppen in der Deutschschweiz durch und konzentrierte sich dabei auf das Sprechhandlungsmuster der **Bricolage**, das als besonderes Kennzeichen **gruppenspezifischen Sprachstils** gilt. Sie analysiert dieses stilbildende Element an vielen Beispielen, v. a. einer Peergruppe von 5 bis 15 Gymnasiasten aus dem Dialektgebiet Nidwalden. Dazu ein Beispiel: Die Jugendlichen besuchen ein Open-Air-Festival in einem anderen Kanton und werden von einer Aufsichtsperson aufgefordert, mitgebrachten Alkohol in PET-Flaschen umzufüllen, deren Deckel gesucht wird. Dabei entwickeln sie eine sprechstilistische Bricolage mit verschiedenen Ressourcen, u. a. unmarkierte Normallage (Z. 7), eigener lokaler Dialekt (Z. 27), gruppenspezifischer Stil in den allgemeinen Gesprächsteilen, stilisiertes ethnolektales Sprechen (Z. 21–23), bewusst fehlerhaftes Englisch (Z. 34); an der sich alle anwesenden Gruppenmitglieder beteiligen:

Beispiel: *ddeckel*

Personen: Sicherheitsbeamter (SIC), Marco (MAR), Andreas (AND), Martin (MAT) und weitere
Datum: 08.06.07

SIC: isch das alles ((=der gesamte Alkohol))
hä?
MAT: ja!
SIC: guèt!
AND: sori
MAR: hee=
wo isch da de teckèl?
SIC: tschau zäme
?: merssi vilmal
AND: wuchenänd ((ironisch))
MAR: adee (.)
uf niämee=wider=gsee
hemmer da?
((pfeift))
((..))
MAR: <<genervt> hör mal uuf!
tue nid h↑lä! ((mach das nicht hier!))
hEE=

19 ich ha scho ganz <imitiert Betrunkenen <s=nasses bÄi> ((Bein))
20 AND: gratuliere rächt härzlich ((ironisch))
21 MAR: hed Öpper ((jemand))
22 hed öpper gfunde ddeggel?
23 ddeggel?
24 ?: will=mer amigs au gisch ((weil Du mir normalerweise auch gibst))
25 ((...))
26 MAR: schmaiss ((.))
27 hesch dui ä teckèl?
28 MAT: ja wo wett dä anäggangä si? ((Ja, wo will der hingegangen sein?))
29 ((...))
30: MAR hÖÖfli! ((Andreas))
31 h:ööfli!
32 MAT: dui bisch gfraagt
33 MAR: allgemäine suche nach disem deggel?
34 duu iuu siin dis deggel? ((do you s een this Deggel?
35 ((Rülpser, Stimmen im Hintergrund))
36 MAR: dä hend=er mit i brunne grüert ((den habt ihr mit in den Brunnen geschmissen))
37 AND: näi=
38 mier hend dich nu gfraagt
39 MAR: schäiss=egaal

(Galliker 2014: 295 f.)

Die Verfasserin hebt an diesem Beispiel insbesondere die verschiedenen Ressourcen des Variationsspektrums hervor, die die Jugendlichen verfremden und kontrastieren, was ihrer Selbstdarstellung dient, ihre regionale Herkunft wie ihre Mehrsprachigkeit herausstellt und damit ihre Gruppenidentität stärkt.

6.4.2 Soziale Szenen und virtuelle Gruppen

Angesichts zunehmender gesellschaftlicher Differenzierung geht die soziologische Forschung heute von vielfachen Pluralisierungs- und Individualisierungsprozessen aus (vgl. Beck/Beck-Gernsheim 1994), die zu gewichtigen Umstrukturierungen des sozialen Lebens und zu neuen Vergemeinschaftungsformen und **Gesinnungsgenossenschaften** führen, denen die traditionellen Sozialisationsagenturen – neben Familie und Schule auch Vereine, Verbände und Gemeinden – immer weniger gerecht werden können. Hinzu treten Strukturveränderungen des Erfahrungsraums speziell der jugendlichen **Peergruppen**, v. a. durch die Verbreitung neuer Medien, durch erhöhte Mobilität und vermehrte Sprach- und Kulturkontakte. Dadurch verlieren auch die traditionellen Einteilungskriterien und Definitionsmerkmale sozialer Gruppen an Trennschärfe.

Peergruppen gehen teilweise in de-lokalisierte *Szenen* über. Hitzler et al. definieren solche Szenen als:

> Thematisch fokussierte kulturelle Netzwerke von Personen, die bestimmte materiale und/oder mentale Formen der kollektiven Selbststilisierung teilen und Gemeinsamkeiten an typischen Orten und zu typischen Zeiten interaktiv stabilisieren und weiterentwickeln. (Hitzler et al. 2001: 20)

Szene-Begriff

Im Unterschied zu traditionellen Gemeinschaftsformen weisen Szenen zwar auch inhaltliche Relevanzen (v. a. Großthematiken wie Musik, Sport, Mode und neue Medien; vgl. auch die Studie von Strzoda et al. 1996), Routinen und Deutungsschemata auf; sie sind aber auch durch eine höhere Dynamik, geringere Verbindlichkeitsansprüche und partiellere Geltungsbereiche gekennzeichnet. Szenen können, so Hitzler et al. (2008: 20), als Angebote zur zeitweiligen Vergemeinschaftung und sozialen Selbst- und Fremdverortung ohne größere Verpflichtungen und ohne dauerhafte Bindungen dienen.

Als thematisch fokussierte soziale Netzwerke können Szenen auch einzelne soziale *Gruppen* umfassen. Durch Ästhetisierung und Stilisierung der Ausdrucks- und Handlungsformen im thematischen Fokus unterscheiden sich Szenen von **Milieus** (vgl. Schulze 1993), aber auch durch die Außenperspektiven öffentlicher Wahrnehmung eines

Szene-Publikums von umfassenderen Sozialgebilden von Vergesellschaftung und Lebensstil (vgl. dazu Hörning/Michailow 1990).

Für die soziolinguistische Jugendsprachforschung hat sich das Gegenstandsfeld kultureller Szenen als äußerst fruchtbar erwiesen, wie die verschiedenen Studien zum Sprachgebrauch in z. B. Musik-, Sport- und Modeszenen zeigen Dabei geht es nicht nur um Studien zu oftmals fachspezifischen Wortschätzen, sondern etwa auch um Anredeformen und spezifische kommunikative Handlungsmuster.

Man kann den Zusammenhang von Gruppen, Szenen und übergeordneten Strukturen auch in Form eines ›Zwiebelmodells‹ veranschaulichen, in dem Gruppen **Netzwerke** in Szenen bilden (z. B. die ›Punker-Szene am Ratinger Tor in Düsseldorf‹), diese wiederum bilden Netzwerke in Milieus und Subkulturen (vgl. Clarke et al. 1979). Insofern sind auch Szenen keine Zufallsprodukte willkürlicher Selbstverortung, sondern weisen zumindest teilweise auch sozial vororganisierte Erfahrungen auf. Abbildung II.6.4 nach Hitzler et al. soll in dieser Hinsicht entsprechend erweitert werden:

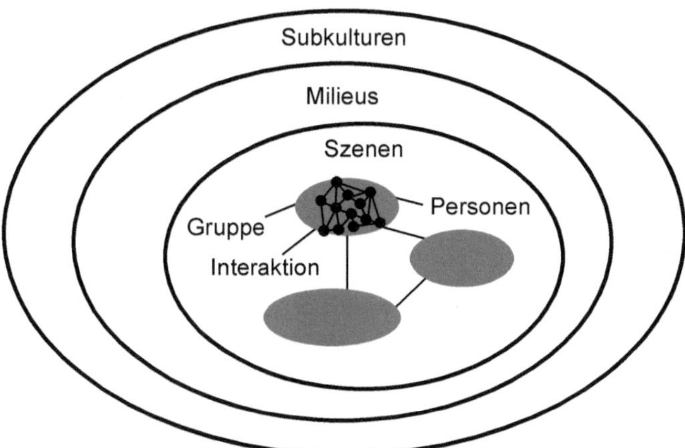

Abb. II.6.4: Gruppen in Szenen, Milieus und Subkulturen (erweitert nach Hitzler et al. 2001: 25)

Auch in soziologischer Sicht stellt sich die Frage nach dem speziellen Anteil des kommunikativen Handelns in solchen **Formen postmoderner Vergemeinschaftungen**. Knoblauch (2008) entwickelt die These, dass traditionale Gemeinschaften zumeist eine Form der Unmittelbarkeit bzw. *Kopräsenz* und mithin eine Unmittelbarkeit der kommunikativen Begegnung von Angesicht zu Angesicht implizieren, gemeinsames Wissen voraussetzen und daher als Wissensgemeinschaften bezeichnet werden können. Demgegenüber haben sich mit der funktionalen Ausdifferenzierung der Gesellschaft, dem vermehrten Bedarf an und den entwickelten Möglichkeiten von mittelbarer Kommunikation *posttraditionale* Gemeinschaften entwickelt, die durch Kommunikation im Wesentlichen erst konstituiert werden. Beispiele für solche **Kommunikationsgemeinschaften**, die durch gemeinsame Nutzung kommunikativer Muster und Verfahrensweisen konstituiert werden, bilden gerade die interaktiven Medien (z. B. Blogs, Pins, Gästebücher). Indem Social Media wie Twitter, Instagram, Facebook das Nutzungsverhalten durch Algorithmen auswerten und es für Themenvorschläge nutzen, werden solche Kommunikationgemeinschaften mitkreiert. Es entstehen sogenannte ›Filterblasen‹ bzw. ›Bubbles‹.

> Als Kommunikationsgemeinschaften teilen sie nicht nur gemeinsame Codes und Formen, sondern auch die Vorstellung einer Gemeinschaft, der man angehört; damit verbunden, im Rahmen der entkontextualisierten Kommunikation noch wichtiger, ist die kommunikative Markierung einer Identität, die der Gemeinschaft entspricht. (Knoblauch 2008: 85)

Die ›Mitgliedschaft‹ in solchen Gemeinschaften wird durch **kommunikative Partizipation** performativ praktiziert. Solche posttraditionalen Gemeinschaften sind durch: Anonymisierung, Entkontextualisierung und Medialisierung charakterisiert. Weitere Beispiele solcher Gemeinschaften stellen aber auch Fan- und Event-Gruppen dar, Party-Szenen sowie die ad hoc-Gemeinschaften beim *public viewing*; die Zugehörigkeit wird stets durch die kommunikative Partizipation angezeigt.

Eine solche Erweiterung der traditionellen soziologischen Kategorie der sozialen Gruppe trägt nicht nur in besonderer Weise dem kulturellen Wandel der Gesellschaft Rechnung; sie eröffnet zugleich Möglichkeiten einer Neubestimmung der soziolinguistischen Kategorie der Gruppensprache und bietet einen Anschluss zum Einbezug der Multimodalität von Schriftsprache und ihrer gruppenspezifischen Variation (→ Kap. I.3.1).

6.5 Gruppenspezifische Variation von Schriftlichkeit

Eine soziolinguistische Perspektive auf Schriftlichkeit wird seit einigen Jahren verstärkt eingefordert, v. a. von Lillis (2013), Spitzmüller (2013) und Androutsopoulos (2014) sowie Busch (2021). Dabei geht es um Formen der skripturalen und graphischen Variation als Kennzeichen bestimmter Szene-Stile und als Kontextualisierungshinweise für subkulturelle Identitätsarbeit.

Androutsopoulos (2003a: 182 f.) demonstriert anhand eines Eintrags auf dem Gästebuch eines Hip Hop-Portals, wie durch das Verdichten verschiedener Merkmale konzeptioneller Mündlichkeit in Verbindung mit lexikalischen und phraseologischen Momenten ein für eine bestimmte Jugendkultur (Hip Hop) typischer Schreibstil entsteht:

Beispiel: Eintrag im Gästebuch eines Hip Hop-Portals
Hey ho leudde!
Na wie gehts euch so suche ma n paar leudde die bock ham mit mir n paar freestyleparts zu kicken. Also wenn ihr bcok habtmal gegen n mädel zu battln und zu verliern schreibt ma.
Also bis dann.
(Androutsopoulos 2003a: 182 f.)

Die Berücksichtigung des Rahmenkonzepts posttraditionaler Gemeinschaften bietet zusätzlich zu Peergruppen und Szenen fruchtbare Anknüpfungspunkte für soziolinguistische Sprachgebrauchsuntersuchungen und das gewandelte Verhältnis von Mündlichkeit und Schriftlichkeit in neuen Medien (⟶ Kap. II.8), wie der folgende Ausschnitt aus einem WhatsApp-Chat mit weiteren Merkmalen konzeptioneller Mündlichkeit und dem »Splitting«-Verfahren, der Aneinanderreihung von vergleichsweise kurzen Beiträgen nach semantisch-pragmatischen Aspekten, hier nur kurz zeigt (Bahlo et al. 2019: 96 f.):

Beispiel: WhatsApp-Chat

1 B: *Hi*
2 A: *Hey*
3 B: *Wgg??*
4 A: *Supii und wütend dir?*
5 B: *Einbissel Depri aber auch total Happy*
6 B: *Wieso wütend??*
7 A: *Why happy??? C und D … wegen 7 x 7 ich hatte halt kb auf bankrutschen*
8 B: *Was haben Sie denn gemacht?*
9 B: *Happy weil olli mich heute angeguckt hat..*
10 A: *Ohhh mich auch*
11 B: *Alter sind D und C dumm*
12 A: *Ich weiss sry das ich aggro bin …. Supiiiii das er geguckt hat*
13 B: *[Lach-Emoji]*
14 A: *Hör auf zu lachen*
15 B: *Sry..*
16 A: *Sagt die die gestern einen lahflash hatte*
17 B: *[Wut-Emoji]*
18 B: *Was'n??*
19 A: *Ach nichtsssss*

(Bahlo et al. 2019: 96 f.)

Neueste Studien differenzieren die Rolle des Graphischen (Spitzmüller 2013, Androutsopoulos/Busch 2020, Busch 2021), denn zumal im Rahmen der Digitalisierung hat sich die Schriftlichkeit strukturell wie funktional besonders verändert. In den Beiträgen des Sammelbands *Register des Graphischen* werden sechs Klassen graphischer Zeichen besonders bearbeitet, u. a. die veränderten Funktionen und Vorkommen von Interpunktion, die Rolle der Bildzeichen, der Typographie, Phonographie und Graphostilistik betreffen. Die Auswahl aus diesen Möglichkeiten der **Multiskripturalität** ist soziolinguistisch bedeutsam, da der Registerwahl soziale Bedeutung zugeschrieben wird (***Enregisterment***). Als These wird formuliert:

> dass eine sozio-situative Ausdifferenzierung des digitalen Schreibens ohne eine [...] sprachreflexive Dimension nicht möglich ist, und dass soziolinguistische Registerkonzepte ihr theoretisch, methodisch und empirisch entgegenkommen. (Androutsopoulos/Busch 2020: 4)

6.6 Beispiele: Bandlogos und Graffiti

Busch hat sich mit der Bedeutung skripturaler Variation in der speziellen Subkultur des Black Metal beschäftigt und sich auf die Verwendung und Rekontextualisierung der Runenschrift konzentriert, die er in einem Spannungsverhältnis zwischen Authentizität und Kommerzialisierung verortet (2015: 33). Neben metasprachlichen Diskursen bezieht er auch ein Korpus von Artefakten ein, das verschiedene Ressourcen von Textsorten (v. a. Tonträger-Cover, Bandlogos, Werbeflyer, Konzertplakate), aber auch T-Shirts und andere Merchandise-Artikel enthält. Deren Analyse erfolgt nach kompositorischen Prinzipien wie räumliche Anordnung, Rahmung und Auffälligkeit (Abb. II.6.5).

Abb. II.6.5: Bandlogos I (Busch 2015: 206)

sowie nach Schreibprinzipien wie z. B. computerisierte Runenelemente und solche mit manueller Anmutung, die als authentischer empfunden werden (Abb. II.6.6):

Abb. II.6.6: Bandlogos II (Busch 2015: 112)

Ein kurzer Ausblick sei noch auf das Thema: **Graffiti** präsentiert. Die dominierende aktuelle Form von Graffiti, die das wissenschaftliche Interesse auf sich zieht, sind jugendkulturelle und zumeist illegale Szene-Graffiti in der Stadt, wodurch eine territoriale Markierung erfolgt. Dabei geht es darum, den Namen des Sprayers oder seiner Gruppe (»tag«) im öffentlichen Raum sichtbar zu machen. Tophinke führt aus:

> Das Szene-Graffiti als urbanes Phänomen hat seine Wurzeln im »american graffiti«, das im Kontext der Hip-Hop-Jugendkultur in den frühen 1980er Jahren nach Deutschland kommt. Graffitis als Artefakte sind im urbanen Raum seit dieser Zeit anhaltend präsent. (Tophinke 2016: 405)

Erste Analysen der spezifischen **Schriftbildlichkeit** des Graffiti-Schreibens von Arten der Stilisierung über die **Transkriptivität**, d. h. das Umschreiben vorhandener Texte (vgl. Jäger 2009), bis zur nichtlinearen **Textualität** und zur grammatischen Relevanz nichtverbaler Ressourcen wurden vorgelegt (Tophinke 2019). Das Herstellen von Graffiti wird, wie das handschriftliche Schreiben, als körperlich situierte Praktik beschrieben, die sich einfachen Sinnzuschreibungen entzieht und geradezu durch Intransparenz gekennzeichnet wird. Ein origineller Buchstabenstil (»style«) sowie die sprachliche, figürliche und dekorative Gestaltung der Graffiti trägt zur Anerkennung in der Sprayer-Szene (»fame«) bei (so Papenbrock/Tophinke 2016, die auch ein Graffiti-Archiv angelegt haben). Inwieweit solche Schriftbilder als Dialogangebote im öffentlichen Raum verstanden werden können (so Schmitz/Ziegler 2016), ist allerdings noch eine weitere offene Forschungsfrage.

Abb. II.6.7: Beispiel für Nichtlinearität von Graffiti (Piece <SAK> (aus: Papenbrock et al. 2016)

6.7 Zusammenfassung und Literatur

Ausgehend vom klassischen Terminus Gruppensprache werden weitere soziolinguistisch relevante Vergemeinschaftungsformen der informellen und formellen Gruppen sowie der sozialen Szenen und der virtuellen Gruppen und ihrer sprachlich-kommunikativen Differenzierungen der Soziolekte verfolgt und an Beispielen veranschaulicht. Dabei wird auch das gewandelte Verhältnis von Mündlichkeit und Schriftlichkeit thematisiert und ein Ausblick auf gruppen- und szenetypische Schriftlichkeitsvariation vermittelt.

Literatur (weiterführend)

Neuland, Eva/Schlobinski, Peter (2018): Sprachgebrauch in sozialen Gruppen. In: Neuland, Eva/Schlobinski, Peter (Hg.): *Handbuch Sprache in sozialen Gruppen.* Berlin/Boston, IX–XXVI.

Busch, Florian (2021): *Digitale Schreibregister. Kontexte, Formen und metapragmatische Reflexionen.* Berlin/Boston.

Literatur (gesamt)

Androutsopoulos, Jannis (1997): Mode, Medien und Musik. Jugendliche als Sprachexperten. In: *Der Deutschunterricht* 6, 10–21.

Androutsopoulos, Jannis (2003a): Online-Gemeinschaften und Sprachvariation. Soziolinguistische Perspektiven auf Sprache im Internet. In: *Zeitschrift für germanistische Linguistik* 31, 173–197.

Androutsopoulos, Jannis (2003b): *Jetzt speak something about italiano.* Sprachliche Kreuzungen im Alltagsleben. In: *Osnabrücker Beiträge zur Sprachtheorie* 65, 79–109.

Androutsopoulos, Jannis (2014): Mediatization and sociolinguistic change. Key concepts, research traditions, open issues. In: Androutsopoulos, Jannis (Hg.): *Mediatization and sociolinguistic change.* Berlin, 3–48.

Androutsopoulos, Jannis/Hinnenkamp, Volker (2001): Code-Switching in der bilingualen Chat-Kommunikation. In: Beißwender, Michael (Hg.): *Chat-Kommunikation. Sprache, Interaktion, Sozialität & Identität in synchroner computervermittelter Kommunikation. Perspektiven auf ein interdisziplinäres Forschungsfeld.* Stuttgart, 367–401.

Androutsopulos, Jannis/Busch, Florian (Hg.) (2000): Register des Graphischen. Variation, Interaktion und Reflexion in der digitalen Schriftlichkeit. Berlin/Boston.

Bättig, Michael/Schleuning, Peter (1980): Der Zusammenhang von Sprache und Erfahrung am Beispiel von Sprache in der Alternativ-Scene. In: *Osnabrücker Beiträge zur Sprachtheorie* 16, 45–70.

Bahlo, Nils/Becker, Tabea/Kalkavan-Aydın, Zeynep/Lotze, Netaya/Marx, Konstanze/Schwarz, Christian/Şimşek, Yazgül (2019): *Jugendsprache. Eine Einführung.* Stuttgart.

Bausinger, Hermann (1972): *Deutsch Für Deutsche – Dialekte Sprachbarrieren Sondersprachen.* Frankfurt/M.

Beck, Ulrich/Beck-Gernsheim, Elisabeth (1994): *Riskante Freiheiten: Individualisierung in modernen Gesellschaften.* Berlin.

Berns, Jan (2003): »Ich geb' dir gleich 'n battle« – Sprachliche Initiation innerhalb deutscher Hip-Hop Kultur. In: Neuland, Eva (Hg.): *Jugendsprachen – Spiegel der Zeit*. Frankfurt, 323–334.

Bohnsack, Ralf (1989): *Generation, Milieu und Geschlecht. Ergebnisse aus Gruppendiskussionen mit Jugendlichen*. Opladen.

Busch, Florian (2015): *Runenschrift in der Black-Metal-Szene. Skripturale Praktiken aus soziolinguistischer Perspektive*. Frankfurt/M.

Busch, Florian (2021): *Digitale Schreibregister Kontexte, Formen und metapragmatische Reflexionen*. Berlin/Boston.

Clarke, John et al. (1979): *Jugendkultur als Widerstand. Milieus, Rituale, Provokationen*. Frankfurt/M.

Durrell, Martin (2004): Sociolect/Soziolekt. In: Ammon, Ulrich/Dittmar, Norbert/Mattheier, Klaus J./Trudgill, Peter (Hg.): *Soziolinguistik. Ein internationales Handbuch der Wissenschaft von Sprache und Gesellschaft*. Berlin/Boston, 200–205.

Galliker, Esther (2014): *Bricolage. Ein kommunikatives Genre im Sprachgebrauch Jugendlicher aus der Deutschschweiz*. Hannover.

Gumperz, John J. (1982): *Discourse strategies*. Cambridge.

Hirt, Herman (1921/1909): *Etymologie der neuhochdeutschen Sprache. Darstellung des deutschen Wortschatzes in seiner geschichtlichen Entwicklung*. 2. Aufl. München.

Hitzler, Ronald/Bucher, Thomas/Niederbacher, Arne (2001): *Leben in Szenen. Formen jugendlicher Vergemeinschaftung heute*. Wiesbaden.

Hitzler, Ronald/Honer, Anne/Pfadenauer, Michaela (2008): *Posttraditionale Gemeinschaften. Theoretische und ethnografische Erkundungen*. Wiesbaden.

Hörning, Karl H./Michailow, Matthias (1990): Lebensstil als Vergesellschaftungsform. Zum Wandel von Sozialstruktur und sozialer Integration. In: Berger, Peter A./Hradil, Stefan (Hg.): *Lebenslagen, Lebensstile, Lebensläufe*. Göttingen, 501–521.

Jäger, Ludwig (2009): Intermedialität – Intramedialität – Transkriptivität. Überlegungen zu einigen Prinzipiel der kulturellen Semiosis. In: Deppermann, Arnulf/Linke, Angelika (Hg.): *Sprache intermedial. Stimme und Schrift. Bild und Ton*. Berlin/New York, 301–323.

Knoblauch, Hubert (2008): Kommunikationsgemeinschaften. Überlegungen zur kommunikativen Konstruktion einer Sozialform. In: Hitzler, Ronald/Honer, Anne/Pfadenauer, Michaela (Hg.): *Posttraditionale Gemeinschaften. Theoretische und ethnografische Erkundungen*. Wiesbaden, 73–89.

Krappmann, Lothar (1991): Sozialisation in der Gruppe der Gleichaltrigen. In: Hurrelmann, Klaus/Ulich, Dieter (Hg.): *Handbuch der Sozialisationsforschung*. Weinheim, 355–375.

Lillis, Theresa (2013): *The Sociolinguistics of Writing*. Edinburgh.

Löffler, Heinrich (2016): *Germanistische Soziolinguistik.* 5., neu bearb. Aufl. Berlin.

Machwirth, Eckhart (1999): Die Gleichaltrigengruppe (peer-group) der Kinder und Jugendlichen. In: Schäfers, Bernhard (Hg.): *Einführung in die Gruppensoziologie. Geschichte, Theorien, Analyse.* Wiesbaden, 248–268.

Nabrings, Kirsten (1981): *Sprachliche Varietäten.* Tübingen.

Neuland, Eva (2009): Gruppensprachen. In: Pohl, Inge/Ulrich, Winfried (Hg.): *Wortschatzarbeit.* Hohengehren, 297–310.

Neuland, Eva (2016): *Deutsche Schülersprache. Sprachgebrauch und Spracheinstellungen Jugendlicher in Deutschland.* Frankfurt/M.

Neuland, Eva (2018): Sprachgebrauch in Jugendgruppen. In: Neuland, Eva/Schlobinski, Peter (Hg.): *Handbuch Sprache in sozialen Gruppen.* Berlin/Boston, 276–292.

Neuland, Eva/Schlobinski, Peter (2018): Sprachgebrauch in sozialen Gruppen. In: Neuland, Eva/Schlobinski, Peter (Hg.): *Handbuch Sprache in sozialen Gruppen.* Berlin/Boston, IX–XXVI.

Papenbrock, Martin/Tophinke, Doris (2016): Graffiti. Formen, Traditionen, Perspektiven. In: Hausendorf, Heiko/Müller, Marcus (Hg.): *Handbuch Sprache in der Kunstkommunikation.* Berlin, 88–109.

Petkova, Marina (2018): Code-switching und Gruppenkonstellationen. In: Neuland/Schlobinski (Hg.): *Handbuch Sprache in sozialen Gruppen.* Berlin/Boston, 218–232.

Schäfers, Bernhard (2013): *Einführung in die Soziologie.* Wiesbaden.

Schlobinski, Peter/Kohl, Gaby/Ludewigt, Irmgard (1993): *Jugendsprache. Fiktion und Wirklichkeit.* Opladen.

Schmitz, Ulrich/Ziegler, Evelyn (2016): Sichtbare Dialoge im öffentlichen Raum. In: *Zeitschrift für germanistische Linguistik* 44:3, 469–502.

Schulze, Gerhard (1993): *Die Erlebnisgesellschaft. Kultursoziologie der Gegenwart.* Frankfurt/M.

Schwitalla, Johannes (1986): Jugendliche »hetzen« über Passanten. Drei Thesen zur ethnographische Gesprächsanlyse. In: Hartung, Wolfdietrich (Hg.): *Untersuchungen zur Kommunikation – Ergebnisse und Perspektiven.* Berlin-Ost, 248–261.

Schwitalla, Johannes (1988): Die vielen Sprachen der Jugendlichen. In: Geissner, Helmut/Gutenberg, Norbert (Hg.): *Kann man Kommunikation lehren?* Frankfurt/M., 167–176.

Spitzmüller, Jürgen (2013): *Graphische Variation als soziale Praxis. Eine soziolinguistische Theorie skripturaler ›Sichtbarkeit‹.* Berlin/Boston.

Steger, Hugo (1964): Gruppensprachen. Ein methodisches Problem der inhaltsbezogenen Sprachbetrachtung. In: *Zeitschrift für Mundartforschung* 31, 125–138.

Steinig, Wolfgang (1976): *Soziolekt und soziale Rolle. Untersuchungen zu Bedingungen und Wirkungen von Sprachverhalten unterschiedlicher gesellschaftlicher Gruppen in verschiedenen sozialen Situationen.* Düsseldorf.

Strzoda, Christiane/Zinnecker, Jürgen/Pfeffer, Christiane (1996): Szenen, Gruppen, Stile. Kulturelle Orientierungen im Jugendraum. In: Silbereisen, Rainer K./Vaskovics, Laszlo A./Zinnecker, Jürgen (Hg.): *Jungsein in Deutschland. Jugendliche und junge Erwachsene 1991 und 1996.* Opladen, 57–83.

Tertilt, Hermann (1996): *Turkish Power Boys: Ethnographie einer Jugendbande.* Frankfurt/M.

Tophinke, Doris (2016): »In den tiefsten Winkeln unserer Betonwälder tanzen die Namen ein farbenfrohes Fest und wir tanzten bis in die Morgenstunden« – Zur praktischen Kultur des Szene-Graffiti. In: Deppermann, Arnulf/Feilke, Helmuth/Linke, Angelika (Hg.): *Kommunikative und sprachliche Praktiken.* Berlin, 405–430.

Tophinke, Doris (2019): »All City« – Graffiti-Writings als Kommunikate des Urbanen. In: *Zeitschrift für germanistische Linguistik* 47:2, 355–384.

van Treeck, Bernhard (1993): *Graffiti-Lexikon. Street Art. Legale und illegale Kunst im öffentlichen Raum.* Moers.

Watzlawik, Sonja (2000): Sprechen Rapper anders als Raver? Sprachstile in Musikszenen. In: *Der Deutschunterricht* 3, 78–84.

Internetquellen

Papenbrock, Martin/Tophinke, Doris/Oevel, Gudrun (2016–): INGRID – Informationssystem Graffiti in Deutschland. Abrufbar unter: https://www.uni-paderborn.de/forschungsprojekte/ingrid/ (Stand: 13/07/2022)

7 Sprachkontakt, Mehrsprachigkeit und Interkulturalität

Christian Efing

Sprachkontakt und Mehrsprachigkeit wurden im Zuge der großen Migrationswellen der späten 1960er und der 1970er Jahre und ihrer Weiterentwicklung bis heute Themenschwerpunkte der Soziolinguistik.

In den frühen 1970er Jahren konzentrierte sich die Forschung auf das Gastarbeiterdeutsch, auch als ›Pidgin-Deutsch‹ bezeichnet, wie im Heidelberger Projekt (1975) zu spanischen und italienischen Gastarbeitern. Dabei herrschte die Vorstellung einer rudimentären und defizitären Beherrschung des Standarddeutschen vor. Korrespondierend dazu wurden aber auch im Foreigner Talk einheimischer Gesprächspartner Tendenzen der Vereinfachung und Reduktion erkannt (z. B. Duzen, Verwendung unflektierter Formen), die die sprachlichen und kommunikativen Kompetenzen der ausländischen Gesprächspartner oft unterschätzten. Der Anwendungsbezug der frühen Forschungen war deutlich durch den als unzureichend empfundenen ungesteuerten Zweitspracherwerb ausländischer Arbeitnehmer motiviert und wurde alsbald vom sprachpädagogischen Interesse an gesteuertem Zweitspracherwerb abgelöst. Während es sich hier noch um Migranten der ersten Generation vorwiegend aus Südeuropa handelte, wird bald darauf dem Herkunftsland Türkei und dem sog. Türkendeutsch sowie den Folgegenerationen der in Deutschland geborenen Nachfahren der Migranten große Aufmerksamkeit zuteil. Im Folgenden wird dieser Entwicklung Rechnung getragen, indem die soziolinguistische Forschung anhand eines Spannungsbogens vom Gastarbeiterdeutsch über ethnolektale Sprechweisen bis hin zum polyethnischen Sprechstil nachgezeichnet wird. Die jüngste Migrations- und Flüchtlingswelle um das Jahr 2015 herum wird dabei noch nicht berücksichtigt, da abzuwarten bleibt, was hier aus soziolinguistischer Sicht noch erforscht wird. Die (Fremd- und Zweit-)Sprachendidaktik hat sich dieser Zielgruppe hingegen schnell angenommen (vgl. etwa Roche 2016).

7.1 Gastarbeiterdeutsch der 1970er Jahre

Als Gastarbeiterdeutsch wird die sozial stigmatisierte, rudimentäre und früher auch als **pidginisiertes Deutsch** (Clyne 1968) benannte Sprachform bezeichnet, die von der ersten Generation von Arbeitsmigranten in Deutschland ab Mitte des 20. Jh. gesprochen wurde. Gastarbeiterdeutsch war das Ergebnis eines ungesteuerten Zweitsprachenerwerbs und blieb ohne weiteren Ausbau. Diesen Prozess der funktionalen und strukturellen Stagnation einer Sprache bezeichnet man auch als ›Pidginisierung‹ oder, im Falle der Stagnation der sprachlichen Entwicklung eines Einzelnen, als ›**Fossilierung**‹.

Der Begriff der ›Pidginisierung‹ hat sich in Anlehnung an so genannte Pidginsprachen gebildet, bei denen es sich um meist in ehemaligen Kolonialgebieten entstandene sprachliche Varietäten mit starker funktionaler und struktureller Vereinfachung handelt. Übertragen auf die Sprachentwicklung der Arbeitsmigranten beschreibt er eine über längere Zeit stagnierende Lernersprache, die sich durch vereinfachte phonologische, morphologische und syntaktische Strukturen sowie durch einen stark reduzierten Wortschatz und die Tendenz zur Umschreibung auszeichnet. Der Begriff der Pidginisierung ist negativ konnotiert und daher heutzutage nicht mehr gebräuchlich. Auch das Pseudopidgin (Foreigner Talk) deutscher Arbeiter gegenüber Gastarbeitern, das deren Lernersprache festigt, wird als pidginisierte Varietät beschrieben und kritisiert (Bodemann 1977, Stölting 1975).

Der über die verschiedenen Gruppen und Herkünfte von Arbeitsmigranten hinweg Einheitlichkeit suggerierende Begriff des Gastarbeiterdeutsch ist begründet in den sprachlichen Parallelen der Lernersprachen, die sich unabhängig von der jeweiligen Herkunftssprache sprachsystematisch durch einen **starken Akzent** sowie eine **reduzierte Lexik** und **reduzierte grammatische Struktur** auszeichnen. Pragmatisch auffällig ist das gängige Duzen. Im Unterschied zu Lernersprachen (Lernervarietäten) im Zuge beispielsweise des gesteuerten Fremdsprachenerwerbs ist das Gastarbeiterdeutsch kein Zwischenstadium, das sich noch weiterentwickelt, sondern ein stagniertes Stadium der Sprachentwicklung im Deutschen, das daher von außen als defizitäres Deutsch wahrgenommen wurde.

Verantwortlich für diese fehlende sprachliche Weiterentwicklung (Fossilierung) im Deutschen als Zweitsprache war nicht ausschließlich das biologische Alter der Migranten bei Beginn des Deutschlernens (Jüngere lernen tendenziell leichter/schneller), sondern hierzu zählten auch Faktoren wie die soziale Integration in die Aufnahmegesellschaft, die Einstellung zur Sprache, kommunikative Bedürfnisse, Bildungshintergrund usw. (Dittmar/Şimşek 2017: 197). Wie der Begriff ›Gastarbeiter‹ bereits andeutet, gingen die bundesrepublikanische Politik und Bevölkerung ebenso wie zum Teil die Arbeitsmigranten selbst davon aus, dass der jeweilige Arbeitsaufenthalt einer als ›Gast‹ und damit ein vorübergehender sei, weshalb ein systematisches Lernen des Deutschen und eine dauerhafte Integration in die deutsche Gesellschaft nicht zwingend erforderlich seien. Die meisten Gastarbeiter jedoch blieben in Deutschland und holten ihre Familien nach. Trotz dieser Umorientierung wurde der unsystematische, ungelenkte Erwerb des Deutschen als Zweitsprache nicht durch einen gesteuerten Deutsch-Erwerb ergänzt.

Die deutsche (Sozio-)Linguistik reagierte auf dieses neue sprachliche Phänomen des Gastarbeiterdeutsch in drei Phasen (Hinnenkamp 1990: 284): In Phase I musste Gastarbeiterdeutsch als neu zu entdeckender Code zunächst einmal linguistisch in Abgrenzung zur deutschen Standardvarietät beschrieben werden. In Phase II wurde Gastarbeiterdeutsch als soziolinguistisches Phänomen untersucht und es wurde gefragt, welche außersprachlichen Faktoren den ungesteuerten DaZ-Erwerb bedingen. Die dritte Phase schließlich erforschte aus pragmatischer und diskursanalystischer Sicht Gastarbeiterdeutsch als interaktionales Problem und Produkt und untersuchte, wie sich Kommunikationsprozesse zwischen Deutsch-Muttersprachlern und Gastarbeitern vollziehen und wie diese (z. B. Foreigner Talk als Pidgin-Verstärker) die Erwerbs- und Verständigungsprozesse der Gastarbeiter bedingen.

Linguistisch-strukturell lässt sich, über die verschiedenen Herkunftssprachen hinweg, folgende **Charakterisierung von Gastarbeiterdeutsch** vornehmen (Keim 1984):

- Tendenz zu analytischer Wortbildung:
  kontroll machen anstatt *kontrollieren*, *telefon machen* anstatt *telefonieren*
- Verwendung der Negationspartikel *nix* vor dem Verb:
  ich nix arbeit anstatt *ich arbeite nicht / ich habe keine Arbeit*
- Verwendung des Zahladjektivs *viel*:
  aber des viel schwer anstatt *aber das ist sehr schwer*
- Verbendstellung:
  ich dir helfen anstatt *ich helfe dir*
- Verwendung des Verbs im Infinitiv (Ausfall der Verbflexion):
  du arbeiten viel anstatt *du arbeitest viel*

- Ausfall von Subjekt, Verb, Artikel, Präposition, Personalpronomen, Tempusmarkierung:
  und bis jetzt 8 jahre diese firma arbeiten auch anstatt *ich arbeite bis jetzt 8 Jahre bei dieser Firma*; *aber meine firma alles frau* anstatt *aber in meiner Firma arbeiten/sind nur Frauen*; *ich chef rufen* anstatt *ich rufe den Chef*; *nur ausländer kommen die maschine* anstatt *nur Ausländer kommen an die Maschine*

Die Bezeichnung Gastarbeiterdeutsch und die hier vorgenommene linguistische Beschreibung gilt so lediglich für die erste Generation von Arbeitsmigranten, für die das Gastarbeiterdeutsch tatsächlich das einzig verfügbare Kommunikationsmittel im Deutschen war. Bereits für die zweite Generation der Arbeitsmigranten, die Kinder der ersten Generation, verlagerte sich der Stellenwert des Gastarbeiterdeutschen im individuellen Kompetenz-Repertoire des Deutschen und es wurde zu einer Varietät unter anderen, die nur für ganz spezifische kommunikative Zwecke eingesetzt wird. Das Gastarbeiterdeutsch erfährt hier eine klar soziokulturelle Aufladung und Bedeutung (vgl. etwa Keim 2007a, b), wobei es eine stigmatisierte Varietät auch in der Verwendung durch Migranten der Folgegenerationen bleibt. Dass diese Gastarbeiterdeutsch mit dieser Funktion einsetzen (können), liegt daran, dass es für sie eben nicht mehr die einzige Kommunikationsmöglichkeit im Deutschen ist, sondern sie über ein weit größeres Repertoire des Deutschen im Standard- wie Nonstandard-Bereich verfügen. Hieraus sollen im Folgenden insbesondere die mit den Folgegenerationen der Arbeitsmigranten assoziierten ethnolektalen Sprechweisen in ihrer sozialen Funktion vorgestellt werden.

7.2 Ethnolekte und De-Ethnisierungen

Die Soziolinguistik greift die speziellen Sprachgebrauchsweisen der zweiten und folgenden (zunächst v. a. türkischsprachigen) Generationen unter der Bezeichnung der ›Ethnolekte‹ auf und versucht, Interferenzen zwischen der Herkunftssprache und der Zielsprache aufzuzeigen. Allerdings stellt die Forschung fest: »Türkisch sprechen nicht nur die Türken« (Dirim/Auer 2002) und analysiert die verschiedenen Transformationen von Ethnolekten (Auer 2003) und Prozesse der De-Ethnisierungen (Hewitt 1994, Erfurt 2003) hin zum polyethnischen Sprechstil. An Phänomenen des ›Multisprech‹, der Sprachkreuzungen, der Stilisierung und der Hybridität, am ›Spiel mit Stil‹, z. B. in Jugendszenen und auch in satirischen Medienformaten, stoßen variations- und gar varietätenlinguistische Ansätze an ihre Grenzen und machen konstruktivistischen Platz, die der sozialsymbolischen Funktion des Sprachgebrauchs einen besonderen Stellenwert beimessen. In dieser Hinsicht tragen auch Projekte zur Stadtsprachenforschung (Kallmeyer 1994, Keim 2007 ff.; → Kap. II.2.4) zum Themenkomplex Sprache und Migration bei. Weitere Überschneidungen ergeben sich zur Jugendsprachforschung (Neuland 2018; → Kap. II.5.5). Die Beschreibung der Formen und Funktionen ethnolektaler Sprechweisen, die Entwicklung von Ethnolekten hin zur De-Ethnisierung sowie die Bezüge zu anderen Varietäten im Rahmen der individuellen Sprecherrepertoires und auch im europäischen Vergleich (vgl. Kern/Selting 2011) werden im Zentrum der folgenden Ausführungen stehen.

Gehen wir aus von einer kurzen Definition:

Ethnolekt
»Ein Ethnolekt ist eine Sprechweise (Stil), die von den Sprechern selbst und/oder von anderen mit einer oder mehreren nicht-deutschen ethnischen Gruppen assoziiert wird. Anders als im Falle der bekannten lexikalischen Innovationen der sog. Jugendsprache betrifft er im vorliegenden Fall (auch) die Grammatik.« (Auer 2003: 256)

Ethnolekte sind damit formal eine mischsprachliche, mündlich gesprochene **Kontaktvarietät** aus Elementen des Deutschen und der Herkunftssprachen von ursprünglich Migrantenkindern der zweiten oder dritten Generation, die in multilingualen und multiethnischen urbanen Gruppen eine identitätsstiftende Funktion übernimmt. Sie sind jedoch keine Lernervarietäten, auch wenn einige Merkmale, wie z. B. Simplifizierungen und Übergeneralisierungen, Ähnlichkeiten mit Lernervarietäten haben (Keim 2011: 158). In natürlichen Gesprächen hört sich das zum Beispiel so an:

Beispiel: Kontaktvarietät
Elif: Isch kann misch gut bewegen, wa? Ischwöre, Egal, was für ein Hiphopmusik isch höre, ey, mein Körper drinne tanzt voll, lan. [...]
Aymur: Was steht da auf ihre Hose? [...] ›Melinda‹ oder so.
Deniz: Melissa. Mann, die is ein Püppschen, lan.

Juri: Ihre Schwester is voll ekelhaft, Alter. Ischwöre.
Sarah: Ey, weißte, Mann. Lara is ihre Schwester, wa. Die ähneln sisch bisschen. [...]
Juri: Die mit den Knutschfleck immer hier. Du kennst.
Elif: Mann, die hat tausend. Jeden Tag nen neuen Freund, Mann.
Aymur: Ja. Und die hat immer hier Knutschfleck. [...]
Juri: Manschmal, wenn isch tanze, isch geh an Spiegel, isch mach so. [...]
(Wiese 2012: 11 f.)

Grammatische Besonderheiten gegenüber der Standardsprache betreffen insbesondere systematische prosodische und phonetische (›gestoßenes Sprechen‹, Koronalisierung, apikales [r]) sowie syntaktische Besonderheiten (Ausfall der Artikel und Präpositionen, gehäufte Dativ-Verwendung). Lexikalisch und pragmatisch auffällig ist die häufige Verwendung bestimmter Schlüsselwörter (*krass, konkret, weißt du, ich schwör*). Typisch für Ethnolekte ist aber auch das Code-Switching und -Mixing.

Während **Code-Switching** (Code = Sprache, Varietät, Register oder Stil; → Kap. II.6.3) das zumeist funktionale oder thematisch bedingte, lokal bedeutsame oder einen neuen Kontext eröffnende Wechseln von einem Code A in einen andere Code B an bestimmten Stellen oder aufgrund bestimmter Auslöser bezeichnet, werden mit **Code-Mixing** Phänomene der fließenden Sprach- bzw. Code-Mischung von auch mehr als zwei Codes innerhalb von Wörtern (Flexion) und Konstruktionen (*feiern yaptım* ‚ich feierte/feiern machte ich'; *bilderlar* ‚Bild + dt. Plural *-er* + türk. Plural *-lar*) oder Sätzen gemeint, die erheblich schneller und öfter wechseln, sodass sprachliche Grenzen verschwimmen und lokale Wechsel keine spezifische, konkrete Bedeutung mehr haben, sondern generell als symbolisches, soziolektales Mittel zum Ausdruck einer eigenständigen sozialen Identität der Sprecher zu sehen sind (z. B. in Abgrenzung zu Deutschen oder den türkischen Eltern). Code-Mixing kann im ethnolektalen Kontext die Normalform der Ingroup-Kommunikation sein:

ME: o da konuşma die gan zeit ben=d=böyl=aptım
Ü *er hat auch nicht gesprochen die ganze zeit und ich hab so gemacht*

(Keim/Cindark 2003: 384)

05	TU:	Ehrd ei“ne stunde gewartet
→07	ME:	+kardeşim↓ * sen onu yazıp versene bana↓
08	Ü	*mensch schreibs du doch und gibs mir*
→09	ZE:	isch ka“nn des net isch bin im praktikum↓ *
10	ME:	niye↑
11	Ü	*warum*
12	ZE:	almayız derler↓ * was soll isch >dann machn<↓ ** wenn du <kommst>↑ *
13	Ü	*die sagen wir nehmen dich nicht*
14	ZE:	beş dakka Erhdın yanına gir↓ dann kriegst du alles was du willst↓
15	Ü	*geh fünf minuten zu Erhd rein*

(Keim/Cindark 2003: 389)

Heutzutage werden Ethnolekte stark durch die Medien stilisiert und verbreitet (›Ghetto-Deutsch‹, ›Kanakisch-Deutsch‹) und von Deutsch-Erstsprachlern übernommen (Dirim/Auer 2002). Soziolinguistisch sind Ethnolekte dabei mit Härte, Agressivität, Coolness und Machotum konnotiert.

Gesellschaftlich gelten Ethnolekte in der breiten und medialen Öffentlichkeit, ähnlich wie das Gastarbeiterdeutsch, als stigmatisiert und defizitär gegenüber der deutschen Standardsprache. Ethnolektale Sätze wie ›*Machst Du rote Ampel?*‹ oder ›*Die mit den Knutschfleck immer hier. Du kennst!*‹ werden Sprechern mit Migrationshintergrund tendenziell eher negativ als mangelnde Sprachkompetenz oder gar Integrationsverweigerung ausgelegt denn als sprachliche Innovation oder Identitätsausweis. Dass sie von den Sprechern zumeist gezielt und funktional sowie durchaus kreativ und nur in bestimmten Situationen – und hier funktional angemessen – eingesetzt werden und dass die Sprecher durchaus auch andere, prestigeträchtigere Varietäten des Deutschen beherrschen, wird von der Öffentlichkeit oft ignoriert (→ Kap. III.2).

Generell trifft man auf ethnolektale Sprechweisen eher bei jüngeren Sprechern, weshalb Ethnolekte oft auch als eine Art multiethnische Jugendsprache (Wiese 2012) bezeichnet werden, die an der Schnittstelle bzw. im Sprachkontakt verschiedener Sprachen und Varietäten des Deutschen entsteht:

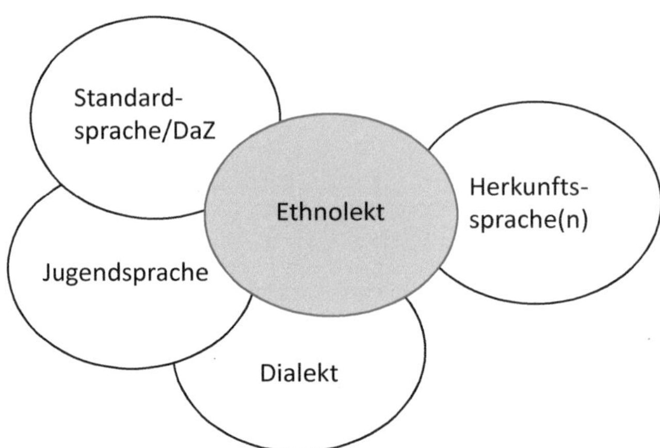

Abb. II.7.1: Ethnolekte als Mischsprache im Sprachkontakt

Ethnolekte sind demnach aus linguistischer Sicht ein Beleg für **kreative Prozesse der Sprachmischung** sowie ein Ort des sehr schnellen Sprachwandels, was Wiese zur Bezeichnung als ›dynamischer Turbodialekt‹ (Wiese 2012: 17) verleitet. Die Kategorisierung und Bezeichnung als ›Dialekt‹ (Wiese 2012) ist jedoch aus (sozio-)linguistischer Sicht verwirrend und nicht haltbar, Dittmar (2013: 195) bezeichnet sie gar als ›naiv‹ und ›irreführend‹.

Da sich neben der Wissenschaft auch die mediale Öffentlichkeit und insbesondere die Comedy-Szene (vgl. Kotthoff 2009) sehr früh des Phänomens der Ethnolekte zugewendet hat, verschwimmen die Grenzen zwischen realen ethnolektalen Sprechweisen und Sprechergruppen und fiktionalen, karikaturhaften medialen Inszenierungen dieser Sprechweisen und Sprechermilieus sehr schnell, wobei Medienakteure einerseits zu Meinungsmachern (vor allem bezüglich der Bewertung) und andererseits zu Verfälschern der authentischen Sprechweisen werden.

Diese **mediale, bisweilen (sprach-)ideologische Karikierung und klischeehafte Verzerrung** der realen ethnolektalen Sprechweisen macht dabei nicht bei sprachlichen Merkmalen halt, sondern koppelt Sprache auf zum Teil gefährliche, manipulative Art an soziale und kulturelle Aspekte. Sprachlich finden sich in den medialen Inszenierungen etwa grammatische Phänomene (›Fehler‹), die keine Basis im authentischen Ethnolekt haben (*dem* als durchgängiger Definitartikel, *gefahrt* als Partizip). Hiermit und parallel dazu schaffen die Medien sprachliche wie außersprachliche Stereotypen und koppeln Ethnolekte an gewisse, oft kriminelle soziale (und Bildungs-) Milieus. Genau diese Verzerrungen (statt authentischer Verwendungsbeispiele) in zudem unauthentischen und damit dysfunktionalen Kontexten werden dann nicht selten von Verlagen als Unterrichtsmaterial aufbereitet, was zu einer Verbreitung des verzerrten Bildes führt. Selbst seriöse Medien wie der SPIEGEL prägen ein verzerrtes Bild, indem sie jugendlich-ethnolektales Sprechen pauschal-undifferenziert mit Milieus und Herkunftskulturen assoziieren:

> *Was soll der Scheiß?* So reden die Bewohner dieser Welt. *Ey Mann, ey. Nutte. Killer. Krass.* Es gibt viele ›sch‹- und ›ch‹-Laute in dieser Sprache, kaum noch ganze Sätze. *Dreckische Deutsche,* so reden sie. [...] Respekt bekommt, wer die eigene, also die türkische oder libanesische Schwester vor Sex und Liebe und diesem großen glitzernden Westen schützt und selbst *deutsche Schlampe fickt.* Ohne Artikel. Wie sie eben reden. (DER SPIEGEL 14/2006)

Dass dieses Bild nicht der Wahrheit der Sprechergruppen, sprachlichen Formen und Funktionen entspricht, wird im Folgenden zu zeigen sein, wenn Ethnolekte soziolinguistisch beschrieben werden.

Die Existenz von Ethnolekten – nicht nur als deutsches, sondern europäisches Phänomen – ist seit mindestens Mitte der 1990er Jahre bekannt. Als Hauptträger gelten männliche Jugendliche, die ursprünglich v. a. türkischstämmig waren, doch gilt dies so heute nicht mehr. Entstanden sind Ethnolekte im urbanen Umfeld der Großstädte, in sogenannten ›Großstadtghettos‹, in denen viele Migranten der zweiten oder dritten Generation wohnten. Deren Herkunftssprachen bestimmten u. a. durch Interferenzen die sprachlichen Merkmale der Ethnolekte mit.

Der defizitären Sicht der Öffentlichkeit auf Ethnolekte setzt Heike Wiese (2013: 45) aus linguistischer Sicht eine bewusst positive Interpretation der sprachlichen Merkmale und Innovationen von Ethnolekten entgegen, wenn sie diese als v. a. zwei Arten grammatischer Entwicklungen interpretiert:

- einerseits als quantitativen Ausbau bzw. Systematisierung von Nonstandard-Konstruktionen anderer Varietäten gegenüber dem Sprachgebrauch in vergleichbaren, aber stärker monoethnischen/monolingualen Gruppen (z. B. die Verwendung von *voll*: *Das ist [voll, ganz, total, sehr] schön.*);

- andererseits als grammatische Innovationen, die auf vorhandenen Mustern des Deutschen aufbauen, diese aber qualitativ verändern und weiterentwickeln (z. B. *ich weiß wo die gibs*; *es gibs nich mehr sowas wie früher*; *ich war gestern bauhaus und habe geguckt welche sorten gibs*). Dabei muss letztlich ungeklärt bleiben, ob es tatsächlich, wie von Wiese dargestellt, die vorhandenen, vergleichbaren deutschen Konstruktionen (etwa Verzicht auf Präposition und Artikel beim Sprechen über Haltestellen: *Ich steig Alexanderplatz aus.*) sind, die die Ethnolekte aufgreifen, in andere Kontexte setzen und verbreiten, oder ob es nicht doch auch andere Interpretationen – wie die der Interferenz, Sprachökonomie und grammatischen Vereinfachung – gibt.

Sprachliche Merkmale für ethnolektales Sprechen können grob wie folgt zusammengefasst werden (vgl. u. a. Dirim/Auer 2002, Auer 2003, Keim/Knöbl 2007, Keim 2011: 163 f.):

1. **phonetisch-phonologische Ebene**
   - Koronalisierung: /ʃ/ statt /ç/ (*isch* statt *ich*)
   - Reduktion des /ts/ zu /s/: *swei* statt *zwei*
   - Gerolltes /r/
   - Nicht-Vokalisierung von auslautendem /r/
   - Fehlen von Glottalverschlüssen
   - Kürzung langer Vokale
   - ›gestoßenes Sprechen‹
   - Phonetische (segmentale und suprasegmentale) Interferenzen der Herkunftssprachen
2. **morphologische und syntaktische Ebene**
   - Fehlende Kongruenz in komplexen Nominalphrasen, fehlende Inversion
   - Nomen ohne Artikel und Präposition (fast nur in Ortsangaben!) bzw. mit von der Standardsprache abweichender Präposition: *Wenn wir überhaupt Hochzeit gehen*; *Sich von anderen Leuten wehren*
   - Veränderung des Valenzrahmens/von Subkategorisierungsregeln (selten): *Mit dem du geheiratet hast* statt *den du geheiratet hast*
   - Veränderung der Genera: *gutes Gewinn*; *ein Ohrfeige geben*
   - von der Standardsprache abweichende Kongruenzregelung in komplexen Nominalphrasen: *schlechten Gewissen gehabt*; *steht einer Deutscher*

- Häufiges Fehlen von (in)definiten Artikeln: *da wird Messer gezogen; sonst bist du toter Mann; hast du Problem?*
- Umwandlung der Satzstellung in Subjekt-Verb-Objekt-Sätzen: *Jetzt ich bin 18; wollte ich keine Hektik machen*
- Nicht-Setzen anaphorischer und suppletiver Pronomen: *Als ich kennengelernt hab...* statt *als ich ihn/sie kennengelernt habe*

3. **lexikalische und pragmatische Ebene**
   - Türkische Anreden als Diskursmarker
   - Beschimpfungen (*siktir lan* ‚verpiss dich, Mann')
   - Einfluss des Türkischen und Arabischen
   - *lan* ‚Typ, Mann', *moruk* ‚Alter', *yallah* ‚los, schnell'
   - Anglizismen (Jugendsprache)
   - Passe-Partout-Verben (*gehen, machen – ich mach Dich Messer/Krankenhaus*), Passe-Partout-Substantive (*ding(s)*)
   - Bereiche: Anrede, Redebeginn/-schluss, Bekräftigung, ritualisierte Flüche und Beleidigungen (typisch Jugendsprache)
   - Häufige Verwendung von neuen Funktionswörtern (Fokus- und Diskursmarkern) (*so, ischwör, lassma, musstu, kuxu*)

Vergleicht man die ethnolektalen Merkmale mit denen des Gastarbeiterdeutsch, fällt als Gemeinsamkeit vor allem der Ausfall von Artikeln und Präpositionen auf. Es überwiegen aber die Unterschiede: Die Ethnolekt-Sprecher flektieren (wenn auch zum Teil fehlerhaft) Nomen und Verben, sie befolgen weitgehend die Wortstellung in Haupt- und Nebensätzen gemäß den Normen der deutschen Standardsprache und sie beherrschen auch die Satzklammer. Vor allem zeigt sich das größere Repertoire der Ethnolekt-Sprecher darin, dass sie nicht auf eine fossilierte Sprache beschränkt sind, sondern dass bei ein und demselben Sprecher eine große Variabilität der genannten Phänomene zu verzeichnen ist; d. h., dass ihnen die ›korrekten‹, standardsprachlichen Regeln bekannt sind und sie sie an die jeweilige Situation anpassen können. Ethnolekte sind demnach kein Beleg für mangelnde Sprachkompetenz im Deutschen, sondern funktional ein Ausdruck eines neuen deutsch-türkischen (oder anders-ethnischen) Selbstbewusstseins, einer neuen Identität der Sprecher. Nach Auer ist der (türkische) Ethnolekt demnach »zwar kompatibel mit natürlichen Vereinfachungsstrategien und lernertypischen Interferenzen«, doch sind die Sprecher in der Lage, diese Vereinfachungsstrategien gezielt, »selektiv und situationsspezifisch zu Zwecken der Selbst-Stilisierung als ethnischer Gruppe ein[zu]setzen« (Auer 2003: 260).

Das bedeutet, dass Ethnolekte, im Gegensatz zum Gastarbeiterdeutsch, bewusst, gezielt und damit funktional eingesetzt werden.

Als **Haupt-Funktionen des ethnolektalen Sprechens** lassen sich, sich jeweils überlappend oder gegenseitig bedingend, nennen:

- Funktion der **Selbst-Stilisierung** (zu einer ethnischen/sozialen Gruppe) als Ausdruck eines neuen deutsch-türkischen Selbstbewusstseins, einer neuen Identität: der Ethnolekt wird zu einem *We*-Code gegenüber dem Deutschen als *They*-Code; hiermit verbunden
- Funktion **als Jugendsprache** (z. B. Provokation und soziale Abgrenzung; → Kap. II.4.5); in diesem Zusammenhang insbesondere
  - Funktion der **Gruppenstabilisierung** nach innen durch Verwendung gegenüber und in Anwesenheit von peers, während die Verwendung von Standardsprache eine soziale Distanz aufmacht;
  - Funktion der **Gruppenabgrenzung** nach außen;
  - Nutzung in **scherzhaften Situationen**;
  - Nutzung hinsichtlich Aussagen, die man nicht mit der ›eigenen **Stimme**‹ tätigen will: Anmachsprüche, derbe Witze, Anzüglichkeiten etc.

Zu diesen Funktionen, die ausschließlich für die primären Sprecher gelten, kommen weitere Funktionen hinzu, wenn Außenstehende, etwa Medienakteure, sich ethnolektaler Sprechweisen bedienen und diese, partiell vergleichbar dem Foreigner Talk, imitieren und karikieren. Hier zu nennen wäre eine diskriminierende Funktion (Inszenierung, Verstärkung und angebliche Bestätigung von Stereotypen wie Dummheit oder Aggressivität) oder die Inszenierung eigener Medienkompetenz.

Um den Unterschied zwischen diesen Sprecher-Gruppen und der Authentizität des jeweiligen Ethnolekts zu verdeutlichen, unterteilt Auer (2003) ethnolektales Sprechen in die **drei Klassen eines primären, sekundären und tertiären Ethnolekts**: Den primären Ethnolekt sprechen die ursprünglichen, zunächst meist türkischstämmigen Sprecher. Deren Ethnolekt wurde dann von Medienakteuren im Akt einer »Usurpierung [...] durch Personen, denen er nicht ‚gehört‘« (Auer 2003: 256), aufgegriffen und karikierend verzerrt zu einem ›medial-sekundären‹ Ethnolekt. Über diese mediale Verbreitung (vgl. etwa Androutsopoulos 2001, 2007; Androutsopoulos/Lauer 2013) und Kontaktmöglichkeit begannen auch andere als die ursprünglichen Sprecher, v. a. deutschstämmige Sprecher, ethnolektal zu sprechen: den tertiären Ethnolekt. Androutsopoulos (2000) referiert auf diesen Prozess der medialen Ausweitung der Sprechergruppe mit der Beschreibung «from the streets to the screens and back again».

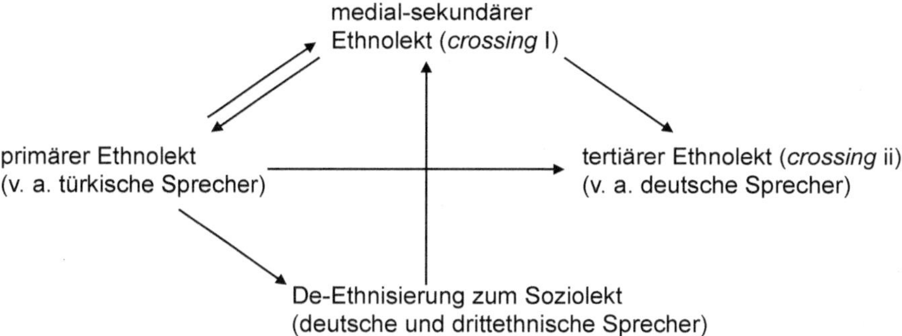

Abb. II.7.2: Vom Ethnolekt zum Soziolekt (Auer 2003: 257)

Da mit diesem Prozess der Weitergabe und Verbreitung von ethnolektalem Sprechen zwangsläufig dessen ethnische Verwurzelung verschwand und Ethnolekte andere, neue Funktionen übernahmen, spricht Auer hier von der ›De-Ethnisierung zum Soziolekt‹, die eine Ausbreitung des primären Ethnolekts unter nicht-türkischen Jugendlichen meint (→ Kap. III.3.2). Hiermit einher ging partiell eine Auflösung des Ethnolekts als männlich geprägter Genderlekt; de-ethnisierte ethnolektale Sprechweisen wurden auch durch Frauen/Mädchen und sogar von bildungsnahen, aufstiegsorientierten Jugendlichen und auch in formelleren Situationen übernommen (vgl. Bleibtreu 1999, Keim/Androutsopoulos 2000):

> Die Grenzen zwischen Alterität (fremder Ethnolekt) und Identität (eigener Stil) weicht [sic!] auf und verschwinden teils ganz. Der Ethnolekt wird zu einem Soziolekt des Deutschen. (Auer 2003: 263)

Ein typischer Verwendungskontext bleibt dabei die Nutzung in multiethnischen Vierteln, jedoch ohne ethnische Eingrenzung der Sprechgruppe. Daher sind Ethnolekte auch keine Ausländer-, sondern eine Inländervarietät von in Deutschland geborenen jungen Menschen (zumeist) nicht-deutscher Erstsprache. Ethnolekte fungieren dabei für Migranten der zweiten oder dritten Generation als Ausdruck der multiplen Sprecheridentität, die oft eine hybride aus Herkunfts-, deutscher und einer eigenen neuen Jugendkultur ist; für deutschstämmige Jugendliche stehen die Ethnolekte für ihre Peer-Kultur.

7.3 Mehrsprachigkeit

Ethnolekte sind sicherlich das in der medialen Öffentlichkeit aktuell am stärksten diskutierte Thema der Mehrsprachigkeit, das in diesem Lichte (der Ethnolekte) aber oft als exotisch, subkulturell und defizitär dargestellt und wahrgenommen wird. Dabei ist Mehrsprachigkeit weltweit der absolute und zumeist nicht bewusst wahrgenommene Normalfall in den meisten Sprachgemeinschaften und betrifft bis zu zwei Drittel der Weltbevölkerung – auch wenn man in Deutschland immer gerne nur auf die kleine, mehrsprachige Schweiz verweist.

Dass auch in Deutschland **Mehrsprachigkeit mittlerweile als Normalfall** gelten kann, zeigen verschiedene Zahlen: 2019 hatten in Deutschland über 21 Millionen Personen einen Migrationshintergrund (26 % der Gesamtbevölkerung), und in der Gruppe der Kinder unter fünf Jahren hatten sogar 40,4 % einen Migrationshintergrund (bpb 2020). In Großstädten über 500.000 Einwohnern leben 46 % der Kinder in einer potenziell mehrsprachigen Familie mit Migrationshintergrund (Wiese 2013: 41). Besonders relevant ist hier als Herkunftssprache neben dem Türkischen das Russische, zunehmend aber auch das Arabische. Laut Meyer (2011: 189) bzw. den von ihm zitierten soziodemografischen Daten müssen oder wollen in Deutschland »relevante Teile der Wohnbevölkerung anlassbezogen in anderen Sprachen als dem Deutschen kommunizieren«. Dies bedeutet neue Anforderungen an öffentliche Institutionen und Unternehmen, aber auch neue Möglichkeiten der Nutzung dieser herkunftssprachlichen Ressourcen, wobei es zu Problemen kommt, wenn die Herkunftssprachen nicht auf ausreichendem Niveau mit Blick auf die (z. B. beruflichen) Anforderungen ausgebildet sind.

Das Thema Mehrsprachigkeit wurde von der Soziolinguistik, die traditionell Variation innerhalb einer historischen Einzelsprache untersuchte, lange Zeit wenig beachtet. Doch der gesellschaftliche Wandel und fachliche Entwicklungen sorgen zu Beginn des 21. Jahrhunderts, in einer zunehmend globalen und mobilen Welt (vgl. Migration, Tourismus, Wirtschaft, digitales Medienangebot), dafür, »dass sich Mehrsprachigkeit vom Rand in den Mittelpunkt der Soziolinguistik bewegt«, die nun die »komplexe[n] Wechselwirkungen von Migration, Mobilität, Internationalisierung und Digitalisierung« (Androutsopoulos 2017: 53; → Kap. II.8) untersucht. Dabei geht das Thema mittlerweile weit über Minderheiten- und Migrantengruppen hinaus (ebd.).

Die wichtigsten **Zugänge zu individueller wie gesellschaftlicher Mehrsprachigkeit** sind folgende (Androutsopoulos 2017: 54):

- *psycholinguistisch:* v. a. mit Blick auf sprachliche Kompetenzen von Bilingualen
- *kontaktlinguistisch:* zielt auf strukturelle Konsequenzen und Erscheinungsformen des Sprachkontakts (Entlehnungen, Entstehung von Mischsprachen, grammatische Modelle des Code-Switching)
- *sprachsoziologisch:* erforscht gesellschaftliche Mehrsprachigkeit (Androutsopoulos 2018) auf ihre sozialen, juristischen und ökonomischen Rahmenbedingungen und modelliert Einflussfaktoren auf die Entwicklung von mehrsprachigen Gemeinschaften

Der *soziolinguistische Zugang* schließlich grenzt sich nach Androutsopoulos (2017: 55) zu diesen drei anderen empirisch, methodisch und theoretisch deutlich ab: Ihm geht es um alltägliche Praktiken der mehrsprachigen Kommunikation (z. B. Code-Switching; rezeptive Mehrsprachigkeit: jeder spricht jeweils die bevorzugte Sprache und versteht die vom Partner gewählte Sprache; in internationalen Arbeitsteams Reservierung bestimmter Sprachen für bestimmte Funktionen). Die Perspektive ist bottom up, ausgehend nicht von der Sprachgemeinschaft (wie beim sprachsoziologischen Ansatz; → Kap. I.2.4.4), sondern von Sprecherinnen und Sprechern mit ihren Ressourcen und Praktiken, d. h. von kontextualisierten, situierten sprachlichen Umgangsformen zur kommunikativen Konstituierung von Gemeinschaft. Der soziolinguistische Zugang fragt, welche heterogenen semiotischen Ressourcen und Praktiken Sprecher zur Erreichung ihrer interaktionalen Ziele einsetzen, wenn sie in komplexen sozialen Räumen mit unterschiedlichen Machtverteilungen handeln und bewertet werden. Hier geht es um die Beobachtung fortwährender Prozesse der Selektion, Kombination und Aushandlung sprachlicher Mittel zur Erreichung interaktionaler Ziele (→ Kap. I.2.4.3). Statt eines Fokus auf Regelhaftigkeiten und Generalisierungen geht es um »eine Aufmerksamkeit für flexible, fluide, mitunter marginale und unerwartete Beziehungen zwischen Sprache, Raum und Gesellschaft« (ebd.: 55). Mehrsprachigkeit wird insgesamt als »Grundlage und Ergebnis interaktionaler Prozesse der Machtaushandlung«

gesehen statt als »geordnetes Verhältnis zwischen Sprachen, Gruppen und Domänen« (ebd.).

Es gibt mittlerweile viele verschiedene soziolinguistische Perspektiven auf Sprachkontakt und Mehrsprachigkeit. Aktuell wird etwa viel zu Mehrsprachigkeit und Raum (linguistic landscapes, vgl. etwa *Der Deutschunterricht* 4/2018), d. h. etwa zu (u. a. visueller, Ziegler 2018; ⟶ Kap. II.2.4) Mehrsprachigkeit in der Stadt geforscht, aber auch zu Sprachinseln des Deutschen im Ausland (u. a. Lenz 2016, Lenz/Plewnia 2018).

Aber was genau bedeutet eigentlich *Mehrsprachigkeit*? Eine vorwissenschaftliche Fehlannahme, die an einem sinnvollen Anspruch und auch der Realität vorbeigeht, ist die Setzung, Zwei- oder Mehrsprachigkeit meine eine hundertprozentige sprachliche und kommunikative Kompetenz eines Individuums in zwei oder mehreren Sprachen auf Erstsprachler-Niveau. Eine »perfekte Ein- oder Mehrsprachigkeit« ist ein Mythos und »die Erwartung, dass sich mehrsprachige Menschen etwa in allen ihren Sprachen gleichermaßen wortgewandt, differenziert und flüssig über beliebige Themen unterhalten können, ist unrealistisch« (Tracy 2011: 74). Als mehrsprachig gilt heute stattdessen

> »jede Person, die ›sich im Alltag zweier oder mehrerer Sprachvarietäten bedient und sofern notwendig auch von der einen in die andere wechseln kann, dies unabhängig von den Erwerbsmodalitäten, vom Grad der Beherrschung und von der sprachlichen Distanz zwischen den Varietäten‹ (Lüdi/Py 2003)« (Lüdi 2006: 36 f.).

Die Erwähnung von *Varietäten* statt *Sprachen* zeigt, dass der Begriff *Mehrsprachigkeit* wissenschaftlich betrachtet komplex verstanden und verwendet wird, und zwar als ›Dachbegriff‹, unter welchem verschiedene Konzepte zusammengefasst werden.

In der Literatur wird zwischen **individueller und gesellschaftlicher Mehrsprachigkeit** unterschieden. Demnach ist eine Person individuell mehrsprachig, wenn sie ihr »vorhandene[s] mehrsprachige[s] Potential in der alltäglichen Kommunikation nutz[t]« (Kameyama/Özdil 2017: 71). Am Vorkommen verschiedener Sprachen im gesellschaftlichen Sprachhandeln wird auch die gesellschaftliche Mehrsprachigkeit gemessen. Demzufolge kann eine Gesellschaft als mehrsprachig bezeichnet werden, wenn Sprecher verschiedener Sprachen dazu fähig sind, alltägliche Situationen zu bewältigen, indem sie miteinander kommunizieren (vgl. Kameyama/Özdil 2017: 71 f.).

Eine weitere Unterscheidung betrifft die in **innere und äußere Mehrsprachigkeit** einer Person. Die innere Mehrsprachigkeit als eine situativ funktionale Mehrsprachigkeit bezieht sich dabei auf die Kompetenz, verschiedene Varietäten und Register innerhalb einer historischen Einzelsprache funktional angemessen zu beherrschen. Die äußere Mehrsprachigkeit meint hingegen die individuelle Kompetenz in den Erst-, Herkunfts- und Fremdsprachen und reicht von einer rudimentären Kommunikationskompetenz auf niedrigstem Niveau bis hin zu umfassender Sprachhandlungskompetenz in allen vier Fertigkeiten (Sprechen, Hören, Schreiben, Lesen) und im Sprachmitteln (Hufeisen/Efing 2017, vgl. auch Roche 2018: 67 f.).

7.4 Mehrsprachigkeit, Identität und Integration

Während die öffentliche Diskussion mit der Forderung nach sprachlicher Integration oft implizit oder explizit das Ablegen der Herkunftssprachen und -identität und die Forderung nach sprachlichem Purismus statt Sprachmischungen verbindet oder gar fordert, ist sich die sprachdidaktische wie soziolinguistische Forschung der **Relevanz (des Ausbaus) der herkunftssprachlichen Kompetenz** für die Sprachkompetenz im Deutschen und die individuelle wie die kulturelle (ggf. hybride) Identität der Sprecherinnen und Sprecher weitgehend einig. Dennoch dominiert bis in die Politik hinein oftmals ein »Integration-durch-Sprache-Diskurs« (Busch 2013: 113), in dem Sprache als alleiniger Schlüssel zur Integration (und Bildungssprache als Schlüssel zum Bildungserfolg) gesehen wird (→ Kap. II.1.3.2).

Der Wissenschaft gilt ein **Erhalt der Herkunftssprachen** hingegen ebenso als erstrebenswert wie eine Sprachmischung (Code-Switching, Code-Mixing) als unbedenklich und relevant für die Identität gilt.

Das Thema ›Mehrsprachigkeit‹ ist über die Funktion von Sprachen, identitätsstiftend zu sein, auch eng gekoppelt an die Frage nach dem Zusammenhang von Sprachbeherrschung und Integration: z. B. als (Zuschreibung von Nicht-)Zugehörigkeit innerhalb einer Sprache (Dialektsprecher fühlen sich ausgegrenzt unter Standardsprechern) wie auch zwischen Sprachen (Sprache als ›Schlüssel zur Integration‹ für Geflüchtete und Zuwanderer).

Zur Integration gehört dabei die gesellschaftliche Partizipation, die in letzter Zeit auch insbesondere in Zusammenhang mit beruflicher Integration (vgl. Daase 2018, Efing 2017) in den Blick genommen wird. Dabei geht es einerseits um konkrete objektive gesellschaftliche Sprachbedarfe (z. B. an Englischkenntnissen) in bestimmten Kontexten und Berufen, andererseits aber ist hier auch die Sprachideologie (vgl. Busch 2013: 84ff.), Spracheinstellung und die Bewertung des Prestiges von bestimmten Sprachen ganz generell relevant (→ Kap. III.3.2). Allein durch ein unterschiedliches und ggf. niedriges Prestige kann Mehrsprachigkeit zu einer Barriere für Integration und Bildungserfolg werden bzw. ist dies die Ursache für »komplexe Probleme in Schule, Verwaltung, Nachbarschaft u.a.«: »Keine oder schlechte Sprachkenntnisse führen zur Isolation (Parallelgesellschaft), hohe sprachliche Kompetenzen dagegen zur Integration in das Arbeits- und Alltagsleben« (Dittmar/Şimşek 2017: 193).

Mit Blick auf die in eine Gesellschaft zu integrierenden neu zugewanderten Gesellschaftsmitglieder wird Mehrsprachigkeit mit Perspektive auf mangelnde Sprachkompetenz in der Ziel-, aber zum Teil auch in der Herkunftssprache demnach in der Öffentlichkeit oft als Hemmnis für die gesellschaftliche und berufliche Integration sowie für die individuelle Entfaltungsmöglichkeit, für Bildungschancen und die Karriere gesehen. Die Perspektive und das Plädoyer, **Mehrsprachigkeit als individuelle und gesellschaftliche Ressource** – auch z. B. im Beruf (Kontakte zu anderssprachigen Kunden; Wettbewerbsvorteil zum ökonomisch erfolgreichen Agieren auf internationalen Märkten usw.) oder für das gegenseitige kulturelle Verstehen bzw. ein gelingendes interkulturelles Miteinander (Roche 2006: 90) – zu sehen, ist eher in der Forschung und Didaktik verbreitet. Ein Individuum ist demnach gesellschaftlich dann erfolgreich, wenn es über ein breites mehrsprachiges Repertoire verfügt und dieses angemessen einzusetzen weiß – und wenn die beherrschten Sprachen und Varietäten gesamtgesellschaftlich oder in den einschlägigen Peergruppen, in denen das Individuum verkehrt, sprachideologisch mit ausreichend Prestige ausgestattet sind, um entweder sozial anerkannt oder beruflich erfolgreich zu werden (vgl. Androutsopoulos 2017: 57).

Dennoch ist Mehrsprachigkeit bzw. eine andere Herkunftssprache selbstverständlich keine automatische Qualifikation dafür, in dieser Herkunftssprache auch berufs- oder gar fachsprachlich angemessen kommunizieren zu können. Und natürlich sind empirische Ergebnisse von Schulleistungsstudien nicht zu ignorieren, die zeigen, dass mehrsprachige Kinder in der

Schule oft größere sprachliche Probleme (z. B. mit dem Wortschatz, beim Lesen und Zuhören sowie in der Orthographie; vgl. Merten/Kuhs 2012: 11, Stanat et al. 2012: 217–223, Reiss et al. 2019: 10, Efing/Roelcke 2021: 146) haben als monolinguale.

Laut Wolff (2006: 54 ff.) ist Mehrsprachigkeit individuell (erst) dann vorteilhaft für Sprachbewusstheit und Sprachenlernen, wenn die beherrschten Sprachen auf bildungssprachlichem Niveau beherrscht werden. Dies trifft v. a. auf ›elitär Mehrsprachige‹ (bilinguale Erziehung in der Familie von Geburt an), nicht aber auf ›erzwungen Mehrsprachige‹ (in Migrationskontexten nötig werdende Mehrsprachigkeit) zu.

Mit Bezug auf Steinig/Huneke (2007: 214 f.) kann man für diese Diskrepanzen, die über Bildungs- bzw. schulischen Erfolg entscheiden, vermutlich nicht nur die Andersssprachigkeit oder eine unterschiedliche Sprachfähigkeit je nach Herkunft – und auch nicht die verschiedenen Sprachsysteme slawischer und der Turksprachen –, sondern die unterschiedliche Herkunftskultur bzw. die »soziokulturelle [...] Orientierung der eingewanderten Familien« (u. a. als Lernkultur, Bildungsaspiration, unterschiedlichen Bezug zur Buch-/Schriftkultur, unterschiedliche Bildung der (Groß-)Eltern u. dgl.) verantwortlich machen.

7.5 Interkulturalität und Interkulturelle Kompetenz

Auch Verständigungsprobleme und Missverständnisse resultieren oftmals weniger aus sprachlichen, sondern aus kulturellen Differenzen – wobei Sprache und Kultur nicht selten eng miteinander zusammenhängen (vgl. etwa Göbel 2018, Hu 2019). Unter Kultur wird hier ein System von Wertevorstellungen, Denk- und Handlungsweisen sowie Lebensformen verstanden, an welchem sich Mitglieder einer Gemeinschaft orientieren. Auf Grundlage dessen bildet sich eine kulturelle Identität heraus.

Sprache dient dabei als wichtigstes Medium der Verbreitung kultureller Praktiken, Sprache drückt Kultur aus, verkörpert sie und dient als ihr Symbol (Kramsch 1993: 3). Aber es reicht im interkulturellen Kontakt nicht aus, mehrsprachig zu sein, sondern man muss auch kultursensibel agieren, d. h. interkulturell kompetent sein. Und hier sind für eine gelingende interkulturelle Kommunikation nicht nur verbale, sondern auch nonverbale und paraverbale Mittel entscheidend (vgl. Broszinsky-Schwabe 2011: 88 f.).

Mehrsprachigkeit und **Interkulturalität** hängen eng miteinander zusammen, da es bei beiden Aspekten darum geht, mit Angehörigen fremder Sprachen beziehungsweise Kulturen in Kontakt zu treten. Interkulturalität setzt voraus, dass die Beteiligten sich auf die andere Kultur einlassen und ein gegenseitiger Austausch stattfindet. Damit dieser Prozess gelingt, bedarf es **interkultureller Kompetenz** (vgl. Broszinsky-Schwabe 2011: 86–91), welche »die Fähigkeit, mit Menschen aus anderen Kulturen konfliktfrei zu kommunizieren und sie auf der Grundlage ihres Wertesystems zu verstehen«, bezeichnet (ebd.: 91). Hierfür bedarf es nach Neuland/Peschel (2013: 41) der Einsicht in die Kulturalität sprachlichen Handelns, einer kulturellen und sprachlichen Bewusstheit sowie der Fähigkeit zum Fremdverstehen. Sprache dient als Hinleitung zur Kultur, was den gemeinsamen Austausch vereinfacht. Über die sprachlichen Äußerungen ist es den beteiligten Personen möglich, kulturelle Denkweisen nachvollziehen zu können (vgl. Hu 2019: 21).

Mit Bolten (2012: 69) kann man demnach unter **interkultureller kommunikativer Kompetenz** die folgenden Aspekte subsumieren: Mehrperspektivität, Perspektivwechsel, kulturelle und soziale Kompetenz (Angemessenheit), Kommunikationsbereitschaft und -fähigkeit, Ambiguitätstoleranz, Frustrationstoleranz, Selbstvertrauen, Flexibilität, Empathie, Offenheit, Toleranz, Verständnis der Kulturunterschiede der Interaktionspartner sowie Verständnis der interkulturellen Handlungszusammenhänge.

Interkulturelle (kommunikative) Kompetenz wird bildungspolitisch als »Kernkompetenz für das verantwortungsvolle Handeln in einer pluralen, global vernetzten Gesellschaft« aufgefasst, ihre Basis sei

> vor allem die Fähigkeit, sich selbstreflexiv mit den eigenen Bildern von Anderen auseinander und dazu in Bezug zu setzen sowie gesellschaftliche Rahmenbedingungen für die Entstehung solcher Bilder zu kennen und zu reflektieren. (KMK 1996: 2)

Dies bedeutet, einen Einblick in die sprachlich-kulturelle Vielfalt und in die Verschränkung von Sprache und Kultur zu bekommen, interkulturelle Wertesysteme in Beziehung setzen und ethnozentrische Wertungen bzw. kulturellen Egozentrismus vermeiden und stattdessen die sprachlich-kulturelle Gebundenheit und Prägung der eigenen Wahrnehmung, Werte, Sitten, Normen als Grundlage für eine erfolgreiche interkulturelle Kommunikation erkennen zu können. Diese Einsichten kann man mit Luchtenberg als ›languages and cultures awareness‹ und als »Kern interkultureller sprachlicher Bildung« (Luchtenberg 2002: 31) bezeichnen.

Dies gilt etwa auch für alltägliche Sprechhandlungen wie das Grüßen, das sich je nach Kultur und Sprachgemeinschaft völlig unterschiedlich vollzieht. Während man in Europa gerne fragt, *wie* es dem Anderen *geht* (*Wie geht es Dir? How are you? Ça va?*), wird in anderen Kulturen als Begrüßung, ohne damit also auf eine bedeutungsvolle Antwort im Sinne der wörtlichen Frage zu zielen, etwa gefragt, *wohin* man gehe, ob man schon *reich geworden* sei oder ob man schon gegessen habe oder im Internet gewesen sei. Es handelt sich hier um »de-semantisierte Wortverbindungen mit einer bestimmten kommunikativen Funktion« (Kühn 2006: 22). Hier liegt die **interkulturelle Herausforderung im pragmatischen Bereich**: »Die Deutung von nicht explizit Gesagtem ist in der Kommunikation mit Angehörigen einer fremden Kultur schwieriger als in der Kommunikation mit Angehörigen der eigenen Kultur« (Knapp 2013: 90). Wer nicht weiß, dass im Chinesischen nach der Gesprächsbereitschaft mit der Frage ›Haben Sie schon gegessen?‹ gefragt wird, der wird sich zum Beispiel wundern, dass eine Verneinung dieser Frage den Gesprächsabbruch bedeutet (Heringer 2014: 169).

Kultur zeigt sich demnach in Sprache nicht nur im Wortschatz (Semantik, Metaphorik ...) und in der Grammatik, sondern auch und vor allem pragmatisch in Sprechhandlungen sowie in kulturell geprägten kommunikativen Praktiken und Textsorten.

7.6 Zusammenfassung und weiterführende Literatur

In diesem Kapitel wurde gezeigt, dass Deutschland spätestens seit der Ankunft der Gastarbeiter in den 1960er/1970er Jahren ein mehrsprachiges Land ist, in dem es mehr Sprachen im Alltag als nur die Amtssprache Deutsch gibt und in dem viele Menschen leben, die Deutsch nicht als Erstsprache sprechen. Dies führt zu sprachlichen Kontakten und Mischungen, die immer auch kulturelle Kontakte und Mischungen sind. Insbesondere an den Ethnolekten, die vom Gastarbeiterdeutsch differenziert wurden, wurden die neuen sprachlichen Formen (z. B. Code-Swichting/-Mixing) wie auch die kulturellen Funktionen (z. B. der Selbst-Stilisierung) dieser Varietäten aufgezeigt. Dabei wurde deutlich, dass Sprache und Kultur sowie Mehrsprachigkeit und Interkulturalität untrennbar zusammenhängen und dass für das Zusammenleben in einer mehrsprachigen Gesellschaft daher interkulturelle kommunikative Kompetenz auf allen Seiten unverzichtbar und Integration keine sprachliche Einbahnstraße ist. Sprachlicher Purismus, eine Abschottung des Deutschen vor anderssprachlichen Einflüssen, wäre so unrealistisch wie dysfunktional.

Literatur (weiterführend)

Androutsopoulos, Jannis (2017): Soziolinguistische Mehrsprachigkeit. Ressourcen, Praktiken, Räume und Ideologien mehrsprachiger Kommunikation. In: *Der Deutschunterricht* 4, 53–63.

Busch, Brigitta (2013): *Mehrsprachigkeit.* Wien.

Eichinger, Ludwig M./Plewnia, Albrecht/Steinle, Melanie (Hg.) (2011): *Sprache und Integration. Über Mehrsprachigkeit und Migration.* Tübingen.

Literatur (gesamt)

Androutsopoulos, Jannis (2000): From the streets to the screens and back again. On the mediated diffusion of ethnolectal patterns in contemporary German. Paper presented at the ICLaVE I Conference, Barcelona June 29 (2000). (IDS Mannheim)

Androutsopoulos, Jannis (2001): Ultra korregd Alder! Zur medialen Stilisierung und Popularisierung von ›Türkendeutsch‹. In: *Deutsche Sprache* 4, 321–339.

Androutsopoulos, Jannis (2007): Ethnolekte in der Mediengesellschaft. Stilisierung und Sprachideologie in Performance, Fiktion und Metasprachdiskurs. In: Fandrych, Christian/Salverda, Reinier (Hg.): *Standard, Variation und Sprachwandel in germanischen Sprachen.* Tübingen, 113–155.

Androutsopoulos, Jannis (2017): Soziolinguistische Mehrsprachigkeit. Ressourcen, Praktiken, Räume und Ideologien mehrsprachiger Kommunikation. In: *Der Deutschunterricht* 4, 53–63.

Androutsopoulos, Jannis (2018): Gesellschaftliche Mehrsprachigkeiten. In: Neuland, Eva/Schlobinski, Peter (Hg.): *Handbuch Sprache in sozialen Gruppen.* Berlin, 193–217.

Androutsopoulos, Jannis/Lauer, Katharina (2013): ›Kiezdeutsch‹ in der Presse: Geschichte und Gebrauch eines neuen Labels im Metasprachdiskurs. In: Ozil, Şeyda/Hofmann, Michael/Yasemin, Dayıoğlu-Yücel (Hg.): *Jugendbilder – Repräsentationen von Jugend in Medien und Politik.* Göttingen, 67–93.

Auer, Peter (2003): ›Türkenslang‹ – ein jugendsprachlicher Ethnolekt des Deutschen und seine Transformationen. In: Häcki Buhofer, Annelies (Hg.): *Spracherwerb und Lebensalter.* Tübingen/Basel, 255–264.

Bleibtreu, Moritz (1999): Kommst du Frankfurt? Warum es auf einmal cool ist, wie ein Ausländer Deutsch zu sprechen. In: *Süddeutsche Zeitung Magazin*, Januar 1999.

Bodemann, Y. Michal (1977): Pseudo-Pidgin oder einheimische Pidgin-Varietät?. In: *Linguistische Berichte* 47, 79–88.

Bolten, Jürgen (2012): *Interkulturelle Kompetenz.* Erfurt.

Broszinsky-Schwabe, Edith (2011): Interkulturalität. In: Lewinski-Reuter, Verena/Lüddemann, Stefan (Hg.): *Glossar Kulturmanagement.* Wiesbaden, 86–93.

Busch, Brigitta (2013): *Mehrsprachigkeit.* Wien.

Clyne, M. (1968): Zum Pidgin-Deutsch der Gastarbeiter. In: *Zeitschrift für Mundartforschung* 35:2, 130–139.

Daase, Andrea (2018): *Zweitsprachsozialisation in den Beruf: Narrative Rekonstruktionen erwachsener Migrant*innen mit dem Ziel einer qualifizierten Arbeitsaufnahme.* Münster.

Der Deutschunterricht 6/2016: Mehrsprachigkeit. hgg. v. Eva Neuland/Corinna Peschel.

Der Deutschunterricht 4/2018: Linguistic Landscapes – Sprachlandschaften. hgg. v. Claus Erhardt/Heiko F. Marten.

Dirim, Inci/Auer, Peter (2002): *Türkisch sprechen nicht nur die Türken.* Berlin/New York.

Dittmar, Norbert (2013): Reflexionen über das Entstehen eines deutschen Dialekts am Beispiel multiethnisch geprägter jugendsprachlicher Stile in Großstädten. In: Schneider-Wiejowski, Karina/Kellermeier-Rehbein, Birte/Haselhuber, Jakob (Hg.): *Vielfalt, Variation und Stellung der deutschen Sprache.* Berlin/Boston, 195–207.

Dittmar, Norbert/Şimşek, Yazgül (2017): Das Deutsch von Migranten. In: Deutsche Akademie für Sprache und Dichtung/Union der deutschen Akademien der Wissenschaften (Hg.): *Vielfalt und Einheit der deutschen Sprache. Zweiter Bericht zur Lage der deutschen Sprache.* Tübingen, 191–245.

Efing, Christian/Roelcke, Thorsten (2021): *Semantik für Lehrkräfte. Linguistische Grundlagen und didaktische Impulse.* Tübingen.

Eichinger, Ludwig M./Plewnia, Albrecht/Steinle, Melanie (Hg.) (2011): *Sprache und Integration. Über Mehrsprachigkeit und Migration.* Tübingen.

Erfurt, Jürgen (Hg.): *›Multisprech‹: Hybridität, Variation, Identität.* Duisburg.

Göbel, Kerstin (2018): Interkulturelles Lernen durch Mehrsprachigkeitsorientierung im Sprachenunterricht. In: Mattig, Ruprecht/Mathias, Miriam/Zehbe, Klaus (Hg.): *Bildung in fremden Sprachen? Pädagogische Perspektiven auf globalisierte Mehrsprachigkeit.* Bielefeld, 31–57.

Heidelberger Forschungsprojekt ›Pidgin-Deutsch‹ (1975): *Sprache und Kommunikation ausländischer Arbeiter.* Kronberg.

Heringer, Hans Jürgen (2014): *Interkulturelle Kommunikation.* Tübingen.

Hewitt, Roger (1994): Sprache, Adoleszenz und die Destabilisierung von Ethnizität. In: *Deutsch lernen* 4, 362–376.

Hinnenkamp, Volker (1990): ›Gastarbeiterlinguistik‹ und die Ethnisierung der Gastarbeiter. In: Dittrich, Eckhard/Radtke, Frank-Olaf (Hg.): *Ethnizität. Wissenschaft und Minderheiten.* Opladen, 277–298.

Hu, Adelheid (2019): Sprachlichkeit, Identität, Kulturalität. In: Fäcke, Christiane/Meißner, Franz-Joseph (Hg.): *Handbuch Mehrsprachigkeits- und Mehrkulturalitätsdidaktik.* Tübingen, 18–24.

Kallmeyer, Werner (Hg.) (1994): *Kommunikation in der Stadt.* Bd. 1: *Exemplarische Analysen des Sprachverhaltens in Mannheim.* Berlin/New York.

Kameyama, Shinichi/Özdil, Erkan (2017): Mehrsprachigkeit. In: Hoffmann, Ludger/Kameyama, Shinichi/Riedel, Monika/Sahiner, Pembe/Wulff, Nadja (Hg.): *Deutsch als Zweitsprache. Ein Handbuch für die Lehrerausbildung.* Dortmund, 71–90.

Keim, Inken (1984): *Untersuchungen zum Deutsch türkischer Arbeiter.* Tübingen.

Keim, Inken (2007a): Formen und Funktionen von Ethnolekten in multilingualen Lebenswelten – am Beispiel von Mannheim. In: Zeitschrift für Literaturwissens chaft und Linguistik 37, 89–112.

Keim, Inken (2007b): *Die ›türkischen Powergirls‹. Lebenswelt und kommunikativer Stil einer Migrantinnengruppe in Mannheim.* Tübingen.

Keim, Inken (2011): Form und Funktion ethnolektaler Formen: türkischstämmige Jugendliche im Gespräch. In: Eichinger, Ludwig M./Plewnia, Albrecht/Steinle, Melanie (Hg.): *Sprache und Integration. Über Mehrsprachigkeit und Migration.* Tübingen, 157–187.

Keim, Inken/Cindark, Ibrahim (2003): Deutsch-türkischer Mischcode in einer Migrantinnengruppe: Form von ›Jugendsprache‹ oder soziolektales Charakteristikum? In: Neuland, Eva (Hg.): *Jugendsprachen – Spiegel der Zeit. Internationale Fachkonferenz 2001 an der Bergischen Universität Wuppertal.* Frankfurt/M., 377–393.

Keim, Inken/Androutsopoulos, Jannis (2000): *»Hey Lan, isch geb dir konkret Handy.« Deutsch-türkische Mischsprache und Deutsch mit ausländischem Akzent: Wie Sprechweisen der Straße durch die Medien populär werden.* In: *FAZ* vom 26.01.2000, 13.

Keim, Inken/Knöbl, Ralf (2007): Sprachliche Varianz und sprachliche Virtuosität von türkischstämmigen ›Ghetto‹-Jugendlichen in Mannheim. In: Fandrych, Christian/Salverda, Reinier (Hg.): *Standard, Variation und Sprachwandel in germanischen Sprachen.* Tübingen, 157–200.

Kern, Friederike/Selting, Margret (Hg.) (2011): *Ethnic Styles of Speaking in European Metropolitan Areas.* Amsterdam/Philadelphia.

Knapp, Anneliese (2013): Interkulturelle Kompetenz: eine sprachwissenschaftliche Perspektive. In: Auernheimer, Georg (Hg.): *Interkulturelle Kompetenz und pädagogische Professionalität.* Wiesbaden, 85–101.

Kotthoff, Helga (2009): Ethno-Comedy zwischen Unterlaufung und Bestätigung von Stereotypen. Potentiale für den Deutsch-Unterricht. In: Nauwerck, Patricia (Hg.): *Mehrsprachigkeit im Unterricht. Festschrift für Ingelore Oomen-Welke.* Freiburg, 41–59.

Kramsch, Claire (1993): *Context and Culture in Language Teaching.* Oxford.

Kühn, Peter (2006): *Interkulturelle Semantik.* Nordhausen.

Lenz, Alexandra N. (Hg.) (2016): *German Abroad. Perspektiven der Variationslinguistik, Sprachkontakt- und Mehrsprachigkeitsforschung.* Wien.

Lenz, Alexandra N./Plewnia, Albrecht (Hg.) (2018): *Variation – Normen – Identitäten.* Berlin/Boston.

Luchtenberg, Sigrid (2002): Mehrsprachigkeit und Deutschunterricht: Widerspruch oder Chance? Zu den Möglichkeiten von Language Awareness in interkultureller Deutschdidaktik. In: *ide* 3, 27–46.

Lüdi, Georges (2006): Sprachenvielfalt und Mehrsprachigkeit in Europa – Konsequenzen für Sprachpolitik und Sprachunterricht. In: Neuland, Eva (Hg.): *Variation im heutigen Deutsch: Perspektiven für den Sprachunterricht.* Frankfurt/M., 31–49.

Lüdi, Georges/Py, Bernard (2003): *Etre bilingue.* Bern.

Merten, Stephan/Kuhs, Katharina (2012): Zum Stellenwert von Wortschatzarbeit in mehrsprachigen Klassen. In: Merten, Stephan/Kuhs, Katharina (Hg.): *Perspektiven empirischer Sprachdidaktik.* Trier, 7–27.

Meyer, Bernd (2011): Herkunftssprachen als kommunikative Ressource? In: Eichinger, Ludwig M./Plewnia, Albrecht/Steinle, Melanie (Hg.): *Sprache und Integration. Über Mehrsprachigkeit und Migration.* Tübingen, 189–213.

Neuland, Eva (2018): *Jugendsprache.* Tübingen.

Neuland, Eva/Peschel, Corinna (2013): *Einführung in die Sprachdidaktik.* Stuttgart/Weimar.

Roche, Jörg (2006): Natürliche Mehrsprachigkeit als Mittel der Integration. In: Neuland, Eva (Hg.): *Variation im heutigen Deutsch: Perspektiven für den Sprachunterricht.* Frankfurt/M., 79–92.

Roche, Jörg (2016): *Deutschunterricht mit Flüchtlingen: Grundlagen und Konzepte.* Tübingen.

Roche, Jörg (2018): Modellierung von Mehrsprachigkeit. In: Roche, Jörg/Terrasi-Haufe, Elisabetta (Hg.): *Mehrsprachigkeit und Spracherwerb.* Tübingen, 53–91.

Stanat, Petra/Pant, Hans Anand/Böhme, Katrin/Richter, Dirk (Hg.) (2012): *Kompetenzen von Schülerinnen und Schülern am Ende der vierten Jahrgangsstufe in den Fächern Deutsch und Mathematik. Ergebnisse des IQB-Ländervergleichs 2011.* Münster u.a.

Steinig, Wolfgang/Huneke, Hans-Werner (2007): *Sprachdidaktik Deutsch. Eine Einführung.* Berlin.

Stölting, Wilfried (1975): Wie die Ausländer sprechen: Eine jugoslawische Familie. In: *Zeitschrift für Literaturwissenschaft und Linguistik* 18, 54–67.

Tracy, Rosemarie (2011): Mehrsprachigkeit: Realität, Irrtümer, Visionen. In: Eichinger, Ludwig M./Plewnia, Albrecht/Steinle, Melanie (Hg.): *Sprache und Integration. Über Mehrsprachigkeit und Migration.* Tübingen, 69–100.

Wiese, Heike (2012): *Kiezdeutsch. Ein neuer Dialekt entsteht.* München.

Wiese, Heike (2013): Das Potenzial multiethnischer Sprechergemeinschaften. In: Deppermann, Arnulf (Hg.): *Das Deutsch der Migranten. Jahrbuch des Instituts für Deutsche Sprache 2012.* Berlin/New York, 41–58.

Wolff, Dieter (2006): Mehrsprachigkeit, Spracherwerb und Sprachbewusstheit. In: Neuland, Eva (Hg.): *Variation im heutigen Deutsch: Perspektiven für den Sprachunterricht.* Frankfurt/M., 51–66.

Ziegler, Evelyn (2018): Visuelle Mehrsprachigkeit in Migrationsgesellschaften: monolinguale Norm vs. plurilinguale Norm. In: Lenz, Alexandra/Plewnia, Albrecht (Hg.): *Varietäten – Norm(en) – Identität(en).* Berlin, 305–333.

Internetquellen

bpb/Bundeszentrale für Politische Bildung (2020): Bevölkerung mit Migrationshintergrund I. Abrufbar unter: https://www.bpb.de/nachschlagen/zahlen-und-fakten/soziale-situation-in-deutschland/61646/migrationshintergrund-i (Stand: 25/08/2021)

Efing, Christian (2017): Sprache zwischen Chance und Barriere, in: IQ konkret 1, S. 21f. Abrufbar unter: http://www.netzwerk-iq.de/fileadmin/Redaktion/Downloads/IQ_Publikationen/IQ_konkret/2017_01_IQ_konkret.pdf (Stand: 27/08/2021)

Hufeisen, Britta/Efing, Christian (2017): Synopseartikel ›Mehrsprachigkeit‹. In: Kilian, Jörg/Rymarczyk, Jutta (Hg.): *Sprachdidaktik. Erstsprache, Zweitsprache, Fremdsprache. Ein Lern- und Konsultationswörterbuch mit systematischer Einlei-*

tung und englischen Übersetzungen. Berlin/New York. Abrufbar unter: www.degruyter.com/db/wsk (Stand: 27/08/2021)

KMK/Ständige Konferenz der Kultusminister der Länder in der Bundesrepublik Deutschland (1996, 2013): Interkulturellen Bildung und Erziehung in der Schule. Abrufbar unter: http://www.kmk.org/fileadmin/veroeffentlichungen_beschluesse/1996/1996_10_25-Interkulturelle-Bildung.pdf (Stand: 26/08/2021)

Reiss, Kristina/Weis, Mirjam/Klieme, Eckhard/Köller, Olaf (Hg.) (2019): PISA 2018. Grundbildung im internationalen Vergleich. Zusammenfassung. Abrufbar unter: https://www.pisa.tum.de/fileadmin/w00bgi/www/Berichtsbaende_und_Zusammenfassungungen/Zusammenfassung_PISA2018.pdf (Stand: 05/06/2020)

8 Sprachgebrauch und soziale Medien

Hieß es auf der Jahrestagung 1999 des Instituts für deutsche Sprache noch: *Sprache und neue Medien*, so war die Titelformulierung bei der entsprechenden Jahrestagung 20 Jahre später: *Deutsch in Sozialen Medien*, was eine entscheidende Fokusverschiebung weg von der Faszination des Neuen hin zum fast schon alltäglichen Sprachgebrauch auf sozialen Plattformen anzeigte.

Dürscheid (2020: 37 f.) führt aus, dass mit diesem Terminus neue Instrumente und Nutzungsformen verbunden sind wie Facebook, Blog-Plattformen und Mikroblogs wie Twitter, Wikipedia, YouTube, Instagram, WhatsApp, mit deren Nutzung unterschiedliche Register verbunden sind, so dass die Rede von *einer Internetsprache* äußerst problematisch ist. Marx und Weidacher (2020) führen als **internetspezifische Merkmale** auf:

- v. a. domänenspezifische Neologismen
- Abkürzungen
- Bedeutungswandel
- hybride Formen zwischen Mündlichkeit und Schriftlichkeit

Wenn diese Merkmale auch besonders häufig auftreten dürften, so sind sie doch allesamt keineswegs exklusiv für die Internetkommunikation.

Betrachten wir zunächst einige Nutzerdaten für Deutschland: Laut statistischer Daten hat der Anteil von Internetnutzern in Deutschland von 1997 bis 2021 von 4,1 bis 66,6 Millionen kontinuierlich zugenommen; der Anteil der Onliner in Deutschland lag im Jahr 2021 bei 94 %. Interessant ist die Tendenz, dass die Nutzung mit steigendem Bildungsniveau ansteigt: und zwar von 70 % mit niedrigem bis auf 98 % mit hohem Niveau (https://de.statista.com/themen/2033/internetnutzung-in-deutschland/#topicHeader__wrapper). Auch das Alter ist eine entscheidende demographische Variable, besonders, wenn man es ins Verhältnis zur Art der genutzten Medien setzt: Der Anteil der 16- bis 24jährigen Internetnutzer, die an sozialen Online-Netzwerken teilgenommen haben, lag bei 89 %. Nach neuesten Daten der JIM-Studie (https://www.mpfs.de/fileadmin/files/Studien/JIM/2021/JIM-Studie_2021_barrierefrei.pdf) bleibt WhatsApp auch 2021 der wichtigste Dienst zur Kommunikation bei den 12- bis 19-Jährigen. 92 % der Jugendlichen nutzen WhatsApp mindestens mehrmals pro Woche, 85 % täglich.

Die darauffolgenden Plätze belegen mit rückläufigen Zahlen Instagram und Snapchat, während TikTok auf den dritten Platz aufholt.

8.1 Digitale Ungleichheiten

Die Präsentation solcher Daten verführt jedoch leicht dazu, den soziolinguistisch relevanten Aspekt sozialer Ungleichheit in Zugang, Umgang und Nutzen sozialer Medien zu übersehen. Daher sei an das erwähnte Thema der ›neuen‹ Sprach- und Kommunikationsbarrieren (→ Kap. II.1.3) erinnert und darauf verwiesen, dass die Beschäftigung unter dem Stichwort der **Wissenskluft** in den Sozial- und Medienwissenschaften behandelt wird. Marr und Zillien (2019: 301) fassen zusammen:

Als zentrale These gilt, dass jene, die in ökonomischer, kultureller oder sozialer Hinsicht eine bessere Startposition einnehmen, das Internet jeweils so einsetzen, dass sie ihre Stellung festigen oder gar verbessern können, wodurch auf gesellschaftlicher Ebene soziale Ungleichheiten reproduziert beziehungsweise verstärkt werden.

Für ihre Argumentation unterscheiden die Autoren drei relevante Kontexte:

- Zugang
- Nutzung
- Wirkung

Der Vergleich von Nutzungsraten zwischen Statusgruppen liefert zur Annahme der **digitalen Spaltung** (*digital divide*) einen eher oberflächlichen Eindruck einer ›Defizithypothese‹ zugunsten der statushöheren Gruppen (s. die Diskussion bei Bonfadelli 1994). Vielmehr geht es auch um die Differenzierung des funktionalen Umgangs, der Nutzungskompetenzen und Inhalte sowie der längerfristigen Wirkungen der Ressourcenverteilung von Information, Sozialkapital und Partizipation. Demnach zeigen sich Nutzungsklüfte mehr noch im Hinblick auf die Kompetenzen im Umgang mit dem Internet sowie im Hinblick auf Internetinhalte:

> People with higher education use the Internet for informational and service-oriented purposes; people with lower education use the Internet significantly more for entertainment reasons. (Bonfadelli 2002: 79)

Entsprechende Forschungen für soziale Medien stellen jedoch immer noch Desiderate dar.

8.2 Funktionale Nutzungen

Im Mittelpunkt *soziolinguistischer* Betrachtungen des Themas steht im Folgenden der individuelle Akteur mit seinen sozialen Bedürfnissen nach Interaktion und Partizipation, die ›**vernetzte Individualität**‹ als neues Muster der Vergesellschaftung (so Schmidt/Taddicken 2017: 5).

Vernetzte Individualität
Kommunikativer Austausch und soziale Interaktion: Dazugehören wollen, dabei zu sein, als Gruppenmitglied bzw. Teil eines sozialen Netzwerks zu agieren (Eisewicht 2018), anerkannt zu werden, Teilnahme und Teilhabe (Thimm 2017: 193) – das scheinen wesentliche Motive des Agierens in sozialen Medien für Jugendliche und abgeschwächt wohl auch für Erwachsene zu sein, die mit Hilfe technischer und sprachlich-kommunikativer Praktiken vollzogen werden. Dazu rechnen das Teilen, Weiterleiten, Bewerten, Kommentieren. Die sozial- und medienwissenschaftliche Forschung betont, dass **Selbstpräsentation** (impression management) und **Beziehungsmanagement** wesentliche Motive der Nutzung sozialer Medien darstellen (vgl. Thimm 2000, Krämer et al. 2017, Döring 2019).

Schauen wir dazu auf die in der JIM-Studie erhobenen Selbstauskünfte von Jugendlichen:

Manchmal werden Social Media-Apps aus einem Gefühl der Langeweile genutzt. 40 % der Zwölf- bis 19-Jährigen geben an, in solchen Momenten am ehesten YouTube zu nutzen, 29 % würden sich in diesem Zusammenhang für TikTok entscheiden, 19 % für Instagram.

Eine ähnliche Verteilung zeigt sich bei dem Nutzungsmotiv sich einfach unterhalten zu lassen und Spaß zu haben. Auch hier liegt YouTube mit 37 % vorne, gefolgt von TikTok (23 %) und Instagram (14 %) (JIM Studie 2021: 40).

In der statista-Umfrage wurde nach der Art des Nutzens sozialer Medien gefragt mit folgendem Ergebnis für Deutschland 2021:

Abb. II.8.1: Genutzte Funktionen in sozialen Netzwerken in Deutschland 2021 (statista 2022)

An den drei häufigsten Nutzungsarten ist zu erkennen, dass soziale Netzwerke hauptsächlich zum Präsentieren eigener und Teilen und Bewerten fremder Beiträge, also insgesamt zum Austausch mit anderen genutzt werden. Dies verweist auch auf eine Domänenverschiebung von Privatheit zugunsten der Öffentlichkeit und auf eine veränderte Teilnehmerrolle von der passiven Rezeption zu einer aktiven (Mit)Gestaltung hin.

Schmidt und Taddicken (2017: 32 f.) fassen Praktiken der Nutzung sozialer Medien unter drei Rubriken zusammen, die sich nicht trennscharf voneinander unterscheiden lassen:

Praktiken der Nutzung sozialer Medien

1. **Identitätsmanagement** umfasst alle Nutzungsweisen, bei denen die Akteure Aspekte ihrer selbst für andere zugänglich machen (z. B. personenbezogene Daten, aber auch Fotos oder Videos).
2. **Beziehungsmanagement** bezeichnet die Aktivitäten, mit denen bestehende Beziehungen gepflegt und neue Beziehungen aufgebaut werden.
3. **Informationsmanagement** betrifft alle Nutzungsweisen, mit denen Akteure Informationen über die Welt erstellen, auswählen, teilen und verbreiten.

Damit sind nicht allein Nutzungsoptionen angesprochen, die sich auch überlappen können. Vielmehr handelt es sich um grundlegende Entwicklungsaufgaben autonomer Individuen in zeitgenössischen Gesellschaften.

Praxis	Tätigkeit	Beispielhafte Funktionen	Entwicklungsaufgabe
Identitätsmanagement	Zugänglichmachen von Aspekten der eigenen Person	Ausfüllen einer Profilseite; Erstellen eines eigenen Podcasts; Hochladen eines selbst erstellten Videos	Selbstauseinandersetzung „Wer bin ich?“
Beziehungsmanagement	Pflege bestehender und Knüpfen neuer Relationen	Kommentar zum Status-Update eines Kontaktes; Ansprechen oder Annehmen von Kontaktgesuchen; Verlinken von Weblog-Einträgen	Sozialauseinandersetzung „Wo ist mein Platz in der Gesellschaft?“
Informationsmanagement	Selektieren, Filtern, Bewerten und Verwalten von Informationen	Taggen einer Website; Bewerten eines Videos durch Punktevergabe; Abonnieren eines RSS-Feeds	Sachauseinandersetzung „Wie orientiere ich mich in der Welt?“

Tab. II.8.1: Praktiken in sozialen Medien (Schmidt/Taddicken 2017: 32)

Angesichts der hohen Nutzerzahlen für Jugendliche stellen sich die Fragen, ob und wie sich solche Praktiken auf Erscheinungsweisen der computervermittelten Kommunikation auswirken und eventuell auf andere Kommunikationsformen übertragen werden, wie sich das Verhältnis von subjektiver Privatheit und Öffentlichkeit gestaltet und welche Folgen die Internetkommunikation für einen allgemeinen Sprachwandel haben kann (→ Kap.III.4). Das soll im Folgenden an Beispielen der Chat-Kommunikation näher beleuchtet und in zwei kontrastiven Unterkapiteln ausgeführt werden, die zugleich ›Licht- und Schattenseiten‹, Möglichkeiten und Gefahren der Kommunikation in sozialen Medien verdeutlichen.

8.3 Chat-Kommunikation

Dabei muss zunächst betont werden, dass der Chat keine einheitliche Textsorte oder kommunikative Gattung, sondern eine Kommunikationsform ist, die unterschiedliche Funktionen, z. B. des privaten Austauschs in der Freizeit, des fachlichen gegenstandsbezogenen Austauschs oder der Beratung erfüllen kann. Dürscheid (2005: 8) charakterisiert diese Kommunikationsform z. B. im Unterschied zur E-Mail-Kommunikation oder zu einem face to face-Gespräch, wie folgt:

- Zeichentyp: geschriebene Sprache
- Kommunikationsrichtung: dialogisch
- Anzahl der Kommunikationspartner: variabel
- räumliche Dimension: Distanz
- zeitliche Dimension: quasi-synchron
- Kommunikationsmedium: Computer

Das Internet ist per se ein Ort mehrdimensionaler Sprachvariation: Die Nutzung verschiedener Stile, einschließlich sozialer und regionaler Register wird in den folgenden Beispielen präsentiert (aus Spiegel 2017: 71 f.):

Beispiel: Nutzung verschiedener Stile und Register
Lukas: *bin essen*
Lukas: *bg*
Janosch: *bg an gute*
Lukas: *dankschee gel :-D*
Janosch: *bidde ;D*
Lukas: *wd*
Janosch: *ok*
Janosch: *bin zoggn bd*
Lukas: *bg have fun ^^*
Janosch: *wd*
Janosch: *baay*

A: *Sehen wir uns demnächst?*
B: *Ja, ich hoffe doch* 😃
A: 😃 😃 😃
A: *Ich sag jetzt gute Nacht, mein Schatz*
B: *Spätestens nächsten samstag bei see der sinne*
B: *Gute Nacht, mama, schön, dass ihr wieder da seid* 😃
(schülerVZ (Gysin 2016: 131) und WhatsApp (Korpus Spiegel); nach Spiegel 2017: 71)

Beide Chat-Beispiele weisen typische Merkmale der Internetkommunikation auf: dialogische, medienvermittelte Kommunikation, Sequenzialität der Äußerungen, quasi-synchroner Austausch. Im Beispiel aus schülerVZ zwischen zwei Jugendlichen erkennen wir domänentypische Abkürzungen (*bg* für *bis gleich*, *wd* für *wieder da*), Regionalismen (*dankschee*, *bidde*) und jugendsprachlich verwendete englische Ausdrücke (*have fun*, *bay*), der WhatsApp-Text zwischen Mutter und Tochter ist konventionell-standardsprachlich und macht reichlich Gebrauch von Emoticons.

Gysin hat in seinem Korpus von schülerVZ vielfältige Höflichkeits- und Konfliktmilderungsstrategien von Jugendlichen nachgewiesen, die die Bedeutung der freundschaftlichen Verbindung der Jugendlichen hervorheben. Im folgenden Beispiel unternimmt Janosch verschiedene Versuche konfliktvermeidender Abmilderung bis zu einer expliziten Entschuldigung, das freundschaftliche Einvernehmen zwischen den Jugendlichen wieder herzustellen:

Beispiel: Konfliktmilderung zw. Jugendlichen im schülerVZ
Max: *ich war heute schon burgerking und doner^^*
Janosch: *suss ich wm*
Max: *wm?*
Janosch: *weihnachtsmarkt*
Max: *achso wa*
Janosch: *heute xD*
Max: *un du hasch gesagt wir gehn zu2 als erstes one jm anderes*
Janosch: *ja gehn ma ja au noch depp*
Max: *ja bevor wir mit jm anders gehen*
Janosch: *aso hen mir des gesagt?:-D*
Max: *hasch di gesagt*
Max: *du**
Janosch: *ow:-D tut mir sorry...*
Janosch: *karol muss bestraft werden*
(Gysin 2015: 224)

Dürscheid (2005: 10) präsentiert noch ein Beispiel aus einem Kölner Freizeitchat:

Beispiel: Kölner Freizeitchat

(1) Pappnase: *Kein Kölsch mehr*

(2) VOLLblut: *dann ist das einfach da hab ich auch schon gewohnt lach*

(3) Nick: *lol:voll*

(4) VOLLblut: *ich hab eine Idee*
(5) leeloo: *ist uns strengstens verboten, leider*
(6) Nick: *lass hören*
(7) Ole29: *leeloo, kannst Du Spanisch?*
(8) MrBom: *Hat einer »DANKE ANKE« gesehen?*
(9) monti: *nein*
(10) Ole29: *nee mrb*
(11) Pappnase: *Keine Kölnerinnen mehr hier?*
(12) leeloo: *ein winziges bißchen, hab mal einen Kurs gemacht*
(13) MrBom: *Komisch wackel mit Kopf*

(Dürscheid 2005: 10)

Die Tatsache mehrerer beteiligter Nutzer macht eine besondere Handlungskoordination erforderlich: Die Antwort auf Oles Frage in (7) an leeloo erfolgt aus technischen Gründen erst in (12) und wird durch die Namensnennung kenntlich gemacht. Die Themenbehandlung in diesem Beispiel ist assoziativ, stichwortartig sprunghaft und nicht kohärent.

Für den vorliegenden informellen Schreibstil verwendet Storrer den Terminus **interaktionsorientiertes Schreiben**, das in der Dichotomie der Pole von Nähe und Distanz (vgl. Koch/Österreicher 1994) stärker auf eine Nähekommunikation der medialen Schriftlichkeit mit geringer Planung, mit Dialogizität und Emotionalität ausgerichtet ist.

Storrer führt aus:

> Beim interaktionsorientierten Schreiben steht das aktuelle Kommunikationsgeschehen im Fokus der Aufmerksamkeit eines Netzwerk-Akteurs, der in der Interaktion mit anderen stets zwischen Produzenten- und Rezipientenrolle wechselt und auf die Beiträge anderer Akteure reagiert. Bestimmend für die Versprachlichungsstrategien ist der kommunikative Erfolg in der laufenden Interaktion; hierfür kann die Schnelligkeit der Interaktion wichtiger sein als die Prägnanz und sprachliche Elaboriertheit. Für das Interaktionsmanagement und die Beziehungsgestaltung bilden sich neue Formulierungstraditionen und

grafische Konventionen heraus, die paraverbale und körpergebundene Kommunikationssignale aufgreifen und medial realisieren. (Storrer 2013: 5 f.)

Nach Storrer werden die Konzepte von Schreiben und Schriftlichkeit dadurch erweitert und neu ausdifferenziert. In obigem Beispiel wird die Nähe zu interpersonellen mündlichen Gesprächen offenbar und zugleich zu typischen Elementen der Internetkommunikation wie Emoticons, Akronyme und unflektierte Verbstämme. Vergleicht man deren Auftreten und Verteilung in unterschiedlichen Chattypen, zeigt sich in Freizeitchats eine deutliche Nähe zu Formen interaktionsorientierten Schreibens im Unterschied zu textorientierten Formen, wie sie z. B. in Foren für fachliche und berufliche Kontexte üblicher sind.

8.4 Spiel mit Stil, Spiel mit Identitäten

8.4.1 Nicknamen

Für den individuellen Nutzer eröffnen sich durch die Register- und Stilvariation vielfältige Möglichkeiten sprachlicher bzw. multimodaler Selbstdarstellung, was schon durch die Wahl eines Nicknamens zum Vorschein kommen kann.

Der Nickname
Er fungiert sozusagen als ›Eintrittskarte‹ in den Chat. Im Unterschied zu Spitznamen sind diese selbstgewählt und drücken die virtuelle Persönlichkeit aus; sie dienen nicht nur der Anonymisierung, sondern verweisen zugleich auf die Art der gewollten **Selbstrepräsentation** (vgl. Schlobinski/Siever 2018: 9; daneben Kaziaba 2013, 2016; Gkoutzourelas 2015), die anzeigen, wie man sich selbst sieht und wie man von anderen gesehen werden möchte. Das Spiel mit Stil kann somit zum Spiel mit Identitäten beitragen: die witzige Schlagfertige, der bedächtige Bedenkenträger, der eingefleischte Kölner etc.

In der Chat-Kommunikation wird die persönliche Identität camoufliert, so Runkehl et al. 1998: 85); dennoch lassen sich aus der Selbstkonstruktion des

Nicknamens mit aller Vorsicht gewisse **Rückschlüsse auf Aspekte der realen Identität** ziehen, z. B. (Beispiele aus Kaziaba 2013: 336 f.) auf:

- alterstypische (z. B. *xy_95*)
- und gendertypische Besonderheiten (z. B. *rockfrau*)
- berufsbezogene (*Metzger 2000* für einen Chirurgen)
- und regionale Merkmale (*TeppSepp* aus dem süddeutschen Raum)

Damit kann allerdings auch eine bewusste Irreführung angestrebt sein. Mit Hilfe semiotischer Elemente wie Großschreibung, phonetische Schreibung, Iterationen, Einfügen von Smileys etc. (z. B. *kill3r*, *kEkSmOnSteR*) können Aufmerksamkeit und Emotionalität sowie Witz erzielt werden.

Die Studien von Kaziaba und Gkoutzourelas klassifizieren drei **Typen von Nicknamen**:

- **Autonyme** bestehen aus realen oder Teilen von realen Eigennamen des Benutzers
- **Pseudonyme** bestehen aus aus einem oder mehreren Lexemen oder einem fremden Eigennamen
- **Übergangs- oder Mischformen**, sind eine kleinere Gruppe zwischen diesen beiden Typen

Je nach untersuchtem Medium und seinem Publikum kann die Verteilung unterschiedlich ausfallen, wie Gkoutzourelas am Beispiel von Twitter und einem Chat- und Kontaktportal für schwule, bi- und transsexuelle Männer (PlanetRomeo) nachweist. Eine vergleichende Studie zur Namenwahl in 14 Sprachen haben Schlobinski/Siever (2018) präsentiert, die zugleich die Schwierigkeit des Umgangs mit unterschiedlichen Schriftsystemen und kulturellen Besonderheiten verdeutlicht.

8.4.2 Virtuelle Identitäten zwischen Selbstmaskierung und Selbstenthüllung

Döring (2000) formulierte aus sozialpsychologischer Sicht die **Polarisierung zwischen Selbstmaskierungs-Kritik und Selbstenthüllungs-Lob** in den medienskeptischen Diskussionen um virtuelle Identitäten am Beispiel von Online-Romanzen und kriminellen Identitätstäuschungen (Fake Identity), vor allem des Missbrauchs von Kindern (Cyber-Grooming), d. h. das gezielte

Ansprechen von Minderjährigen mit dem Ziel der Anbahnung sexueller Kontakte.

Impression Management zielt in der Regel auf einen positiven Eindruck. Identitätsdarstellungen in sozialen Medien können gewissen technischen Prüfverfahren und Authentifizierungsmaßnahmen unterzogen werden. Doch zeigen einschlägige Forschungen weitgehend authentische Darstellungsweisen (Krämer et al. 2017: 44 f., Döring 2019: 175). Trotz der zweifellos vorhandenen Gefahren stellt Döring (2019: 182 ff.) die positiven Effekte von Online-Kommunikation als Mittel der Beziehungspflege und der Gemeinschaftsbildung im Netz heraus, wie es auch der Chat-Auszug von Gysin (→ Kap. II.8.3) belegt. Döring verweist aber auch auf die Relevanz des Schutzes der Privatsphäre und die Notwendigkeit von Online-Kontrollen.

Die Digitalisierung verschiebt das Verhältnis von Privatsphäre und Öffentlichkeit. Privatheit in der Online-Kommunikation macht gerade in Hinblick auf Identitätsbildung und Selbstoffenbarung sowie Beziehungskonstitution besondere Handlungskompetenzen erforderlich:

> Die multimodale und vernetzte Medienumgebung, die durch neue Medien bereitgestellt wird, begünstigt solche Privatheitsverletzungen, da sie geteilte Informationen grundsätzlich skalierbar macht, soziale Kontexte vermischt, und damit die Grenzen zwischen Öffentlichkeit und Privatheit aufweicht. (Masur et al. 2019: 58).

Anonymität in der Netzkommunikation wird oft als besonderes Kennzeichen und als eine Rechtfertigung für beleidigende und diffamierende Kommentare angesehen. Gallery (2017: 72) führt dagegen aus, »dass Anonymität aufgrund unterschiedlicher Faktoren in Chatkommunikationen sowohl hergestellt als auch aufgehoben werden kann.« Die Auffindbarkeit und Wiedererkennbarkeit ist bereits für die Wahl des Nicknamens wichtig. Verschiedene technische Prozeduren sowie Nutzungsbedingungen stehen zur Verfügung, um Graduierungen und Variabilität der Anonymität herzustellen.

8.5 Sprache und Gewalt

Betrachten wir nun die auch in den öffentlichen Diskussionen präsenten ›Schattenseiten‹, und zwar der Hassrede und des Cybermobbings näher.

8.5.1 Hassrede

Hate Speech (Hassrede) bezeichnet nach Wikipedia: sprachliche Ausdrucksweisen von Hass mit dem Ziel der Herabsetzung und Verunglimpfung bestimmter Personen oder Personengruppen. Marx (2017: 12) definiert: Es handelt sich hierbei um eine Form psychischer Gewalt, die von Initiatoren vornehmlich verbal realisiert und über technologische Applikationen einem in der Größe variierenden Kreis von Zeugen zugänglich gemacht wird. Butler (2006) hat dieses Phänomen verbaler Gewalt erstmals in ihrer Studie zur Performativität des politischen Diskurses aufgezeigt.

Abb. II.8.2: Hate Speech im Internet (Quelle: istock/asiandelight)

Hassreden können sich prinzipiell gegen alle Personen und Gruppen richten. Meibauer (2013) unterscheidet folgende **Erscheinungsweisen**:

- mündlich und schriftlich
- direkt und indirekt
- offen und verdeckt
- mehr oder minder stark
- durch Macht und Autorität gestützt
- von Gewalt begleitet

Linguistische Realisierungen von Abwertungen bzw. Pejorationen finden sich in:

- Phonologie und Prosodie: ›abfällige Töne‹,
- Morphologie: Morpheme wie *-ler, -ling* z. B. *Flüchling, -ant* z.B. *Asylant,*
- Syntax: *Du/Sie x* (Appellativum)
- Semantik: abwertende Klassifikationsausdrücke, z.B: Nationalstereotype wie *Kanake, Kartoffelfresser*
- Pragmatisch lassen sie sich als **Beleidigungen** bzw. als **Unhöflichkeit** fassen. Sie gehören zum Gegenstandsfeld der Political Correctness (→ Kap. II.9.7).

Die Bundeszentrale für politische Bildung (*bpb.de/252396/was-ist-hate-speech*) führt auf: Hate Speech findet sich v. a. in folgenden Kontexten:

- Rassismus und Fremdenfeindlichkeit (Diskriminierung aufgrund der Abstammung),
- Antisemitismus und Antimuslimischen Rassismus (Diskriminierung von Juden und Muslimen),
- Sexismus (Diskriminierung aufgrund des Geschlechts),
- Homo- und Transphobie (Diskriminierung aufgrund der geschlechtlichen Identität oder sexuellen Orientierung),
- Antiziganismus (Diskriminierung von Sinti und Roma),
- Diskriminierung von Behinderten.

Eine beispielhafte Zusammenstellung von Hate-Speech-Mustern findet sich in der Broschüre ›Hate Speech – Hass im Netz‹ der Landesanstalt für Medien NRW (lfm), klicksafe.de und der Arbeitsgemeinschaft Kinder und Jugendschutz (AJS) Landesstelle NRW.

In der öffentlichen Diskussion wird oft von Befürwortern das Argument der Meinungsfreiheit, von Gegnern werden Straftatbestände, v. a. der Volksverhetzung, angeführt. Ein derzeit vieldiskutiertes Phänomen hat sich nach der Ermordung von zwei Polizisten in Rheinland-Pfalz am 2.2.22 eingestellt: Die Tat wird zum Entsetzen großer Teile der Öffentlichkeit in vielen Hass-Mails bejubelt, was nun strafrechtlich verfolgt wird. Zwar existieren Leitlinien im Netz, die regeln wollen, dass Beiträge, die zu Hass und/oder Gewalt aufrufen, gelöscht und die Verfasser verwarnt oder gesperrt werden können, doch greifen solche website-internen Zensuren durchaus nicht immer.

Schlobinski erörtert Hass- und Hetzreden im Kontext der von Popitz eingeführten Beziehungen zwischen Sprache und Macht (2017) und erklärt solche verletzenden Reden als Manifestationen einer Aktionsmacht, durch die andere ausgegrenzt und ›mundtot‹ gemacht werden sollen.

Abb. II.8.3: Pegida-Demonstration in Dresden am 2.11.2015 (Foto: Winfried Schenk)

8.5.2 Cybermobbing

Dieses Phänomen von Hass und Gewalt hat durch Suizide jugendlicher Betroffener als Opfer von Verleumdungen im Netz traurige öffentliche Resonsanz erlangt. Aber auch Fälle von Lehrpersonen, z. B. mit gefakten Fotos ins Internet gestellt, wurden in der Presse dokumentiert. Dies kann bis zum Diebstahl von (virtuellen) Identitäten führen, die in fremdem Namen Beleidigungen aussprechen oder Geschäfte tätigen. Die Studie von Katzer (2014) dokumentiert und analysiert zahlreiche Beispiele, »wenn das Internet zur W@ffe wird« und stellt Präventionsmöglichkeiten für verschiedene Zielgruppen vor. Laut Wikipedia gehört Cybermobbing: »zu einer der zentralen Gefahren im Umgang mit Internet und neuen Medien.« (de.wikipedia.org v. 30.7.22) Durch die größere Reichweite und den längerfristigen Zeitraum ist das Mobben im Internet besonders gefährlich.

Aktuelle Umfragen belegen die Steigerung des Phänomens. Nach der Cyberlife III-Studie mit 4.400 Schülern im Alter von 6 bis 21 Jahren ist jeder fünfte bis sechste Schüler von Cybermobbing betroffen (https://www.lmz-bw.de/aktuelles/aktuelle-meldungen/detailseite/cybermobbing-verschaerft-sich-im-coronajahr-2020-studie-cyberlife-iii/). Dies entspricht einem Anstieg von 36 % gegenüber der Vorläuferstudie im Jahr 2017. Die Ergebnisse legen offen, dass Berufsschulen, Hauptschulen und Werkrealschulen am meisten von Cybermobbing betroffen sind. Ein Viertel der Kinder und Jugendlichen, die eine dieser Schulformen besuchen, wurde schon einmal im Netz gemobbt. Am geringsten ausgeprägt scheint das Problem an Gymnasien (12 %) und Grundschulen (8 %). Allerdings hat auch schon fast jede/-r zehnte Grundschüler/-in nach eigener Auskunft bereits Cybermobbingattacken erlebt. Eine repräsentative Studie mit Erwachsenen in Deutschland, Österreich und der Schweiz aus dem Jahr 2021 (www.buendnis-gegen-cybermobbing) zeigt einen Anstieg bei Cybermobbing um 25 % gegenüber der Vorläuferstudie von 2018. Über 30 % der Befragten bezeichnen sich als Opfer von Cyberattacken; Frauen und jüngere Menschen im Alter von 18 bis 24 Jahre sind besonders betroffen.

Als **Erscheinungsformen von Cyber-Mobbing** werden in der Fachliteratur u. a. unterschieden (vgl. Marx 2017: 54 ff.):

- Flaming (Beschimpfen, Beleidigen)
- Denigration (Gerücht verbreiten)
- Harassment (Belästigen)
- Exclusion (Ausgrenzung)
- Sexting (sexuelle Belästigung)

Sofern diese sprachlich vollzogen werden, sind sie ein Gegenstand linguistischer Analyse. Seit 2017 liegt eine erste größere Studie von Marx vor.

Marx diskutiert auch einige der in der interdisziplinären Literatur genannten Definitionskriterien für das Cybermobbing, und zwar neben dem wiederholten Vorkommen drei auch linguistisch relevante Kriterien.

Definitionskriterien für Cybermobbing nach Marx 2017

1. **Ungleichgewicht der Macht**, wozu u. a. die häufige Anonymität der Täter, ihre Situationskontrolle und ihr Exklusivwissen über das Mobbingopfer beigetragen haben kann,
2. **Intentionalität**, die oft schädigende Absicht kann sich auch hinter angegebenen Motiven von Langeweile oder Spaß verbergen,
3. **aggressive Handlungen**, die von technischen Möglichkeiten des Ausschließens bis zu aggressiven Botschaften (s. o. Flaming, Denigration) reichen können.

Aufgrund der Analyse eines umfangeichen, durch Methodenkombinationen erhobenen Datenkorpus kommt Marx zu dem Schluss, dass es keine ›Tätersprache‹ im Netz gibt, dass allerdings typische kollaborative Muster der Opferfigur-Konstruktion (z. B. *das behindertste Mädchen der ganzen Schule*) nach dem Prinzip der Gerichtsbarkeit erkannt werden können: »Personen werden angeklagt, ihre vermeintlichen Vergehen werden öffentlich gemacht, eine Strafe wird ausgehandelt« (2017: 223), und dies oft in spielerischer Rahmung, vergleichbar der schon von Garfinkel beschriebenen **Statusdegradations-Zeremonien** (1956). Dafür werden die Opferfiguren meist zu Beginn der Mobbing-Episode zu ›Tätern‹ konstruiert, deren vermeintlich verwerfliche Taten als Legitimation für das Mobbing dienen und Sanktionen praktisch herausfordern, die sprachlich u. a. in Form von pejorativer Lexik, dehumanisierenden Metaphern, Tiervergleichen, Personifikation von Körperteilen, sexuellen Anspielungen realisiert werden. Schwarz-Friesel/Reinharz sprechen von Täter-Opfer-Umkehr-Strategie (2013: 348). Weitere Beispiele von Marx:

> jaeh ... [Name des Lehrers] dieses miese fette schwein ist tot ... de hurensohn hat meine Mutter beleidigt ... er soll in der Hölle schmoren ... fette mistsau
>
> Lenin?Marx? Egal kann auch Thälmann sein. Raus aus unserer Regierung. Sie beleidigen das deutsche Volk (aus Shitstorm gegen Renate Künast). (Marx 2017: 167)

Wesentlich erscheint mir hier der **kollaborative Charakter der gemeinsamen Produktion als Internetspezifikum**; Die Netzakteure agieren vor Gruppenpublikum, das sie unterstützt und anspornt, das ihnen Zustimmung und Anerkennung zollt. Zu den Kennzeichen posttraditionaler Vergemeinschaftung zählt neben Zugehörigkeit und Zusammengehörigkeit auch die Abgrenzung gegenüber einem Nicht-Wir (Eisewicht 2018: 23).

Damit sind schließlich auch die aus der Kommunikation Jugendlicher bekannten Phänomene des Toppings verbunden (→ Kap. II.5.5). Mobbing erscheint als ein typisches interaktives Gruppensphänomen (→ Kap. II.6.4). Es bedarf weiterer empirischer Studien, um die bislang erarbeiteten Muster des Cybermobbings mit verschiedenen Akteursgruppen zu überprüfen.

8.6 Zusammenfassung und weiterführende Literatur

Die Nutzung sozialer Medien hat insgesamt stark zugenommen, insbesondere bei Jugendlichen. Digitale Spaltungen machen sich bemerkbar im Hinblick auf Zugang, Nutzung und Wirkung. Sozialpsychologisch orientierte medienwissenschaftlichen Forschungen unterscheiden drei Ebenen des Identitäts-, Beziehungs- und Informationsmanagements, die Nutzungsmotive von Internetakteuren und zugleich wesentliche Entwicklungsaufgaben autonomer Individuen in zeitgenössischen Gesellschaften darstellen. An unterschiedlichen Beispielen von Chat-Kommunikation wurden solche Nutzungsoptionen veranschaulicht, ebenso wie die Bandbreite von Erscheinungsformen, darunter das interaktionsorientierte Schreiben. Schließlich wurden in zwei kontrastiv-komplementären Kapiteln ›Licht- und Schattenseiten‹ des Spiels mit Stil und Identitäten am Beispiel von Nicknamen und der Gewalt durch Sprache am Beispiel von Hassreden und Cybermobbing erörtert.

Literatur (weiterführend)

Marx, Konstanze/Weidacher, Georg (2020): *Internetlinguistik.* 2. Aufl. Tübingen.

Marx, Konstanze/Lobin, Henning/Schmidt, Axel (Hg.) (2020): *Deutsch in Sozialen Medien: interaktiv, multimodal, vielfältig.* Berlin/Boston.

Schweiger, Wolfgang/Beck, Klaus (Hg.) (2019): *Handbuch Online-Kommunikation.* 2., vollst. überarb. Aufl. Wiesbaden.

Literatur (gesamt)

Androutsopoulos, Jannis (2014): *Mediatization and sociolinguistic change.* Berlin/Boston.

Androutsopoulos, Jannis (2020): Digitalisierung und soziolinguistischer Wandel. In: Marx, Konstanze/Lobin, Henning/Schmidt, Axel (Hg.): *Deutsch in Sozialen Medien: interaktiv, multimodal, vielfältig.* Berlin/Boston, 75–94.

Beißwenger, Michael (2016): *Sprache und Medien: Digitale Kommunikation.* In: Studiport Sprach- und Textverständnis. E-Learning-Angebot der öffentlich-rechtlichen Universitäten und Fachhochschulen und des Ministeriums für Innovation, Wissenschaft und Forschung (MIWF) des Landes Nordrhein-Westfalen.

Beißwenger, Michael/Storrer, Angelika (2012): Interaktionsorientiertes Schreiben und interaktive Lesespiele in der Chat-Kommunikation. In: *Zeitschrift für Literaturwissenschaft und Linguistik* 42:4, 92–124.

Bonfadelli, Heinz (1994): *Die Wissenskluftperspektive. Massenmedien und gesellschaftliche Information.* Konstanz.

Bonfadelli, Heinz (2002): The internet and knowledge gaps. A theoretical and empirical investigation. In: *European Journal of Communication* 17, 65–84.

Butler, Judith (2006): *Hass spricht. Zur Politik des Performativen.* Frankfurt/M.

Der Deutschunterricht 6 (2012): *Sprache und Kommunikation im Web 2.* hgg. v. Peter Schlobinski/Thorsten Siever.

Döring, Nicola (2019): Sozialkontakte online. In: Schweiger, Wolfgang/Beck, Klaus (Hg.): *Handbuch Online-Kommunikation.* 2., vollst. überarb Aufl. Wiesbaden, 167–194.

Döring, Nicola (2000a): Romantische Beziehungen im Netz. In: Thimm, Caja (Hg.): *Soziales im Netz. Sprache, Beziehungen und Kommunikationskulturen im Internet.* Opladen, 39–71.

Döring, Nicola (2000b): Identität + Internet = Virtuelle Identität? In: *forum medienethik* 2, 65–75.

Döring, Nicola (2003): *Sozialpsychologie des Internet. Die Bedeutung des Internet für Kommunikationsprozesse, Identitäten, soziale Beziehungen und Gruppen.* 2., überarb. u. erw. Auflage. Göttingen.

Dudenhöffer, Kathrin/Meyen, Michael (2012): Digitale Spaltung im Zeitalter der Sättigung. Eine Sekundäranalyse der ACTA 2008 zum Zusammenhang von Internetnutzung und sozialer Ungleichheit. In: *Publizistik* 57, 7–26.

Dürscheid, Christa (2005): Medien, Kommunikationsformen, kommunikative Gattungen. In: *Linguistik online* 22:1, 3–16.

Dürscheid, Christa (2020): Schreiben in sozialen Medien. In: Marx, Konstanze/Lobin, Henning/Schmidt, Axel (Hg.): *Deutsch in Sozialen Medien: interaktiv, multimodal, vielfältig*. Berlin/Boston, 35–52.

Eickelkamp, Jennifer (2017): *»Hate Speech« und die Verletzbarkeit im digitalen Zeitalter*. Bielefeld.

Eisewicht, Paul (2018): Zugehörigkeit und Zusammengehörigkit in der Moderne – über Qualitäten posttraditionaler Gesellungsgebilde. In: Neuland, Eva/Schlobinski, Peter (Hg.): *Handbuch Sprache in Gruppen*. Berlin/Boston, 17–34.

Gallery, Heike (2017): »bin ich-klick ich« – Variable Anonymität im Chat. In: Thimm, Caja (Hg.) (2000): *Soziales im Netz. Sprache, Beziehungen und Kommunikationskulturen im Internet*. Opladen, 71–89.

Garfinkel, Harold (1956): Conditions of successful degradation ceremonies. In: *The American Journal of Sociology* 61:5, 420–424.

Gysin, Daniel (2015): *Höflichkeit und Konfliktbewältigung in der Online-Kommunikation Jugendlicher. Ausblick auf Online-Kommunikationskompetenz im Deutschunterricht*. Diss. PH Karlsruhe.

Gysin, Daniel (2016): Höflichkeitsstrategien von Jugendlichen im Netz. In: Spiegel, Carmen/Gysin, Daniel (Hg.): *Jugendsprache in Schule, Medien und Alltag*. Frankfurt/M.

Haase, Martin/Huber, Michael/Krumeich, Alexander/Rehm, Georg (1997): Internetkommunikation und Sprachwandel. In: Weingarten, Rüdiger (Hg.): *Sprachwandel durch Computer*. Opladen, 51–85.

Katzer, Catarina (2014): Cyber-Mobbing – Wenn das Internet zur W@ffe wird. Berlin/Heidelberg.

Kaziaba, Viktoria (2013): Namenmasken im Internet. In: *Muttersprache* 4, 327–338.

Kaziaba, Viktoria (2016): Nicknamen in der Netzkommunikation. In: *Der Deutschunterricht* 1, 24–29.

Kneidinger-Müller, Bernadette (2017): Identitätsbildung in sozialen Medien. In: Schmidt, Jan-Hinrik/Taddicken, Monika (Hg.): *Handbuch Soziale Medien*. Wiesbaden, 61–80.

Koch, Peter/Österreicher, Wulf (1994): Schriftlichkeit und Sprache. In: Günther, Hartmut/Ludwig, Otto (Hg.): *Schrift und Schriftlichkeit.Ein interdisziülinäres Handbuch internationaler Forschung*. Erster Halbband, Berlin/New York, 587–604.

König, Katharina/Bahlo, Nils (2014): *SMS, WhatsApp und Co. Gattungsanalytische. kontrastive und variationslinguistische Perspektiven zur Analyse mobiler Kommunikation*. Münster.

Krämer, Nicole/Eimler, Sabrina C./Neubaum, German (2017): Selbstpräsentation und Beziehungsmanagement in sozialen Medien. In: Schmidt, Jan-Hinrik/Taddicken, Monika (Hg.): *Handbuch Soziale Medien.* Wiesbaden, 42–60.

Marr, Mirko/Zillien, Nicole (2019): Digitale Spaltung, In: Schweiger, Wolfgang/Beck, Klaus (Hg.): *Handbuch Online-Kommunikation.* 2., vollst. überarb. Aufl. Wiesbaden, 283–306.

Marx, Konstanze (2017): *Diskursphänomen Cyber-Mobbing. Ein internetspezifischer Zugang zu [verbaler] Gewalt.* Berlin/Boston.

Marx, Konstanze (2018): Cybermobbing aus sprachwissenschaftlicher Perspektive. In: *Sprachreport* 1, 1–9.

Masur, Philipp K./Teutsch, Doris/Dienlin, Tobias (2019): Privatheit in der Online-Kommunikation. In: Schweiger, Wolfgang/Beck, Klaus (Hg.): *Handbuch Online-Kommunikation.* 2., vollst. überarb. Aufl. Wiesbaden, 337–366.

Runkehl, Torsten (2018): Gruppe in der Forschung zu Neuen Medien (Web 2.0). In: Neuland, Eva/Schlobinski, Peter (Hg.): *Handbuch Sprache in sozialen Gruppen.* Berlin/Boston, 233–251.

Runkehl, Jens/Schlobinski, Peter/Siever, Torsten (Hg.) (1998): *Sprache und Kommunikation im Internet. Überblick und Analysen.* Opladen.

Schlobinski, Peter (2017): Aspekte von Sprache und Macht. In: *Der Deutschunterricht* 4, 75–86.

Schlobinski, Peter (2020): Sprache, Kommunikation und digitaler Wandel. In: Marx, Konstanze/Lobin, Henning/Schmidt, Axel (Hg.): *Deutsch in Sozialen Medien: interaktiv, multimodal, vielfältig.* Berlin/Boston, 3–34.

Schlobinski, Peter/Siever, Torsten (Hg.) (2018): *Nicknamen international. Zur Namenwahl in sozialen Medien in 14 Sprachen.* Berlin.

Schmidt, Jan-Hinrik/Taddicken, Monika (Hg.) (2017): *Handbuch Soziale Medien.* Wiesbaden.

Schmidt, Jan-Hinrik/Taddicken, Monika (2017): Soziale Medien: Funktionen, Praktiken, Formationen. In: Schmidt, Jan-Hinrik/Taddicken, Monika (Hg.): *Handbuch Soziale Medien.* Wiesbaden, 23–38.

Schütte, Christian (2013): Zur Funktion von Hass-Zuschreibungen in Online-Diskussionen: Argumentationsstrategien auf islamkritischen Websites. In: Meibauer, Jörg (Hg.): *Hassrede – Hate Speech. Interdisziplinäre Beiträge zu einer strukturellen Diskussion.* Gießen, 121–142.

Schwarz-Friesel, Monika/Reinharz, Jehuda (2013): *Die Sprache der Judenfeindschaft im 21. Jahrhundert.* Berlin/New York.

Spiegel, Carmen (2017): Kommunikation in Social Media. In: *Der Deutschunterricht* 4, 64–74.

Storrer, Angelika (2013): Sprachstil und Sprachvariation in sozialen Netzwerken. In: Frank-Job, Barbara/Mehler, Frank/Sutter, Tillmann (Hg.): *Die Dynamik sozialer und sprachlicher Netzwerke. Methoden und empirische Untersuchungen an Beispielen des WWW.* Wiesbaden, 1–27.

Thimm, Caja (Hg.) (2000): *Soziales im Netz. Sprache, Beziehungen und Kommunikationskulturen im Internet.* Opladen.

Thimm, Caja (2017): Soziale Medien und Partizipation. In: Schmidt, Jan-Hinrik/Taddicken, Monika (Hg.): *Handbuch Soziale Medien.* Wiesbaden, 192–210.

Internetquellen

Bundeszentrale für politische Bildung: bpb.de/252396/was-ist-hate-speech (Stand: 16/02/2022)

Gkoutzourelas, Georgios (2015): Nicknamen in sozialen Medien. Der Fall von Twitter und PlanetRomeo. Abrufbar unter: https://www.mediensprache.net/de/websprache/2.0/nicknames/index.aspx (Stand: 16/02/2022)

JIM-Studie (2021): *Jugend, Information, Medien. Basisuntersuchung zum Medienumgang 12-bis 19-Jähriger.* Abrufbar unter: https://www.mpfs.de/fileadmin/files/Studien/JIM/2021/JIM-Studie_2021_barrierefrei.pdf (Stand: 16/02/2022)

Landesmedienzentrum Baden-Württemberg (2020): Cybermobbing verschärft sich im Coronajahr 2020 – Studie Cyberlife III. Abrufbar unter: https://www.lmz-bw.de/aktuelles/aktuelle-meldungen/detailseite/cybermobbing-verschaerft-sich-im-coronajahr-2020-studie-cyberlife-iii/ (Stand: 15/02/2022)

Meibauer, Jörg (Hg.) (2013): Hassrede – Hate Speech. Interdisziplinäre Beiträge zu einer strukturellen Diskussion. Abrufbar unter: http://geb.uni-giessen.de/geb/volltexte/2013/9251/pdf/HassredeMeibauer_2013.pdf (Stand: 16/02/2022)

statista (2022): Statistiken zur Internetnutzung in Deutschland. Abrufbar unter: https://de.statista.com/themen/2033/internetnutzung-in-deutschland/#topicHeader__wrapper (Stand: 16/02/2022)

9 Sprachliche Umgangsformen

In diesem Kapitel wollen wir uns auf der Mikroebene der Kommunikation mit soziolinguistisch relevanten sprachlichen Umgangsformen im Alltag beschäftigen. Wir zeigen zunächst, welche Bedeutung Sprachnormen für den alltäglichen Austausch im privaten Alltag haben und wie die Sprechenden und Schreibenden selbst an Normierungen beteiligt sind und Zweifelsfälle und Konflikte im Prozess der Kommunikation lösen müssen. Sodann wenden wir uns ausgewählten Höflichkeits- und Routineformeln zu und betrachten den Umgang mit (Un)Höflichkeit.

9.1 Sprachnorm und Sprachgebrauch im Alltag

Normen und Konventionen regeln unseren Sprachgebrauch im Alltag und sichern die Verständigung. Oft werden sie den Interaktanten erst im Falle von Verstößen bewusst: Ein Rechtschreib- oder Grammatikfehler, der peinlich berührt, eine Frage, die unbeantwortet bleibt, ein Gruß, der nicht erwidert wird. Manchmal müssen wir uns der Geltung von Normen vergewissern (*Wie schreibt man das noch mal? Ist diese Schreibweise noch/schon gültig?*), aber nur in den wenigsten Fällen können wir auf festgeschriebene Sprachnormen und Urteile von richtig/falsch zurückgreifen; oft ist Angemessenheit von Bedeutung (*War das Du wohl angebracht? Hätte man die Frau nicht zuerst nennen sollen?*). Solche Fragen spielen in der **Soziopragmatik** eine wichtige Rolle (vgl. dazu Leech 2014, Held 2017).

Sprachnormen in der Soziolinguistik
Die Diskussion um Sprachnormen hat die Soziolinguistik der deutschen Sprache seit Anbeginn begleitet. Gegenüber der v. a. von Renate Bartsch (1985) vertretenen Auffassung von **Sprachnormen als objektive empirische Gegebenheiten** vertrat Gloy (1975, 1997, 1998) die These von **Sprachnormen als sinnhafte, hermeneutisch zu rekonstruierende Größen**, die sich als Erwartungshaltungen dem Sprachbewusstsein und den Spracherfahrungen verdanken und in der Interaktion soziale Geltung erlangen. Daraus entwickelte sich

die Debatte um *Verdinglichung* oder *Vergeistigung* von Sprachnormen. Der Blick auf Sprachnormen als mentale Größen ermöglicht zugleich den Einbezug von subjektiven Anteilen an Normierungsprozessen und der aktiven Rolle des Individuums als Subjekt des Normdiskurses (Neuland 1998). Der Rekurs auf das subjektive wie kollektive Sprachgefühl und die sozialen Einstellungen spielt dabei eine bedeutende Rolle.

9.2 Statuierte und subsistente Normen

Unterschiedliche sprachliche Normen und Normierungsprozesse prägen vermehrt das aktuelle gesellschaftliche Zusammenleben. Die heftig wiederaufgelebten Debatten um das Gendern (→ Kap. II.4 sowie III.3.4) bieten dafür ein eindrückliches Beispiel. Dabei sind folgende begriffliche Unterscheidungen zu beachten:

- **Normierung von oben** – analog Labovs Unterscheidung des *Drucks von oben* – durch Institutionen der Sprachberatung und Sprachpflege sowie Expertenkommissionen. Solche **statuierten Normen** betreffen vor allem die Grammatik und die Orthographie, zum Teil auch die Stilratgeber mit ihren Empfehlungen zu Gebrauchskonventionen.
- **Normierung von unten**: Damit sind **subsistente Normen** gemeint, die nicht von normsetzenden Institutionen festgeschrieben sind, sondern sich aus dem Sprachgebrauch heraus als Üblichkeiten verfestigt haben. Die Konstruktionen Normierung bzw. Normierungsprozesse sollen die Dynamik und Prozessualität solcher Entwicklungen besser erfassen. Ein großes Beispielfeld stellt PC, der politisch korrekte Sprachgebrauch, dar (→ Kap. II.9.4), der sich oft von gesellschaftlich avancierten Gruppierungen ausgehend in weitere Gesellschaftsschichten verbreitet. Wengeler (1998) hat eine Typologie von Legitimationsargumenten für Normierungsversuche in öffentlichen Sprachdebatten entwickelt, darunter: Berufung auf Wortverwendungskonventionen (z. B. der Remotivierungs-Topos) oder auf die referentielle Funktion von Ausdrücken (z. B. der Richtigkeits-Topos).

9.3 Zweifelsfälle, Spielräume und Normierungskonflikte

Mit den subsistenten Normen eröffnet sich ein weites Feld von Zweifelsfällen, Spielräumen und Konflikten, und zwar nicht nur im Bereich der Schriftlichkeit und nicht nur für DaF-Lerner, sondern auch für routinierte Muttersprachler. Wer kennt sich schon so genau mit den zulässigen Schreibweisen der Neuregelungen der deutschen Rechtschreibung aus? Nachfragen bei den Sprachberatungsdiensten der GfdS sind Anzeichen der **Verunsicherung** der Sprachnutzer. In den Rubriken: *Fragen und Antworten* sowie *Zeit-Wort* der DGfS-Broschüre: *Der Sprachdienst* finden sich dafür zahlreiche Belege, z. B. zur Jahreszahl 2020 (Rüdebusch 2020: 105ff.), und zwar hinsichtlich der Benennungen, Aussprache und Schreibung z.B.: »Während noch im 20. Jahrhundert die Jahreszahlen auf *Neunzehnhundert-* lauteten, fuhr man im 21. Jahrhundert nicht so fort – statt *Zwanzighundert* sagen wir *Zweitausend-*.« (Rüdebusch 2020: 106)

Und möchte man die *Zwanzigerjahre* abkürzen bzw. mit der Zahl schreiben, welche Schreibung ist dann korrekt: *20er Jahre* oder *20er-Jahre*? Beide Möglichkeiten, wodurch sich aus dem Zweifelsfall ein soziolinguistisch bedeutsamer **Spielraum** ergibt (vgl. das DU-Themenheft: 1/2012: *Orthographische und grammatische Spielräume*). Die Duden-Redaktion hat einen ganzen Band: ***Zweifelsfälle der deutschen Sprache*** mittlerweile in 9. Auflage (2021) erschienen, herausgegeben, versehen mit dem Untertitel: *Richtiges und gutes Deutsch, von »anscheinend/scheinbar« bis »zumindest/mindestens«*. Dabei stellt der Umgang mit gleich zulässigen Varianten für die Entscheidung einer Schreib- oder Sprechweise Sprachnutzer vor besondere Probleme: Wie lautet der Plural von *Aas* oder *Abbau*, schreibt man korrekt: *Schänke* (bezogen auf das Substantiv (Aus)Schank) oder *Schenke* (analog zu ein- und ausschenken), welchen Kasus erfordert die Präposition *ab* (ab letzten/letztem Montag)?

Selbst bei vermeintlich eindeutig statuierten Normen durch Regelwerke der Rechtschreibung und der Grammatik zeigen sich oft Spielräume für die individuelle und sozial akzeptierte Entscheidung für eine Variante: Was bedeuten so vage Formulierungen wie: *mittlerweile*, *überwiegend*, *normalerweise*, *manchmal* etc. in Regelwerken oder Ratgeberliteratur? Es gilt zudem, unterschiedliche **Akzeptabilitätsgrade** zu unterscheiden, hauptsächlich zwischen geschriebener und gesprochener Sprache, aber auch zwischen verschiedenen Situationen und Adressatengruppen.

Bezeichnungskonkurrenzen im politischen Sprachgebrauch
Das bekannteste **Beispiel für Normierungskonflikte** stellen in der Linguistik die Bezeichnungskonkurrenzen im politischen Sprachgebrauch dar. Ob ich von *Asylanten* und *Wirtschaftsflüchtlingen* oder von *Asylbewerbern* oder *Geflüchteten* spreche/schreibe, macht politisch einen großen Unterschied. Lesen wir von *Krieg* oder *Friedensmission* beim Einsatz der Bundeswehr in Afghanistan? Das *Zeitgeschichtliche Wörterbuch der deutschen Gegenwartssprache* von Stötzel und Eitz (2002) bietet zahlreiche weitere Beispiele, die **semantische Kämpfe** veranschaulichen. Dabei geht es zumeist um gesellschaftspolitisch umstrittene Sachverhalte, deren Bezeichnung die je eigene Deutung als subsistente Normierung durchsetzen soll. Hier sind nicht nur sprachlich-stilistische, sondern sprachpolitische Entscheidungen gefragt. Wir werden in Kapitel III.1.2 darauf zurückkommen.

9.4 Umgang mit Political Correctness

Ein besonderes Problem stellt der Umgang mit politisch korrekten Ausdrucksweisen dar: Wer will sich nicht gern auch in politischer Hinsicht korrekt ausdrücken und niemanden verletzen?

- Dass man nicht mehr von *Negern*, sondern eher von *Farbigen* sprechen/schreiben sollte,
- nicht mehr *Zigeuner*, sondern besser *Sinti* und *Roma* verwenden sollte,
- die Bezeichnung *Putzfrau* mindestens durch *Putzfee* oder eben *Raumpflegerin* ersetzen
- und niemanden mehr als *Krüppel* bezeichnen sollte,

hat sich inzwischen schon verbreitet. Aber wie steht es mit *Fräulein*, ist das nicht auch schon verpönt? Ist *Mohrenkopf* akzeptabler als *Negerkuss*, oder sollte man gleich von *Dickmann* oder *Schaumkuss* sprechen? Und darf man eigentlich jemanden noch oder schon wieder *schwul* nennen? Wer entscheidet darüber, und welche Sanktionen sind bei Zuwiderhandlungen zu erwarten? Klug resümiert:

> PC wird in Deutschland also vor allem als sozialer, an Moral appellierender Druck unterschiedlicher Stärke wirksam, der sich mehr oder weniger dogmatisch

gegen die Verwendung bestimmter Ausdrucksformen richtet und meliorative Alternativbezeichnungen propagiert. (Klug 2020: 82)

Die PC-Bewegung entstand erst in den 1980er Jahren des 20. Jahrhunderts im Rahmen von Antidiskriminierungsbestrebungen in den USA; Anfang der 1990er Jahre wurde PC durch die Presseberichterstattung in Deutschland publik gemacht. Kritische Stellungnahmen blieben nicht aus; Befürworter und Gegner der PC tragen heftige Debatten aus. Den Vorzügen nicht diskriminierender Ausdrucksweisen werden Nachteile durch Unklarheiten und Verständigungsprobleme bei Alternativbezeichnungen entgegengehalten. Die Vorwürfe reichen von Unwirksamkeit und Lächerlichkeit bis zu Verharmlosung gesellschaftlicher Probleme und Sprachzensur.

Mitte der neunziger Jahre griffen auch sprachwissenschaftliche Beiträge die Debatte auf (u. a. Jung 1996). Bis heute beteiligen sich sprachkritische Beiträge daran (u. a. Heringer/Wimmer 2015, Klug 2020). Diskutiert wird, ob PC mehr als ein **Stigmawort** ist (Frank 1996). Die Betonung einer dualistischen Gegensätzlichkeit von entweder – oder (richtig oder falsch, gut oder schlecht) kommt oft schon im Titel zum Ausdruck, z.B.: *zwischen Sprachzensur und Minderheitenschutz* (Hoffmann 1996), noch kürzlich bei von Münch (2017): *Meinungsfreiheit gegen Political Correctness.* Generell besteht die Gefahr einer isolierten Wortkritik ohne Berücksichtigung des Gebrauchskontextes. Klug (2020: 84) demonstriert dies am Beispiel der Bezeichnung *Farbiger*, die nichtweiße Menschen als Abweichung von der positiv bewerteten Norm des Weißseins darstellt.

Allerdings kann man sich Kontexte vorstellen, in denen politisch unkorrekte Begriffe positiv vor allem als Selbstbezeichnungen verwendet werden. Das bekannteste Beispiel bildet zweifellos die Selbstreferenz: *Nigger* als Kampfbegriff einer selbstbewussten Oppositionsbewegung. Eine ähnliche Entwicklung vom Schimpfwort zur positiven Selbstreferenz nimmt die Bezeichnung: *Kanake*, aber auch schon *schwul* und *lesbisch.*

9.5 Anredeformen

Die pronominalen Anredeformen bilden ein zentrales Kapitel, das in den meisten Grammatiken des Deutschen zum Thema Höflichkeit behandelt wird. Wikipedia notiert unter dem gleichnamigen Eintrag:

Als pronominale Anrede bezeichnet man die Anrede von Personen mit einem Pronomen, z. B. *du*, *ihr*, *Sie*. Die Wahl des jeweils angemessenen Pronomens wird durch gesellschaftliche Normen bestimmt, die dem stetigen Wandel von Gesellschaft und Sprache ausgesetzt sind. [...] Die pronominale Anredeform unterscheidet sich je nach Land und Volk, nach Sprache und Gesellschaftsgruppe, nach dem Verhältnis des Sprechenden zum Angesprochenen und nach der jeweiligen Situation. (Wikipedia o. J.)

Anredeformen bilden als personaldeiktische Ausdrücke Schnittstellen zwischen Semantik, Pragmatik und Syntax (Ehrhardt/Neuland 2021: 86ff.). Je nach dem *Du-Modus* (in Grammatiken auch als *Balanceform* bezeichnet) oder *Sie-Modus* (*Distanzform*) wird eine bestimmte Distanz zum Ausdruck gebracht und dem Interaktionspartner dementsprechend Wertschätzung, Zuneigung oder Respekt bezeugt. Anredeformen sind wesentliche **Mittel der Beziehungsgestaltung** und des Beziehungsmanagements.

Aber die Regeln bzw. Empfehlungen allein für die Verwendung des *Du-* oder *Sie-Modus* im Deutschen sind keineswegs so klar und eindeutig, wie man meinen möchte. Wie spreche/schreibe ich jemanden an, zu dem nach meiner Ansicht kein einvernehmliches Vertrautheitsverhältnis besteht? Wird es als unhöflich empfunden, wenn ich einen flüchtigen Bekannten, der unser Verhältnis vielleicht anders deutet, sieze? Die Tendenz der Distanznahme durch die Wahl der dritten Person für die **Hörerdeixis** und die Pluralisierung des Adressaten hat Konsequenzen für den weiteren Verlauf der Kommunikation. Die Wahl der Ausdrucksselektion ist also ein soziolinguistisch höchst bedeutsamer Akt. In manchen Szenen, z. B. in Sportclubs, gilt das **»Genossen«-Du**, aber vielen fällt es in Deutschland immer noch schwer, den aus Skandinavien üblichen Duz-Modus z. B. gegenüber dem Ikea-Personal zu übernehmen. Schwierig wird es auch bei **symmetrischer versus asymmetrischer Verwendung** der pronominalen Anredeformen (vgl. Lüger 1992: 70ff.). *Teilreziprozität* herrscht etwa im Schulunterricht in der Kommunikation zwischen Lehrern und Schülern unter einem gewissen Alter vor. Die *Grammatik der deutschen Sprache* folgert:

Die Du- bzw. Sie-Relation kann auf vielfältige Weise zustande kommen [...] und umfasst eine Vielzahl institutioneller und gruppenspezifischer Besonderheiten.

> Die Dichotomie *du* – *Sie* ist viel zu grob, als dass sie die vielgestaltigen interpersonellen Beziehungen allein ausdrücken könnte. Dennoch markieren *du* und *Sie* jeweils eine gewisse Bandbreite interpersonaler Rollen und Statusverhältnisse. (Zifonun et al. 1997: 926)

9.6 Höflichkeits- und Routineformeln

Mit festgefügten Formulierungen bewältigen wir im Alltag immer wiederkehrende kommunikative Handlungen bzw. Routinen als Lösungsmuster für das Erreichen von Handlungszielen. Sie sind in der jeweiligen Sprachgemeinschaft etabliert und werden in der sprachlichen Sozialisation tradiert. Im Vollzug der Realisierung dienen sie der sprachlichen und kognitiven Entlastung sowie der Beziehungsarbeit der Kommunizierenden (vgl. Ehrhardt/Neuland 2021: 103 ff., Stein 1995).

Typen von Höflichkeitsformeln (nach Hyvärinen 2011: 181):

- Grußformeln
- Abschiedsformeln
- Vorstellungsformeln
- Dankesformeln
- Entschuldigungsformeln
- Ergehensfragen
- Beileidsformeln
- Wunschformeln (z. B. *Ich hätte gerne eine Gemüsesuppe.*)
- verschiedene Typen von Entgegnungsformeln (z. B. *Das wäre mir recht.*)

Wir wollen uns genauer den erstgenannten Begrüßungs- und Abschiedsformeln und ihrem kulturellen Wandel zuwenden.

9.6.1 Begrüßungsformen

Grußformen gelten als besonderes Symptom höflichen Umgangs. Sie waren schon in früheren Zeiten **Gegenstand von Anstandslehren**, werden als Verhaltensstandards auch heute noch allgemein erwartet und in der familialen **Spracherziehung** und im **Schulunterricht** in Verbindung mit nonverbalem Verhalten eingeübt, z. B. »das schöne Händchen geben« und/oder einen Knicks bzw. einen Diener machen. Solche Verhaltensweisen sind heute veraltet, ebenso das Aufstehen oder das Lüften des Hutes. Allenfalls ist heute der Blickkontakt erhalten geblieben. Neuland et al. folgern:

> Anrede- und Grußformen sind nicht nur Kultureme, sie sind zugleich auch Symptome kultureller Veränderungen von Gesellschaften und ihrer Sozialgefüge. Tendenzen der Informalisierung und der Ent-Distanzierung zeigen sich besonders auffällig im Bereich der Schriftlichkeit, wie aktuelle Studien zu E-Mail- und Internet-Kommunikation hinlänglich belegen; sie sind aber auch im Bereich der Mündlichkeit nachweisbar. (Neuland et al. 2020: 135)

Dies lässt sich besonders gut am Beispiel der Grußformen belegen; wir werden das im Kapitel III.1 wieder aufgreifen. Heute scheint das: ***Hallo* als einheitliche Passe-Partout-Formel** im privaten wie im öffentlichen Verkehr die tageszeitliche Differenzierung im Deutschen abgelöst zu haben.

Betrachten wir dazu einige empirische Belege aus den Wuppertaler Studien (Neuland 2015, Neuland et al. 2020). Nach Beispielen für sprachliche Höflichkeit befragt, verweisen auch heutige Jugendliche verschiedener Altersstufen, Schulformen und Klassenstufen (in Klammern angegeben) auf folgende Grußformeln (in Originalorthographie):

Spontan genannte Beispiele für sprachliche Höflichkeit

- *freundliche Begrüsung* (HS, 7. Jg.)
- *ich sage zu Menschne die ich treffe sage ich Guten Tag* (HS, 7. Jg.)
- *Einen wunderschönen Guten Tag!* (HS, 7. Jg.)
- *Guten morgen Frau X, wie geht es ihnen heute?* (HS, 9. Jg.)
- *Hallo und Tschüss sagen* (GYM, 7. Jg.)
- *Neue Leute höflich begrüßen* (GYM, 9. Jg.)
- *Guten Tag, Auf Wiedersehen* (BS)

(Neuland et al. 2020: 136)

Auf die Frage, wie sie ihre Lehrer außerhalb des Unterrichts begrüßen, antworten jedoch 55 % der 1.138 Jugendlichen mit *hallo*, 47,6 % mit: *guten Tag, Herr/Frau (Name)*, und zwar mit deutlichen Geschlechter- und

Altersdifferenzen: Das *hallo* wird von Mädchen und Muttersprachlern im Unterschied zu DaZ-Schülern präferiert und nimmt allgemein mit dem Alter zu. Die Routineformel: *nach dem Befinden fragen* (Ergehensfrage) wird immerhin zu 8 % der freien Antworten angegeben:

Spontan genannte höfliche Ausdrücke im Gespräch mit Lehrkräften

- *guten morgen (Frau Meier), wie geht es ihn so?* (HS, 7. Jg.)
- *Herr Frau mit gut morgen* (HS, 7. Jg.)
- *Ja! Z. B. Guten Tag Herr / Frau* (HS, 7. Jg.)
- *Guten Morgen, Herr* (GYM, 9. Jg.)
- *Guten tag, Wie geht es Ihnen* (BS)

(Neuland et al. 2020: 136)

Spontan genannte höfliche Ausdrücke im Gespräch mit Gleichaltrigen

- *Hey, was geht* (HS, 7. Jg.)
- *Was geht ab Bruder* (HS, 7. Jg.)
- *Hallo* (HS, 9. Jg.)
- *Du, Hallo* (GYM, 7. Jg.)
- *Na, was machst du?* (GYM, 7. Jg.)
- *Na, wie geht's dir* (GYM, 7. Jg.)
- *He, Was geht, Hau rein* (BS)

(Neuland et al. 2020: 136)

Die von den Jugendlichen vorgenommenen Differenzierungen offenbaren ein **differenziertes Höflichkeitsverständnis**, das sie den jeweiligen Adressaten unterstellen. Freunde werden zu 77,5 % der Fälle mit *hey/hi* begrüßt, in knapp 39 % mit *was geht?*, und nur knapp 26 % mit *hallo.*

In der Unterrichtskommunikation weisen die Daten auch ritualisierte Formen des chorischen Sprechens auf, wie z. B. in einer 10. Klasse einer Realschule (Neuland et al. 2020: 149):

Beispiel: chorisches Sprechen
LK: *[...] SCHÖNN guten morgen, zehn a*
SuS: *›singend‹ !SCHÖ!nen guten morgen, Frau xy.*

Auch sind unterschiedliche Grußformen in den Aktantengruppen der Schüler und der Lehrkräfte zu beobachten, so in einer Pause im Oberstufenjahrgang 12:

Beispiel: unterschiedliche Grußformen
S1: *Mahlzeit;*
LK: *Tach.*

Besonders aufschlussreich sind aber auch die Angaben zu den **nonverbalen Grußformen**: Hier zeigt sich, dass das traditionelle Händeschütteln nur mehr mit einer Häufigkeit von 16 % genannt wird; hingegen wird der **Handschlag**, mit offenen Handflächen gegeneinandergeschlagen, mit einer bedeutend höheren Frequenz der Fälle von 51 %. **Umarmungen** (knapp 67 %) und **Wangenküsse** (21 %) sind in Deutschland bisher eher unüblich und unter Erwachsenen auf enge freundschaftliche Kontakte beschränkt. Insgesamt zeigen sich dabei erheblich Geschlechterunterschiede: Umarmungen mit 93 % vs. 36 % und Wangenküsse (32 %vs. 8 %) eher bei Mädchen, Handschlag (84 % vs. 23 %) und Händeschütteln (28 % vs. 6 %) dagegen eher bei Jungen. Mit dem Alter nehmen Umarmungen und Wangenküsse zu, Handschläge dagegen ab. Wie sich die Corona-Pandemie mit der Devise des *Social Distancing* auf das Grußverhalten auswirkt, werden künftige Erhebungen zeigen.

9.6.2 Abschiedsformen

Werfen wir noch einen kurzen Blick auf Abschiedsformen: Als häufigste Abschiedsformel von Lehrkräften wird mit 59 % der Fälle *tschüss* genannt. Die ca. seit den 2000er Jahren etablierte Wunschformel: *schönen Tag noch* (nach einer Cosmas-Recherche) folgt in fast 57 % aller Fälle. Auch von Freunden verabschieden sich die befragten Jugendlichen mit einer hohen Frequenz mit der Formel *tschüss* auf dem zweiten Rangplatz; den ersten nimmt nach ihren Angaben die vom Italienischen übernommene Formulierung *ciao/tschau* mit 52 % ein. Im Gegensatz zum Italienischen wird *ciao* im Deutschen nur als Abschieds-, nicht aber auch als Begrüßungsformel verwendet

Aufschlussreiche soziolinguistische Differenzen ergeben sich bei der Formulierung *hau rein!* zugunsten der männlichen Jugendlichen (63 % vs. 20 %), beim englischen *byebye* zugunsten der jüngsten Befragten (32 % vs. 16 bzw. 15 %).

Wir werden im Kapitel III.3 die Frage diskutieren, welche Folgen die sich hier abzeichnenden **Informalisierungstendenzen** für einen Sprachwandel haben können.

9.7 Umgang mit (Un)Höflichkeit

Wir wollen im Folgenden noch einen Blick auf den Gebrauch von Pejorativa, Schimpfwörtern und Beleidigungen und resümierend auf den Umgang mit Höflichkeit und Unhöflichkeit im Alltag werfen.

9.7.1 Pejorativa, Schimpfwörter und Beleidigungen

Das Vermeiden von verletzendem Sprachgebrauch gilt damals wie heute als eine unwidersprochene gesellschaftliche Konvention. »*Sie Lümmel, Sie!*« Ist das (heute noch) eine Beleidigung? Bei dem Ausruf »*Sie Arschloch!*« könnten wir schon eher sicher sein. Fällt ein eindeutiges Urteil im Falle von Schimpfwörtern als Lexeme noch relativ leicht, so gilt das kaum für pragmatische Verwendungen wie etwa im Falle einer nicht abgesprochenen Du-Anrede, eines Tadels unter gleichrangigen Erwachsenen, z.B.: »*Sie dürfen hier nicht sitzen!*« oder einer Rückfrage wie z.B.: »*Wissen Sie das nicht?*« Hier sind die Grenzen zu verletzendem oder beleidigendem Sprachgebrauch – auch unabhängig von individueller Empfindlichkeit – schon fließend (vgl. Technau 2018, Finkbeiner et al. 2016, Herrmann et al. 2007).

Dies verweist auf die Bedeutung der **Hörerdeixis** und auf die Wichtigkeit **kontextbezogener Betrachtungen**. Die Kategorien *Sprecherintention* und *Hörerverständnis* bzw. illokutiver Akt und perlokutiver Effekt spielen daher auch eine wichtige Rolle in der einschlägigen Forschungsliteratur. Der Terminus: *Beleidigung* ist zwar eine Ethnokategorie, nicht aber ein wissenschaftlich klar definierter

Begriff. Die neuere linguistische (Un)Höflichkeitsforschung verwendet nach dem Brown/Levinson-Paradigma eher die Bezeichnungen: **gesichtsbedrohende oder -verletzende Akte (ftas)**. Culpeper et al. (2003: 1546) definieren Unhöflichkeit als: »communicative strategies designed to attack face, and thereby cause social conflict and disharmony.«

Culpeper erweitert diese Definition (2005) um den Aspekt des Hörerverständnisses:

> Impoliteness comes about when: (1) the speaker communicates faceattack intentionally, or (2) the hearer perceives and / or constructs behavior as intentionally faceattacking, or a combination of (1) and (2). (Culpeper 2005:38)

So ist auch verständlich, warum angesprochene Jugendliche gegen die Begrüßungsformulierung einer Schülerin: »*ih:r M:ISSgeburten*« auf dem Sportplatz nicht protestieren. Sie wird in der intragenerationellen Kommunikation als **mock politeness** oder als **cooperative rudeness** in jugendtypischer Weise gemeint wie verstanden (Neuland et al. 2020: 103). Wir erinnern an Labovs Untersuchungen zu den ritual insults von Jugendlichen (→ Kap. I.2.2.2) und kommen im nächsten Absatz auf die Scherzkommunikation zurück.

In der Rangfolge der Schimpfwörter unterscheiden sich Jugendliche den Wuppertaler Erhebungen nach nicht wesentlich von Erwachsenen, wie Tabelle II.9.1 zeigt:

durch Gleichaltrige	abs.	% der Fälle	Rang	durch Erwachsene	Abs.	% der Fälle
Arschloch	30	12,8	**1**	*Arschloch/Arsch*	19	10,3
Hurensohn	27	11,5	**2**	*doof/dumm*	14	7,6
Spasti	22	9,4	**3**	*Idiot*	11	5,6
Schlampe	16	6,8	**4**	*... Kind (z. B. dummes Kind)*	9	4,6
dumm	13	5,5	**5**	*Spasti(ker)*	7	3,8
Wixxer	13	5,5	**6**	*asozial*	5	3>

Opfer	11	4,7	**7**	*faul*	5	3>
fick dich	9	3,8	**8**	*dumme/blöde Kuh*	4	3>
Idiot	8	3,4	**9**	*Pisser*	4	3>
behindert	7	3	**10**	*verpiss dich*	7	3>
Sonstiges	192	81,7			113	58
Gesamt	348	148,1		Gesamt	195	101,4

Tab. II.9.1: Rangfolge der Schimpfwörter von Gleichaltrigen und von Erwachsenen gegenüber Jugendlichen nach Verwendungshäufigkeit (Neuland et al. 2020: 95 f.)

Aus den genannten Beispielen geht hervor, dass Jugendliche die Attributionen: *doof/dumm*, besonders in Kombination mit der Rollenzuschreibung: *Kind* als beleidigend empfinden.

Im Rahmen einer **Typologie sozialer Kategorisierungen** hat Neuland (2018) die vier Bezeichnungen: *Bengel*, *Flegel*, *Lümmel* und *Rüpel* lexikographisch und korpusanalytisch miteinander verglichen. Bereits sprachgeschichtlich wurden sie als pejorative Fremdbezeichnungen für einem Bauernknecht zugeschriebene Merkmale verwendet (vgl. dazu Finkbeiner et al. 2016). Dabei scheinen die Ausdrücke: *Rüpel* (mit knapp 46.000) und *Flegel* mit über 24.000 belegten Wortformen besonders produktiv. Wie die Korpusanalyse (Deutsches Referenzkorpus der geschriebenen Gegenwartssprache des Leibnitz-Instituts für deutsche Sprache DeReKo) des diachronen Verlaufs zeigt, ist der Ausdruck: *Rüpel* im Unterschied zu *Lümmel* bis heute aktuell:

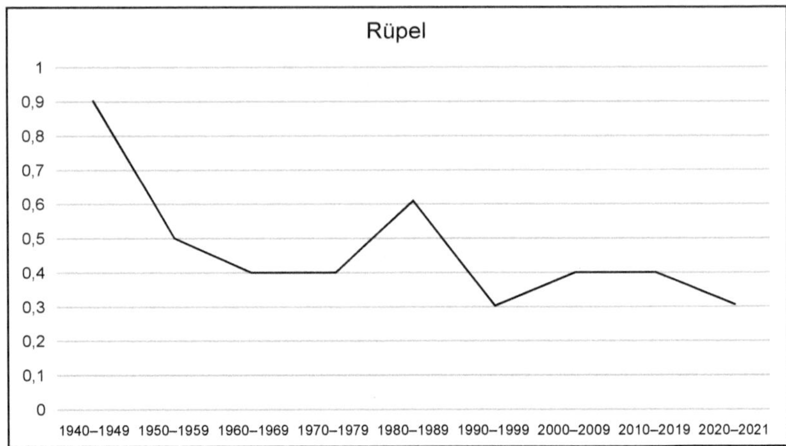

Abb. II.9.1: Auftretenshäufigkeit des Ausdrucks: *Rüpel* im DeReKo (Neuland 2018: 321, aktualisiert 20.5.2021)

Die **Kookkurenzen** der beiden Ausdrücke: *Flegel* und *Rüpel* (mit einer Spannweite von 5 Wörtern und maximal einem Satz) werden in den beiden folgenden *Wordle*-Darstellungen präsentiert:

Abb. II.9.2: Wordle-Darstellungen der Kookkurrenzen der Ausdrücke: *Flegel* und *Rüpel* (Neuland 2018: 322, 324; aktualisiert 20.5.2021)

Während der Ausdruck: *Flegel* im Sinne von frechem, ungezogenem Benehmen verwendet wird und der Eigenname Rühmann auf den Kontext einschlägiger Filme verweist, wird der Ausdruck: *Rüpel* mit für die heutige Zeit besonders negativen Konnotationen von Rasern und rüpelhaften Sportlern wie dem Fußballspieler *Rooney* und dem Tennisspieler *Ibrahimovic* verbunden. Die Attribute: *pubertierend* und *unreif* im Bedeutungsspektrum von *Flegel* deuten darauf hin, dass dieser für jüngere Männer, *Rüpel* hingegen für Erwachsene verwendet wird.

9.7.2 Soziokulturelle Höflichkeitsstile

Greifen wir abschließend eine soziolinguistische Differenzierung auf, die schon mehrfach in diesem Band angesprochen wurde (u. a. in den Kapiteln II.3 bis II.5): die soziokulturellen **Sprachstile**. Auch für den Umgang mit (Un)Höflichkeit lassen sich Unterschiede feststellen, und zwar zwischen konventionellen, eher bei Erwachsenen gebräuchlichen und jugendtypischen Stilen. Die Grenzen sind eher graduell als trennscharf zu bestimmen. Auch mögen gender- und alterstypische Unterschiede hinzutreten.

Für den Umgang mit Höflichkeit bzw. Respekt kann hypothetisch das in Tabelle II.9.2 wiedergegebene Strukturmodell angenommen werden:

	Aktanten	Adressaten	Modi	Attribute	Gültigkeit
intergenerationell	Alters- und Rangdifferenz	statusinhärent	Ernsthaftigkeit	fixe Größe, Redeweisen	generell und individuell
intragenerationell	Alters und Rangäquivalenz	zugeschrieben, adhärent	Modalitätswechsel zwischen Spiel und Ernst	interaktionale Größe	gruppen- und subkulturspezifisch

Tab. II.9.2: Strukturmodell von Höflichkeit/Respekt in jugendtypischem Verständnis (Neuland et al. 2020: 61)

Diesem Strukturmodell können verschiedene **sprachlich-kommunikative Merkmale für den Umgang mit Höflichkeit bzw. Respekt** zugeschrieben werden:

- **Rangdifferenz vs. Rangäquivalenz** zwischen den Aktantengruppen wird etwa durch einen *Du-* bzw. einen *Sie-Modus* und durch unterschiedliche Formalitätsgrade z. B. der Grußformen ausgedrückt.

- **Zuschreibung von Status** in der gruppenspezifischen Interaktion kann sich besonders im Umgang mit Kritik, Pejorativa und Beleidigungen zeigen.
- **Modalitätswechsel zwischen Ernsthaftigkeit und Scherzhaftigkeit** bilden schließlich ein Hauptunterscheidungsmerkmal zwischen konventionellen und spezifischen Sprachstilen einer *community of practice.* Dieser Unterschied kann sich etwa in ausbleibenden Reaktionen auf konventionell unhöfliche Äußerungen manifestieren, die – im Scherzmodus geäußert und aufgefasst – ohne Reaktion, z. B. von Protest, Beleidigtsein, Gegenbeleidigungen bleiben können.

9.8 Zusammenfassung und weiterführende Literatur

In diesem Kapitel haben wir einen Einblick in ausgewählte soziolinguistisch relevante sprachliche Umgangsformen gegeben. Vor allem ging es um die aktive Beteiligung von Sprechenden und Schreibenden beim Lösen kommunikativer Zweifelsfälle, Spielräume und Normierungskonflikte am Beispiel vom Umgang mit Political Correctness, Höflichkeits- und Routineformen sowie vom Umgang mit (Un)Höflichkeit in konventioneller und soziokulturell differenzierter Weise.

Literatur (weiterführend)

Der Deutschunterricht (3/1998): *Sprachnormen.* hgg. v. Eva Neuland.

Der Deutschunterricht (1/2012): *Orthographische und grammatische Spielräume.* hgg. v. Christa Dürscheid.

Neuland, Eva/Könning, Benjamin/Wessels, Elisa (2020): *Sprachliche Höflichkeit bei Jugendlichen.* Frankfurt/M.

Literatur (gesamt)

Bartsch, Renate (1985): *Sprachnormen: Theorie und Praxis.* Tübingen.

Bonacchi, Silvia (2013): *(Un)Höflichkeit. Eine kulturologische Analyse Deutsch – Italienisch – Polnisch.* Frankfurt/M.

Culpeper, Jonathan/Bousfield, Derek/Wichmann, Anne (2003): Impoliteness revisited: with special reference to dynamic and prosodic aspects. In: *Journal of Pragmatics* 35, 1545–1579.

Culpeper, Jonathan (2005): Impoliteness and entertainment in the television quiz show: 'The Weakest Link'. In: *Journal of Politeness Research* 1:1, 35–72.

Der Deutschunterricht (3/1998): *Sprachnormen.* hgg. v. Eva Neuland.

Der Deutschunterricht (1/2012): *Orthographische und grammatische Spielräume.* hgg. v. Christa Dürscheid.

Dieckmann, Walther (1975): *Sprache in der Politik. Einführung in die Pragmatik und Semantik der politischen Sprache.* 2. Aufl. Heidelberg.

Frank, Karsta (1996): Political Correctness. Ein Stigmawort. In: Diekmannshenke, Hajo/Klein, Josef (Hg.): *Wörter in der Politik. Analysen zur Lexemverwendung in der politischen Kommunikation.* Opladen, 185–218.

Duden (2021): *Das Wörterbuch der sprachlichen Zweifelsfälle.* 9. Aufl. Berlin.

Ehrhardt, Claus/Neuland, Eva (2021): *Sprachliche Höflichkeit.* Tübingen.

Finkbeiner, Rita/Meibauer, Jörg/Wiese, Heike (Hg.) (2016): *Pejoration.* Amsterdam/Philadelphia.

Germann, Sybille (2007): *Vom Greis zum Senior. Bezeichnungs- und Bedeutungswandel vor dem Hintergrund der »Political Correctness«.* Hildesheim/Zürich/New York.

Gloy, Klaus (1975): *Sprachnormen I. Linguistische und soziologische Analysen.* Stuttgart.

Gloy, Klaus (1997): Sprachnormen als »Institution im Reich der Gedanken«. In: Mattheier, Klaus-Jürgen (Hg.): *Norm und Variation.* Frankfurt/M., 27–37.

Gloy, Klaus (1998): Zur Realität von Sprachnormen. In: *Der Deutschunterricht* 3, 14–24.

Held, Gudrun (2017): Der face-Begriff im Schnittpunkt zwischen *politeness* und *face-work.* In: Ehrhardt, Claus/Neuland, Eva (Hg.): *Sprachliche Höflichkeit. Historische, aktuelle und künftige Perspektiven.* Tübingen.

Heringer, Hans Jürgen/Wimmer, Rainer (2015): *Sprachkritik.* Paderborn.

Herrmann, Steffen/Krämer, Sybille/Kuch, Hannes (Hg.) (2007): *Verletzende Worte. Die Grammatik sprachlicher Missachtung.* Bielefeld.

Hoffmann, Arne (1996): *Political Correctness. Zwischen Sprachzensur und Minderheitenschutz.* Marburg.

Hyvärinen, Irma (2011): Routineformeln in kurzen Kaufgesprächen. In: Lenk, Hartmut E. H./Stein, Stephan (Hg.): *Phraseologismen in Textsorten. Germanistische Linguistik.* 177–199 & 211–212.

Jucker, Andreas H. (2018): Historische Pragmatik. In: Liedtke, Frank/Tucher, Astrid (Hg): *Handbuch Pragmatik.* Stuttgart, 132–139.

Jung, Matthias (1996): Von der politischen Sprachkritik zur Political Correctness – deutsche Besonderheiten und internationale Perspektiven. In: *Sprache und Literatur in Wissenschaft und Unterricht* 27:2, 18–37.

Klug, Nina-Maria (2020): Wortkritik im Zeichen der Political Correctness und aktuelle Formen antidiskriminierender Wortkritik. In: Kilian, Jörg/Niehr, Thomas/Schiewe, Jürgen (Hg.): *Handbuch Sprachkritik.* Berlin, 81–87.

Leech, Geoffrey (2014): *The Pragmatics of Politeness.* Oxford.

Lüger, Heinz-Helmut (1992): *Sprachliche Routinen und Rituale.* Frankfurt/M.

Neuland, Eva (1998): »Sprachnormen« – kein Thema mehr? Zur Neubelebung einer verschütteten Diskussion. In: *Der Deutschunterricht* 3, 4–14.

Neuland, Eva (2015): »Hey, was geht?« Beobachtungen zum Wandel und zur Differenzierung von Begrüßungsformen Jugendlicher. In: *IDS-Sprachreport* 1, 30–35.

Neuland, Eva (2018): »Sie Lümmel, Sie!« Kleine Typologie sozialer Kategorisierungen »frecher« Jugendlicher. In: Gautier, Laurent/Modicom, Pierre-Ives/Vinckel-Roisin, Hélène (Hg.): *Diskursive Verfestigungen. Schnittstellen zwischen Morphosyntax, Phraseologie und Pragmatik im Deutschen und im Sprachvergleich.* Berlin/Boston, 313–331.

Neuland, Eva/Könning, Benjamin/Wessels, Elisa (2020): *Sprachliche Höflichkeit bei Jugendlichen. Empirische Untersuchungen von Gebrauchs- und Verständnisweisen im Schulalter.* Frankfurt/M.

Rüdebusch, Frauke (2020): Zeit-Wort 2020. In: *Der Sprachdienst* 1–2, 105ff.

Stein, Stephan (1995): *Formelhafte Sprache. Untersuchungen zu ihren pragmatischen und kognitiven Funktionen im gegenwärtigen Deutsch.* Frankfurt/M.

Stötzel, Georg/Eitz, Thorsten (Hg.) (2002): *Zeitgeschichtliche Wörterbuch der deutschen Gegenwartssprache.* Hildesheim.

Technau, Björn (2018): *Beleidigungswörter. Die Semantik und Pragmatik pejorativer Personenbezeichnungen.* Berlin/Boston.

von Münch, Ingo (2017): *Meinungsfreiheit gegen Political Correctness.* Berlin.

Wengeler, Martin (1998): Normreflexion in der Öffentlichkeit. In: *Der Deutschunterricht* 3, 49–57.

Wimmer, Rainer (2002): Sprachreflexion – Spracharbeit. Anlässe und Gegenstände der Reflexion über Sprache. In: *Der Deutschunterricht* 3, 47–52.

Zifonun, Gisela/Hoffmann, Ludger/Strecker, Bruno (1997): *Grammatik der deutschen Sprache.* Berlin/New York.

Internetquellen

Leibniz-Institut für deutsche Sprache Mannheim: Cosmas II: Deutsches Referenzkorpus der geschriebenen Gegenwartssprache DeReKo (Stand: 01/05/2021)

Wikipedia (o. J.): Pronominale Anredeform. Abrufbar unter: https://de.wikipedia.org/wiki/Pronominale_Anredeform (Stand: 18/02/2022)

III Anwendungsfelder

1 Schule und Deutschunterricht

Die Auswirkungen der frühen Soziolinguistik in Deutschland finden ihren besonderen Niederschlag im Feld der Pädagogik, die sich in den 1970er Jahren zu einer Leitwissenschaft entwickelte, wie die Vielzahl der einschlägigen Publikationen zeigt (z. B. Dierks/Zander 1975: *Sprachgebrauch und soziale Praxis. Soziolinguistische Grundfragen pädagogischer Praxis*). Insbesondere der Sammelband mit Gutachten des deutschen Bildungsrats zum Zusammenhang von *Sprache und Lernen* (hgg. v. H. Roth 1969, darunter auch ein Beitrag von Oevermann zu sozialer Schichtung, Begabung und Sprachgebrauch) hatte neue Perspektiven auf einen **dynamischen Lernbegriff** und auf **soziale Einflussfaktoren** auf kognitive und sprachliche Leistungsfähigkeiten von Kindern und Jugendlichen eröffnet. Soziolinguistische Entwicklungen im Bereich von Vorschule und Schule, speziell im Deutschunterricht und Sprachunterricht werden im Folgenden aufgezeigt. Abschließend wird resümiert, welche Spuren sich nach der anfänglichen Euphorie aktuell in Schule und pädagogischer Praxis finden lassen.

1.1 Schule und Sprachunterricht

> Man darf wohl mit Berechtigung behaupten, dass selten eine Teildisziplin der Sprachwissenschaft so schnell und über das Maß an Einlösbarem hinaus auf die Verwertbarkeit ihrer Ergebnisse für den Sprachunterricht befragt und in ihrer Entwicklung selbst beeinflusst worden ist wie die Soziolinguistik. (Neuland 1979: 240)

So leitete Neuland den Beginn ihrer Darstellung: *Soziolinguistik und Sprachunterricht* in dem von Boueke herausgegebenen Band: *Deutschunterricht in der Diskussion* (1979: 240) ein. In der Tat hatte die Entwicklung der Soziolinguistik in der Bundesrepublik Deutschland eine Euphorie ausgelöst im Hinblick auf die Anwendung ihrer Ergebnisse für die pädagogische Praxis der Spracherziehung im Hinblick auf eine gesellschafts- und erfahrungswissenschaftliche Rückbindung von Deutschdidaktik und Deutschunterricht, aber auch der Sprachwissenschaft selbst (→ Kap. I.1.2).

Ein spezifisches **Theorie-Praxis-Missverhältnis** war die problematische Folge mit der Gefahr einer Reduktion der empirischen Aspekte auf das vom Verwertungsinteresse her Erforderliche auf der einen Seite und der Gefahr einer übereilten Didaktisierung noch unzureichend geprüfter Ergebnisse auf der anderen Seite. Vor dem Hintergrund der Bildungsdiskussionen der 1960er Jahre versprach man sich von der Soziolinguistik einen Begründungszusammenhang und eine Legitimationsbasis für erzieherische Maßnahmen zur Aufhebung sprachlich bedingter Bildungshindernisse und somit zur **Herstellung von Chancengleichheit**. Der Schlüssel zur Lösung von Problemen der Aufschließung von Begabungsreserven und der Nutzbarmachung verschiedener Begabungsformen schien im Sprachdefizit der Unterschichtangehörigen zu liegen, deren unvollkommene sprachliche Leistungsfähigkeit sich als *Sprachbarriere* vor deren weitere Bildungs- und Aufstiegschancen erhob (→ Kap. II.1 sowie Kap. I.3.2).

1.1.1 Kompensatorische Sprachförderung im Vorschulalter

Den größten Aufschwung erlebten vor diesem Hintergrund zweifellos die Bemühungen um eine **kompensatorische Sprachförderung im Vorschulalter**, in Deutschland mit einer ca. zehnjährigen Verzögerung gegenüber den Vereinigten Staaten, wo namentlich das *Head Start*-Programm eine Vorreiterrolle eingenommen hatte (vgl. dazu z. B. Trouillet 1970, Du Bois-Reymond 1971, Gahagan/Gahagan 1971, Iben 1971, Jäger 1971, Wiehle 1973, Meier et al. 1973). In Deutschland fanden die *Arbeitsmappen zum Sprachtraining und zur Intelligenzförderung* (Schüttler-Janikulla 1968/71) und die Anregungsmaterialien zu »*Begabung-Sprache-Emanzipation*« (1972) starke Verbreitung in Kindergärten. Die Evaluationen von Erfolg und Misserfolg führten jedoch schon bald zu einer Ernüchterung der pädagogischen Hoffnungen und zu einer Rückbesinnung auf die zugrundeliegenden wissenschafts- und gesellschaftspolitischen Annahmen. Die relative **Fruchtlosigkeit der kompensatorischen Bemühungen** in der Praxis übte eine katalysatorische Wirkung im Hinblick auf eine Revision der konfliktprophylaktischen und symptomkurierenden Funktionen der Thesen von Sprachbarrieren und Sprachkompensatorik aus (vgl. Dittmar 1973: 107 f.).

1.1.2 Sprachförderung in Gesamtschulen

Auch im Schulbereich fanden soziolinguistische und auch kompensatorische Unterrichtskonzepte Eingang (so z. B. Heft 74/1970 der Zeitschrift *alternative*, Gutt/Salffner 1971, M. Berg o. J., Dahle 1972), insbesondere im Rahmen der **Gesamtschulen**, bei deren Gründung der Gedanke des Ausgleichs von Chancenungleichheit ein zentrales Anliegen war. Als eines der allgemeinen Ziele formulierten Edelstein und Schäfer programmatisch in einer Publikation des deutschen Bildungsrats:

> Ausgleich der sprachlich vermittelten schichtenspezifischen Ungleichheit der Bildungschancen durch differenzierte und gezielte Förderung des sprachlichen Leistungsvermögens und Erweiterung des sprachlichen Verständnisbereiches. (Edelstein/Schäfer 1969: 47 ff.)

Als *versuchsbegleitende Forschung Gesamtschule* wurde in NRW eine *Projektgruppe Sprachkompensatorik* eingerichtet, die verschiedene Modelle kompensatorischen Unterrichts vorstellte (1972–1974; vgl. auch Kaspar et al. 1975). Dabei stand zumeist ein Spannungsverhältnis zwischen den **Ausgangssprachen der Schüler** und den **Normen der Hochsprache** im Zentrum.

Auch in Richtlinien und Lehrplänen verschiedener Schulformen und Bundesländer fand soziolinguistisches Gedankengut Eingang, wie Schlieben-Lange im Anhang ihrer 1973 erschienenen Einführung in die Soziolinguistik dokumentiert:

> z. B. Baden-Württemberg: Entwurf zu einem Lehrplan Deutsch SII (Arbeitsbereich Reflexion über Sprache, Jahrgang 11): »Erörterung von Texten unter soziolinguistischen Gesichtspunkten zur Erschließung des Zusammenhangs von Sprachverhalten und sozialer Interaktion«. (S. 18)
> Niedersachsen: vorläufige Handreichungen für die Orientierungsstufe (1971): »Vorhandene Sprachbarrieren sollen abgebaut werden.« (S. VII)

Das Ausbleiben tagespolitischer Erfolge führte Mitte der 1970er Jahre zu einem Nachlassen der bildungspolitischen Unterstützung. Wenn auch der gesellschaftskritische Impetus der frühen Soziolinguistik im deutschen Sprachraum verblasste und sich emanzipatorische Gegenkonzepte gegen die Kompensatorik nicht durchsetzen konnten, so blieben doch **wichtige Impulse der Soziolinguistik** im Deutschunterricht bestehen. Daran sollte bei der Diskussion um die Bildungssprache (→ Kap. II.1.3) erinnert werden, die auch als Wiederbelebung der Sprachbarrierendebatte verstanden werden kann.

1.1.3 Soziolinguistische Impulse im Deutschunterricht

2017 resümierten die Herausgeber in der Einleitung in das Themenheft 4: *Soziolinguistik* der Zeitschrift *Der Deutschunterricht*: Soziolinguistische Forschungen haben eine besondere didaktische Relevanz, dadurch »dass es um Fragen des sozialen Ausgleichs und emanzipatorischer Teilhabe am gesellschaftlichen Leben geht, um Abbau von Vorurteilen und um die Sicherung der sprachlichen Kommunikation zwischen sozialen Gruppen« (Neuland/Schlobinski 2017: 1). Dabei kristallisierten sich insbesondere folgende Schwerpunkte heraus:

Wichtigste Impulse für den Deutschunterricht

1. Kritik an *Hochsprache* und *hoher Literatur* als alleinigen Lernzielen im Deutschunterricht
2. Differenzierung von sozialen und regionalen Einflüssen auf den Sprachgebrauch
3. Anerkennung der Systematizität und Funktionalität von Sprachvarietäten

Diese fanden im Rahmen der **kritischen Didaktik** in der Geschichte des Deutschunterrichts eine besondere Aufmerksamkeit. Die Frankfurter Didaktikergruppe um Autoren wie Ivo, Hebel, Merkelbach und C. Bürger hatten die vieldiskutierten *Rahmenrichtlinien für das Fach Deutsch* in Hessen 1972 entwickelt. *Kritischer Deutschunterricht*: »kann nur heißen, Schülern durch das Medium der Beschäftigung mit Sprache und Literatur zu helfen, sich selbst im Handlungszusammenhang gesellschaftspolitischer Vermittlungsprozesse zu verstehen.« (Ivo 1969: 5).

Die Verabschiedung von einem *»unzeitgemäßen Literaturunterricht«* (1969), *Kritik des Aufsatzunterrichts* (Merkelbach 1972) und die Entwicklung eines wissenschaftlichen *Handlungsfelds: Deutschunterricht* (1975) mit den zentralen Lernzielen: Sprachkritik, Normreflexion und reflexiver Sprachgebrauch standen im Blickpunkt der Aufmerksamkeit. Wirkungsmächtiger als die kritische Didaktik erwies sich allerdings die nahezu parallele Entwicklung der *kommunikativen Didaktik* im Deutschunterricht mit dem zentralen **Lernziel der kommunikativen Kompetenz** (vgl. dazu Neuland/Peschel 2013: 13–21). Mit explizitem Bezug auf Hymes formulierten Bünting/Kochan:

> Ziel der Didaktik der sprachlichen Kommunikation ist die kommunikative Kompetenz des Schülers. Darin fließen kritische Selbst- und Fremdeinschätzung kommunikativen Verhaltens und sprachlich-soziales Handeln als Erfahrung von kommunikativen Strategien zusammen. (Bünting/Kochan 1973: 163)

Die **traditionelle Deutschdidaktik** ging in der Mitte des 20. Jahrhunderts grundsätzlich von einer Homogenität der deutschen Sprache und der Sprachgemeinschaft aus. Entsprechend der herkömmlichen Dichotomie der Sprachwissenschaft zur Bezeichnung von Sprachunterschieden innerhalb der Muttersprache wurden neben der *Hochsprache*, die als Spitze der Stilpyramide bildungswertig in sich und als alleiniges Bildungsziel galt, nur die *Dialekte* als überlieferte Kulturgüter unterschieden. Der *Umgangssprache* als dazwischenliegende Übergangszone galt dagegen besondere sprachpflegerische Aufmerksamkeit. Diese Vorstellung einer Pyramide prägte die **präskriptive Stilistik** des Deutschunterrichts bis in die 1970er Jahre und führte zu Zielvorstellungen wie grammatische Korrektheit, grammatisch richtiges, lautreines Sprechen und orthographisch richtiges Schreiben (so v. a. in der *Didaktik der deutschen Sprache* von Helmers 1966).

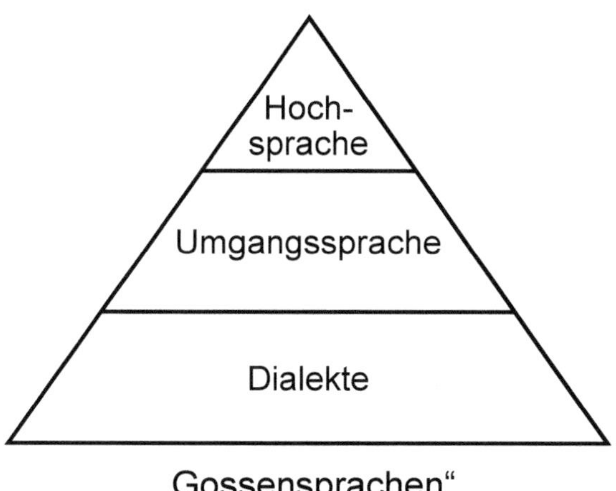

Abb. III.1.1: Stilpyramide (Neuland/Peschel 2013: 197)

Die Verabschiedung des alleinigen Bildungswerts der Hochsprache, wie von der Neuformulierung der *Hessischen Rahmenrichtlinien* gefordert (1972), löste daher heftige Kontroversen aus. Eine Abbildung aus dem Diesterweg Sprachbuch der 1970er Jahre veranschaulicht die sozialen Differenzen in der Semantik besonders nachdrücklich:

Abb. III.1.2: Beispiel *Maloche* (aus *Sprachbuch* 6, 1977, S. 58f.)

Die Diskrepanz zwischen den kodifizierten standardsprachlichen Normen und dem tatsächlichen Sprachgebrauch konnte die **kommunikative**

Sprachdidaktik mit ihrem zentralen Lernziel der kommunikativen Angemessenheit jedoch auch nicht lösen. Die kritische und die kommunikative Didaktik hatten zwar durch eine Neubewertung von Dialekten, Soziolekten und Gruppensprachen die präskriptive Stilpyramide der traditionellen Deutschdidaktik grundlegend erschüttert, doch konnte eine spezifische **varietätenorientierte Sprachdidaktik** in ihrem Rahmen noch nicht entwickelt werden (→ Kap. III.1.2).

Heute finden sich in den meisten Richtlinien und Bundesländern nicht nur für die gymnasiale Oberstufe Varietätendifferenzierungen der deutschen Sprache, deren Strukturen und Funktionen Schülern bewusst gemacht werden sollen. Auch dies kann als Wirkung der soziolinguistischen Unterscheidungen und der Relativierung der Standardsprachnormen angesehen werden.

Lenken wir den Blick nochmals zurück auf eine alte, aber immer noch aktuelle Forderung nach einer **differentiellen Deutschdidaktik**: In dem 1995 erschienenen Band: *Herkunft, Geschlecht und Deutschunterricht: oben – unten, von hier – von anderswo, männlich – weiblich* plädieren die Herausgeberinnen Linke und Oomen-Welke mit sieben Thesen für den Umgang mit Vielfalt (320 ff.), darunter:

Thesen zum Umgang mit Vielfalt

1. Vielfalt wahrnehmen und thematisieren
2. Normen aufdecken – Erwartungen bewusst machen
3. differenzierende Unterrichtsziele und Lernerfolge
4. sprachliche Differenz und Individuelles

Diese Zielvorstellungen gelten heute noch fort.

1.2 Soziale Sprachvariation im Sprachunterricht

Christian Efing

Im Folgenden wird beschrieben, wie und warum das Thema der sozialen Sprachvariation im Sprachunterricht aufgegriffen werden kann und sollte. Dabei wird vor allem auf die Ziele dieser Thematisierung eingegangen, insbesondere auf die Normenreflexion und Sprachkritik sowie das Ziel einer kommunikativen und speziell: Registerkompetenz.

Sozial bedingte Sprachvariation ist in mehrfacher Hinsicht ein Thema für einen sprachreflexiven Sprachunterricht. Nachdem die sprachliche Variation, die die Lernenden als eigene Sprachverwendung in den Klassenraum mitbringen, wie gesehen (→ III.1.1, in Deutschland v. a. in den 1970er Jahren am Beispiel der Dialekte) zunächst als Sprachbarriere diskutiert wurde, die durch einen kompensatorischen Sprachunterricht zu minimieren sei, wurde **im Rahmen eines stärker sprachreflexiv ausgerichteten Deutschunterrichts** sprachliche Variation generell zum Reflexionsgegenstand von Deutschunterricht. Hierbei bieten sich insbesondere Soziolekte zur schulischen Sprachreflexion an. Im Rahmen einer solchen soziolinguistischen Perspektive auf Sprachvariation werden Sprecher und Schreiber als Akteure in den Blick genommen, die sprachliche Mittel zumeist sehr bewusst aus ihrem Repertoire auswählen und im Sinne eines individuellen oder gruppentypischen Sprachgebrauchs einsetzen. Am Beispiel von Soziolekten kann Schule den Schülerinnen und Schülern dabei deutlich machen, dass sie als Individuen und Gruppen einen aktiven Beitrag zu Prozessen des Sprachgebrauchs- und Sprachnormwandels leisten. Damit liefert diese Thematik einen wesentlichen Anknüpfungspunkt für »die *didaktische* Reflexion der Variation im heutigen Deutsch« (Neuland 2006a: 12), die weit über rein grammatische Besonderheiten hinausgehen sollte. Bei solch einer Reflexion ist vielmehr die »emanzipatorische Einsicht in die soziale Gebundenheit und Ideologiehaltigkeit von Sprache« (Neuland/Peschel 2013: 135) das zentrale, spezifische Ziel der unterrichtlichen Thematisierung.

Generell hat sich die germanistische Sprachdidaktik des Themas ›Variation und Varietäten‹ in der Vergangenheit nicht gerade ausführlich angenommen. Neuland jedoch hat sich kontinuierlich sowohl auf theoretisch-allgemeiner (Geschichte, Ziele und Vorgehen bei der Behandlung sprachlicher Varietäten im Deutschunterricht, vgl. etwa Neuland 1994, 2004, 2006a, b) als auch auf konkreter Ebene (etwa Jugendsprache als Gegenstand des Deutschunterrichts, vgl. etwa Neuland 2003, 2006c, 2018) intensiv mit der Frage auseinandergesetzt, warum, wozu und wie andere Varietäten als die Standardsprache innerhalb des Deutschunterrichts thematisiert werden sollten. Dabei stellt sich neben der Frage nach dem Lernbereich und der Klassenstufe, in dem/der Sprachvarietäten behandelt werden, die essentielle Frage nach den exemplarisch zu wählenden Nonstandardvarietäten, die zum Gegenstand des Sprachunterrichts werden.

Ein Blick auf die sprachdidaktischen Publikationen und auch Schulbücher der letzten Jahre zeigt, dass hier als exemplarischer Lerngegenstand gängigerweise **immer wieder dieselben Varietäten und Register** gewählt und diskutiert werden:

- Jugendsprache (Baurmann 2003, Hoppe et. al. 2003, Bekes/Neuland 2006: 517, Dürscheid 2008, Baradaranossadat 2011)
- Männer- und Frauensprachen (Bekes/Neuland 2006: 517)
- Fachsprachen (Fluck 2006, Roelcke 2002, 2009)
- Werbesprache (Rastner 1998, Janich 2005, Oomen-Welke 2006, 2012)
- Dialekte und andere regionale Varietäten (Bücherl 1994, Mattheier 1994, Rosenberg 1994, Macha 2004, 2006, Neuland/Hochholzer 2006, Volmert 2010, Tophinke 2019),
- nationale Varietäten (Ammon 2004) und Ethnolekte

Immer wieder wird in der didaktischen Literatur der zentrale Wert der Thematisierung von Soziolekten (tendenziell in der Sekundarstufe II) betont, und auch die Curricula erwähnen Gruppensprachen als zu thematisierende Varietät, jedoch finden sich hierzu – außer Beiträgen von Neuland (2011) zu Gruppensprachen und Efing (2015) zu Sondersprachen – kaum Publikationen und konkrete (Schulbuch-)Vorschläge.

Dabei sind das Potenzial und die verschiedenen Gründe offensichtlich, warum und mit welchen Zielen der Deutschunterricht soziolektale Substandardvarietäten behandeln sollte, auch wenn die Zielvarietät des Deutschunterrichts die Standardsprache ist und bleibt.

1.2.1 Gründe und Ziele

Im Folgenden wird ein kurzer Überblick über Gründe und Ziele der Behandlung von Nonstandardvarietäten gegeben (nach Neuland 2004: 4 ff., Neuland 2006a: 15 f., 24, Neuland 2006b: 61, Neuland/Peschel 2013: 211):

- Motivation durch das Anknüpfen an die eigenen Spracherfahrungen und Interessen der Lernenden oder aber gerade durch die Andersartigkeit
- Einblick in die innere Heterogenität und Komplexität der deutschen Sprache
- Einsicht, dass – zumindest im Bereich des Mündlichen – auch nonstandardsprachliche Varietäten unter bestimmten Kommunikationsbe-

dingungen eine kommunikativ, sozial und funktional angemessene Wahl darstellen können (funktionale Angemessenheit und stilistische Wirkung der Varietäten)

- Ausbau der Stilkompetenz der Lernenden im Kontext von Sprachvielfalt und Sprachwandel. Hierin enthalten ist das Ziel des Verstehens *intrakultureller* Differenzen (Sprach- und Kulturbewusstheit) zwischen verschiedenen Dialekten und Soziolekten, Fachsprachen und sozialen Stilen
- Vertiefte Kenntnisse der mehrdimensionalen Normen und Gebrauchsweisen der deutschen Sprache, Entwicklung eines nicht nur normgebundenen, sondern normreflektierenden »Sprachdifferenzbewusstseins« (Neuland 2004: 5)

Zusammenfassend lassen sich als Ziele die **Entwicklung folgender Kompetenzen** auf Seiten der Lernenden anführen:

- sprachreflexive Kompetenzen (Sprachnormbewusstsein, Sprachdifferenzbewusstsein, Stilkompetenz)
- sprachanalytische Kompetenzen
- sprachproduktive Kompetenzen

Dabei ist die Grundlage aller drei anzustrebenden Kompetenzen eine rezeptive Kompetenz (als passive Kenntnis) in der jeweiligen Varietät. Rezeptive, reflexive und analytische Kompetenzen sind dabei weitaus wichtiger als die produktiven Kompetenzen, da die Schülerinnen und Schüler nicht vordergründig die Verwendung der thematisierten Varietäten lernen sollen, sondern anhand der Varietäten »vielmehr etwas *über* die deutsche Sprache gelernt werden [soll]« (Neuland/Peschel 2013: 211).

An Soziolekten lässt sich hervorragend zeigen, dass die Sprachnormen, die die Schülerinnen und Schüler kennen und oft für generell verbindlich halten, keine absoluten Normen, sondern Normen nur der standardsprachlichen Varietät sind und dass Soziolekte einen anderen Normengeltungsbereich darstellen, in dem eigene Normen gelten, die einen Sprachgebrauch ermöglichen oder verlangen, der eventuell standardsprachlich sanktioniert würde, während umgekehrt die Befolgung standardsprachlicher Normen im Normengeltungsbereich eines Soziolekts einen Verstoß darstellen würde, mit dem man die Zugehörigkeit zur jeweiligen Gruppe in Frage stellen würde. Hinzu kommt, dass Soziolekte mit dem ihnen eigenen Normensystem und ihrer eigenen Semantik und Pragmatik einen interessanten Einblick in die auch außersprachlichen Werte, Normen und spezifische Weltsicht der Gruppe als »Mikrogemeinschaft mit eigenem Wertesystem« (Möhn 1985: 2012) vermitteln können. Diese Normen, Werte und Weltsicht werden dabei durch Sprache nicht nur ausgedrückt, sondern auch bestätigt und verfestigt (Möhn 1980: 386).

Über die semantischen und pragmatischen Besonderheiten sowie die Sprachnormen eines Soziolekts zu reflektieren, führt dabei gleichzeitig auch zu einer Reflexion der (Gültigkeit und Beschränktheit der) standardsprachlichen Normen sowie zu einer **Reflexion der Funktion, Entstehung und des Wandels von Sprachnormen** (→ Kap. II.9). Lernende sollen dadurch nicht nur »Verständnis für die Funktionen der Standardvarietät«, sondern »auch der soziolektalen, ethnolektalen und dialektalen Varietäten« entwickeln, indem »Normen vermittelt, aber auch problematisiert werden« (Bittner/Köpcke 2008: 76), was kontrastiv oft leichter fällt.

Der Lehrkraft kommt in einem normreflektierenden Deutschunterricht demnach nicht nur die Rolle zu, (standardsprachliche) Norminhalte präskriptiv zu vermitteln und die Norm-Anwendung/-Einhaltung zu kontrollieren, sondern sie soll Normierungsprozesse und Normlegitimationen durchsichtig machen, kommunikative Geltungsbereiche von Normen aufzeigen, Normwandel im Rahmen von Sprachwandel zu erklären versuchen und vor allem die Normenvielfalt des und Normenkonkurrenzen im Deutschen sichtbar und bewusst machen. So wird Lernenden deutlich, dass Normen kein Selbstzweck sind, sondern dass die souveräne Beherrschung der sprachlich-kommunikativen Normen Grundvoraussetzung für kommunikativen und sozialen Erfolg ist und dass Sprachwandel und Sprachvielfalt nicht als Sprachverlotterung und -niedergang zu gelten haben, sondern als (oft funktionaler) Reichtum anzusehen sind und dass Sprache mehr als ein reines Mittel des Informationsaustauschs ist, nämlich zum Beispiel auch ein Mittel der Identitätskonstruktion und -demonstration.

In diesem Zusammenhang sollen zwei der Lernziele bzw. Kompetenzbereiche gesondert hervorgehoben werden.

1.2.2 Sprachnormenkritik und Sprachkritikkompetenz

Hier ist das *Konzept einer didaktischen Sprachkritik* mit dem Ziel der Ausbildung einer Sprachkritikkompetenz (Kilian 2020, Kilian et al. 2016: 114–173) zu verorten, das sehr ähnliche Aspekte aufgreift und den ›mündigen Bürger‹ zum Ziel hat, der fähig zu linguistisch begründeten Entscheidungen und Positionierungen in Bezug auf die kommunikativen und kognitiven Leistungen von Sprache, Sprachnormen und Sprachgebrauch ist (Kilian et al. 2016: 114 f.).

Auch wenn im folgenden Kapitel (→ III.2) noch genauer auf das Thema ›Sprachkritik (und Gesellschaft)‹ eingegangen wird, soll vorab an dieser Stelle bereits auf Sprachkritik als Teil und Aufgabe eines sprachreflexiven Deutschunterrichts im Kontext sozial bedingter Sprachvariation eingegangen werden. Dabei bestehen zwangsläufig enge Verbindungen auch zum Thema und Kapitel ›Soziolinguistik und Sprachwandel‹ (→ III.3). Es sind nämlich oft neuere Entwicklungstendenzen der Gegenwartssprache und (daraus resultierende) Zweifelsfälle – sozusagen ein im Entstehen befindlicher Sprachwandel, von dem man noch nicht absehen kann, ob er sich durchsetzt –, die öffentliche Sprachkritik auslösen, mit der sich Schule dann auseinandersetzen sollte. Diese Auseinandersetzung sollte einerseits mit einem selbstkritischen Blick auf das eigene Sprachverhalten der Schülerinnen und Schüler, andererseits mit Blick auf ihre Sprachbewusstheit und Fähigkeit erfolgen, sowohl sprachliche Variationsphänomene selbst wie aber auch den öffentlichen Diskurs um Sprache und ihre gesellschaftliche und mediale Bewertung einschätzen und beurteilen – oder gar mitgestalten – zu können. So ist es beispielsweise sinnvoll und wünschenswert, wenn Jugendliche, die jugendspezifische oder ethnolektale Sprachstile sprechen, sich einerseits reflexiv damit auseinandersetzen (können), wie diese Sprechweisen von älteren Sprechern des Deutschen wahrgenommen und auf die Sprecheridentität projiziert werden (z. B. als Indiz für fehlende Sprachkompetenz, fehlende Intelligenz und eine aggressive und ggf. integrationsunwillige Grundhaltung); und wenn sie sich andererseits auch explizit mit Argumenten verbal gegen die öffentliche Verunglimpfung ihrer Sprechweise wehren können.

In diesem Sinne definiert Kilian (2020: 413) didaktische Sprachkritik als »die Analyse und (positive wie negative) Bewertung sprachlicher Mittel und sprachlicher Leistungen zum Zweck der Förderung sprachlichen Wissens und Könnens bei Lernenden«.

Sprachkritischer Deutschunterricht setzt dabei als Beurteilungshintergrund und ›Maßstab‹ tendenziell die Leitnorm der geschriebenen Standardsprache, die als Ausgangs- und Zielpunkt diachroner, diatopischer, diaphasischer und diastratischer Variation vorgelagert bleibt (Kilian et al. 2016: 117), voraus. Dabei ist das Ziel eine Sprach(kritik)kompetenz sowie Sprachreflexionskompetenz, d. h. nicht einfach die (ggf. unreflektierte, blinde) Normkenntnis und -befolgung, sondern die »Befähigung einer jeden Lernerin/eines jeden Lerners zur **bewussten und intentionalen Befolgung** (z. B. sprachliche Korrektheit und funktionale Angemessenheit) **oder bewussten und intentionalen Durchbrechung** (z. B. situativ, ästhetisch oder ideologisch) dieser Normen« (Kilian 2020: 413, Hervorhebung C.E.). Erst vor dem Hintergrund der Existenz und Kenntnis verschiedener sprachlicher Variationsmöglichkeiten entstehen der Bedarf und die Möglichkeit einer bewussten Reflexion und Entscheidung für das eigene Sprachverhalten und die funktional und situativ angemessene Auswahl aus dem eigenen Repertoire. Ziel ist letztlich nicht die einzelne konkrete Bewertung (als Produkt), sondern der Weg dorthin: die Erarbeitung der Entscheidung, Begründung und Positionierung (Kilian et al. 2016: 163). Schüler lernen, dass nonstandardsprachliche Varianten und Varietäten nicht pauschal abzuwerten sind, sondern vor dem Hintergrund der Frage nach ihrer funktionalen Angemessenheit mit Blick auf die Leistungen ihrer sprachlichen Mittel bei der Lösung kommunikativer und kognitiver Aufgaben zu bewerten und zu beurteilen sind (Kilian et al. 2016: 128).

Ziele der sprachkritischen Auseinandersetzung mit Sprachvariation

1. (v. a. standardsprachliche) *Normenkenntnis*
2. *Sprachreflexionskompetenz* (Sprachbewusstheit)
3. *Sprachkritikkompetenz* (Kilian 2020: 413)

In der unterrichtlichen Realität jedoch scheinen empirischen Untersuchungen zufolge Lehrkraft-Bewertungen immer noch einem normativen Konzept von Standardsprache zu folgen, das keine Varianten zulässt und Abweichungen als Fehler deklariert (Kilian 2020: 418). Schülerinnen und Schüler hingegen sollen lernen, Sprachnormen und eigenen wie fremden Sprachgebrauch zu reflektieren, zu hinterfragen und zu bewerten. Solch kritische Reflexionen in einem sprachreflexiven Deutschunterricht wurden erst möglich durch sozio- und varietätenlinguistische Ansätze im Deutschunterricht (Kilian 2020: 415). Basis einer solchen kritischen Reflexion ist dabei jedoch immer als nicht automatisch gegebene Voraussetzung ein sicheres Sprachgefühl, um Angemessenheitsurteile fällen zu können. Aktuelle Themen, für die solch eine Sprachkritikkompetenz relevant ist, gibt es zahlreich, etwa:

Themen für die Entwicklung von Sprachkritikkompetenz

1. Sprachverfallsdebatten (*wegen* mit Genitiv/Dativ, *weil* mit Verb-Zweit- oder -Letztstellung → Kap. III.2.1)
2. gendergerechter Sprachgebrauch (→ Kap. II.3)
3. Political Correctness (vgl. die Debatten um die Verwendung des Z- oder des N-Wortes)
4. politischer Sprachgebrauch (insbesondere von Parteien wie der AfD) (→ Kap. II.8)
5. manipulativer Sprachgebrauch im Kontext von Verschwörungstheorien
6. satirischer Sprachgebrauch (→ Kap. II.4)

Kriterien für die begründete Beurteilung von Sprachgebrauch sind dabei am Maßstab der funktionalen Angemessenheit auszurichten. Methodisch ist mit den Schülerinnen und Schülern jeweils eine fundierte linguistische, ggf. auch sprachhistorische Analyse unter Berücksichtigung der ko- und kontextuellen Situierung der jeweiligen Phänomene/Verwendungsbeispiele durchzuführen, an deren Schluss im Sinne einer »sprachkritisch-sprachdidaktischen Werteerziehung« eine Erklärung und Bewertung sowie Entscheidung bezüglich des Zweifelsfalls bzw. der fraglichen Konstruktion/Wortwahl bzw. des Normenkonflikts stehen sollte (Kilian 2020: 417; vgl. Kilian et al. 2016: 152–157 für konkrete unterrichtliche Schritte, wie man mit Lernenden bei einer linguistisch fundierten sprachkritischen Analyse vorgeht).

Die Bildungsstandards geben dabei ausreichend Anknüpfungspunkte in Kompetenzformulierungen (»sprachliche Mittel gezielt einsetzen« (KMK 2004: 12), »Wirksamkeit und Angemessenheit sprachlicher Gestaltungsmittel prüfen« (KMK 2004: 13), »verbale, paraverbale und nonverbale Gestaltungsmittel in unterschiedlichen kommunikativen Zusammenhängen analysieren, ihre Funktion beschreiben und ihre Angemessenheit bewerten« (KMK 2012: 21)). Und auch aktuelle Ländercurricula haben sprachkritische Betrachtungen z.T. sehr explizit berücksichtigt (Kilian et al. 2016: 168f.). Nur gibt es bislang noch wenig Wissen zu linguistisch fundierter didaktischer Sprachkritik unter Lehrkräften, denen laienlinguistische Sprachkritik offenbar besser vertraut ist als sprachdidaktische, sodass hier Nachholbedarf in der ersten und zweiten Ausbildungsphase besteht (Osterroth 2015: 115ff., 134).

1.2.3 Kommunikative und Register-Kompetenz

Die Aspekte der flexiblen, funktionalen Sprachvariation und Angemessenheit sowie der Normengeltungsbereiche sind auch Bestandteil des Konzepts der kommunikativen Kompetenz. Kommunikativ kompetent ist eine Person in dieser Perspektive dann, wenn sie im Rahmen ihrer soziolinguistischen Register- und Varietätenkompetenz (Efing/Sander 2022) über eine breite Normenkenntnis in verschiedenen Varietäten verfügt, wenn sie in der Lage ist, diese Normen im jeweiligen Normengeltungsbereich bzw. in der jeweiligen Situation grundsätzlich einzuhalten – und wenn sie aber gegebenenfalls auch dazu in der Lage ist, in bestimmten Situationen und auf Basis der Einsicht in die geltenden Normen diese Normen(grenzen) flexibel zu variieren, d. h. sie funktional (etwa zum Erregen von Aufmerksamkeit, zum Hervorheben ...), spielerisch-kreativ, provokativ usw. zu überschreiten/verletzen.

Eine Person, die hierzu in der Lage ist, verfügt im Einzelnen insbesondere über:

- Sprachbewusstheit
- individuelles Repertoire
- innere Mehrsprachigkeit
- Stil- und Registerkompetenz als situativ funktionale Mehrsprachigkeit

Diese genannten Kompetenzen sind elementare Teilkompetenzen des Konzepts der kommunikativen Kompetenz (Efing 2014), das schon lange ein übergeordnetes Leitziel des Deutschunterrichts ist. Im Fokus der Reflexion über Soziolekte sollte dabei v. a. die Frage der kommunikativen Angemessenheit der Verwendung mit Bezug auf die Adressaten, das Ziel und die Situation von Kommunikation stehen. Hierbei geht es vornehmlich um rezeptive (Verstehen und soziostilistisches Interpretieren von Äußerungen) und analytische Fähigkeiten, die ausgebildet werden sollen. Gleichzeitig wird die »vielleicht wichtigste Eigenschaft« der Standardsprache herausgearbeitet, nämlich die, »situations-, kontext- und weitgehend identitätsneutral« zu sein und dabei über »die größte lokale, situative und personelle Reichweite unter den Varietäten des Deutschen« zu verfügen und immer dann genutzt zu werden, »wenn nicht besondere Bedingungen für den Gebrauch einer Nonstandardvarietät vorliegen. Der Standard gilt somit als Default (Normalfall).« (Bredel/Pieper 2015: 71 f.)

Die Lehrkraft sollte darüber hinaus über solide Kenntnisse über soziolektalen Sprachgebrauch in Deutschland verfügen, »und zwar für die Beurteilung von Sprachgebrauch und Sprachleistungen von Schülern, für die Analyse und Kritik sprachlicher Lehrwerke sowie für die Konstruktion und Evaluation von Unterricht« (Neuland 2004: 2).

1.3 Zusammenfassung und weiterführende Literatur

In diesem Kapitel wurde zunächst gezeigt, dass mit der frühen Soziolinguistik in Deutschland überzogene Erwartungen einer pädagogischen Verwertung verbunden waren. Diese betrafen vor allem eine Anwendung der Sprachbarrierenforschung in den 1970er Jahren, insbesondere in Form einer kompensatorischen Sprachförderung im Vorschulbereich sowie in der Gesamtschule. Zu Lernzielen der Sprachkritik und der Normreflexion konnten soziolinguistische Erkenntnisse im Rahmen der kritischen Didaktik beitragen. Eine varietätenorientierte Didaktik entwickelte sich erst um die Jahrtausendwende, verbunden mit einer Aufwertung von Mündlichkeit und substandardsprachlichen Varietäten im kommunikativen Sprachunterricht. In diesem Kapitel wurde weiterhin gezeigt, dass Sprachunterricht nicht nur der Standard- und Bildungssprache verpflichtet ist, sondern dass auch die Thematisierung von Nonstandard-Varietäten insbesondere aus dem Bereich der Soziolekte ein wertvolles Thema ist. Dabei steht weniger im Vordergrund, dass die Schülerinnen und Schüler befähigt werden, diese Varietäten produktiv zu nutzen, sondern dass mittels der Reflexion von Soziolekten im Vergleich zur Standardsprache Einsichten in die Berechtigung, Funktion und Grenzen von Varietäten und ihren Normen gewonnen und die Sprachbewusstheit und Sprachkritikfähigkeit geschärft werden.

Literatur (weiterführend)

Efing, Christian/Sander, Isa-Lou (2022): Registersensibilität als Reflexion eigenen und fremden kommunikativen Verhaltens. In: Busch, Florian/Droste, Pepe/Wessels, Elisa (Hg.): *Sprachreflexive Praktiken. Empirische Perspektiven auf Metakommunikation.* Stuttgart, 269–292.

Kilian, Jörg (2020): Didaktische Sprachkritik und Deutschunterricht. In: Niehr, Thomas/Kilian, Jörg/Schiewe, Jürgen (Hg.): *Handbuch Sprachkritik.* Berlin, 413–421.

Neuland, Eva (1979): Soziolinguistik und Sprachunterricht. In: Boueke, Dietrich (Hg.): *Deutschunterricht in der Diskussion. Forschungsberichte.* Bd. 1. Paderborn, 240–288

Neuland, Eva/Peschel, Corinna (2013): *Einführung in die Sprachdidaktik.* Stuttgart. (→ Kap. I.1, II.1, II.2)

Literatur (gesamt)

Alternative. Zeitschrift für Literatur und Diskussion Heft 74 (1970): Sprachunterricht – Gegenmodelle. Hgg. v. Hildegard Brenner.

Ammon, Ulrich (2004): Sprachliche Variation im heutigen Deutsch: nationale und regionale Standardvarietäten. In: *Der Deutschunterricht* 1, 8–17.

Baradaranossadat, Anna-Katharina (2011): *Jugendsprache im Deutschunterricht.* Frankfurt/M. u.a.

Baurmann, Jürgen (2003): Jugendsprachen im Schulbuch. In: Neuland, Eva (Hg.): *Jugendsprache – Spiegel der Zeit. Internationale Fachkonferenz 2001 an der Bergischen Universität Wuppertal.* Frankfurt/M., 485–495.

Bekes, Peter/Neuland, Eva (2006): Norm und Variation in Lehrwerken und im muttersprachlichen Unterricht. In: Neuland, Eva (Hg.): *Variation im heutigen Deutsch: Perspektiven für den Sprachunterricht.* Frankfurt/M., 507–524.

Berg, Martin (o. J.): *Soziales Lernen und Sprachförderung in der Grundschule.* Hessische Landeszentrale für Politische Bildung.

Bittner, Andreas/Köpcke, Klaus-Michael (2008): Sprachwandel – oder Verlotterungsprozesse – Versuch einer Versachlichung. In: Denkler, Markus/Günthner, Susanne/Imo, Wolfgang (Hg.): *Frischwärts und unkaputtbar. Sprachverfall oder Sprachwandel im Deutschen.* Münster, 59–80.

Bois-Reymond, Manuela Du (1971): *Strategien kompensatorischer Erziehung. Das Beispiel der USA.* Frankfurt/M.

Boueke, Dieter (1979): *Deutschunterricht in der Diskussion. Forschungsberichte.* 2., erw. u. bearb. Aufl. Paderborn.

Bredel, Ursula/Pieper, Irene (2015): *Integrative Deutschdidaktik.* Paderborn u.a.

Bücherl, Rainald (1994): Dialekt als Chance. In: Klotz, Peter/Sieber, Peter (Hg.): *Vielerlei Deutsch. Umgang mit Sprachvarietäten in der Schule.* Stuttgart u. a., 68–77.

Bünting, Karl-Dieter/Kochan, Detlef C. (1973): *Linguistik und Deutschunterricht.* Kronberg.

Dahle, Wendula (1972): Kompensatorische Sprachdidaktik – ein neuer Ansatz für den Deutschunterricht? In: Bechert, Günter/Heermann, Günther (Hg.): *Chancengleichheit durch Förderung.* Weinheim, 85–107.

Der Deutschunterricht Heft 4 (2017): Soziolinguistik. hgg. v. Eva Neuland und Peter Schlobinski.

Dierks, Manfred/Zander, Hartwig (1975): *Sprachgebrauch und soziale Praxis. Soziolinguistische Grundfragen pädagogischer Praxis.* Kronberg.

Dittmar, Norbert (1973): *Soziolinguistik. Exemplarische und kritische Darstellung der Theorie, Empirie und Anwendung.* Frankfurt/M.

Dürscheid, Christa (2008). Welchen Stellenwert hat Jugendsprache im Unterricht? In: Denkler, Markus/Günthner, Susanne/Imo, Wolfgang (Hg.): *Frischwärts und unkaputtbar. Sprachverfall oder Sprachwandel im Deutschen.* Münster, 181–202.

Edelstein, Wolfgang/Schäfer, Walter (1969): Unterrichtsziele im Sprachunterricht an der differenzierten Gesamtschule. In: *Lernziele der Gesamtschule* (Deutscher Bildungsrat. Gutachten und Studien der Bildungskommission). Stuttgart, 47–54.

Efing, Christian (2014): Kommunikative Kompetenz. In: Grabowski, Joachim (Hg.): *Sinn und Unsinn von Kompetenzen. Fähigkeitskonzepte im Bereich von Sprache, Medien und Kultur.* Leverkusen/Opladen, 93–113.

Efing, Christian (2015): Sondersprachen als Thema der Sprachreflexion (im Deutschunterricht). In: Peschel, Corinna/Runschke, Kerstin (Hg.): *Sprachvariation und Sprachreflexion in interkulturellen Kontexten.* Frankfurt/M. u. a., 183–207.

Efing, Christian/ Sander, Isa-Lou (2022): Registersensibilität als Reflexion eigenen und fremden kommunikativen Verhaltens. In: Busch, Florian/Droste, Pepe/Wessels, Elisa (Hg.): *Sprachreflexive Praktiken. Empirische Perspektiven auf Metakommunikation.* Stuttgart, 269–292.

Fluck, Hans-R. (2006): Fachsprachen und Fachkommunikation im Sprachunterricht. In: Neuland, Eva (Hg.): *Variation im heutigen Deutsch: Perspektiven für den Sprachunterricht.* Frankfurt/M., 289–303.

Gahagan, Denis/Gahagan, Georgina (1971): *Kompensatorische Spracherziehung in der Vor- und Grundschule.* Düsseldorf.

Gutt, Armin/Salffner, Ruth (1971): *Sozialisation und Sprache. Didaktische Hinweise zu emanzipatorischer Sprachschulung.* Frankfurt/M.

Helmers, Hermann (1966): *Didaktik der deutschen Sprache. Einführung in die Theorie der muttersprachlichen und literarischen Bildung.* Stuttgart.

Hessischer Kultusminister (1972): *Rahmenrichtlinien Sekundarstufe I Deutsch.* Frankfurt/M.

Hoppe, Almut/Romeikat, Katharina/Schütz, Susanne (2003): Jugendsprache. Anregungen für den Deutschunterricht. In: Neuland, Eva (Hg.): *Jugendsprache – Spiegel der Zeit. Internationale Fachkonferenz 2001 an der Bergischen Universität Wuppertal.* Frankfurt/M., 463–483.

Iben, Gerd (1971): *Kompensatorische Erziehung. Analysen amerikanischer Programme.* München.

Ivo, Hubert/Hebel, Franz/Merkelbach, Valentin/Bürger, Christa (1972): *Rahmenrichtlinien für das Fach Deutsch.* Frankfurt/M.

Ivo, Hubert (1969): *Kritischer Deutschunterricht.* Frankfurt/M.

Janich, Nina (2005): Wenn Werbung Sprüche klopft. Phraseologismen in Werbeanzeigen. In: *Der Deutschunterricht* 5, 44–53.

Jäger, Siegfried (1971): Theoretische und praktische Projekte zur kompensatorischen Spracherziehung in der BRD. In: *Muttersprache* 81, 41–63.

Kaspar, Astrid/Lignau, Josef/Schüwer, Helmut/Wies, Klaus/Zabel, Hermann (1975): Sprachstatus und kompensatorische Spracherziehung. Zwischenergebnisse der Projektgruppe »Sprachkompensatorik« (Forschungsgruppe Münster). In: *Zeitschrift für Dialektologie und Linguistik* 2, 170–189.

Kilian, Jörg (2020): Didaktische Sprachkritik und Deutschunterricht. In: Niehr, Thomas/Kilian, Jörg/Schiewe, Jürgen (Hg.): *Handbuch Sprachkritik.* Berlin, 413–421.

Kilian, Jörg/Niehr, Thomas/Schiewe, Jürgen (2016): *Sprachkritik. Ansätze und Methoden der kritischen Sprachbetrachtung.* 2. Aufl. Berlin/Boston.

KMK/Kultusministerkonferenz (2004): *Bildungsstandards im Fach Deutsch für den mittleren Schulabschluss.* München.

KMK/Kultusministerkonferenz (2012): *Bildungsstandards im Fach Deutsch für die Allgemeine Hochschulreife.* Köln.

Linke, Angelika/Oomen-Welke, Ingelore (1995): *Herkunft, Geschlecht und Deutschunterricht.* Freiburg.

Macha, Jürgen (2004): Regionalsprachliche Varietäten des Deutschen und ihre Dynamik. In: *Der Deutschunterricht* 1, 18–25.

Macha, Jürgen (2006): Dynamik des Varietätengefüges im Deutschen. In: Neuland, Eva (Hg.): *Variation im heutigen Deutsch: Perspektiven für den Sprachunterricht.* Frankfurt/M., 149–160.

Mattheier, Klaus J. (1994): Dialektdidaktik – muß das sein? In: Klotz, Peter/Sieber, Peter (Hg.): *Vielerlei Deutsch. Umgang mit Sprachvarietäten in der Schule.* Stuttgart u. a., 59–67.

Meier, Monika/Menze, Frohmut/Torff, Annemarie (1973): *Das Elend mit der kompensatorischen Erziehung. Ein Beitrag zur Beendigung einer fruchtlosen Diskussion.* Gießen.

Merkelbach, Valentin (1972): *Kritik des Aufsatzunterrichts. Eine Untersuchung zum Verhältnis von schulischer Sprachnorm und Sozialisation.* Frankfurt/M.

Möhn, Dieter (1980): Sondersprachen. In: Althaus, Hans Peter/Henne, Helmut/Wiegand, Herbert Ernst (Hg.): *Lexikon der germanistischen Linguistik.* 2. Aufl. Tübingen, 384–390.

Möhn, Dieter (1985): Sondersprachen in historischer Entwicklung. In: Besch, Werner/Reichmann, Oskar/Sonderegger, Stefan (Hg.): *Sprachgeschichte. Ein Handbuch zur Geschichte der deutschen Sprache und ihrer Erforschung.* Berlin/New York, 2009–2017.

Neuland, Eva (1979): Soziolinguistik und Sprachunterricht. In: Boueke, Dietrich (Hg.): *Deutschunterricht in der Diskussion. Forschungsberichte.* Bd. 1. Paderborn, 240–288.

Neuland, Eva (1994): Sprachbewusstsein und Sprachvariation. Zur Entwicklung und Förderung eines Sprachdifferenzbewusstseins. In: Klotz, Peter/Sieber, Peter (Hg.): *Vielerlei Deutsch. Umgang mit Sprachvarietäten in der Schule.* Stuttgart u. a., 173–191.

Neuland, Eva (2003): Jugendsprachen – Perspektiven für den Unterricht Deutsch als Muttersprache und deutsch als Fremdsprache. In: Neuland, Eva (Hg.): *Jugendsprache – Spiegel der Zeit. Internationale Fachkonferenz 2001 an der Bergischen Universität Wuppertal.* Frankfurt/M., 447–461.

Neuland, Eva (2004): Sprachvariation im Fokus von Sprachunterricht. In: *Der Deutschunterricht* 1, 2–7.

Neuland, Eva (2006a): Variation im heutigen Deutsch: Perspektiven für den Unterricht. In: Neuland, Eva (Hg.): *Variation im heutigen Deutsch: Perspektiven für den Sprachunterricht.* Frankfurt/M., 9–27.

Neuland, Eva (2006b): Sprachvarietäten, Sprachnormen, Sprachwandel. In Bredel, Ursula/Günther, Hartmut/Klotz, Peter/Siebert-Ott, Gesa (Hg.): *Didaktik der deutschen Sprache. Ein Handbuch.* 2. Aufl. Paderborn u. a., 52–69.

Neuland, Eva (2006c): Jugendsprachen – Was man über sie und was man an ihnen lernen kann. In: Neuland, Eva (Hg.): *Variation im heutigen Deutsch: Perspektiven für den Sprachunterricht.* Frankfurt/M., 223–241,

Neuland, Eva (2011): Gruppensprachen. In: Pohl, Inge/Ulrich, Winfried (Hg.): *Wortschatzarbeit.* Baltmannsweiler, 297–309.

Neuland, Eva (2018): *Jugendsprache. Eine Einführung.* Tübingen.

Neuland, Eva/Hochholzer, Rupert (2006): Regionale Sprachvarietäten im muttersprachlichen Deutschunterricht. In: Neuland, Eva (Hg.): *Variation im heutigen Deutsch: Perspektiven für den Sprachunterricht.* Frankfurt/M., 175–190.

Neuland, Eva/Peschel, Corinna (2013): *Einführung in die Sprachdidaktik.* Stuttgart/Weimar.

Oomen-Welke, Ingelore (2006): Werbetext und Werbefoto: Reklame im Deutschunterricht. In: Holzbrecher, Alfred/Oomen-Welke, Ingelore/Schmolling, Jan (Hg.): *Foto + Text. Handbuch für die Bildungsarbeit.* Wiesbaden, 127–141.

Oomen-Welke, Ingelore (2012): Werbekommunikation didaktisch. In: Janich, Nina (Hg.): *Handbuch Werbekommunikation: Sprachwissenschaftliche und interdisziplinäre Zugänge.* Tübingen, 351–364.

Osterroth, Andreas (2015): *Linguistisch begründete Sprachkritik in der Schule.* Baltmannsweiler.

Projektgruppe Sprachkompensatorik (Hg.) (1972–1974): *Beiträge zum Problem Sozialisation und Sprache. Versuchsbegleitende Forschung Gesamtschule, Forschungsgruppe Münster.* Arbeitsberichte 1 bis 6.

Rastner, Eva Maria (1998): Zur Wahrnehmung von Werbung in Pädagogik und Deutschdidaktik. In: *ide* 3, 29–39.

Roelcke, Thorsten (2002): Fachsprache und Fachkommunikation. In: *Der Deutschunterricht* 5, 9–20.

Roelcke, Thorsten (2009): Fachsprachliche Inhalte und fachkommunikative Kompetenzen als Gegenstand des Deutschunterrichts für deutschsprachige Kinder und Jugendliche. In: *Fachsprache* 1–2, 8–22.

Rosenberg, Peter (1994): Dialekt und Schule: Bilanz und Aufgaben eines Forschungsgebietes. In: Klotz, Peter/Sieber, Peter (Hg.): *Vielerlei Deutsch. Umgang mit Sprachvarietäten in der Schule.* Stuttgart u. a., 12–58.

Roth, Heinrich (Hg.) (1969): *Begabung und Lernen. Ergebnisse und Folgerungen neuer Forschungen. Deutscher Bildungsrat. Gutachten und Studien der Bildungskommission.* Bd. 4. 4. Aufl. Stuttgart.

Schlieben-Lange, Brigitte (1973): *Soziolinguistik. Eine Einführung.* Stuttgart.

Schüttler-Janikulla (1972): *Begabung-Sprache-Emanzipation.* Oberursel.

Schüttler-Janikulla, Klaus et al. (1968/71): *Sprachtraining und Intelligenzförderung im Vorschulalter 1. Arbeitsmappen zum Sprachtraining und zur Intelligenzförderung: für Kinder von vier bis sieben Jahren im Elternhaus, im Kindergarten, in der Vorklasse und im Anfangsunterricht der Schule.* Oberursel.

Sprachbuch 5 (1976). Sekundarstufe I, 5. Schuljahr, hg. v. Dietrich Homberger und Friedhelm Wippich. Frankfurt/M.

Tophinke, Doris (2019): Dialekte heute. In: *Praxis Deutsch* 275, 4–13.

Trouillet, Bernard (1970): *Vorschulerziehung in den USA. Struktur, Probleme, Perspektiven.* Weinheim.

Volmert, Johannes (2010): Ruhrgebietssprache – Abschied von einer regionalen Varietät? In: *Der Deutschunterricht* 2, 77–90.

Wiehle, Dietmar (1973): *Spracherziehung und Sprachförderung im Vorschulalter. Ein Beitrag zur Soziolinguistik.* Frankfurt/M.

2 Sprachkritik und Gesellschaft

Das Thema der Sprachkritik wurde bislang schon verschiedentlich implizit wie explizit angesprochen, v. a. Sprache und soziale Ungleichheit (→ Kap. II.1), Sprache und Politik (→ Kap. II.3), Sexismus-Kritik (→ Kap. II.4.1), Generationsstereotypen (→ Kap. II.5.6), Sprachkontakt und Mehrsprachigkeit (→ Kap. II.7), Sprache und Gewalt (→ Kap. II.8.2), Political Correctness, Unhöflichkeit (→ Kap. II.9). In diesem Kapitel wollen wir uns mit Schwerpunkten sprachkritischer Einstellungen von Laien beschäftigen, und zwar wie Menschen in Deutschland über Sprache denken (→ Kap. 2.1) und demgegenüber Grundzüge der linguistisch begründeten Sprachkritik vorstellen (→ Kap. 2.2). Die Stärkung der sprachkritischen Kompetenzen in der Gesellschaft bildet eine wichtige Anwendungsperspektive für die Soziolinguistik.

2.1 Wie Menschen über Sprache denken: Schwerpunkte laienlinguistischer Sprachkritik

2.1.1 Umfrageergebnisse zu Spracheinstellungen

Wie Menschen in Deutschland über Sprache denken, ist eine Themenstellung repräsentativer Umfragen nach der Jahrtausendwende zur Ermittlung derzeitiger Spracheinstellungen in der Gesellschaft. Einige **bemerkenswerte Befunde** sollen hier zur Diskussion gestellt werden (in Orientierung an: Projektgruppe Spracheinstellungen, Eichinger et al. 2009):

1. Bemerkenswert ist zunächst einmal, dass sich viele Bürger für die deutsche Sprache interessieren, und zwar zunehmend im zeitlichen Vergleich 1997/98 und 2008 (Abb. III.2.3).
   Nach Eichinger u. a. (2009) geben mehr als ein Drittel der Befragten (34,8 %) an, sich allgemein ›(sehr) *stark*‹ für sprachliche Fragen zu interessieren, abhängig vom Geschlecht (Frauen mehr als Männer), Alter (am stärksten die Jahrgänge 60+), Bildungsabschluss (je höher, desto größer). Auffällig häufig wird ein hohes Sprachinteresse bekundet von Befragten mit einer anderen Muttersprache als Deutsch (50,6 % ›(sehr) *stark*‹) und auch von

Personen mit Deutsch als Muttersprache, die einmal für längere Zeit im Ausland gelebt haben (63,7 % ›(sehr) *stark*‹).
Eher unerwartet ist der hohe Prozentsatz (87 %) derjenigen, denen die deutsche Sprache (sehr) *gut* gefalle. Allerdings muss beachtet werden, dass die Fragen meist implizite Thesen beinhalten und die Antworten damit eher Zustimmungen suggerieren als freie Formulierungen (Abb. III.2.4).

2. Die meisten Befragten bekunden positive Gefühle wie *Liebe* (47 %) und *Stolz* (56 %) gegenüber der deutschen Sprache, während nur sehr wenige negative Gefühle wie *Gleichgültigkeit* (10 %) und *Abneigung* (5 %) äußern. Ältere Befragte empfinden mehr *Liebe*; Personen mit geringerem Bildungsabschluss empfinden mehr *Stolz*, aber auch mehr *Abneigung* und *Gleichgültigkeit*.
3. Die Frage, ob ihnen in den letzten Jahren Veränderungen in der deutschen Sprache aufgefallen seien, bejaht die große Mehrheit der Befragten (84 %); darunter insbesondere Personen mit höherem Bildungsabschluss (95 % mit Abitur und Hochschulabschluss gegenüber 77 % der Befragten mit Hauptschulabschluss) sowie Personen mit höherem Sprachinteresse. Die Zahl ist insgesamt gegenüber der Erhebung von 1997/98 stark angestiegen.
4. Die aufgefallenen Veränderungen beziehen sich auf den Einfluss fremder Sprachen (28 %), vor allem des Englischen (21 %), die (neue) Rechtschreibung (25 %), die Sprache der Jugend (15 %), mangelnde Sprachsorgfalt (12 %) und Weiteres. 5,4 % sprechen von einer *Verkümmerung der Sprache* (Abb. III.2.5). Viele dieser Ansichten kehren seit Jahren immer wieder.
5. Als Auslöser der Veränderungen werden die Medien genannt (37 %), Ausländer bzw. Migranten (26 %) sowie die Jugend (22 %) und weitere, darunter neue Medien (16 %) und Globalisierung (13 %).
6. Die Befragten bewerten diese von ihnen wahrgenommenen Entwicklung überwiegend unentschieden (53 %: *teil-teils*), jedoch zu 30 % als (eher/sehr) *besorgniserregend* und 16 % als (eher/sehr) *erfreulich*. Die beiden letztgenannten Zahlen haben sich gegenüber der Erhebung von vor zehn Jahren leicht erhöht.
7. Eine große Mehrheit der Befragten (78 %) bejaht die Frage, ob mehr für die deutsche Sprache getan werden solle. 73 % derjenigen meinen, dass sich besonders Lehrkräfte, Schulen und Jugendeinrichtungen um solche Sprachpflege kümmern sollten. Erst an dritter Stelle, nach der

Politik (39 %), werden Eltern genannt (28 %). Diese Einstellung einer Verschiebung von Verantwortlichkeit auf andere stimmt nachdenklich.

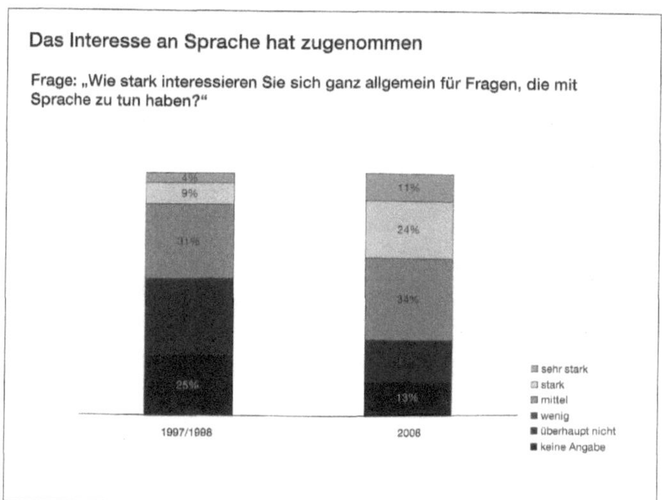

Abb. III.2.1: Interesse an Sprache (nach Eichinger et al. 2009: 8)

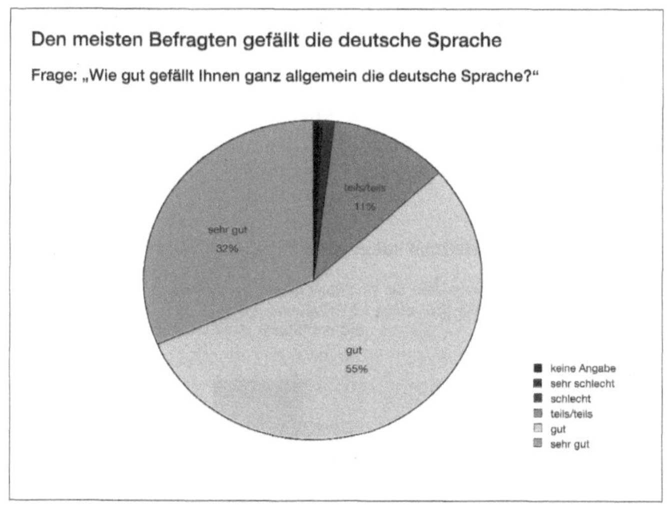

Abb. III.2.2: Gefallen an der deutschen Sprache (ebd. 2009: 7)

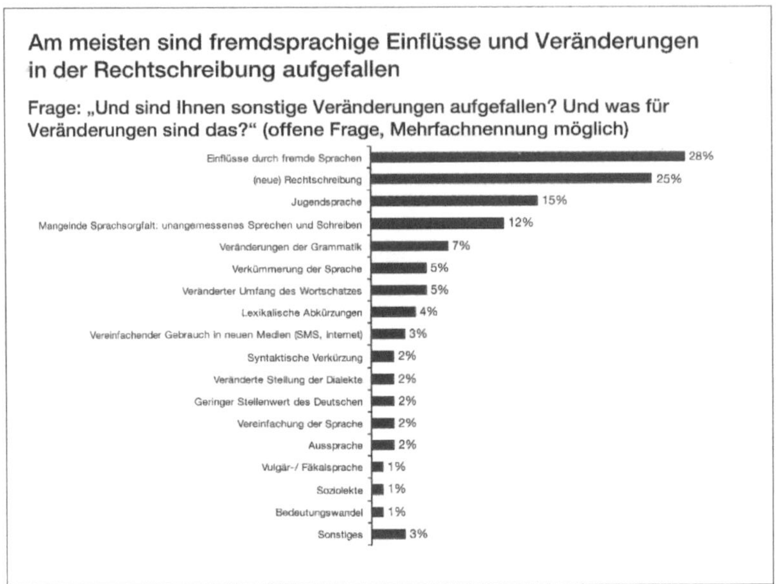

Abb. III.2.3: Wahrgenommene Veränderungen (ebd. 2009: 37)

2.1.2 Populistische Sprachkritik und Sprachverfallsthese

Wie sind solche Befunde aus soziolinguistischer Sicht zu deuten? Vieles verwundert nicht und deutet eingefahrene Tendenzen an.

> Die **These eines Sprachverfalls** (vgl. Denkler 2008, DU 5/2009) oder einer Verkümmerung der Sprache lebt immer wieder auf, ebenso wie die Besorgnis vor einer Überfremdung der Sprache und die Ansicht, dass der Sprachgebrauch Jugendlicher dafür einen Auslösefaktor bilde.

Ob die Selbstaussagen über ein gestiegenes Sprachinteresse und eine gewisse Sprachsensibilität in der Öffentlichkeit Anlass für Optimismus bieten oder gar auf einen entemotionalisierenden Einfluss öffentlicher Stellungnahmen wissenschaftlicher Institutionen verweisen, muss offenbleiben und bedarf weiterer Studien.

Schließlich wird die Verschlechterungsthese auch durch eine populistische und medienwirksame Sprachkritik von Vereinen wie dem Verein Deutsche Sprache (VDS, ursprünglich Verein zur Wahrung der deutschen Sprache, gegr. 1997) und Einzelpersonen wie v. a. dem Journalisten Sick gefördert. Der Verein Deutsche Sprache verleiht alljährlich einen ›Kulturpreis Deutsche Sprache‹ (von der Schriftstellerin Kirsten Boie wurde er 2020 mit der Begründung rechtspopulistischer Tendenzen im VDS abgelehnt) sowie eine Negativauszeichnung ›Sprachpanscher des Jahres‹ (er kam 2021 der (mehrsprachigen) EU-Vorsitzenden von der Leyen zu). Er bekämpft Anglizismen und Gendergerechtigkeit im Sprachgebrauch und praktiziert eine aggressive Mitgliederwerbung. Niggemeier (2016) bescheinigte in einem Kommentar die ›Pegidahaftigkeit‹ der vom VDS herausgegebenen *Sprachnachrichten*, in denen etwa gegen den »aktuellen Meinungsterror unserer weitgehend linksgestrickten Lügenmedien« gewettert wird.

Seit seiner sprachpflegerischen *Zwiebelfisch*-Kolumne (2003) publiziert Sick laufend: So erschienen im Zeitraum 2004–2015 bislang sechs Bände von: *Der Dativ ist dem Genetiv sein Tod*; seit 2008 die ebenfalls bislang sechsbändige Reihe: *Happy Aua – Ein Bilderbuch aus dem Irrgarten der deutschen Sprache*. Seine Vermarktungsmaschinerie reicht von Jahreskalendern, CDs und Tourneen bis hin zu Fernsehshows. Von sprachwissenschaftlicher Seite werden seine im unterhaltsamen Witz vorgetragenen ›Sprachkuriositäten‹ als vereinfachend, normativ und teilweise auch fachlich falsch kritisiert, u. a. von Agel (2008) und Meinunger (*Sick of Sick*, 2008).

Die öffentliche populistische Sprachkritik bemüht sich teilweise um einen wissenschaftlichen Anstrich, doch weist sie stets noch die **kardinalen Fehlleistungen laienlinguistischer Sprachkritik** auf, wie sie Schneider (2008) pointiert zusammenfasst:

- die Vermischung von Synchronie und Diachronie
- die weitgehende Ausblendung der Pragmatik
- die Verkennung des metaphorischen Sprachgebrauchs
- die Vernachlässigung medialer Unterschiede, insbesondere der Unterschiede zwischen Mündlichkeit und Schriftlichkeit
- die starre Trennung zwischen ›Dialekt‹ und ›Hochsprache‹

2.1.3 Öffentliches Sprachbewusstsein

Die populistische Sprachkritik übt einen problematischen Einfluss auf das öffentliche Sprachbewusstsein aus, wie es sich z. B. in Leserbriefen und Kommentaren und in Anfragen an Sprachberatungsstellen niederschlägt. Die geäußerte Kritik bezieht sich auf:

- die Rechtschreibreform: »Das ß als individueller und geschätzter deutscher Buchstabe sollte das bleiben, was er immer war, sonst wird RECHTSCHREIBERISCHER Rückschritt bewirkt!«
- die Verwendung von »englischen Wörtern, die in irrsinnig großer Zahl in den deutschen Medien, wie auch in Funk und Fernsehen, tagtäglich verwendet und propagiert werden, obwohl sie zu einer besseren Verständigung wenig beitragen«. (authentische Zuschriften an den Vorstand des deutschen Germanistenverbands, s. Neuland 1996: 110). Mit Fleiß werden Beispiele mit deutschen ›Entsprechungen‹ zusammengetragen: *Strandverein* für *Beach Club*, *kleiner Rempler* für *Bodycheck*, *Anrufdirne* für *Callgirl*, *kühl* für *cool* usf.

Schließlich noch eine selbsterlebte Erfahrung;

> Aha, Sie beschäftigen sich mit der deutschen Sprache? Da haben Sie aber eine wichtige Aufgabe, dafür wird doch viel zu wenig getan! Heute kann doch kaum mehr einer richtiges Deutsch: Konjunktiv, Genitiv ... Lernen die eigentlich in der Schule noch Grammatik? Aber das beherrschen die Deutschlehrer auch nicht mehr wie früher ... Wissen Sie, was ich neulich gelesen habe?

Der Düsseldorfer Delikatessenhändler kann sich bei den von ihm entdeckten vermeintlichen Symptomen des Sprachverfalls in Rage reden. In seinem Laden hängt ein handgeschriebenes Schild:

Abb. III.2.4: ›Knabberein‹?

Die eigenen Fehler, hier der Pluralbildung und Orthographie, werden nicht erkannt.

Sprachthematisierungen von Laien sind im Alltag oft zu hören und zu lesen. Aus sprachpflegerischen Motiven und der Sorge um den ›Sprachverfall‹ werden von Fachleuten sprachnormierende Eingriffe gefordert, über die meist schon genaue Vorstellungen vorherrschen: Die ›richtige‹, nämlich gewohnte Sprache als Sinnbild der Kultur zu bewahren.

Ein solch vortheoretisches, alltagsweltliches Sprachbewusstsein, von Linguisten als »Wahn vom Sprachverfall und andere Mythen« bezeichnet (Klein 1986), führt zu **Vorurteilen und Fehlschlüssen** wie:

- Sprachkompetenz wird auf die zumeist schriftsprachliche Beherrschung von Grammatik und Orthographie reduziert.
- Diese werden nach vermeintlich allgemeingültigen und unveränderbaren Normen geregelt.
- Systematische Abweichungen in Dialekten und Soziolekten werden als ›Fehler‹, diese wiederum als Zeichen für Intelligenz- und Bildungsmängel angesehen.
- Sprachentwicklung wird im Rahmen einer Dekadenzvorstellung als ›Sprachverfall‹ gewertet.
- Sprache selbst wird nicht als Summe von Konventionen oder Gebräuchen angesehen, sondern als ein ›Haus‹ oder ›Gebäude‹ vergegenständlicht, das ohne pflegendes und reinigendes Bemühen verkomme und verwildere.

Neuland hat das hinter solchen Meinungen über Sprache stehende Sprachbewusstsein ein **›Sprachdefizit- und Sprachmängelbewusstsein‹** genannt, demzufolge es um die Kritik der Sprache *anderer*, der heutigen Jugend, der Presse, der Politiker und um das Bewahren *einer* ›richtigen‹ Sprache geht. Kulturanalytisch gesehen kann sich eine solche Bewusstseinsbildung auch als eine Folge der individuellen wie kollektiven Verarbeitung von konkreten, historisch-gesellschaftlichen Veränderungen der Sprachanforderungen und Kommunikationsgewohnheiten einstellen:

- Die restriktive Vorstellung von Sprachkompetenz und hohe Wertschätzung von grammatischer und orthographischer Korrektheit als eines vermeintlich leicht identifizierbaren Maßstabs für Sprachleistungen können also gerade mit dem Beharren auf der Differenzierungs- und

Selektionsfunktion von Sprachnormen für Sprachleistungen erklärt werden.

- Ebenso kann die Kritik an Normverstößen Jugendlicher auch als Folge einer Verunsicherung über die ins Wanken geratene Geltungskraft und Orientierungsfunktion von Sprachnormen angesehen werden. Ähnliche Motive mögen den heftigen Abwehrreaktionen auf Vorschläge zur Rechtschreibreform zugrunde liegen.
- Nicht zuletzt leistet aber der linguistisch wie didaktisch äußerst fragwürdige Markt der sogenannten ›Sprachratgeber‹ der allgemeinen Verunsicherung und der Bildung eines Sprachnorm- und Sprachmängelbewusstseins Vorschub.

Die populistische Sprachkritik übt indirekt eine **problematische Sprachberatung** aus, indem sie von einem besserwisserischen Standpunkt aus Urteile über Sprache vorwegnimmt. Als eine ›Sprachkritik von oben‹ geht es ihr weniger um eine Urteilsbildung linguistischer Laien und die Schaffung eines sprachkritischen Bewusstseins als um eine Pflege der Sprache selbst und um deren Bewahrung vor einem vermeintlichen Sprachverfall.

Damit wenden wir uns nicht gegen eine ›**Laienlinguistik**‹, doch sollte diese möglichst wissenschaftlich begründbar sein, wie im Folgenden gezeigt wird. Sprachberatung kann damit als eine wichtige Aufgabe einer anwendungsorientierten Linguistik angesehen werden, wodurch auch das problematische Verhältnis von Sprachwissenschaft und Öffentlichkeit in Deutschland verbessert und falsche Erwartungen korrigiert werden könnten (s. Stickel 1998).

2.2 Sprachkritik aus linguistischer Perspektive

2.2.1 Sprachreflexion und Sprachkritik

Laienäußerungen über Sprache sind von jüngeren Entwicklungen einer pragmatisch orientierten Sprachwissenschaft und Sprachkritik in ein neues Licht gerückt worden. In Abwandlung des Goethe-Zitats: »Ein jeder, weil er spricht, glaubt auch über Sprache sprechen zu können.« stellte von Polenz das Postulat auf: »Ein jeder, weil er spricht, darf und soll auch über Sprache sprechen können.« und führt aus:

> Das Reflektieren über Sprache, die Metakommunikation, ist durchaus nicht ein Privileg von Sprachwissenschaftlern, sondern gehört zur hinreichend entwickelten Sprachbeherrschung aller Sprachbenutzer dazu, die einen großen Teil ihrer gesellschaftlichen Arbeit auf relativ ausdrückliche sprachliche Weise zu bewältigen haben. Das gilt nicht nur für die berufliche Arbeit von Wissenschaftlern aller Fachrichtungen, sondern auch für die von Lehrern, Journalisten, Schriftstellern, Juristen, Geistlichen, Vorsitzenden von Gremien, Moderatoren und nicht zuletzt von Müttern, Vätern und anderen Erziehern. (von Polenz 1980: 9)

Von Polenz hat im Rückgriff auf Saussure und Coseriu wichtige Bereiche einer wissenschaftlichen Sprachkritik unterschieden und damit den Grundstein einer durch die kommunikative Ethik **linguistisch begründeten Sprachkritik** gelegt (1982/1973), die später von Heringer, Keller, Stötzel, Wimmer et al. (1982) sowie Heringer und Wimmer (2015) in ihrer Einführung mit vielen Beispielen veranschaulicht wurde.

Heringer resümiert in seinem einführenden Beitrag: *Sprachkritik – die Fortsetzung der Politik mit besseren Mittel*:

> Sprachkritik ist nichts für Experten, Sprachkritik ist etwas für alle. Jeder muss qua Teilhaber kritisch sein gegenüber seinem Sprechen, reflektierter reden und zuhören. (Heringer 1982: 31)

Durch die linguistisch begründete Sprachkritik wird diese ehemals wegen ihrer subjektiven Kriterien von Gefallen und Geschmack verpönte Richtung der Sprachwissenschaft wieder und neu in ihr Recht gesetzt.

Die Geschichte der Sprachkritik zeichnet Schiewe (1998) nach, Dieckmann verfolgt *Wege und Abwege der Sprachkritik* (1992, 2012), Kilian, Niehr und Schiewe charakterisieren Ansätze und Methoden kritischer Sprachbetrachtung und stellen das Kriterium der **funktionalen Angemessenheit** des Sprachgebrauchs zur Diskussion (2016). Das *Handbuch Sprachkritik* dieser Autorengruppe informiert über den aktuellen Forschungsstand des weiten Feldes der modernen Sprachkritik mit einer Systematik der Ordnungsfelder von der Kritik am Wort über Text und Stil, Diskurs und kommunikatives Handeln (2020). Neue Perspektiven für die Sprachkritik werden auch mit dem Sprachgebrauch in sozialen Medien eröffnet: Hassreden, Cyber-Mobbing, Shitstorms im Internet sind neue Gegenstandsfelder der Sprachkritik (Dürscheid 2020, Marx 2017; → Kap. II.8).

2.2.2 Sprachkritik von unten

Nach der Devise: »Sprachkritiker sind wir doch alle« sei ein letztes Wort zu einer aufklärerischen Sprachkritik angeschlossen, das auch die Bedeutung von Sprachunterricht betonen soll (vgl. Neuland 1993; → Kap. III.1): Als ›**Sprachkritik von unten**‹ ist sie durch ein normkritisches **Sprachdifferenz- und Sprachselbstbewusstsein** gekennzeichnet: Neuland kontrastiert die beiden weiter oben erwähnten Sichtweisen einer Sprachkritik von oben und einer Sprachkritik von unten von Sprachkritik wie folgt (1996: 117):

Sprachkritik von oben	Sprachkritik von unten
eher normbezogen	eher normkritisch
Grundlage: Hoch- bzw. Standardsprache	Grundlage: muttersprachliche Mehrsprachigkeit d. h. der Standard und die Varietäten
Thema: fremder Sprachgebrauch mit seinen (oft nur vermeintlichen) Mängeln	Thema: die eigene Sprache und deren soziale Bedeutung
Zielrichtung: eher objektivistisch auf die ›Sprache an sich‹	Zielrichtung: eher identifikatorisch und selbstreflexiv auf den eigenen Sprachgebrauch
Orientierung: sprachpflegerisch-sprachbewahrend	Orientierung: innovativ, Sprachentwicklung und Sprachwandel auslösend

Tab. III.2.1: Sprachkritik von oben vs. Sprachkritik von unten

Die soziolinguistische Deutung legt nahe, dass im Prozess des derzeitigen kulturellen und sprachlichen Wandels der Faktor des Bewusstseins von Sprachunterschieden und von eigenen Sprachen als Symbole sozialer Identitäten für die Wahl des eigenen und die Wertung fremden Sprachgebrauchs zunehmend relevant wird (Neuland 1996: 117).

Indikatoren für ein Sprachdifferenzbewusstsein lassen sich heute zunehmend in Prozessen eines ›Sprachwandels von unten‹ in Form von Neuem Substandard, regionalen Umgangssprachen, jugendlichen Gruppensprachen und gendergerechtem Sprachgebrauch finden (→ Kap. III.3).

2.3 Zusammenfassung und weiterführende Literatur

In diesem Kapitel wurden zunächst Schwerpunkte laienlinguistischer Sprachkritik, wie sie in Umfrageergebnissen zu Spracheinstellungen und in populistischer Sprachkritik zutage tritt und das öffentliche Sprachbewusstsein beeinflusst, vorgestellt. Solchen auf Abweichungen von der Standardsprache und auf Sprachdefizite und Sprachmängel fokussierten Einstellungen wurden Positionen der Sprachkritik aus linguistischer Perspektive und eine Sprachkritik von unten entgegengestellt, die eine Reflexion auch des eigenen Sprachgebrauchs und eine Orientierung an Variation des Standards einschließt.

Literatur (weiterführend)

Denkler, Markus (Hg.) (2008): *Frischwärts und unkaputtbar. Sprachverfall oder Sprachwandel im Deutschen.* Münster.

Der Deutschunterricht 5 (2006): *Sprachkritik: Neue Entwicklungen.* hgg. u. eingel. von Eva Neuland.

Heringer, Hans Jürgen/Wimmer, Rainer (2015): *Sprachkritik. Eine Einführung.* Paderborn.

Literatur (gesamt)

Agel, Vilmos (2008): *Bastian Sick und die Grammatik. Ein ungleiches Duell.* In: *Info DaF* 35, 64–84.

Böke, Karin/Jung, Matthias/Wengeler, Martin (Hg.) (1996): *Öffentlicher Sprachgebrauch. Praktische, theoretische und historische Perspektiven.* Opladen.

Der Deutschunterricht 5 (2009): *Sprachverfall.* hgg. v. Peter Schlobinski.

Dieckmann, Walther (1992): *Sprachkritik.* Heidelberg.

Dieckmann, Walther (2012): *Wege und Abwege der Sprachkritik.* Bremen.

Dürscheid, Christa (2020): Internet-Sprachkritik. In: Niehr, Thomas/Kilian, Jörg/Schiewe, Jürgen (Hg.): *Handbuch Sprachkritik.* Stuttgart, 326–332.

Eichinger, Ludwig/Gärtig, Anne-Kathrin/Plewnia, Albrecht/Rothe, Astrid (2009): *Wie Menschen in Deutschland über Sprache denken: Ergebnisse einer bundesweiten Repräsentationserhebung zu aktuellen Spracheinstellungen.* Mannheim.

Heringer, Hans Jürgen (Hg.) (1982): *Holzfeuer im hölzernen Ofen. Aufsätze zur politischen Sprachkritik.* Tübingen.

Heringer, Hans Jürgen/Wimmer, Rainer (Hg.) (2015): *Sprachkritik. Eine Einführung.* Paderborn.

Kilian, Jörg/Niehr, Thomas/Schiewe, Jürgen (2016): *Sprachkritik. Ansätze und Methoden der kritischen Sprachbetrachtung.* Berlin/Boston.

Klein, Wolfgang (1986): Der Wahn vom Sprachverfall und andere Mythen. In: *Zeitschrift für Literaturwissenschaft und Linguistik* 62, 11–28.

Krämer, Walther (2000): *Modern Talking auf Deutsch. Ein populäres Lexikon.* München.

Marx, Konstanze (2017): *Diskursphänomen Cybermobbing. Ein internetlinguistischer Zugang zu [digitaler] Gewalt.* Berlin/Boston.

Meinunger, André (2008): *Sick of Sick. Ein Streifzug durch die Sprache als Antwort auf den Zwiebelfisch.* Berlin.

Neuland, Eva (1993): Sprachbewusstsein und Sprachvariation. Zur Entwicklung und Förderung eines Sprachdifferenzbewusstseins. In: Klotz, Peter/Sieber, Peter (Hg.): *Vielerlei Deutsch. Umgang mit Sprachvarietäten in der Schule.* Stuttgart.

Neuland, Eva (1996): Sprachkritiker sind wir doch alle! Formen öffentlichen Sprachbewusstseins. Perspektiven kritischer Deutung und einigen Folgerungen. In: Böke, Karin/Jung, Matthias/Wengeler, Martin (Hg.): *Öffentlicher Sprachgebrauch. Praktische, theoretische und historische Perspektiven.* Opladen, 110–121.

Niehr, Thomas/Kilian, Jörg/Schiewe, Jürgen (Hg.) (2020): *Handbuch Sprachkritik.* Stuttgart.

Polenz, Peter von (1980): *Wie man über Sprache spricht. Über das Verhältnis zwischen wissenschaftlicher und natürlicher Beschreibungssprache in Sprachwissenschaft und Sprachlehre.* Mannheim.

Polenz, Peter von (1973/1982): Sprachkritik und Sprachnormenkritik. In: Heringer, Hans Jürgen (Hg.): *Holzfeuer im hölzernen Ofen. Aufsätze zur politischen Sprachkritik.* Tübingen, 70–94.

Projektgruppe Spracheinstellungen (2009): *Aktuelle Spracheinstellungen in Deutschland. Erste Ergebnisse einer bundesweiten Repräsentativumfrage.* Mannheim.

Schiewe, Jürgen (1998): *Die Macht der Sprache. Eine Geschichte der Sprachkritik von der Antike bis zur Gegenwart.* München.

Schneider, Jan Georg (2005): Was ist ein sprachlicher Fehler? Anmerkungen zu populärer Sprachkritik am Beispiel der Kolumnensammlung von Bastian Sick. In: *Aptum. Zeitschrift für Sprachkritik und Sprachkultur* 2, 154–177.

Schneider, Jan Georg (2008): Das Phänomen Zwiebelfisch. Bastian Sicks Sprachkritik und die Rolle der Linguistik. In: *Sprachdienst* 4, 172–180.

Schneider, Jan Georg (2020): Grammatische Normen in populärer Sprachkritik und linguistisch fundierter Zweifelsfall-Beratung. In: Niehr, Thomas/Kilian, Jörg/Schiewe, Jürgen (Hg.): *Handbuch Sprachkritik*. Stuttgart, 376–383.

Sick, Bastian (2016): *Der Dativ ist dem Genetiv sein Tod. Ein Wegweiser durch den Irrgarten der deutschen Sprache. Folge 4–6*. Köln.

Sick, Bastian (2021): *Wie gut ist Ihr Deutsch? Dem großen Test sein dritter Teil*. Köln.

Stickel, Gerhard (Hg.) (1998): *Sprache – Sprachwissenschaft – Öffentlichkeit*. Berlin/New York.

Internetquelle

Niggemeier, Stefan (2016): Über die Pegidahaftigkeit des Vereins Deutsche Sprache. Abrufbar unter: https://uebermedien.de/7099/die-pegidahaftigkeit-des-vereins-deutsche-sprache/ (Stand: 01/01/2022)

3 Soziolinguistik und Sprachwandel

Die folgenden Kapitel gehen von einem weiten Begriff von Sprachgebrauchswandel aus (→ Kap. I.2.3). Wir verfolgen damit einige der in Kapitel II ausgeführten Aspekte und wollen Anregungen für vertiefte Auseinandersetzungen bieten.

Bereits in der Tradition der deutschen **Sondersprachforschung** wurde der Einfluss von Fach- und Sondersprachen auf die Gemeinsprache verfolgt. Diese wurden als Quelle der **Erneuerung** positiv bewertet, was insbesondere für die Jugendsprache galt, wie es mit folgendem Zitat von John Meier für den Einfluss der historischen deutschen Studentensprache auf die Gemeinsprache veranschaulicht und später bei von Polenz (1999: 466 f.) konkretisiert wird:

> Wir können uns das sprachliche Besitztum unsres Volkes, soweit es allen gemein ist, und die Litteratursprache wie die Rede des täglichen Verkehrs umfaßt, passend unter diesem Bilde des Stromes vorstellen. Der Besitzstand wechselt von Tag zu Tag, es ist ein fortwährendes Fluten. Immerfort wird Neues zugeführt, geht Altes verloren. In Dunkel ist für den gewöhnlichen Menschen der Ort gehüllt, an dem die Wörter entstehen, und auch für den Gelehrten, der mit den Hülfsmitteln der Wissenschaft ihren Spuren nachzugehen sucht, bleibt ihr Ursprung oft rätselhaft.
>
> (Meier 1894, S. 1)

Zitat John Meier 1894: 1

Die soziolinguistische Analyse von Sprachwandel ist noch heute ein theoretisch wie empirisch schwieriges Unterfangen. Folgt man Kellers Auffassung (1990: 80 ff.), dass natürliche Sprachen als »**Phänomene der dritten Art**« weder reine Naturphänomene noch Artefakte darstellen und der Sprachwandel ein *invisible hand-Phänomen* ist, unabhängig von menschlicher Intention, so können wir Sprachwandel weder als intendiert noch als in irgendeiner Weise bewusst beeinflussbar ansehen, wie etwa die Sprachpolitik. Dem wollen wir soziolinguistische Auffassungen von Sprachwandel, aber auch von Sprachkritik, Sprachplanung und Sprachunterricht entgegenstellen.

Greifen wir die Labov'sche Unterscheidung des Wandels aufgrund des **Drucks von oben** und des **Drucks von unten** (→ Kap. I.2.4.2). auf, so liegt bei den von uns vorgesehenen Schwerpunkten der Jugend- und Gruppensprachen ein Wandel von unten vor, da Innovationen im Sprachgebrauch ungesteuert und unbeabsichtigt durch Gruppen von Sprachbenutzern eingeführt werden und sich verbreiten. Bei den Maßnahmen der Einführung geschlechtergerechten Sprachgebrauchs sind es umgekehrt bewusst eingeleitete Prozesse des Wandels von oben, die durch Richtlinien und behördliche Vorgaben gelenkt werden.

3.1 Einflüsse von Jugend- und Gruppensprachen

Es gehört zu den weitverbreiteten Vorurteilen über Sprache in der Öffentlichkeit (→ Kap. III.2), dass Jugendliche mit ihrem spezifischen Sprachgebrauch die **Standardsprache negativ** beeinflussen. So schlussfolgert die repräsentative Umfrage der Gesellschaft für deutsche Sprache: »Die Mehrheit der Bevölkerung (65 %) ist der Ansicht, dass Jugendliche heute die deutsche Sprache schlechter beherrschen als Gleichaltrige vor 10, 20 Jahren.« (2008: 11) Unter den Gründen, warum die deutsche Sprache immer mehr zu verkommen droht, wird genannt, dass ...

- »viele Eltern heute weniger Wert darauflegen, dass ihre Kinder gut Deutsch können (41 %);
- in der Schule weniger darauf geachtet wird, den Kindern die deutsche Sprache beizubringen (22 %)«;
- »beim Austausch von SMS oder E-Mails wenig auf eine gute Ausdrucksweise geachtet wird« (48 %).

Es ist allerdings ausgesprochen schwierig, den Einfluss von Jugend- oder Gruppensprachen statistisch einwandfrei nachzuweisen. Welche Kriterien können zugrunde gelegt werden, ab welcher Auftretenshäufigkeit und welcher Auftretensverteilung kann man von einem Wandel sprechen? Dies stellt ein generelles **Problem einer empirisch basierten Sprachwandelforschung** dar.

Die Ansicht, dass der Sprachgebrauch Jugendlicher heute **schlechter** geworden ist, wird auch von Lehrkräften vertreten, wie die Studien von Neuland et al. (2020) belegen: Hat sich Ihrer Ansicht nach das Höflichkeitsverhalten der Schüler in der Vergangenheit geändert? Wenn ja, in welcher Hinsicht [N = 129]

Kategorie	**Rang**	**Antworten**		**% der Fälle**
		abs.	**%**	
Ton ist rauer geworden (z. B. Zunahme von Beleidigungen)	**1**	28	**27,5**	21,71
Schüler sind respekt- und distanzloser geworden	**2**	22	**21,6**	17,05
Sprachverhalten hat sich verändert (z. B. Unhöfliches wird nicht mehr als solches wahrgenommen)		22	**21,6**	17,05
Türen werden nicht aufgehalten	**4**	3	2,9	2,33
Lehrer werden seltener gegrüßt		3	2,9	2,33
Sonstiges		24	23,5	18,61
Gesamt		102	100	79,09

Tab. III.3.1.1: Meinungen von Lehrkräften über Höflichkeitswandel bei Schülern (Neuland et al. 2020: 128)

Beispieläußerungen:

- *»Es wird schnell beleidigt, geschlagen, Beleidigungen gehen häufig unter die Gürtellinie. Türen werden nicht aufgehalten, SuS missachten gezielt die Regeln, man wird als Lehrer schnell beschimpft«* (Lehrerin, Gesamtschule, 0–5 Dienstjahre)
- *»Die Höflichkeit gegenüber Lehrkräften hat ein wenig nachgelassen, die Höflichkeit der SuS untereinander stärker«* (Lehrer, Gesamtschule, 0–5 Dienstjahre).

Weiteren Fragen ist zu entnehmen, dass Höflichkeit ein relatives Moment in der Kommunikation ist: Schüler äußern sich klar, wenn Lehrkräfte sich höflich ihnen gegenüber verhalten, würden sie sich auch so gegenüber den Lehrkräften verhalten. Viele Schüler (32 %) gaben an, von Lehrkräften schon einmal unhöflich angesprochen worden zu sein. Und Lehrkräfte gestehen auch, sich in Situationen von Stress Schülern gegenüber unhöflich verhalten zu haben (Neuland et al. 2020: 101), z.B.:

- Ohnmacht angesichts ununterbrochener Regelbrechung innerhalb mehrerer aufeinander folgender Stunden (Lehrerin, Gymnasium)
- aus Wut, Verzweiflung (Lehrer, Realschule).

Schließlich ist hervorzuheben, dass sich Schüler und Lehrkräfte in der **Einschätzung der Bedeutsamkeit von Höflichkeit** kaum unterscheiden: Höflichkeit wird in beiden Probandengruppen mit Respekt und gutem Benehmen gleichgesetzt. Einer gewählten Ausdrucksweise wird sogar von den Schülern hochsignifikant eine größere Rolle zugeschrieben als von den Lehrkräften. Die Kategorie Etikette steht an letzter Stelle der Auswahlantworten; der Begriff ist den Schülern oft unbekannt (Neuland et al. 2020: 44).

Kategorie	Schüler		Lehrkräfte		Sig.
	M	SD	M	SD	
Respekt	2,62	0,71	2,4	1,55	,68
Gutes Benehmen	2,45	0,81	2,14	1,59	,16*
Gewählte Ausdrucksweise	1,94	1,15	1,04	1,5	<,001**
Etikette	1,61	1,29	-0,07	1,9	<,001**

Tab. III.3.1.2: Bedeutung von Höflichkeit bei Schülern und Lehrkräften (Neuland et al. 2020: 44)

3.1.1 Beispiele aus Pragmatik, Lexik und Semantik

Wie aber hat sich die Jugendsprache genauer auf die Gemeinsprache ausgewirkt? Dazu greifen wir auf Erhebungen zurück, die in den Wuppertaler Studien zur deutschen Schülersprache (Neuland 2016) durchgeführt wurden. Generell lässt sich konstatieren, dass der **Einfluss der Jugendsprache in der Öffentlichkeit weit überschätzt** wird. Dabei wird zwar auf Einzelbeispiele verwiesen, doch empirische Belege fehlen weitgehend. Folgende wissenschaftlich zuverlässige Möglichkeiten stehen zur Verfügung:

- Man kann die Indizierungen: *jugendsprachlich* in den *Wörterbüchern der deutschen Gegenwartssprache* und ihre Entwicklungen in den verschiedenen Neuauflagen vergleichen.
- Weiterhin kann man das Auftreten jugendsprachlicher Ausdrücke in verschiedenen *Korpora der deutschen Gegenwartssprache* und ihre Veränderung zu bestimmten Zeiten überprüfen.

Jedes Mal stellt sich aber zunächst schon die Frage, ob die jugendsprachlichen Ausdrücke und ihre Bedeutungsbeschreibungen und Verwendungskontexte authentisch erhoben und zuverlässig erfasst wurden. Der Rückgriff etwa auf die *Jugendwörter des Jahres* ist absolut unzulässig, da diese Beispiele oft eigens für diesen Zweck erst konstruiert wurden und Jugendlichen selbst nicht bekannt sind, geschweige denn von Jugendlichen benutzt würden. Ähnliches gilt für die jugendsprachlichen **Markierungen der Lexikographie**. Sie erfolgen zumeist intuitiv, zumal die stilistischen Unterscheidungen von *umgangssprachlich, salopp* oder *Jargon* ebenso willkürlich sind.

Und eine **Korpusanalyse** kann stets nur so gut sein, wie es das Korpus ermöglicht: Liegen geschriebene oder gesprochene Texte zugrunde, belletristische, wissenschaftliche oder populärwissenschaftliche Texte, regionale oder überregionale Zeitungen u. a. m., konnten alle Jahrgänge und damit diachrone Entwicklungen kontinuierlich erfasst werden? Und nicht zuletzt: Aussagen über pragmatische Wendungen und sprachliche Umgangsformen, wie sie z. B. beim Begrüßen und Verabschieden, gerade auch im außersprachlichen Bereich (z. B. Umarmungen, Wangenküsse) zumindest vor der Corona-Pandemie zunehmend zu beobachten waren, können auf diese Weisen natürlich nicht erfasst werden, ebenso wenig phonetische und paraverbale Bestandteile der Kommunikation.

Abgesehen von diesen einschränkenden Bemerkungen sind in den Wuppertaler Studien folgende Ergebnisse zu **Vorkommenhäufigkeiten und Verwendungstypen jugendsprachlicher Ausdrucksformen** mit Hilfe einer Cosmas II-Analyse des Deutschen Referenzkorpus der geschriebenen Sprache des Leibniz-Instituts für deutsche Sprache erarbeitet worden, und zwar im Hinblick auf:

- die Vorkommenhäufigkeit des Simplex und die Produktivität der Flexionsformen und der Wortbildung
- die Erstverwendung in jugendsprachlicher Markiertheit
- die diachronen Veränderungen der Vorkommenhäufigkeit

Das sei an ausgewählten Beispielen verdeutlicht, die aus den im Korpus enthaltenen Tageszeitungen stammen, und zwar die Wertungsausdrücke *cool* und *geil*, der Klassifikationsausdrucks *Tussi* und der Anglizismus *chillen.*

Item	**Simplizia (tokens)**	**Wortformen (types)**	**Vorkommenshäufigkeit in allen Wortformen**
cool	117.271	6.886	246.625
geil	35.684	5.330	105.315
Tussi	1.739	1.676	16.036

Tab. III.3.1.3: Jugendsprachliche Ausdrücke nach Auftretenshäufigkeit im DeReKo (gekürzt, Stand 5/2021)

Betrachtet man das Verhältnis von Frequenz und Produktivität, so lässt sich im Fall *Tussi* eine hohe Wortbildungsaktivität (z. B. *Dorftussi*, belegt 1993) bei vergleichsweise geringer Vorkommenshäufigkeit nachweisen. Dies entspricht dem Befund, dass der Gebrauch dieses Ausdrucks bei Jugendlichen als relativ gering angegeben wurde (m = 2.65 auf einer Skala von 1 bis 5), obwohl *Tussi* in der Öffentlichkeit als eine der markantesten jugendsprachlichen Neuerungen gelten mag. Hinsichtlich der Vorkommenshäufigkeit als auch der Wortbildungsaktivität weist der Ausdruck *cool* die höchsten Werte auf, was als Indiz für die häufigere Verwendung von *cool* als Simplex gelten kann. *Cool* kann übrigens auch als ein Internationalismus bezeichnet werden, da er für viele Sprachen mit nationaltypischer Schreibung/Lautung belegt wird.

Betrachten wir die belegte Erstverwendung der Ausdrücke im DeReKo in ihrer substandardsprachlichen Verwendung:

- *cool*: Erstbeleg im Mannheimer Morgen 4.1.1985: *Dies entspricht durchaus dem Streben von Jugendlichen, besonders »**cool**« zu wirken.*
- *Tussi*: Erstbeleg in der Süddeutschen Zeitung 4.4.1992: *Der androgyne Schauspieler (...) schlüpft in die unterschiedlichsten Frauentypen: Domina, Showstar, **Tussi**, Heimchen oder Ballerina.*
- *Chillen*: Erstbeleg: Rhein-Zeitung 19.8.1996: *Gefallen hat mir besonders der Ambient-/Goa- Garden mit richtig guter Musik zum **chillen**.*

Die Analyse demonstriert zudem, dass frühe Verwendungen substandardsprachlicher Ausdrücke häufig mit Anführungszeichen markiert werden, was schon von Zimmermann (2003) und von Androutsopoulos (2005) als Zitat- und Distanzierungsfunktion einer Fremdperspektive gewertet wurde, die später in eine unmarkierte Eigenperspektive übergehen kann.

Werfen wir abschließend noch einen Blick auf diachrone Entwicklungen der Ausdrücke im Korpus. Das soll hier am Beispiel von *Tussi* gezeigt werden:

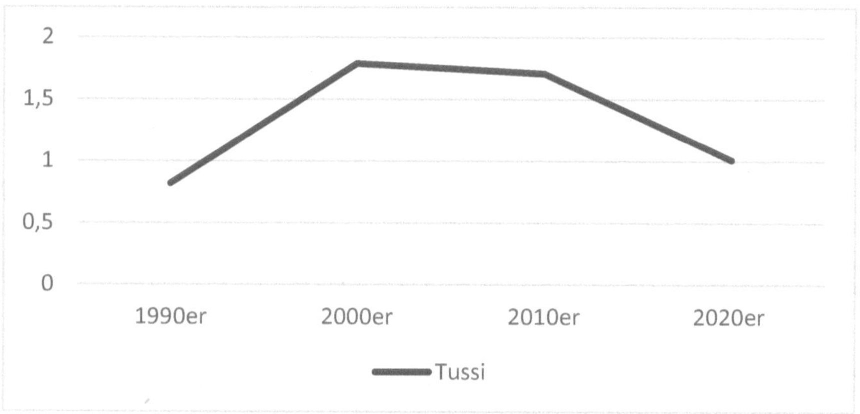

Abb. III.3.1.1: Entwicklung der Verwendungshäufigkeit von „Tussi" im DeReKo (Stand 5/21)

Entwicklung jugendsprachlicher Ausdrücke

Viele jugendsprachliche Ausdrücke weisen die Tendenz auf, im Zeitraum der frühen 2000er Jahre den **Zenit** ihrer Nennungshäufigkeit erreicht zu haben und danach in ihrer Präsenz im Korpus wieder abzunehmen. Nach diesem Höhepunkt scheinen die Innovationen in den öffentlichen Texten **etabliert**. Dazu mag die Popularisierung des Themas Jugendsprache in den öffentlichen Diskussionen ebenso beigetragen haben wie die Kommerzialisierung des Themas durch die Verbreitung von Jugendsprache- und Szenelexika auf dem Buchmarkt.

Cool ist der in den Wuppertaler Studien meistgenannte und am flexibelsten verwendete jugendtypische Ausdruck ohne standardsprachliche Entsprechung im Deutschen. Fast alle befragten 1.200 Jugendlichen gaben an, den Ausdruck zu kennen, der Gebrauch wurde auf einer Spanne von 0 (nie) bis 5 (immer) mit m = 3.69 mit einer besonderen Präferenz der jüngsten Altersgruppe von 10 bis 14 Jahren angegeben. Das Lexem *cool* scheint auch in geschriebenen Texten nicht nur eine hohe Produktivität zu besitzen, sondern darüber hinaus zur Konstruktion von **Okkasionalismen** und ad hoc-Bildungen verwendet zu werden. Bei ca. der Hälfte der Korpusbelege handelt es sich um singuläre Vorkommen (z. B. *buschmanncool*, belegt in der taz 1989). Auch wird das Simplex in mehreren graphischen Varianten geschrieben, darunter die Versalienalternative *COOL*.

Werfen wir schließlich noch einen Blick auf die Aufnahme und Markierung jugendsprachlicher Ausdrücke in **Wörterbüchern der deutschen Standardsprache**. Im Gegensatz zur Verwendung jugendsprachlicher Lexik in belletristischen und journalistischen Texten kommt der Neuaufnahme eines Ausdrucks in wissenschaftlichen Wörterbüchern eine weit höhere Bedeutung und Verbindlichkeit zu: Durch ihre Kodifizierung werden sie zum **offiziellen Bestandteil des Wortschatzes** der deutschen Standard- und Schriftsprache.

Im Folgenden wird dokumentiert, welche diachrone Entwicklung ausgewählte jugendsprachliche Ausdrücke, darunter *cool* und *Tussi* in unterschiedlichen Auflagen des Duden Universalwörterbuchs in den 30 Jahren von 1983 bis 2011/13 durchlaufen haben.

Beide Ausdrücke waren seit den achtziger Jahren (*cool*: seit 1983, *Tussi*: seit 1989) im Duden (s. duden.de) verzeichnet mit dem Index: *salopp*; andere jugendtypische Ausdrücke auch mit dem Index: *jugendsprachlich*, wie *Prolo, ätzend, geil, krass, chillen*. Daneben stellt sich die Frage nach den Bedeutungszuschreibungen. Während zunächst eine neutral wertende Bedeutung angegeben wurde: *weibliche Person, mit der ein Mann befreundet ist*, ist heute die negative Einschränkung zu lesen: *(auf ihr Äußeres sehr bedachte, oberflächliche, selbstbezogene) weibliche Person*. Diese einschränkende Bedeutung trägt den empirischen Gebrauchsfeststellungen der Jugendsprachforschung Rechnung.

Aufschlussreich ist auch die Bedeutungsveränderung des Ausdrucks *schwul*. Während in den Wörterbüchern noch auf die Bedeutung: *männlicher Homosexueller* Bezug genommen wird und auch die als jugendsprachlich angegebene Bedeutung: *in Verdruss, Ärger, Ablehnung hervorrufender Weise schlecht, unattraktiv, uninteressant* (s. duden.de), treffen solche Zuschreibungen die authentische Wertungsäußerung: »*Voll schwul, die Kappe!*« schon nicht mehr – allenfalls im übertragenen Sinne: abwertend als *weibisch.* Die Umwertung eines ursprünglich negativ besetzten Ausdrucks in einen positiven wird auch als **Reklamation** bezeichnet. Auch als Schimpfwort oder in der Scherzkommunikation konnotiert der Ausdruck *schwul* oft noch fragwürdige diskriminierende Einstellungen gegenüber Homosexualität und konnotiert ›weibisch‹ quasi immer.

3.1.2 Tendenzen der Destandardisierung und Informalisierung

Den Zusammenhang von Jugendsprache und Standardsprache im Prozess des Sprachwandels hat Neuland in folgendem Modell veranschaulicht: Jugendliche erschaffen kaum völlig neue Ausdrucksweisen; vielmehr greifen sie auf den Bestand und die Regeln der Gemeinsprache zurück. Ihre **Innovationen entstehen**:

- entweder durch **Veränderung von Wortformen** bzw. deren Bestandteile, die in der Standardsprache bereits existieren, z. B. *Tussi* aus *Thusnelda,*
- oder sie entstehen aus **inhaltlichen, semantischen Veränderungen**, z. B. *geil* mit einer Bedeutungserweiterung von *geschlechtlich erregt* zu einer allgemein positiven Wertung.
- Schließlich nutzen Jugendliche viele **Anglizismen** wie *cool* oder *chillen*, die über die Jugendsprache Eingang in die Standardsprache finden.

Sprachwandel vollzieht sich nach diesen Modellvorstellungen in einem Kreislauf mit zwei gegenläufigen Prozessen der Stilbildung und Stilverbreitung (vgl. J. Clarke 1979). Die Stilbildung Jugendlicher entsteht in linguistischer Sicht in einem Prozess der **Destandardisierung** durch jugendtypische Momente, die Stilverbreitung der Jugendsprache dagegen in einem Prozess der **Restandardisierung**, d. h. des Verlustes der soziokulturellen Spezifika durch die Verwendung anderer Gruppen von Sprachbenutzern oder gar durch die Aufnahme in Wörterbüchern der deutschen Standardsprache. Das sei an einem weiteren Beispiel demonstriert:

Beispiel: De- und Restandardisierung
Braut:

1. Jugendtypische Verwendung: Dieser Ausdruck wurde von der Standardsprache übernommen, allerdings mit dem jugendtypischen

Spezifikum: *nicht anwesende Freundin eines Jungen*, oft mit abfälligem Beiklang.

2. Jugendsprachliche Variante, Bedeutung laut DUW (2007 bis 2011/13): Mädchen (als Objekt sexueller Begierde), *Wir haben tolle Bräute in unserer Klasse.* In der jüngsten Auflage des DUW 2019 immerhin mit dem Hinweis: Jugendsprache (veraltet) versehen.

(gekürzt nach Neuland 2018: 115)

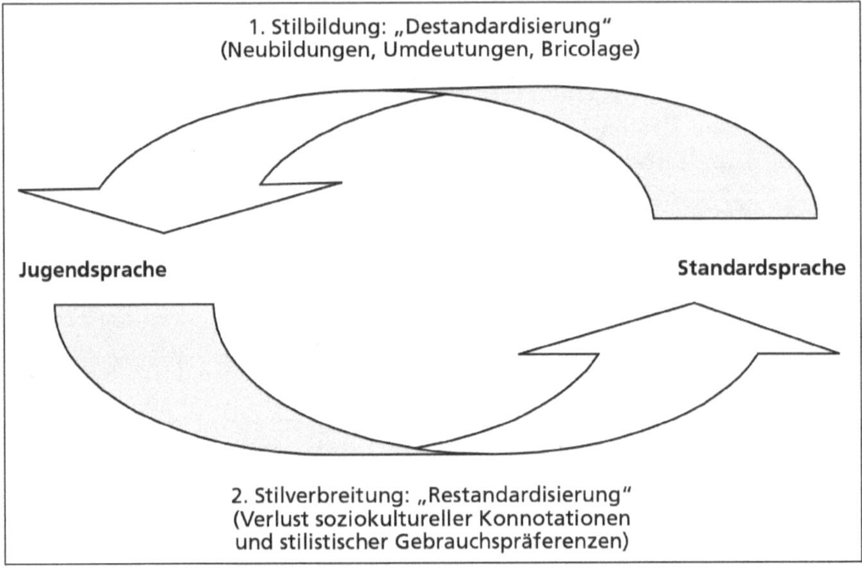

Abb. III.3.1.2: Modell Sprachwandel (Neuland 2018: 116)

Insgesamt aber wird der **Einfluss jugendsprachlicher Ausdrucksweisen** auf die deutsche Gegenwartssprache als gering zu beurteilen sein (Kunkel-Razum 2003). Viele der ursprünglich als: *jugendsprachlich* markierten Einträge dürften zudem mittlerweile als: *umgangssprachlich* aufgefasst werden. Die Grenze zwischen Umgangs- und Standardsprache ist in der Sprachwissenschaft nicht exakt zu definieren.

Noch komplizierter dürfte der Einfluss bestimmter Gruppensprachen zu erfassen sein: Dies hängt schließlich auch von der Definition der **sozialen Gruppe** ab (vgl. Neuland/Schlobinski 2018). Ob ein Ausdruck einer formellen Sekundärgruppe (z. B. einem Sportverein) oder einer informellen Bezugsgruppe (z. B. Straßensport-Freunde) oder einer Netzgemeinschaft (z. B. eines Blogs über Straßensportarten) entstammt (→ Kap. II.6), spielt für möglichen Sprachwandel keine so bedeutsame Rolle. Die Beispiele werden sich auf einige wenige Fahnen- und Schlüsselwörter beschränken, wie z. B. für die:

- Öko-Szene: *bio-*, *natur-*, *Körnerfresser*, *Müslimann*
- Musikszene: *freestyler*, *jams*
- HipHop-Szene: *battle* etc.

Sie stellen zugleich auch fachsprachliche Einflüsse dar (Androutsopoulos 1997). Ob sie aber jemals Verbreitungen über die Szenen hinaus finden, mag zurecht bezweifelt werden.

Auch einzelne **Generationen**, die als »sprachprägend« angesehen werden, können unter dem Aspekt soziolinguistischen Sprachwandels betrachtet werden. Während von frühen Jugendgenerationen der deutschen Nachkriegszeit, z. B. der Halbstarken oder der Teenager (Neuland 2018) nur wenige schriftliche Zeugnisse überliefert sind, wird eine solche sprachprägende Wirkung insbesondere der *68er*-Generation nachgesagt (→ Kap. II.5), von deren **›APO‹-Sprache** eine Reihe neuer Ausdrucksweisen in die Gemeinsprache übergegangen ist. Neue sprachliche Ausdrucksformen und Wortbildungen wurden für neue Verhaltensweisen geschaffen (*Hinterfragen, Unterwandern, Umfunktionieren, Decouvrieren bürgerlicher Charaktermasken*). Kennzeichnend waren auch feste Wendungen wie *herrschaftsfreier Raum, subversive Aktionen, Potential antiautoritärer Kräfte.* Auch neue Wortbildungsformen waren üblich (z. B. *Happening*, *Hearing*, *Go-in*), die in die Gemeinsprache übergegangen sind. Eine solche ›*ing-Epidemie*‹ wurde neben den vielen Anglizismen von der damaligen sprachpflegerischen Sprachkritik scharf kritisiert (Neuland 2018: 160 ff.).

Natürlich lässt sich auch hier nicht im einzelnen kausalanalytisch ein Einfluss des gruppen- und generationstypischen Sprachgebrauchs exakt belegen. Vielmehr spielen in den Verbreitungsprozessen viele verschiedene Faktoren eine Rolle. Unbestritten ist allerdings der **Einfluss der Medien**, die neue Ausdrucksweisen übernehmen, in verschiedenen Formaten präsentieren und als *Promotoren* sprachlichen Wandels den eben beschriebenen

Kreislauf von Stilbildung und Stilverbreitung beschleunigen (Neuland 2018: 110 ff.). Beispiele dafür bieten der Markt der Jugend- und Szenewörterbücher, die Werbung (*Feiern, tanzen, chillen – der Festivalsommer mit Melitta*), aber auch Aktionen wie das *Jugendwort des Jahres.*

Warum lebensältere Menschen jugendsprachliche Ausdrücke übernehmen, lässt sich mit dem Sozialprestige der Jugendsprache erklären: Jugendlichkeit genießt in der heutigen Gesellschaft ein hohes Prestige, und das wiederum differenziert auch die Labov'sche These des sozialen Sprachwandels *von unten* und einer sprachlichen Unsicherheit der Mittelschicht. Dabei wird stets eine *Orientierung nach oben* an den Prestigemerkmalen höherer Schichten unterstellt – und das sieht in den vorliegenden Fällen genau anders aus: Liegt hier etwa eine **Orientierung nach unten** vor, gelten Merkmale des Nonstandards als neue Richtschnur? Im kulturellen Wandel muss – zumindest für manche Gruppen der Gesellschaft – ein solches **Prestige des Substandards** als Einflussfaktor berücksichtigt werden. Trudgill hatte es einmal als *covert prestige* bezeichnet (1972), dessen Konsequenz für die Theorie des Sprachwandels eine neue Aktualität erlangt hat. Coupland (2014) bezieht sich auf ein vergleichbares Konzept der **Vernakularisierung** bzw. der **Destandardisierung** im Kontext von medienbedingtem soziolinguistischem Wandel. Er diskutiert das als Zeichen von »soziolinguistic change in progress« (2014: 84 ff.), verbunden mit einer Aufwertung der sozialen Spracheinstellungen gegenüber nonstandardlichem Sprachgebrauch seit den Studien von Labov, und führt dazu Belege aus verschiedenen europäischen Ländern an.

Im Rahmen übergeordneter Erklärungsmuster kann man davon ausgehen, dass die genannten Einflüsse auf **Tendenzen einer Informalisierung** des öffentlichen Sprachgebrauchs, vor allem im Bereich von Lexik und Pragmatik hinweisen.

So vermuteten bereits Dosdrowski/Henne 1980 eine Tendenz der **lexikalischen Popularisierung** der deutschen Standardsprache durch den Einfluss jugend- und schülersprachlicher, z.T. jargonaler Wörter. Von Polenz formulierte 1983 seine These einer **Nivellierung** bzw. eines *innersprachlichen Transfers* durch die Übernahme von Wörtern »aus sogenannten tieferen sprachsoziologischen Schichten in die offizielle Standardsprache«. Auch Peter Braun (1998) hatte in seinen Analysen der Neuaufnahme von Lemmata in verschiedenen Duden-Auflagen eine zunehmende Anzahl umgangssprachlicher Wörter konstatiert.

Neuland veranschaulicht die zunehmende Informalisierung in den von ihr untersuchten Begrüßungs- und Verabschiedungsformen Jugendlicher mit folgendem Diagramm (2020: 155):

adressantentypisch		**neutral**		**jugendtypisch**
guten Morgen/guten Tag	>	*Morgen/Tag*	>	*hallo > hi > was geht*

Tab. III.3.1.4: Förmlichkeitsgrade und Verwendungsbereiche frequenter Grußformeln Jugendlicher (Neuland et al. 2020: 155)

Als neutrale Passe-partout-Formel wird gegenüber Erwachsenen mit über 55 % der Fälle: ***Hallo*** verwendet, gegenüber einem Freund/einer Freundin mit über 48 %: ***hey, hi***. Tabelle III.3.1.5 zeigt die Ergebnisse, die für über 1.100 Jugendliche und konstant über Altersstufen und Geschlecht, Schulformen und Deutsch als Mutter- und Zweitsprache gesichert werden konnten (Neuland et al. 2020: 137 ff.):

Kategorie	**Rang**	**Antworten**		**% der Fälle**
		abs.	**%**	
hallo	**1**	642	42	**55,4**
guten Tag, Herr/Frau (Name)	**2**	542	35,4	**47,6**
Morgen, Tag, n'Abend	**3**	259	16,9	22,7
ich sage nichts	**4**	87	5,7	7,6
gesamt		1530	100	133,4

Tab. III.3.1.5: Genannte Grußformeln Jugendlicher in der Begegnung mit Lehrkräften außerhalb des Unterrichts (Neuland et al. 2020: 137)

3.2 Sprachkontakt

Christian Efing

Deutschland verändert sich, unter den Bedingungen von Mobilität, Migration, Mediatisierung und Globalisierung, von einem offiziell einsprachigen zu einem de facto mehrsprachigen Land, was auf verschiedenen Ebenen zu einem Wechselspiel aus sprachlichen Entwicklungen und ihrer (massenmedialen) Thematisierung im öffentlichen Diskurs führt (Androutsopoulos 2007: 114 f.; → Kap. II.7 und III.2.1). Dabei werden sprachliche Neuerungen bzw. fremdsprachliche Einflüsse – zumeist als angstbesetzt – auf der Folie sprachideologischer Positionen beurteilt. »Sehr viele sehen auch im stark wachsenden Einfluss anderer Sprachen eine wichtige Ursache für einen drohenden Sprachverfall« (Institut für Demoskopie Allensbach 2008: 9).

Unter **Sprachideologien** kann man gesellschaftlich geteilte metasprachliche Aussagen (explizit oder implizit in diskursiven Prozessen) bzw., nach Silverstein 1979, »sets of beliefs about language articulated by the users as a rationalization or justification of perceived language structure and use« verstehen. » Sprachideologien beziehen sich nicht auf Sprache an sich, sondern auf Relationen zwischen Sprachstruktur bzw. -gebrauch und Sozialstruktur.« (Androutsopoulos 2007: 122 f.)

Verschiedene Sprachen haben ein unterschiedliches **Prestige** im Sinne von Einstellungen gegenüber diesen Sprachen und ihren Sprechern. Und hier zeigen sich deutliche Unterschiede zwischen den Sprachen, die in keinem Verhältnis zur Funktionalität und zum Sprachsystem der jeweiligen Herkunftssprachen stehen. Die Einteilung der Sprachen in mehr oder weniger prestigereiche hängt eng zusammen mit der Bewertung der fremden Sprecher und ihrer jeweiligen Kultur sowie mit der (gefühlten) Nähe zur eigenen Kultur. So sind etwa Französisch und Italienisch ›traditionelle Prestigesprachen‹, da sie »signalhaft für kulturelle Attraktivität« stehen (Plewnia/Rothe 2011: 217).

Eine bundesweit durchgeführte repräsentative Befragung und eine Erhebung unter Neunt- und Zehnt-Klässlern ergab, dass Französisch, Italienisch, Spanisch und Englisch überwiegend positiv beurteilt wurden, »während insbesondere Migrantensprachen von der Mehrheit der Sprecher distanziert bewertet werden« (Plewnia/Rothe 2011: 215). Besonders negativ beurteilt wurden Russisch und Türkisch als die Sprachen der zahlenmäßig größten Sprachminderheiten, wobei nicht nur die Sprachen selber, sondern bereits die Akzente der jeweiligen Sprecher im Deutschen negativ beurteilt wurden und kaum jemand diese Sprachen als Sprachen wünschte, die man perfekt beherrschen möchte (ebd.: 219, 221, 232).

Die Befragung belegt zudem die Kopplung der Bewertung der Sprache an die Bewertung der Sprecherinnen und Sprecher (›Sprecherstereotype‹) (→ Kap. I.3.3 und II.1.4). ›Typische‹ Deutsche wurden demnach als leicht freundlicher und als deutlich gebildeter als ›typische‹ Türken und Russen wahrgenommen bzw. beschrieben (ebd.: 244 f.), während Türkisch- wie Russischsprachige in Deutschland sich selbst in der Eigenwahrnehmung sehr gut und besser bewerten als sich die Deutschen selbst bewerten; sie haben eine deutlich »höhere Eigengruppenloyalität als die Nur-Deutsch-Sprecher« (ebd.: 250).

Dass Sprachkontakt zu sprachlichen Einflüssen anderer Herkunftssprachen auf das Deutsche führt, wurde bereits gezeigt (→ Kap. II.7). Diese sprachlichen Einflüsse können zu **Sprachwandel** – sprachsystematisch (lexikalisch-semantischer Einfluss: Entlehnungen, Lehnbedeutungen usw.) wie pragmatisch (z. B. Code-Switching) – innerhalb des Deutschen bzw. innerhalb von Varietäten des Deutschen führen, wenn sie, zumindest in bestimmten Gruppen, übernommen und systematisch verwendet werden. Hierbei spielen das (ggf. auch subgruppenspezifische) soziale Prestige der entsprechenden Kontaktsprache und Sprechergruppe, die berufliche und ökonomischen Relevanz oder auch die Funktion eines spezifischen sprachlichen Phänomens für eine bestimmte Sprechergruppe eine große Rolle, da sprachliche Elemente einer prestigereichen, ökonomisch relevanten Sprache und Gruppe bzw. Phänomene mit einer erwünschten Funktion eher übernommen werden als andere.

Prinzipiell lassen sich verschiedene Sprachkontaktsituationen unterscheiden, wobei hier nicht die innere, sondern die äußere Mehrsprachigkeit (→ Kap. II.7) fokussiert wird. In Kontakt treten können hier aber keineswegs nur die Standardvarietäten einer historischen Einzelsprache, sondern auch verschiedenste Substandardvarietäten. Grundsätzlich kann man mindestens folgende **räumliche Konstellationen des Sprachkontakts** unterscheiden:

1. Kontakt zu Sprachen der Nachbarländer – in Deutschland z. B. Niederländisch, Polnisch usw. (Diese Kontakte haben aktuell einen eher geringen Einfluss auf die öffentliche und wissenschaftliche Diskussion.)
2. Kontakt zu Minderheitensprachen in den eigenen Sprachgebieten: in Deutschland z. B. zu Sorbisch, Dänisch, Jenisch. (Diese Kontakte haben aktuell einen eher geringen Einfluss auf die öffentliche und wissenschaftliche Diskussion.)
3. Kontakt zu Herkunftssprachen von Migranten: Türkisch, Russisch, Arabisch ... (Diese Kontakte haben aktuell einen hohen Stellenwert in der öffentlichen und wissenschaftlichen Diskussion.)
4. Kontakt zu Sprachen in Ländern, in denen es deutsche Sprachinseln gab und gibt: Ungarn, Russland, Brasilien, USA, Namibia ... Hier entstehen bisweilen Pidgins. (Diese Kontakte spielen in der Öffentlichkeit kaum eine Rolle, wurden und werden in der Linguistik aber kontinuierlich erforscht.)
5. Kontakt zu lokalen und globalen linguae francae sowie schulischen Prestige-Fremdsprachen (v. a. Englisch, Spanisch, Französisch), u. a. durch schulischen Fremdsprachenunterricht und die Medien (Internet, TV ...). (Hier spielt lediglich der Kontakt zum Englischen in Öffentlichkeit wie Wissenschaft eine größere Rolle.)

In der **Bewertung von Sprachkontaktphänomenen** und ihres potenziellen Einflusses auf das Deutsche treffen mindestens zwei verschiedene Einstellungen aufeinander: Während die eine, oft aus jüngeren Sprechern und Wissenschaftlern bestehende, Gruppe Kontaktsprachen als Ressource für die Bereicherung der eigenen (z. B. Jugend-)Sprache sieht, gibt es eine große Gruppe, die die deutsche Sprache durch fremdsprachliche Einflüsse bedroht sieht und deren Sorgen sich einerseits auf den Einfluss des Englischen (z. B. in Form von Anglizismen), andererseits auf den Einfluss eines ›Türken- oder Russendeutsch‹ von Jugendlichen mit Migrationshintergrund richten. Die zweite Gruppe reagiert auf Sprachkontakt oft mit dem Bedürfnis nach ›Reinhaltung‹ der deutschen Sprache (**Sprachpurismus**) und der Forderung nach aktiver Sprachpflege des Deutschen, damit dieses nicht ›verlottere‹ oder gar, insbesondere durch das Englische, verdrängt werde.

Diese Diskussionen spielen sich auf sehr unterschiedlichen Ebenen ab. Im Folgenden werden vor allem drei Aspekte an der Schnittstelle von Sprachkontakt und (potenziellem) Sprachwandel untersucht, mit denen sich die Öffentlichkeit und die Linguistik beschäftigen: der Einfluss des

Englischen auf das Deutsche, türkischdeutsche Ethnolekte sowie das Russlanddeutsche, das Anfang der 1990er Jahre im Zuge der Re-Migration von (Spät-)Aussiedlern aus deutschen Sprachinseln in Russland zurück nach Deutschland in den Fokus geriet.

3.2.1 Der Einfluss des Englischen auf das Deutsche

Der Einfluss des Englischen als »dominante[...] Gebersprache« (Eisenberg 2013: 62) auf das Deutsche (wie auf viele andere Sprachen) wurde viele Jahre an der Existenz und der steigenden Anzahl von Anglizismen im Deutschen festgemacht und in der Öffentlichkeit, insbesondere durch den Verein Deutsche Sprache (https://vds-ev.de/), mit zumeist unwissenschaftlichen Argumenten bekämpft (→ Kap. III.2.1).

Der **Anglizismendiskurs** (Niehr 2002, Spitzmüller 2005) ist außerhalb der Linguistik geprägt von einer generell ablehnenden Haltung und regelrechten (Überfremdungs-)Angst vor einem »Denglisch oder Germeng« (Hoberg 2000) als Sprachmischung und vor einer Verarmung, Unverständlichkeit oder gar dem Untergang der deutschen Sprache (»Englisch rules the world. Was wird aus Deutsch?«, Hoberg 2002) oder zumindest deutscher Wörter, die sich in die lange Tradition des Fremdwortpurismus einreihen und Sprache mit der nationalen Identitätsfrage verknüpfen. Die Sorge vor einem zu großen Einfluss des Englischen auf das Deutsche zeigte nicht zuletzt eine repräsentative Umfrage des Instituts für Demoskopie Allensbach (2008).

Negativbeispiele eines exzessiven Anglizismen-Gebrauchs sind oft konstruiert, finden sich allerdings auch in der (konstruierten?) Realität:

> Mein Leben ist eine giving-story. Ich habe verstanden, daß man contemporary sein muß, das future-Denken haben muß. Meine Idee war, die hand-tailored-Geschichte mit neuen Technologien zu verbinden. Und für den Erfolg war mein coordinated concept entscheidend, die Idee, daß man viele Teile einer collection miteinander combinen kann. Aber die audience hat das alles von Anfang an auch supported. Der problembewußte Mensch von heute kann die Sachen, die refined Qualitäten mit spirit eben auch appreciaten. Allerdings geht unser voice auch auf bestimmte Zielgruppen. Wer Ladyisches will, searcht eben nicht bei Jil Sander. Man muß Sinn haben für das effortless, das magic meines Stils (Jil Sander, *Frankfurter Allgemeine Magazin*, 22.3.1996)

Dieses Beispiel zeigt, dass ursächlich für die Verwendung von Anglizismen keineswegs immer eine neue Bezeichnungsnotwendigkeit sein muss, für die es kein deutsches Wort gibt, oder aber die internationale Verständlichkeit. Vielmehr geht es um **Prestige**, um eine verbale Selbstinszenierung und die stilistische, konnotative bzw. assoziative Wirkung der Anglizismen – so etwa auch häufig in der Werbung (*Come in and find out.* – Douglas) –, die einer Sprecherin oder einer Marke Modernität, Internationalität, Glanz und Glamour verleihen sollen.

Anglizismen gelten nicht als englische Wörter, sondern als deutsche, potenziell Englisch-stämmige (Fremd-)Wörter. Diese sind zum Teil bereits voll ins Deutsche integriert und daher kaum mehr als Fremdwort zu identifizieren; dem Wort *Keks* zum Beispiel sieht und hört man seine englischsprachige Herkunft (< *cakes*) nicht mehr an. Nicht nur hieran sieht man, wie eigenständig die deutsche Sprache mit dem Englischen als Ressource umgehen kann. Dies wird auch an den oftmals so genannten Pseudoanglizismen (Scheinentlehnungen) deutlich, die wie ein englisches Wort aussehen bzw. sich anhören, die es aber im Englischen oft gar nicht – oder zumindest nicht in derselben Bedeutung – gibt. Populäre Beispiele sind die Lexeme *Handy*, das es im Englischen nur als Adjektiv in anderer Bedeutung gibt (›handlich, praktisch, geschickt‹), oder *Showmaster* und *Dressman*, die erst innerhalb des Deutschen gebildet wurden. Eisenberg (2013) schlägt daher vor, den **Anglizismusbegriff** nicht mehr diachron-etymologisch aufzufassen, also nach der Herkunft eines Wortes (aus dem Englischen) zu gehen, sondern synchron-systematisch. Demnach wären überhaupt nur (aber alle) *die* Wörter Anglizismen, die »erkennbar Eigenschaften des Englischen« (z. B. phonetische wie in *Jazz* oder *Dschungel* oder graphematische wie in *Deal*) tragen, auch, wenn es sie so im Englischen gar nicht gibt. Ein Wort wie *Keks*, das vollauf integriert ist und den Regularitäten des Deutschen entspricht, wäre demnach ebenso wenig ein Anglizismus wie Lehnübersetzungen oder Lehnübertragungen aus dem Englischen wie z. B. der Ausdruck *Das macht Sinn.* (zu engl. *It makes sense.*) oder der berühmte *Wolkenkratzer* (zu engl. *sky scraper*).

Jenseits der Bewertungsfrage (Bedrohung für das Deutsche oder nicht) ist in der Tat zu konstatieren, dass die bereits seit langem im Deutschen vorhandenen Wortübernahmen aus dem Englischen (*Streik* zu engl. *strike* wurde z. B. bereits um 1840 entlehnt) in den letzten Jahrzehnten quantitativ zunehmen – und zwar in allen Bereichen der deutschen Sprache: Anglizismen befinden sich »buchstäblich überall, von der Jugendsprache bis zur Informatik, vom Bankeridiom bis zur Werbung« (Eisenberg 2013: 57). **Typische Domänen** sind ›Wirtschaft/Beruf‹ (*Commercial, Marketing, Team, Job*), ›Mode/Lebensart‹ (*shoppen, Lifestyle, Wellness, Outfit*), der Sport (*Hattrick*), Informationstechnologien/Neue Medien (*Scanner, Browser, twittern*), generell Fachsprachen oder auch Jugendkommunikation (*sorry, easy, so what?, Peace, Joke, Selfie*).

Eine klare, empirisch nachweisbare Tendenz, die hier zwischen 1905 und 2004 auszumachen ist, ist rein quantitativ die deutliche Zunahme der Aufnahme von Anglizismen ins Deutsche (nicht zuletzt in Folge des Aufstiegs der USA nach dem Zweiten Weltkrieg zur Weltmacht) sowie qualitativ ein zunehmender Verzicht auf eine phonologische, graphematische und flexionsmorphologische Integration der Anglizismen ins Deutsche (Eisenberg 2013: 101). Während die Anglizismen im Deutschen zu Beginn des 20. Jahrhunderts »so etwas wie einen Worthaufen mit wenig Struktur« bildeten, weisen sie heutzutage »eine hohe interne Strukturiertheit auf« (ebd.: 114f.), d. h., die Mechanismen der Integration und der weiteren Wortbildung (insb. von Komposita) innerhalb des Deutschen laufen sehr vorhersagbar und systematisch ab.

Die Entlehnungen folgen dabei einer so genannten ›**Entlehnbarkeitshierarchie**‹: Quantitativ werden am ehesten Substantive, dann Adjektive, Verben, Präpositionen und andere Funktionswörter entlehnt und nur selten Derivations- oder Flexionsformen oder Laute. Der strukturelle Einfluss der Anglizismen ist demnach marginal.

Doch mittlerweile ist es um die öffentliche Anglizismenkritik deutlich ruhiger geworden. Stattdessen beschäftigen sich die Politik und Wissenschaft mit einem anderen Einfluss des Englischen auf die deutsche Sprache. Es geht nicht mehr darum, dass sich englische Fremdwörter in die deutsche Sprache ›drängen‹, sondern darum, dass das Englische generell in bestimmten Domänen des öffentlichen Lebens das Deutsche verdrängt (Efing/Hoberg 2019, Ammon 2015), sodass einige Politiker schon fürchten, das Deutsche verkomme zur ›Feierabendsprache‹ (Günther Oettinger 2006 in der ARD), da alles Wichtige nur noch auf Englisch kommuniziert würde. Für zentrale Domänen trifft dies sicherlich bereits zu: In der Wirtschaft und im Bankenwesen wie etwa auch in modernen deutschen Start-ups ist die

Firmensprache (in oft internationalen Teams) bereits Englisch oder es wird zumindest überwiegend auf Englisch kommuniziert, da dies die internationale Kommunikation in einer globalisierten Welt vereinfacht und Englisch als Arbeitssprache einen neuen Arbeitsmarkt erschließt, wo in Deutschland ohnehin Fachkräftemangel herrscht. In der Wissenschaft (vgl. Ammon 2015: 519–698), insbesondere in den Technik- und Naturwissenschaften, ist Englisch bereits, je nach Fach, zur einzigen ernst zu nehmenden Tagungs- und Publikationssprache geworden, wenn man international wahrgenommen werden möchte, und selbst die universitäre Lehre wird immer stärker, z.T. ideell und finanziell gefördert, zur Domäne des Englischen. Die deutschen Fachsprachen drohen hier den Anschluss zu verlieren und mit dem wissenschaftlichen Fortschritt sprachlich nicht mithalten zu können. In der EU ist trotz aller anderslautenden politischen Ansätze Englisch de facto die dominante Arbeitssprache, die andere Sprachen wie Französisch – und bereits abgeschlagen Deutsch, Italienisch und Spanisch – verdrängt.

Das Prestige von **Englisch als lingua franca** wertet zwar einerseits andere Sprachen zu niederen Varietäten ab, aber auf der anderen Seite wird auch Englisch modifiziert zu einem vereinfachten ›Euro-English‹ (Lüdi 2006: 35).

Auch die modernen Kommunikationstechnologien, die die weltweite Kommunikation weiter vereinfachen, ebnen dem Englischen als notwendige und einzig sinnvolle lingua franca für breite Verständigung den Weg. Auf Dauer könnte dies in Sprachgemeinschaften zu einem Kommunikationstyp der national-englischen Zweisprachigkeit führen, wie Haarmann skizziert:

> das Image des Englischen ist im Umbruch begriffen, nämlich von dem eines Fremdkörpers oder Störfaktors für die nationalsprachliche Identität zu dem eines integralen Bestandteils im Modernisierungsprozess nationaler Gesellschaften. Über diesen Wandel in der Wertung wird die Präsenz des Englischen letztlich zur Selbstverständlichkeit. (Haarmann 2002: 169)

Im Gegenzug entstehen Überlegungen, wie das Deutsche auch international zu fördern ist (Ammon/Schmidt 2019).

3.2.2 Der Einfluss der Ethnolekte auf das Deutsche

Mit Blick auf das Prestige liegt mit den Kontaktsprachen Türkisch und Arabisch ein anderer Fall als beim Englischen vor, auch wenn hier ebenfalls lexikalische Einflüsse (von Fremdwörtern wie *lan*, *moruk*) wie Sprachmischungen (Code-Switching, Code-Mixing) und partiell – aber in gänzlich anderen Domänen und von anderen Sprechergruppen – der Ersatz des Deutschen durch das Türkische oder Arabische zu beobachten sind. Während das Englische generell als Fremd- und Weltsprache mit Prestige gilt, gilt das Türkische in Deutschland zumeist nicht als Prestigesprache – und bezeichnenderweise auch nicht als schulische Fremdsprache. In spezifischen Jugendgruppen hingegen erfreut sich das Türkische (und das Arabische) durchaus eines subkulturellen Prestiges, das, wie gesehen (→ Kap. II.7.2), zur Verwendung türkischer Einsprengsel und Einflüsse auch bei Deutsch-Erstsprachlern führt. Mittler sind hier die Ethnolekte bzw. ethnolektalen Sprechweisen, die in multiethnischen Großstadtvierteln entstanden sind und gesprochen werden und deren sprachliche Merkmale überindividuell systemhaft sind.

Polyethnische Sprechstile oder **Multi-Ethnolekte sind ein gesamteuropäisches Phänomen** multiethnischer Großstädte (Berlin, Hamburg, München, Stockholm, Kopenhagen, London, Amsterdam), das den Sprechern dazu dient, sich selbst sprachlich – oft in einer Minderheitenrolle – zu stilisieren (vgl. Clyne 2000: 87).

Die (mediale) Öffentlichkeit sieht diese Ethnolekte oft als Gefahr für die Sprachkompetenz Jugendlicher (›gebrochenes Deutsch‹, ›doppelte Halbsprachigkeit‹, vgl. Wiese 2011) oder gar als Gefahr generell für das Deutsche als Sprachsystem und die deutsche Kultur. Diese Kultur- und Sprachverfallsklagen resultieren einerseits aus dem **geringen ›sozialen Marktwert‹ der Sprechergruppen** (sozial Schwächere), der auf die *Sprache* übertragen wird (vgl. Wiese 2011: 79), und andererseits aus dem einseitigen Blick auf Ethnolekte, der diese »als stark reduzierte Sprachform ohne Grammatik und Regeln« (ebd.: 74) wahrnimmt und dabei ignoriert, dass die Sprecherinnen und Sprecher in ihren Repertoires (innere Mehrsprachigkeit) auch über die korrekten Vollformen verfügen und ethnolektal nur bewusst und situativ mit spezifischen Funktionen sprechen: Deutsch wird mit Deutschen, Türkisch mit den Eltern und Ethnolekt als etwas Eigenes der Jugendlichen mit den Peers gesprochen. Jeder Sprecher beherrscht und verwendet dabei auch (und mehrheitlich!) standardnahe Formen – z. B. Auer 2013 für die

Koronalisierung (nur in 6 % der Fälle) und den Ausfall von Präpositionen (9 %) und des indefiniten (13 %) und definiten Artikels (16 %).

Die Medien hingegen skizzieren das Bild eines sich in Deutschland ausbreitenden ›Migrantenslangs‹, oft abfällig als Ghettodeutsch oder Kanaksprache bezeichnet (wobei beides auch Eigenbezeichnungen der Sprecher sind), der sich wie ein Virus oder eine fremde Macht ausbreite und dessen Opfer das Deutsche sei (Androutsopoulos 2007: 143 ff.). Androutsopoulos (2007: 113, 116, 121, 148) spricht hier von einer »massenmediale[n] Konstitution sprachlicher Ideologien über deutsche Ethnolekte« bzw. einer »massenmediale[n] Inszenierung und Ideologisierung von Ethnolekten«, die diese aus Perspektive einer standardsprachlichen Ideologie sozialindexikalisch auflade mit Fremdheit, Normferne, gesellschaftlicher Negativität, Härte und Aggressivität, aber auch street smartness.

In der massenmedialen Öffentlichkeit wird die Angst artikuliert, dass sich diese ethnolektalen Sprechweisen auch auf das Deutsche als Sprachsystem auswirken und zu einer Sprachvereinfachung (Artikel- und Präpositionsausfall) und damit einem Sprachverfall führen. Grund hierfür ist unter anderem die empirisch nachweisbare Tatsache, dass ethnolektale Sprechweisen in bestimmten Milieus durch die mediale Stilisierung im Zuge einer De-Ethnisierung als **tertiärer Ethnolekt** auch von Jugendlichen mit Deutsch als Erstsprache gesprochen werden (→ Kap. II.7.2). Wird der sekundäre Ethnolekt in den Medien noch als Symbol ethnischer Stereotypisierung genutzt und stilisiert, konnotiert mit Kontext-Merkmalen wie Aggression, Kriminalität und Macho-Kultur, erhält der tertiäre Ethnolekt, durchaus getrieben durch die mediale Anerkennung, ein ganz eigenes (Subgruppen-)Prestige und eine erweiterte Identitätsfunktion auch für nicht ethnisch definierte Gruppen. Vor allem männliche Jugendliche, die Deutsch als Erstsprache sprechen, eignen sich den Ethnolekt an, denn es wird ›cool‹, »wie ein Ausländer Deutsch zu sprechen« (Bleibtreu 1999). Durch diesen Prozess der medialen Verbreitung und Aufnahme durch neue Sprechergruppen bilden sich **sprachliche Gemeinsamkeiten im de-ethnisierten Ethnolekt** über verschiedene Regionen hinweg aus. Als diese gelten v. a. die bereits für den primären Ethnolekt genannten (nach Auer 2003: 263, der betont, dass alle folgenden Beispiele von Jugendlichen mit rein deutschem Familienhintergrund stammen):

- Wegfall des Artikels: *Möchte Ausbildung machen; was macht Fußball?*
- Wegfall von Präpositionen (und Artikeln)/veränderte Präpositionen: *Die geht so Laden rein; wenn ich jetzt Bäckerei arbeite*
- Fehlen von Pronomen: *Weil ich hör die und die haben [es] mir beigebracht*
- Variation der Kongruenz: *Weil manche türkische Leuten, die können überhaupt kein Deutsch*
- Genusabweichung: *Aber der eine wollte doch deutsche Geld haben*

Trotz der De-Ethnisierung behält bzw. erhält das Türkische ein besonderes (verdecktes) Prestige, das sich darin zeigt, dass es auch zur Übernahme längerer Sequenzen auf Türkisch durch Nicht-Türken (Deutsche, Iraner usw.) kommt, etwa bei Begrüßungssequenzen oder dem Fragen nach der Uhrzeit. Auch pragmatische Elemente des Türkischen wie Interjektionen und Routineformeln werden übernommen, was die hervorgehobene Bedeutung des Türkischen unterstreicht. Parallel zu diesem sprachlichen Einfluss des Türkischen kommt es auch zur Übernahme anderer türkischer Kultureme wie der Musik. Dies kann aber nicht, wie es in den Medien bisweilen passiert, übergeneralisiert werden als ein Einfluss auf das Deutsche oder auch nur die Umgangssprache oder die deutsche Jugendsprache im Allgemeinen. Ethnolektale Sprechweisen bleiben stilistisch deutlich markierte Varianten.

3.2.3 Das Russische in Deutschland

Neben dem Türkischen (und Arabischen) hat das Russische in Deutschland seit der Re-Migration vieler (Spät-)Aussiedler aus deutschen Sprachinseln in Russland zurück nach Deutschland ab den 1990ern eine gewisse quantitative Präsenz in Deutschland. Diese Re-Migranten brachten einerseits das Russische, andererseits aber vor allem ihre russisch-deutschen Sprachinseldialekte als eine »Migrationsvarietät zweiten Grades« (Berend 2012b: 89) mit nach Deutschland, die linguistisch intensiv beforscht wurden (etwa Berend 2009, 2012a/b, 2013). Dabei ist die Perspektive allerdings weniger die einer Frage nach einem potenziellen Einfluss des Russischen auf das Deutsche, sondern die nach Sprachwandelerscheinungen innerhalb der russisch-deutschen Sprachinseldialekte, die vor der Re-Migration durch das Russische und danach durch das Standarddeutsche überdacht wurden. Die russisch-deutschen Sprachinseldialekte, die in Russland der Ingroup-Kommunikation vorbehalten waren, erfuhren unter dem Dach des Standarddeutschen eine Funktions- und Domänenerweiterung und flossen auch in die Outgroup-Kommunikation mit Deutschen ein (Berend 2012a: 613f.), mit denen man versuchte, »intendiertes Hochdeutsch« (Berend 2013: 84) zu sprechen. Hierdurch rückte das Russlanddeutsche näher an das Standarddeutsche heran und es entstanden neue (phonetische, morphologische, lexikalische …) Varianten (z.T. in Koexistenz innerhalb einer Äußerung), die einen Zuwachs der inneren Mehrsprachigkeit (Russlanddeutsch, Saarländisch, Standarddeutsch, Russisch) und Code-Switching-Kompetenzen der Sprecher bedeuteten. Russische Anteile wurde in diesem Zuge reduziert, zumal bei jüngeren Familien, die Deutsch als Familiensprache etablierten, sodass man von einer Entwicklung vom Sprachinseldialekt hin zu einem binnendeutschen Regionaldialekt sprechen kann (ebd.: 619), auch wenn es noch keine eindeutige Antwort auf die Frage nach der Entstehung einer neuen Regionalvarietät gibt (Berend 2013: 108). Der deutsche Dialektanteil (hier: Saarländisch) an der Kommunikation hingegen steigt deutlich an (Berend 2013: 84). Generell ist jedoch eine **Unterscheidung nach Sprecheralter und Generation** zu treffen:

> Die ältere Generation hat ihren Sprachinseldialekt in der Regel im Alltag beibehalten und lediglich leichte Anpassungen ans Hochdeutsche vorgenommen. Die mittlere Generation hat dagegen den Sprachmodus (Grosjean 1995) verändert und statt ›Russisch‹ auf den Modus ›Russisch-Deutsch‹ gewechselt. Durch die Anwendung der Mischstrategien entsteht eine russisch-deutsche Mischsprache, die weder von echten Russischsprechern im Herkunftsland noch von Deutschsprechern in Deutschland verstanden wird. Es handelt sich hier um eine Art ›russlanddeutsche Migrantensprache‹, die nur in der *ingroup*-Situation der zweisprachigen Aussiedler gebräuchlich ist. (Berend 2009: 377)

Angesichts der dynamischen Sprachwandelsituation durch den intensiven Sprachkontakt kann der intrasituativen Variation aber keine konversationelle Funktion zugeschrieben werden, d. h.: die Variationen sind nicht als Indiz für eine sozial-symbolische Funktion der Variation zu verstehen (Berend 2013: 108). Das Russische, dessen lexikalischer Einfluss zwar deutlich zurückgeht, bleibt auf allen anderen Ebenen (Aussprache, Prosodie, Syntax, auch als Lehnübersetzungen: *auf der Erde stehend* für ›bodenständig‹, *planiert* für ›geplant‹) erhalten, auch als Teil der neuen Migrationsvarietät, die nicht mehr dem Sprachinseldialekt entspricht. Hinzu kommen standardsprachliche Elemente und Merkmale des Saarländischen sowie Merkmale des westmitteldeutschen Herkunftsdialekts (Berend 2012b: 100ff.), doch generell ist im Zuge einer deutlichen Standardkonvergenz ein weiterer Abbau der Migrationsvarietät erwartbar.

3.3 Sprachliche Gleichstellung

In einem Katalog zu einer Ausstellung des Goethe-Instituts Brüssel zum Thema: *Emanzipation* von 1980 wird einschlägige Populärgraphik aus vier Jahrhunderten präsentiert, darunter die beiden folgenden Darstellungen auf der Rückseite und auf dem Titelblatt. Wir wollen in diesem Kapitel der Frage nachgehen, ob und wie die sprachliche Gleichstellung der Frau anders als ein bloßer Rollenwechsel gestaltet werden kann.

Abb. III.3.3.1: *Die Frau hawt dem Mann ab – Der Mann hawt dem Weib ab*, zu Augspurg/bey Abraham Bach Brieffmaler/ *auffm Creutz* (o. J.) (Katalog des Goethe-Instituts Amsterdam/Brüssel zur Ausstellung *Emanzipation*, 1980)

Forderungen der sprachpolitischen **Gleichberechtigung** begleiteten die soziolinguistische Genderlinguistik seit ihren Anfängen (→ Kap. II.4). Neben den Schriften der frühen feministischen Forscherinnen Trömel-Plötz und Pusch hatten die Germanistin Guentherodt und die Anglistin Hellinger 1980 *Richtlinien zur Vermeidung sexistischen Sprachgebrauchs* mitverfasst. Zwei Themenhefte der Zeitschrift *Linguistische Berichte* widmeten sich dem Thema: *Sprache, Geschlecht und Macht* (69/1980 und 71/1981). Die Verfasserinnen unterscheiden **verschiedene Arten frauenfeindlichen Sprachgebrauchs**:

> Sprache ist sexistisch, wenn sie Frauen und ihre Leistungen ignoriert, wenn sie Frauen nur in Abhängigkeit von und Unterordnung zu Männern beschreibt, wenn sie Frauen nur in stereotypen Rollen zeigt und ihnen so über das Stereotyp hinausgehende Interessen und Fähigkeiten abspricht, und wenn sie Frauen durch herablassende Sprache demütigt und lächerlich macht. (Guentherodt/Hellinger 1980: 15)

Listenmäßig werden Beispielen sexistischen Sprachgebrauchs Alternativen gegenübergestellt, z. B. (Guentherodt/Hellinger 1980: 16ff.):

- Sehr geehrte Herren – Sehr geehrte Damen und Herren
- Steuerpflichtiger/Ehemann – der/die Steuerpflichtige
- Thomas Mann mit Frau Katja – Thomas und Katja Mann

Schon bald fanden solche Empfehlungen Eingang in verschiedene Textsorten der öffentlichen und privaten Kommunikation. Behördliche Sprachregelungen wurden erlassen, juristische Texte und ministerielle Erlasse sowie Verzeichnisse von Berufsbenennungen auf sprachliche Ungleichbehandlungen überprüft. Auf den Ebenen von Bundesländern und Kommunen werden Leitfäden zu geschlechtergerechten Formulierungen verabschiedet: Dazu ein Beispiel von Braun (1991):

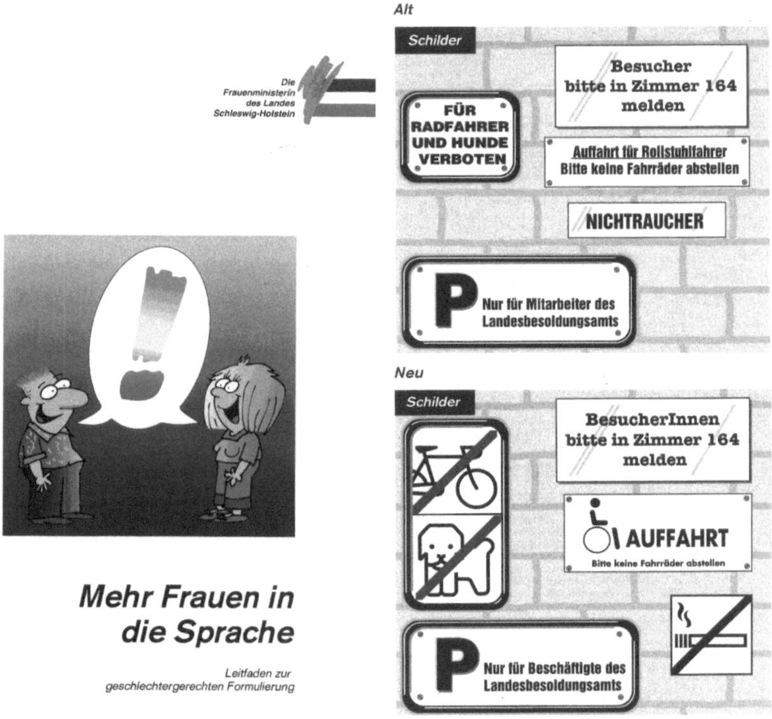

Abb. III.3.3.2: Beispiel aus dem Frauenministerium des Landes Schleswig-Holstein (Braun 1991: 47)

Weitere Broschüren folgten, u. a. von Häberlin et al. (1992): *Übung macht die Meisterin* mit Ratschlägen für einen nichtsexistischen Sprachgebrauch. Die Verfasserinnen gehen von folgendem **Grundprinzip** aus:

> Frauen werden in gesprochenen und geschriebenen Texten als eigenständige, gleichberechtigte und gleichwertige menschliche Wesen betrachtet. Sie werden mit Respekt, Würde und Ernsthaftigkeit dargestellt. Frauen werden sichtbar gemacht. Frauen werden explizit, symmetrisch und an erster Stelle genannt. (Häberlin et al. 1992: 12)

1993 folgten beispielreiche Texte: *Vater Staat hat keine Muttersprache* von der Juristin Grabrucker und das *Handbuch zur nichtsexistischen Sprachverwendung in öffentlichen Texten* von Fuchs/Müller (1993), von Kargl et al.: *Kreatives Formulieren* (1997) sowie einschlägige Tagungen und öffentliche Diskussionen. Auch in Schulen und Hochschulen und speziell im Deutschunterricht hatte das Thema Hochkonjunktur, bis die Schüler protestierten, weil sie der Ansicht waren, das Thema habe sich doch mittlerweile erledigt.

Männlich – weiblich – divers
Dem immer stärkeren **Druck zur Wahl geschlechtergerechter Formulierungen** kann sich mittlerweile kaum jemand mehr entziehen Verändert hat sich aber in den seit einigen Jahren wieder heftigeren Diskussionen das **gesellschaftliche Geschlechterkonzept**: Gegenüber dem vorherrschenden Modell der Zweigeschlechtlichkeit hat sich eine **dritte Option** geöffnet, die mit der Entscheidung des Bundesverfassungsgerichts vom Oktober 2017 und dem Beschluss des Bundestags im Dezember 2018 mit der Eintragung des Personenstands: *divers* sanktioniert wurde (Diewald 2020).

In der Textsorte der Stellenanzeigen wird wegen der Vorgabe des Allgemeinen Gleichbehandlungsgesetzes (AGG) seit August 2006 strikt auf die entsprechend nötigen Angaben geachtet:

Für unsere Klosterverwaltung suchen wir zum nächstmöglichen Termin eine

Kaufmännische Leitung (m/w/d)

Notar in München sucht **ab sofort**

Notarfachangestellte/n oder Volljurist/in (m/w/d)
mit vergleichbarer Berufserfahrung
in Vollzeit oder Teilzeit (m/w/d)

Die Administration des UFZ sucht zum nächstmöglichen Zeitpunkt am Standort Leipzig eine

Leitung (d/m/w)
Abteilung Personal & Unternehmenskultur / People & Culture

Gerade jetzt wäre es schön kultivierte Leute (m/w) zu treffen. Austausch bei feinem Essen und Trinken über Kunst, Kultur, Natur und Sport in MUC und Umgebung. Bitte um Angabe vom Handy- oder Tel.nr. ✉ZS1000002370

Abb. III.3.3.3: (Stellen-)Anzeigen (Süddeutsche Zeitung v. 16./17.7.2022)

Allein in der Rubrik: *Urlaubs- und Freizeitbekanntschaften* werden undifferenziert »kultivierte Leute« gesucht.

Zwei Möglichkeiten des geschlechtergerechten Sprachgebrauchs werden im Deutschen hauptsächlich praktiziert, wie bei Wikipedia aufgeführt (https://de.wikipedia.org/wiki/Geschlechtergerechte_Sprache):

1. **Sichtbarmachung** der Geschlechter
   - zweigeschlechtlich: Lehrerinnen und Lehrer, Lehrer/-innen, LehrerInnen
   - mehrgeschlechtlich: Lehrer*innen, Lehrer:innen, Lehrer_innen
2. **Neutralisierung** (geschlechtlich unbestimmt)
   - Bezeichnungen: *Lehrpersonen, Lehrende, Lehrkräfte*

- Umformulierung: *lehrend tätig sein*; *alle, die unterrichten*; *Es ist zu beachten*; *Ihre Unterschrift.*

Empfohlen wird allerdings, sich nicht strikt an eine Norm zu halten, sondern inhaltlich korrekt und kontextangemessen zu formulieren (Diewald/Steinhauer 2020). Dies gilt auch für mögliche Schreibweisen der Mehrgeschlechtlichkeit:

Schreibweisen für Mehrgeschlechtlichkeit

1. Genderstern: *Lehrer*innen, ein*e Lehrer*in*
2. Gender-Gap: *Lehrer_innen, ein_e Lehrer_in*
3. Doppelpunkt: *Lehrer:innen, ein:e Lehrer:in*

Diese sind im öffentlichen Dienst, ebenso wie das Binnen-I, weitgehend untersagt, weil sie nicht Bestandteil der amtlichen Regelung sind. Dennoch setzen sich manche Institutionen, Stiftungen und Presseorgane darüber hinweg. Dazu ein Beispiel:

Beispiel: Genderstern-Verwendung
Unser Aufruf richtet sich an jede Generation – an Kolleg*innen und Arbeitgeber*innen, an Eltern und Nachbar*innen, an Kolleg*innen und Angestellte, an Lehrer*innen und Wissenschaftler*innen, Sportler*innen und Arbeitssuchende, Kreative und Auszubildende – an alle

---

https://fridaysforfuture.de/allefuersklima/ (nach Diewald 2020: 10)

Es verwundert nicht, dass die Fülle und teilweise Unklarheit bestehender Gendermöglichkeiten auch Anlass für Missverständnisse und Fehlschreibungen bieten, z.B.:

Beispiel: Missverständnisse beim Gendern
Mit heute öffnet eine temporäre Kostüm-Ausstellung in den ehemaligen Räumlichkeiten des Arcadia-Shops, gestern wurde die 10.000. Besucherin des Kunst- und Architekturrundgangs begrüßt und allen künftigen Rundgang-BesucherInnen winkt eine süße Osterüberraschung am Palmsonntag. (28. März 2021 – Sonntag Online Merker).

Kotthoff (2020) verweist auf vier **Schreibstile**, die zugleich symbolische Wertungen dokumentieren, und zwar:

Schreibstile mit symbolischer Wertung

- **Typ 1:** die traditionelle Schreibpraxis mit einem generisch gemeinten, geschlechtsübergreifenden Maskulinum
- **Typ 2:** eine feministisch inspirierte personenreferentielle Praxis mit Beidnennungen, Binnen-I und Neutralisierungen
- **Typ 3:** eine queere Schreibpraxis mit Neutralformen und neuen Zeichenintegrationen
- **Typ 4:** Stile flexiblen Genderns ohne vorgegebene Leitlinien.

Die Auseinandersetzungen um Pro und Contra werden derzeit wieder heftig geführt, wie z. B. in der *Süddeutschen Zeitung* im Frühjahr 2021 verfolgt werden konnte. Dabei weist die Diskussion Bezüge zur aktuellen Thematik von Political Correctness und Identitätspolitik auf (→ Kap. II.9). Auch zeigen sich inzwischen Verwirrungs- und Ermüdungserscheinungen in der öffentlichen Diskussion, zumal Leitfäden nicht immer klar verdeutlichen, was die wechselnden Zeichen an der Morphemgrenze anzeigen sollen.

Eisenberg lenkt den Blick auf die Sprachkorpora: Im Deutschen Referenzkorpus der geschriebenen Sprache (DeReKo) des Leibniz-Instituts für deutsche Sprache werden für die Jahre 2010 bis 2016 liegt mit über 150.000 Vorkommen das generische Maskulinum: *Studenten* vorn, nur mit 30.000 Vorkommen folgt die Partizipialform: *Studierende*, und *Studentinnen* kommen gar nur auf 9.000 Vorkommen (Eisenberg 2020: 29 f.) (Abb. III.3.3.4).

Im Korpus der geschriebenen Sprache, vor allem Zeitungstexte, herrscht auch 2016 mit Abstand noch das generische Maskulinum vor; in der Spracheinstellungsbefragung (Abb. III.14) von Laien werden dagegen die Partizipialform mit 46 %, die Doppelformen und das generische Maskulinum mit je 17 % genannt, und zwar mit einem hochsignifikanten Alterseffekt zugunsten der ältesten Befragten der über 60Jährigen. Die Verfasser schließen:

> Festzuhalten bleibt, dass es offenkundig unter den Sprachteilhaberinnen und Sprachteilhabern durchaus ein gewisses Bewusstsein dafür gibt, dass sich hier eine gewisse gesellschaftliche Problemstellung auftut, für die es aber auch keine einfache Lösung zu geben scheint. (Adler/Plewnia 2019: 153)

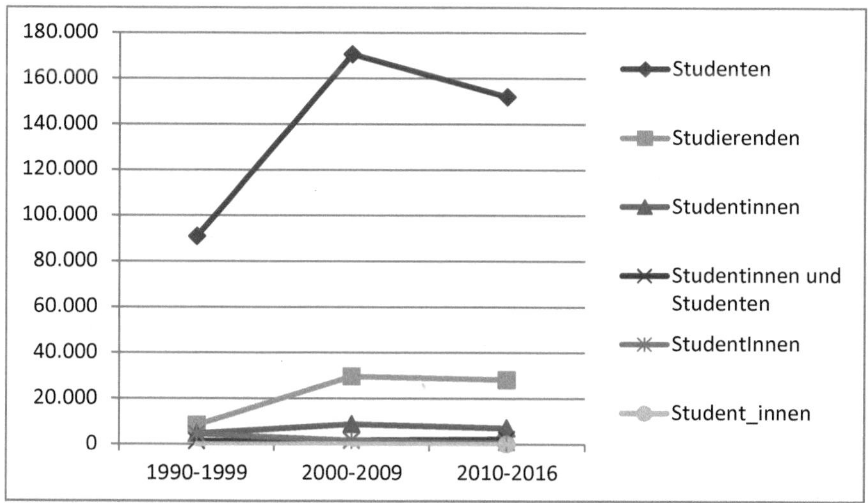

Abb. III.3.3.4: Genderformen im DeReKo (Adler/Plewnia 2019: 151)

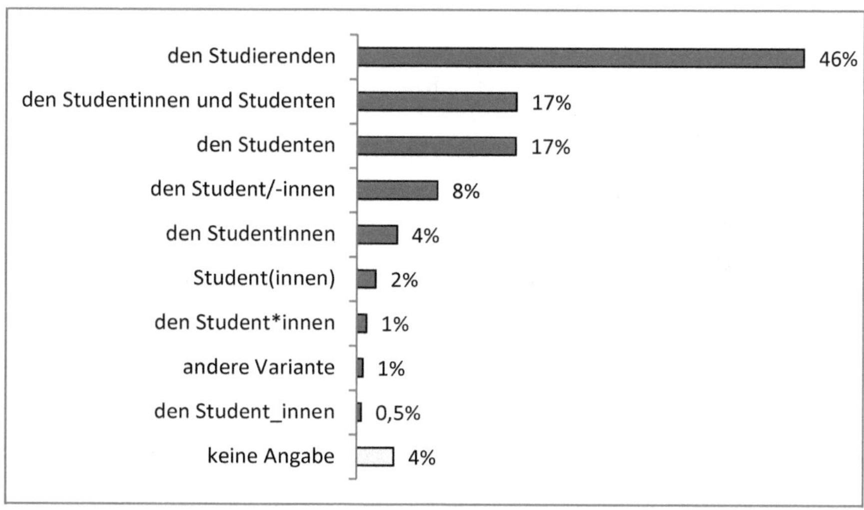

Abb. III.3.3.5: Vorläufige Ergebnisse der Spracheinstellungstestung (Adler/Plewnia 2019: 151)

Mit den einzelnen Argumenten der Befürworter und Gegner des sprachlichen Genderns können wir uns hier nicht ausführlicher auseinandersetzen (vgl. dazu: *Der Sprachdienst* 1–2/2020). Zwar können für den öffentlichen Sprachgebrauch Regeln erlassen werden, doch eben nicht für den privaten, wie schon die Gesetzgebungsversuche der Académie Française belegen. Wie ausgeführt (⟶ Kap. I.2.3), können Sprecher/Schreiber nur sehr begrenzt auf Sprachwandel Einfluss nehmen und *Druck von unten* auslösen. Sie können aber ihren eigenen Stil wählen, und darin liegt eine Chance, auch für den Sprachunterricht (⟶ Kap. III.1).

3.4 Einflüsse der sozialen Medien

Die Frage, welche Folgen mit der Digitalisierung von Sprache und Kommunikation verbunden sind, besser: sein werden, wurde seit Beginn der einschlägigen technologischen Entwicklungen gestellt, und zwar in der Öffentlichkeit wie im Fach selbst, u. a. von Haase et al. 1997, Weingarten (Hg.) 1997, Runkehl/Schlobinski/Siever 1998, auch Kallmeyer 2000. Auf einige dieser Positionen wollen wir im Folgenden mit der Konzentration auf soziale Medien näher eingehen.

Der Journalist Zimmer betitelte sein 1997 erschienenes Buch: *Deutsch und anders – Die Sprache im Modernisierungsfieber*, in dem er kulturpessimistisch verschiedene Neuerungstendenzen ins Lächerliche zieht. Die Meinungsumfragen zum Zustand der deutschen Sprache (⟶ Kap. III.2.1) belegen, dass das **Internet als Quelle des Unbehagens** und Ursache für vermeintlichen Sprachverfall im Blickpunkt steht. Die wissenschaftlichen Positionen versuchen demgegenüber, mit dem Argument der Vergrößerung der sprachlich-kommunikativen Ausdrucksweisen die Befürchtungen der Öffentlichkeit zu entkräften (u. a. Storrer 2014, 2017).

In den Publikationen der neunziger Jahre wurde die Frage allgemein nach einem ›Sprachwandel durch Computer‹ gestellt und der Blick auf Veränderungen der Schriftsprache und auffällige Gemeinsamkeiten mit Strukturen gesprochener Sprache gelenkt, so Weingarten (1997: 8). Auch Haase et al. (1997: 81) betonten die Sprecher-Hörer-Nähe durch die sprechsprachliche Konzeption der Internet-Kommunikation und folgerten eine ›neue Schriftlichkeit‹. Runkehl et al. (1998: 15) formulieren zurückhaltender die These einer **Entstehung ›neuer Schreibstile‹**, und auch Kallmeyer (2000) fasst die Ergebnisse der IDS-Tagung von 1999 (⟶ Kap. II.8) mit dem Verweis auf soziale Stilbildungen im kommunikativen Haushalt von Internet-Nutzern sowie auf eine Ausdifferenzierung kommunikativer Gattungen zusammen:

> Die mediale Wahl ist auch ein Stilmerkmal und eine Ressource für soziale Differenzierung, die zur Ausprägung von sozio-kulturell spezifischen Umgangsweisen mit den Medien führen. (Kallmeyer 2000: 293 ff.)

Nach der Jahrtausendwende wurden dann Ergebnisse von empirischen Studien veröffentlicht, die sich die Aufgabe gestellt hatten, die befürchteten Einflüsse der Internet-Kommunikation auf das Schreiben, besonders von Jugendlichen, mit gesicherten Daten zu überprüfen. 2010 erschien die Studie von Dürscheid, Wagner und Brommer: *Wie Jugendliche schreiben* zum Einfluss und neuer Medien auf die Schreibkompetenz Jugendlicher. Dabei sollte das private computervermittelte Schreiben mit dem schulischen Schreiben verglichen und auf mögliche Interferenzen überprüft werden. Die Verfasser gingen u. a. von der Hypothese aus, dass die in den neuen Medien (SMS-, Chat- und E-Mail-Texte) auftretenden Merkmale konzeptioneller Mündlichkeit und spezieller Verschriftungstechniken auf stilistischer und graphischer Ebene in den normgebundenen schulischen Textproduktionen nicht auftreten. Dazu wurden umfangreiche Korpora sog. Freizeit- und Schultexte sowie Fragebögen erhoben und vergleichend mittels eines differenzierten Textanalyseverfahrens überprüft. Die Verfasser schließen:

> Das Schreiben in den neuen Medien ist kein Faktor, der das Schreiben in der Schule beeinflusst. Je nach Schreibsituation gelten andere Schreibkonventionen, und die Schüler sind sich dessen durchaus bewusst. (Dürscheid et al. 2010: 263)

In einer weiteren Studie von 2016 stellen Dürscheid/Frick vor: *Schreiben digital. Wie das Internet unsere Alltagskommunikation verändert.* Damit wird dem Umstand Rechnung getragen, dass das digitale Schreiben, sei es in der Eins-zu-Eins- oder in der Eins-zu-Viele-Kommunikation, in der Zwischenzeit stark zugenommen hat, bis hin zur Partnersuche und Trauerkommunikation. Es werden neue und alte Kommunikationsformen (z. B. Briefe, Faxe) miteinander verglichen und spezielle Merkmale des digitalen Schreibens hervorgehoben, darunter – entgegen öffentlicher Annahmen – einige mit abnehmender Häufigkeit, wie Kurzschreibungen, Anglizismen, Inflektivkonstruktionen. Emojis und einige graphische Merkmale, z. B. der Groß- und Kleinschreibung haben sich dagegen besonders für informelle Kommunikationssituationen durchgesetzt. Allerdings wird auch betont, dass Emojis eher zur Illustration und nicht als Wortersatz dienen. Insgesamt plädieren die Verfasserinnen für eine Entemotionalisierung der öffentlichen Debatten und für weitere linguistische Beobachtungen.

So argumentiert auch auch Dürscheid (2018) in der Auseinandersetzung mit kritischen Argumenten einer Handysucht und Cyberkrankheit von Jugendlichen. Als Internetakteure haben diese in der Regel auch ein Bewusstsein für unterschiedliche Schreibregister, Kontexte und Adressaten entwickelt. Das bedarf gleichwohl der Unterstützung durch Schule und Elternhaus.

Wie groß und welcher Art schließlich der Einfluss sozialer Medien und der Mediatisierung allgemein auf einen Sprachwandel sind, darüber gehen die fachlichen Annahmen sehr auseinander. In einem Sammelband von 2014 hat Androutsopoulos internationale Beiträge zu Mediatisierung und soziolinguistischem Sprachwandel in fünf Themenkreisen zusammengetragen, darunter Medieneinfluss auf Sprachwandel, auf interaktionale Praktiken, Wandel des mediatisierten, digitalisierten Sprachgebrauchs. Dabei geht es weitgehend um einen allgemeinen (Massen)Medienbegriff, und die Einflüsse werden breit gespannt von der Standardisierung zur Informalisierung und Destandardisierung, einschließlich der Einflüsse auf Spracheinstellungen oder Sprachideologien. Dabei zeigt sich die Fruchtbarkeit der Fokussierung auf soziolinguistischen Wandel, ein noch lange nicht ausgeschöpftes Forschungsfeld.

3.5 Zusammenfassung und Literatur

Sprachwandel ist ein der Soziolinguistik genuin inhärentes Thema, insbesondere unter dem Aspekt eines Drucks von unten (Labov). Das Kapitel fasst zunächst wesentliche Einflüsse von Jugend- und Gruppensprachen an ausgewählten Beispielen der Pragmatik, Lexik und Semantik zusammen, die für die These einer übergreifenden Destandardisierung und Informalisierung des Sprachgebrauchs sprechen. Deutschland hat als mehrsprachiges Land zu gelten: Es steht in intensivem Sprachkontakt, insbesondere zum Englischen wie zum Türkischen. Dieser Sprachkontakt wird in der medialen Öffentlichkeit sprachideologisch deutlich negativ bewertet: Es herrscht Angst vor Sprachverfall durch Sprachkontakt (Anglizismen, Ethnolekte). Kontakterscheinungen lassen sich funktional erklären: Sprachkontakt stellt Ressourcen für das Spiel mit oder den stilistischen und funktionalen Einsatz von fremdsprachlichen Elementen bereit, der das Deutsche nicht bedroht. Ausgehend von den sprachpolitischen Forderungen der feministischen Linguistik nach Alternativen zum sexistischen Sprachgebrauch wurde sodann die starke Verbreitung von Leitfäden zu geschlechtergerechten Formulierungen vorgestellt. Mit der Einführung der *dritten Option: divers* und der Erprobung verschiedener Schreibweisen für Mehrgeschlechtlichkeit ist die Debatte um das Gendern derzeit wieder heftig aufgelebt, hat aber auch schon zu Ermüdungserscheinungen geführt. Der private Sprachgebrauch rückt damit in den Bereich von Stilentscheidungen. Schließlich wurde auf die laufenden Diskussionen der mit der Digitalisierung allgemein verbundenen Folgen verwiesen, die sich auf die Frage nach einer neuen Schriftlichkeit konzentrieren. Vorliegende Studien verneinen jedoch einen negativen Einfluss auf das schulische Schreiben von Jugendlichen und heben deren Bewusstsein für unterschiedliche Schreibregister, Kontexte und Adressaten hervor. Dieses bedarf gleichwohl der Unterstützung durch Schule und Elternhaus. Eine Entemotionalisierung der öffentlichen Debatten ist nötig.

Literatur (weiterführend)

Androutsopoulos, Jannis (2007): Ethnolekte in der Mediengesellschaft. Stilisierung und Sprachideologie in Performance, Fiktion und Metasprachdiskurs. In: Fandrych, Christian/Salverda, Reinier (Hg.): *Standard, Variation und Sprachwandel in germanischen Sprachen.* Tübingen, 113–155

Diewald, Gabriele (2020): »Alles ändert sich, aber nichts von allein.« Eine Standortbestimmung zum Thema geschlechtergerechte Sprache. In: *Der Sprachdienst* 1–2, 1–15.

Dürscheid, Christa/Frick, Katharina (2016): *Schreiben digital. Wie das Internet unsere Alltagkommunikation verändert.* Stuttgart.

Neuland, Eva/Peschel, Corinna (2013): *Einführung in die Sprachdidaktik.* Stuttgart. (⟶ Kap. I.1, II.1, II.2)

Literatur (gesamt)

Adler, Astrid/Plewnia, Albrecht (2019): Die Macht der großen Zahl. Aktuelle Spracheinstellungen in Deutschland. In: Eichinger, Ludwig/Plewnia, Albrecht (Hg.): *Neues vom heutigen Deutsch. Empirisch – methodisch – theoretisch.* Berlin/Boston, 141–162.

Ammon, Ulrich (2015): *Die Stellung der deutschen Sprache in der Welt.* Berlin.

Ammon, Ulrich/Schmidt, Gabriele (Hg.) (2019): *Förderung der deutschen Sprache weltweit. Vorschläge, Ansätze und Konzepte.* Berlin.

Androutsopoulos, Jannis (1997): Mode, Medien und Musik. Jugendliche als Sprachexperten. In: *Der Deutschunterricht* 6, 10–21.

Androutsopoulos, Jannis (2005): »…und jetzt gehe ich chillen«: Jugend- und Szenesprachen als Erneuerungsquellen des Standards. In: Eichinger, Ludwig/Kallmeyer, Werner (Hg.): *Standardvariation: Wieviel Variation verträgt die deutsche Standardsprache.* Berlin, 171–206.

Androutsopoulos, Jannis (2007): Ethnolekte in der Mediengesellschaft. Stilisierung und Sprachideologie in Performance, Fiktion und Metasprachdiskurs. In: Fandrych, Christian/Salverda, Reinier (Hg.): *Standard, Variation und Sprachwandel in germanischen Sprachen.* Tübingen, 113–155.

Androutsopoulos, Jannis (2014): *Mediatization and sociolinguistic change.* Berlin/Boston.

Auer, Peter (2003): ›Türkenslang‹ – ein jugendsprachlicher Ethnolekt des Deutschen und seine Transformationen. In: Häcki Buhofer, Annelies (Hg.): *Spracherwerb und Lebensalter.* Tübingen/Basel, 255–264.

Auer, Peter (2013): Ethnische Marker im Deutschen zwischen Varietät und Stil. In: Deppermann, Arnulf (Hg.): *Das Deutsch der Migranten. Jahrbuch des Instituts für Deutsche Sprache 2012.* Berlin/New York, 9–40.

Beißwenger, Michael (2016): Praktiken in der internetbasierten Kommunikation. In: *Sprachliche und kommunikative Praktiken. Jahrbuch 2015 des Instituts für Deutsche Sprache.* Berlin/New York, 279–310.

Berend, Nina (2009): Vom Sprachinseldialekt zur Migrantensprache. Anmerkungen zum Sprachwandel der Einwanderungsgeneration. In: Liebert, Wolf-Andres/Schwinn, Horst (Hg.): *Mit Bezug auf Sprache. Festschrift für Rainer Wimmer.* Tübingen, 361–380.

Berend, Nina (2012a): Migration und Dialektwandel. Aspekte der jüngsten Sprachgeschichte des Russlanddeutschen. In: Bär, Jochen A./Müller, Marcus (Hg.): *Geschichte der Sprache – Sprache der Geschichte. Probleme und Perspektiven der historischen Sprachwissenschaft des Deutschen. Oskar Reichmann zum 75. Geburtstag.* Berlin, 609–628.

Berend, Nina (2012b): Ich habe meine Tage alle planiert. Eine Longitudinaluntersuchung des Sprachgebrauchs bei russlanddeutschen Zuwanderern in Deutschland. In: Knipf-Komlósi, Elisabeth/Riehl, Claudia Maria (Hg.): *Kontaktvarietäten des Deutschen synchron und diachron.* Wien, 89–106.

Berend, Nina (2013): Varietätenwandel im Kontakt. Die Entwicklung des Sprachgebrauchs deutschsprachiger Minderheiten im bundesdeutschen Kontext. In: Deppermann, Arnulf (Hg.): *Das Deutsch der Migranten.* Berlin/Boston, 81–112.

Bickes, Hans/Brunner, Margot (Hg.): *Muttersprache frauenlos? Männersprache Frauenlos? PolitikerInnen ratlos?* Wiesbaden.

Bleibtreu, Moritz (1999). Kommst du Frankfurt? Warum es auf einmal cool ist, wie ein Ausländer Deutsch zu sprechen. In: *Süddeutsche Zeitung Magazin*, Januar 1999.

Braun, Friederike (1991): *Mehr Frauen in die Sprache. Leitfaden zur geschlechtergerechten Formulierung*. Kiel.

Braun, Peter (1998): *Tendenzen der deutschen Gegenwartssprache. Sprachvarietäten*. 4. Aufl. Stuttgart.

Brunner, Margot/Frank-Cyrus, Karin (1998): *Die Frau in der Sprache. Gespräche zum geschlechtergerechten Sprachgebrauch*. Wiesbaden.

Busch, Florian (2020): *Digitale Schreibregister. Kontexte, Formen und metapragmatische Reflexionen*. Hamburg.

Clarke, John (1979): Stil. In: Clarke, John et al.: *Jugendkultur als Widerstand. Milieus, Rituale, Provokationen*. Frankfurt/M., 133–157.

Clyne, Michael (2000): Lingua Franca and ethnolects in Europe and beyond. In: Ammon, Ulrich/Mattheier, Klaus J./Nelde, Peter (Hg.): *Sociolinguistica. Internationales Jahrbuch für Europäische Soziolinguistik*. Tübingen, 83–89.

Coupland, Nikolas (2014): Sociolinguistic change, vernacularization and broadcast British media. In: Androutsopoulos, Jannis (Hg.): *Mediatization and sociolinguistic change*. Berlin/Boston, 67–98.

Diewald, Gabriele (2020): »Alles ändert sich, aber nichts von allein.« Eine Standortbestimmung zum Thema geschlechtergerechte Sprache. In: *Der Sprachdienst* 1–2, 1–15.

Diewald, Gabriele/Steinhauer, Anja (2020): *Handbuch geschlechtergerechte Sprache: Wie Sie angemessen und verständlich gendern*. Herausgegeben von der Duden-Redaktion.

Dosdrowski, Günther/Henne, Helmut (1980): Tendenzen der deutschen Gegenwartssprache. In: Althaus, Hans Peter/Henne, Helmut/Wiegand, Herbert Ernst (Hg.): *Lexikon der Germanistischen Linguistik*. Bd. III. 2. Aufl. Tübingen, 619–632.

Dürscheid, Christa/Wagner, Frank/Brommer, Sarah (2010): *Wie Jugendliche schreiben: Schreibkompetenz und neue Medien*. Berlin/New York.

Dürscheid, Christa/Frick, Karina (2016): *Schreiben digital. Wie das Internet unsere Alltagskommunikation verändert*. Stuttgart.

Dürscheid, Christa (2018): Internet-Sprachkritik. In: Niehr, Thomas/Kilian, Jörg/Schiewe, Jürgen (Hg.): *Handbuch Sprachkritik*, Berlin/Boston, 326–332.

Eichinger, Ludwig/Plewnia, Albrecht (Hg.) (2019): *Neues vom heutigen Deutsch. Empirisch – methodisch – theoretisch*. Berlin/Boston.

Efing, Christian/Hoberg, Rudolf (2019): Sprachbildung und Sprachbewusstheit als Voraussetzung der Sprachförderung: die Dominanz des Englischen und ihre

Folgen für das Deutsche. In: Ammon, Ulrich/Schmidt, Gabriele (Hg.): *Förderung der deutschen Sprache weltweit. Vorschläge, Ansätze und Konzepte.* Berlin, 71–86.

Eisenberg, Peter (2013). Anglizismen im Deutschen. In: Deutsche Akademie für Sprache und Dichtung/Union der deutschen Akademien der Wissenschaften (Hg.): *Reichtum und Armut der deutschen Sprache: Erster Bericht zur Lage der deutschen Sprache.* Berlin/Boston, 57–119.

Eisenberg, Peter (2020): Die Vermeidung sprachlicher Diskriminierung im Deutschen. In: *Der Sprachdienst* 1–2, 15–30.

Fuchs, Claudia/ Müller, Sigrid (1993): *Handbuch zur nichtsexistischen Sprachverwendung in öffentlichen Texten.* Berlin.

Gesellschaft für deutsche Sprache (2008): *Wie denken die Deutschen über ihre Muttersprache und über Fremdsprachen? Eine repräsentative Umfrage der Gesellschaft für deutsche Sprache.* hgg. v. Rudolf Hoberg und Karin Eichhoff-Cyrus, Wiesbaden.

Goethe Institut (1980): *Emanzipation.* Brüssel/Amsterdam.

Grabrucker, Marianne (1993): *Vater Staat hat keine Muttersprache.* Frankfurt/M.

Guentherodt, Ingrid/Hellinger, Marlis/Pusch, Luise/Trömel-Plötz, Senta (1980): Richtlinien zur Vermeidung sexistischen Sprachgebrauchs. In: *Linguistische Berichte* 69, 15–22.

Guentherodt, Ingrid/Hellinger, Marlis/Pusch, Luise/Trömel-Plötz, Senta (1981): Richtlinien zur Vermeidung sexistischen Sprachgebrauchs. In: *Linguistische Berichte* 71, 1–8.

Haarmann, Harald (2002): Englisch, Network Society und europäische Identität. Eine sprachökologische Standortbestimmung. In: Hoberg, Rudolf (Hg.): *Deutsch – Englisch – Europäisch. Impulse für eine neue Sprachpolitik.* Mannheim, 152–171.

Haase, Martin/Huber, Michael/Krumeich, Alexander/Rehm, Georg (1997): Internetkommunikation und Sprachwandel. In: Weingarten, Rüdiger (Hg.): *Sprachwandel durch Computer.* Opladen, 51–85.

Häberlin, Susanne/Schmid, Rachel/Wyss, Eva Lia (1992): *Übung macht die Meisterin. Ratschläge für einen nichtsexistischen Sprachgebrauch.* München.

Hoberg, Rudolf (2000): Sprechen wir bald alle Denglisch oder Germeng? In: Eichhoff-Cyrus, Karin M./Hoberg, Rudolf (Hg.): *Die deutsche Sprache zur Jahrtausendwende.* Mannheim, 303–317.

Hoberg, Rudolf (2002): Englisch rules the world. Was wird aus Deutsch? In: Hoberg, Rudolf (Hg.): *Deutsch – Englisch – Europäisch. Impulse für eine neue Sprachpolitik.* Mannheim, 171–184.

Kallmeyer, Werner (Hg.) (2000): Sprache und neue Medien – zum Diskussionsstand und zu einigen Schlussfolgerungen. In: Kallmeyer, Werner (Hg.): *Sprache und neue Medien.* Berlin/Boston, 292–315.

Kargl, Maria/Wetschanow, Karin/Wodak, Ruth (1997): *Kreatives Formulieren. Anleitungen zu geschlechtergerechtem Spachgebrauch.* Wien.

Kelle, Birgit (2015): *GenderGaga: Wie eine absurde Ideologie unseren Alltag erobern will.* Asslar.

Keller, Rudi (1990): *Sprachwandel. Von der unsichtbaren Hand in der Sprache.* Tübingen.

Kotthoff, Helga (2020): Gender-Sternchen, Binnen-I oder generisches Maskulinum, ... – (Akademische) Textstile der Personenreferenz. In: *Linguistik online* 3/103, 105–127.

Kubelik, Tomas (2015): *Genug gegendert! Eine Kritik der feministischen Sprache.* Jena.

Kunkel-Razum, Kathrin (2003): Jugendsprache im Duden-Universalwörterbuch. In: Neuland, Eva (Hg.): *Jugendsprachen – Spiegel der Zeit.* Frankfurt/M., 277–284.

Labov, William (1976–1978): *Sprache im sozialen Kontext. Beschreibung und Erklärung struktureller und sozialer Bedeutung von Sprachvariation.* hgg. v. Norbert Dittmar und Bert-Olaf Rieck. 2 Bde. Kronberg.

Lüdi, Georges (2006): Sprachenvielfalt und Mehrsprachigkeit in Europa – Konsequenzen für Sprachpolitik und Sprachunterricht. In: Neuland, Eva (Hg.): *Variation im heutigen Deutsch: Perspektiven für den Sprachunterricht.* Frankfurt/M., 31–49.

Marx, Konstanze/Schwarz-Friesel, Monika (Hg.) (2013): *Sprache und Kommunikation im technischen Zeitalter, Wieviel Internet (v)erträgt die Gesellschaft?* Berlin/Boston.

Meier, John (1894): Hallische Studentensprache. In: Henne, Helmut/Objartel, Georg (Hg.): *Bibliothek zur historischen deutschen Studenten- und Schülersprache.* Bd. 5. Berlin, 1–93.

Moraldo, Sandro (Hg.) (2018): *Sprachwandel. Perspektiven für den Unterricht Deutsch als Fremdsprache.* Heidelberg.

Neuland, Eva (2016): Dimensionen der germanistischen Soziolinguistik: Rückblick und Ausblick auf den Sprachgebrauch der Generationen. In: Japanische Gesellschaft für Germanistik (Hg.): *Germanistische Soziolinguistik und Jugendsprachforschung.* München, 9–35.

Neuland, Eva (2018): *Jugendsprache.* 2. Aufl. Tübingen.

Neuland, Eva/Schlobinski, Peter (Hg.) (2018): *Handbuch Sprache in sozialen Gruppen.* Berlin/Boston.

Neuland, Eva/Könning, Benjamin/Wessels, Elisa (2020): *Sprachliche Höflichkeit bei Jugendlichen. Empirische Untersuchungen von Gebrauchs- und Verständnisweisen im Schulalter.* Frankfurt/M.

Niehr, Thomas (2002): Linguistische Anmerkungen zu einer populären Anglizismen-Kritik. Oder: Von der notwendig erfolglos bleibenden Suche nach dem treffenderen deutschen Ausdruck. In: *Sprachreport* 18:4, 4–10.

Plewnia, Albrecht/Rothe, Astrid (2011): Spracheinstellungen und Mehrsprachigkeit. Wie Schüler über ihre und andere Sprachen denken. In: Eichinger, Ludwig M./ Plewnia, Albrecht/Steinle, Melanie (Hg.): *Sprache und Integration. Über Mehrsprachigkeit und Migration.* Tübingen, 215–253.

Polenz, Peter von (1983): Deutsch in der Bundesrepublik Deutschland. In: Reiffenstein, Ingo (Hg.): *Tendenzen, Formen und Strukturen der deutschen Standardsprache nach 1945.* Marburg, 41–61.

Polenz, Peter von (1999): *Deutsche Sprachgeschichte vom Mittelalter bis zur Gegenwart.* Bd. III: *19. und 20. Jahrhundert.* Berlin.

Runkehl, Jens (2020): Wie die Digitalisierung von Sprache und Kommunikation die Gesellschaft beeinflusst. In: Vilain, Michael (Hg.): *Wege in die digitale Zukunft, Was bedeuten Smart Living, Big Data, Robotik & Co für die Sozialwirtschaft?* Baden-Baden, 69–78.

Runkehl, Jens/Schlobinski, Peter/Siever, Torsten (1998): Sprache und Kommunikation im Internet. In: *Muttersprache* 2, 97–109.

Schlobinski, Peter/Siever, Torsten (Hg.) (2012): Sprache und Kommunikation im Web 2.0. In: *Der Deutschunterricht* 2/2012.

Spitzmüller, Jürgen (2005): *Metasprachdiskurse. Einstellungen zu Anglizismen und ihre wissenschaftliche Rezeption.* Berlin/New York.

Der Sprachdienst 1–2, 2020, hgg. v. d. GfdS, Wiesbaden

Storrer, Angelika (Hg.) (2013): *Sprachverfall? Dynamik – Wandel – Variation. Jahrbuch des Instituts für Deutsche Sprache.* Berlin/New York.

Storrer, Angelika (2014): Sprachverfall durch internetbasierte Kommunikation? Linguistische Erklärungsansätze – empirische Befunde. In: Plewina, Albrecht/Witt, Andreas (Hg.): *Sprachverfall? Dynamik – Wandel – Variation.* Berlin/Boston, 171–196.

Storrer, Angelika (2017): Internetbasierte Kommunikation. In: Deutsche Akademie für Sprache und Dichtung (Hg.): *Vielfalt und Einheit der deutschen Sprache. Zweiter Bericht zur Lage der deutschen Sprache.* Tübingen, 247–282.

Trudgill, Peter (1972): Sex, Covert Prestige and Linguistic Change in the Urban British English of Norwich. In: *Language in Society* 1, 179–197.

Weingarten, Rüdiger (Hg.) (1997): *Sprachwandel durch Computer.* Opladen.

Wiese, Heike (2011): Führt Mehrsprachigkeit zum Sprachverfall? Populäre Mythen vom ›gebrochenen Deutsch‹ bis zur ›doppelten Halbsprachigkeit‹ türkischstämmiger Jugendlicher in Deutschland. In: Ozil, Şeyda/Hofmann, Michael/Dayioglu-Yücel, Yasemin (Hg.): *Türkisch-deutscher Kulturkontakt und Kulturtransfer. Kontroversen und Lernprozesse.* Göttingen, 73–84.

Zimmer, Dieter E. (1997): *Deutsch und anders – Die Sprache im Modernisierungsfieber.* Reinbek

Zimmermann, Klaus (2003): Jugendsprache, Generationenidentität und Sprachwandel. In: Neuland, Eva (Hg.): *Jugendsprachen – Spiegel der Zeit.* Frankfurt/M., 27–41.

Internetquellen

Institut für Demoskopie Allensbach (2008): *Wie denken die Deutschen über ihre Muttersprache und über Fremdsprachen. Studie im Auftrag der Gesellschaft für deutsche Sprache (GfdS).* Online verfügbar unter: https://gfds.de/wie-denken-die-deutschen-ueber-ihre-muttersprache-und-ueber-fremdsprachen/ (Stand: 27/08/2021)

Leibniz-Institut für deutsche Sprache Mannheim: Cosmas II: Deutsches Referenzkorpus der geschriebenen Gegenwartssprache DeReKo (Stand: 01/05/2021)

Online Merker (2021): 28. MÄRZ 2021 – Sonntag. Abrufbar unter: https://onlinemerker.com/28-maerz-2021-sonntag/?utm_source=rss&;utm_medium=rss&utm_campaign=28-maerz-2021-sonntag (Stand: 23/09/2021)

Wikipedia (o. J.): Geschlechtergerechte Sprache. Abrufbar unter: https://de.wikipedia.org/wiki/Geschlechtergerechte_Sprache (Stand: 23/09/2021)

Nachwort

Wir haben einen Überblick über frühe Entwicklungen, Forschungsparadigmen und -methoden der Soziolinguistik der deutschen Sprache in Deutschland sowie ausgewählte Forschungs- und Anwendungsfelder vorgestellt. Dabei wurden sowohl klassische Kerngebiete (Sprachgebrauch und Schichten, Sprachgebrauch und Geschlecht und Sprachgebrauch und Migration) als auch neue Entwicklungen (Sprachgebrauch und Generationen, Sprachgebrauch und soziale Medien, sprachliche Umgangsformen im Alltag) mit aktueller Forschungsliteratur, insbesondere aus dem deutschsprachigem Raum, vorgestellt. Kulturgeschichtlich konnten soziolinguistische Themenschwerpunkte mit soziokulturellen Entwicklungen und mit soziokulturellem Wandel in Deutschland verbunden werden.

Die sechs einleitend genannten zentralen Aspekte für einen soziolinguistischen Zugang (→ Kap. I.4) haben sich insbesondere für die neuen Forschungsgebiete als hilfreich, wenn auch nicht immer als ausreichend erwiesen. Dies konnte besonders für die Aspekte von Mehrdimensionalität der sprachlichen Variation, für die Bedeutung subjektiver Faktoren, Einflüsse auf gegenwärtiges Deutsch und empirische Vorgehensweisen, vor allem in interaktionalen Kontexten, zweifellos als zielführend für soziolinguistische Forschungen aufgezeigt werden ebenso wie der Einbezug soziokultureller Bedingungskontexte. Der Fokus auf soziale Differenz im Sprachgebrauch war hingegen nicht immer sofort einsichtig und musste manchmal erst mit Hilfe einer noch schwachen Forschungslage (→ z.B. Kap. II.8) rekonstruiert werden. Hier ist weitere Forschung im Kontext von Sprachvariation nötig.

Es ist bedauerlich, dass die Frage nach einer sozialen Differenz nach dem frühen Aufschwung der Soziolinguistik in Deutschland im Verlauf der Forschungsentwicklung stellenweise wieder in Vergessenheit zu geraten scheint. Dies ist die Kehrseite konjunktureller Schwankungen in der Sprachforschung, doch muss sich das nicht zwangsläufig ergeben. Vielmehr eröffnen sich hiermit neue Forschungsfelder im Rahmen einer Soziopragmatik. Mit dem soziokulturellen Wandel in Deutschland ist auch die Soziolinguistik der deutschen Sprache in Bewegung geraten: Es bleibt also noch viel zu tun!

Register

Abbildungsverzeichnis

Tabellenverzeichnis